高职高专"十三五"规划教材
物流管理系列

物流管理基础

主 编 蒋宗明 王兴伟
副主编 曹宝亚 申家星 杨娟美

北京师范大学出版集团
BEIJING NORMAL UNIVERSITY PUBLISHING GROUP
安徽大学出版社

图书在版编目(CIP)数据

物流管理基础/蒋宗明,王兴伟主编.—合肥:安徽大学出版社,2019.8(2019.12重印)
高职高专"十三五"规划教材.物流管理系列
ISBN 978-7-5664-1911-8

Ⅰ.①物… Ⅱ.①蒋…②王… Ⅲ.①物流管理—高等职业教育—教材 Ⅳ.①F252.1

中国版本图书馆 CIP 数据核字(2019)第 163034 号

物流管理基础

蒋宗明　王兴伟　主编

出版发行:	北京师范大学出版集团
	安徽大学出版社
	(安徽省合肥市肥西路3号 邮编230039)
	www.bnupg.com.cn
	www.ahupress.com.cn
印　　刷:	合肥创新印务有限公司
经　　销:	全国新华书店
开　　本:	184mm×260mm
印　　张:	22.5
字　　数:	498千字
版　　次:	2019年8月第1版
印　　次:	2019年12月第2次印刷
定　　价:	56.00元

ISBN 978-7-5664-1911-8

策划编辑:邱　昱　方　青　姚　宁　　　　　装帧设计:孟献辉
责任编辑:邱　昱　方　青　姚　宁　　　　　美术编辑:李　军
责任印制:陈　如　孟献辉

版权所有　侵权必究
反盗版、侵权举报电话:0551—65106311
外埠邮购电话:0551—65107716
本书如有印装质量问题,请与印制管理部联系调换。
印制管理部电话:0551—65106311

总 序

自20世纪70年代末引入"物流"概念以来,我国物流业有了较快的发展。物流业已成为我国国民经济的重要组成部分,对国民经济的拉动作用越来越明显;而且,为促进物流业健康快速发展,国家层面不断出台支持政策,推动着物流行业发展走在量质齐升的道路上。

当前,我国物流业市场规模持续扩大、需求稳中向好,与民生、绿色经济等相关的物流规模保持快速增长。今后一段时期,我国物流业仍将处于重要的战略机遇期,特别是呈现出智慧物流、绿色物流和开放共享上的发展趋势。但是,我国物流业的理论研究却与实践运作现状还存在一定的差距,这就造成了部分高等职业学校在物流人才培养时存在着一定相对滞后,以致现代物流技术技能型人才匮乏,不能完全满足物流业发展需求。

"职教物流类系列教材"(项目编号:2017ghjc400)是2017年安徽省教育厅省级质量工程项目立项的规划教材,编写本系列教材的原因主要有以下几点。

第一,当前世界经济领域发生深刻的变化,国际经济合作正从过去较为单一走向全面合作,各国经济联系愈益深入,无论是相互投资、技术服务合作以及其他形式的合作都呈现出蓬勃发展之势。经济全球化发展需要物流业的支持,也对现代物流业的发展不断提出新的要求。习近平总书记提出的"一带一路"倡议更是高瞻远瞩,对我国的扩大开放和对世界经济的发展都具有重大的意义和影响。编写本系列教材的目的就是努力体现习近平新时代中国特色社会主义思想在经济发展中的重要成就,努力反映和探求当今世界形势最新的变化,以在教学中体现"与时俱进",凸显教学内容的新变化。

第二,努力适应新的教学要求。高等职业教育应当始终紧跟时代发展形势,面向未来、面向现代化建设。国家鼓励和支持高等职业学校专业教材的建设,鼓励和支持编写出具有各专业特色的、适合各地高等职业学校不同学生要求的高质量教材,以培养出能够适应新时代发展的既具有前瞻性眼光,又具有实践操作能力的技术技能型人才。《普通高等学校高等职业教育(专科)专业目录(2015年)》中把物流类细分为七个专业,不仅反映了我国物流业的发展现状,也积极指导了各地高等职业学校物流类专业的建设,为此,相应的物流类专业教材建设也在积极推进。

　　本系列教材编写团队是由一批多年从事高等职业教育教学且科研水平较高的专业教师组成,他们满怀热情、扎实肯干。但是,本系列教材编写缺点、不足依然不免存在,恳请各位读者、专家赐教。

　　本系列教材在编写中参考了国内外大量的文献资料,引用了一些专家学者的研究成果,在此对这些文献作者表示诚挚的谢意!

　　最后,衷心地希望本系列教材,能够为高等职业教育物流类专业建设和人才培养起到积极重要的推动和引导作用!

中国物流与采购联合会教育培训部主任　郭肇明
全国物流职业教育教学指导委员会秘书长

2019 年 8 月

目　录

项目一　现代物流概述 ·· 1
  任务一　现代物流的概念 ··· 1
  任务二　物流的功能 ·· 10
  任务三　物流理论 ·· 13
  任务四　现代物流发展 ··· 16

项目二　物流系统 ·· 24
  任务一　物流系统概述 ··· 24
  任务二　物流系统运行机制 ·· 28
  任务三　物流系统化 ·· 35

项目三　运输 ·· 44
  任务一　运输概述 ·· 44
  任务二　运输方式及选择 ·· 48
  任务三　运输合理化 ·· 57

项目四　仓储 ·· 66
  任务一　仓储概述 ·· 66
  任务二　仓储作业管理 ··· 75
  任务三　库存管理与控制 ·· 82

项目五　配送 ·· 96
  任务一　配送概述 ·· 96
  任务二　配送中心 ··· 111

项目六　包装 ... 121
任务一　包装概述 ... 121
任务二　包装材料和包装容器 ... 125
任务三　包装技术 ... 136
任务四　包装合理化 ... 140

项目七　装卸搬运 ... 146
任务一　装卸搬运概述 ... 146
任务二　装卸搬运合理化 ... 148
任务三　装卸搬运的作业 ... 155

项目八　流通加工 ... 161
任务一　流通加工概述 ... 161
任务二　流通加工类型 ... 163
任务三　流通加工管理 ... 167

项目九　物流信息 ... 174
任务一　物流信息概述 ... 174
任务二　物流信息系统 ... 181
任务三　物流信息技术及其应用 ... 189

项目十　第三方物流 ... 211
任务一　第三方物流概述 ... 211
任务二　第三方物流管理与优势 ... 217

项目十一　企业物流 ... 225
任务一　企业物流概述 ... 225
任务二　采购与供应物流 ... 229
任务三　生产物流 ... 235
任务四　销售物流 ... 239
任务五　回收和废弃物物流 ... 243

项目十二　供应链管理 ... 253
任务一　供应链概述 ... 253

  任务二 供应链的设计 ·· 260
  任务三 供应链管理概述 ·· 266
  任务四 供应链管理的方法 ·· 271

项目十三 物流标准化 282

  任务一 物流标准化概述 ·· 282
  任务二 物流标准化的主要内容与方法 ···························· 290
  任务三 物流标准体系 ·· 294

项目十四 绿色物流 302

  任务一 绿色物流概述 ·· 302
  任务二 物流系统对环境的影响 ······································ 306
  任务三 绿色物流管理 ·· 309

项目十五 行业物流 321

  任务一 粮食物流 ·· 321
  任务二 冷链物流 ·· 329
  任务三 家电物流 ·· 336
  任务四 汽车物流 ·· 340

后记 350

项目一
现代物流概述

学习目标

知识目标

1. 了解和掌握现代物流的概念
2. 掌握现代物流的特征及作用,了解现代物流的发展
3. 掌握物流的七大功能要素,了解物流理论

技能目标

1. 学会思考现代物流在国民经济发展中的作用
2. 学会判断物流的七大功能要素之间的关系

任务一　现代物流的概念

导入案例

根据中国物流与采购联合会数据统计:2017年全国社会物流总额为252.8万亿元,按可比价格计算,同比增长6.7%,增速比上年同期提高0.6%。

2017年我国物流运行总体情况良好,全年社会物流总需求呈现稳中有升的发展态势。从构成上看,2017年工业品物流总额为234.5万亿元,按可比价格计算,同比增长6.6%,增速比上年同期提高0.6%;进口货物物流总额为12.5万亿元,增长8.7%,增速提高1.3%;农产品物流总额为3.7万亿元,增长3.9%,增速提高0.8%;再生资源物流总额为1.1万亿元,下降1.9%;单位与居民物品物流总额为1.0万亿元,增长29.9%。

2017年,社会物流总费用与GDP的比率有所回落。我国社会物流总费用为12.1万亿元,同比增长9.2%,增速低于社会物流总额、GDP现价增长。其中,运输费用为6.6万亿元,增长10.9%,增速比上年同期提高7.6%;保管费用为3.9万亿元,增长6.7%,增速提高5.4%;管理费用为1.6万亿元,增长8.3%,增速提高2.7%。社会物流总费用与GDP的比率为14.6%,比上年同期下降0.3%。

物流业总收入较快增长。2017年物流业总收入为8.8万亿元,比上年增长11.5%,增速比上年同期提高6.9%。

随着世界经济的快速发展和现代科学技术的进步,物流产业作为国民经济中一个重要的服务部门正在全球范围内迅速发展。物流产业属于现代服务业范畴,其发展程度成为衡量一国现代化程度和综合国力的重要标志之一,被喻为促进经济发展的"加速器"和"第三利润源"。

任务目标

通过本项目的学习,项目团队应掌握现代物流的概念、了解现代物流的特征等基本知识,熟悉现代物流的作用。

任务学习

一、现代物流的概念

1981年,日本综合研究所编著的《物流手册》对"物流"的表述是:"物质资料从供给者向需要者的物理性移动,是创造时间性、场所性价值的经济活动。从物流的范畴来看,包括:包装、装卸、保管、库存管理、流通加工、运输、配送等诸种活动。"

1992年美国物流管理协会给出的物流定义是:"物流是为满足消费者需求而进行的对货物、服务及信息从原产地到消费地的有效率与效益的流动和存储的计划、实施与控制的过程。"1998年美国物流管理协会在物流的定义中引入了供应链的概念,指出物流是供应链流程的一部分。2001年美国物流管理协会对物流定义的内容又进行了完善,定义为:"物流是供应链运作中,以满足客户需求为目的,对货物、服务和相关信息在产出地和销售地之间实现高效率和低成本的正向和反向的流动和储存所进行的计划、执行和控制的过程。"

在中国,国家质量技术监督局对物流的定义在2001年8月1日起正式实施的《中华人民共和国国家标准物流术语》中描述为:"物品从供应地向受地的实体流动过程,根据实际需要,将运输、储存、装卸、搬运、包装、流通加工、配送、信息处理等基本功能实施有机结合。"

各国学者或组织在不同的角度对物流这一概念有不同的定义。然而,物流这一概念总的来说就是围绕着七个要素来进行表述的。这七个要素是:产品(Product)、数量(Quantity)、条件(Condition)、地点(Place)、时间(Time)、顾客(Customer)和成本(Cost)。因此,物流的实质就是将适当数量的产品,在适当时间和条件下为适当的顾客送到适当的地点,同时保持其适当的成本。物流管理的最终目的是满足客户需求与企业的目标。

物流学是管理工程与技术工程相结合的综合学科,应用了系统工程的科学原理与方法,提高了物流系统的效率,从而更好地实现了物流的时间效益和空间效益。

二、现代物流的基本特征

现代物流是指具有现代特征的物流,与现代化社会大生产紧密联系在一起,体现了现代企业经营和社会经济发展的需要。现代物流在管理和运作中,广泛采用了代表着当今生产力发展水平的管理技术、工程技术以及信息技术等;而随着时代的进步,物流管理和物流活动的现代化程度也会不断提高。现代化是一个不断朝着先进水平靠近的过程,从这个意义上讲,现代物流在不同的时期也会有不同的内涵。现代物流的特征可以概括为以下几个方面:

(一)物流过程一体化

现代物流具有系统综合和总成本控制的思想,它将经济活动中所有供应、生产、销售、运输、库存及相关的信息流动等活动视为一个动态的系统总体,关心的是整个系统的运行效能与费用。

物流过程一体化的重要表现是供应链(Supply Chain)概念的出现。供应链把物流系统从采购开始经过生产过程和货物配送到达用户的整个过程,看作一条环环相扣的"链",物流管理以整个供应链为基本单位,而不再是单个的功能部门。在采用供应链管理时,世界级的公司力图通过增加整个供应链提供给消费者的价值、减少整个供应链的成本的方法来增强整个供应链的竞争力,其竞争不再是单个公司之间的竞争,而上升为供应链与供应链的竞争。

(二)物流管理信息化

物流信息化是整个社会信息化的必然需求。现代物流高度依赖于对大量数据、信息的采集、分析、处理和即时更新。在信息技术、网络技术高度发达的现代社会,从客户资料取得和订单处理的数据库化、代码化,物流信息处理的电子化和计算机化,到信息传递的实时化和标准化,信息化渗透至物流的每一个领域。为数众多的无车船和无固定物流设备的第三方物流正是依赖其信息优势展开全球经营的。从某种意义上来说,现代物流竞争已成为物流信息的竞争。

(三)物流技术专业化

物流技术专业化表现为现代技术在物流活动中得到了广泛的应用,如条形码技术,EDI技术,自动化技术,网络技术,智能化和柔性化技术等。运输、装卸、仓储等也普遍采用专业化、标准化、智能化的物流设施设备。这些现代技术和设施设备的应用大大提高了物流活动的效率,扩大了物流活动的领域。

(四)物流服务社会化

物流服务社会化突出表现为第三方物流与物流中心的迅猛发展。随着社会分工的深化和市场需求的日益复杂,生产经营对物流技术和物流管理的要求也越来越高。众多工商企业逐渐认识到依靠企业自身的力量不可能在每一个领域都获得竞争优势,它们更倾向于采用资源外取的方式,将本企业不擅长的物流环节交由专业物流公司,或者在企业内部设立相对独立的物流专业部门,而将有限的资源集中于自己真正的优势领域。美国东北大学曾经对制造业500家大公司进行调查,将物流业务交给第三方物流企业的货主占69%,正在研究以后将物流业务交给第三方物流企业的货主占10%。专业的物流部门由于具有人才优势、技术优势和信息优势,可以采用更为先进的物流技术和管理方式,取得规模经济效益,从而达到物流合理化,即产品从供方到需方全过程中,达到环节最少、时间最短、路程最短、费用最省。

(五)物流活动国际化

在产业全球化的浪潮中,跨国公司开始在全世界范围内选择原材料、零部件的来源,选择产品和服务的销售市场。因此,其物流的选择和配置也超出国界,着眼于全球大市场。大型跨国公司通常会选择一个适应全球分配的分配中心以及关键供应物的集散仓库,在获得原材料以及分配新产品时使用当地现存的物流网络,并且把这种先进的物流技术推广到新的地区市场。例如耐克公司,他们通过全球招标采购原材料,然后在台湾或东南亚生产(大陆也有生产企业),在将产品分别运送到欧洲、亚洲的几个中心仓库,然后就近销售。同样,全球采购原材料和零部件已经大大降低了汽车的成本,改变了汽车生产线的位置。

三、现代物流的分类

社会经济领域中物流活动无处不在,其基本要素都是共同的。由于物流对象不同、物流目的不同和物流范围不同,各领域物流有自己的特征性,因而形成了不同类型的物流。既然有不同类型的物流,必然产生不同的分类标准和方法,以便区别认知。但由于各地区经济发展状态不同、社会对物流的需求不同,人们对物流的分类还没有统一的划分标准。综合现有的论述,大致可将物流按下列标准分类。

(一)按物流的范围不同来划分

按物流的范围不同将物流分为宏观物流和微观物流、国内物流和国际物流。

1. 宏观物流

宏观物流是指社会再生产总体的物流活动。宏观物流是从总体看物流全体而不是从物流的某一个构成环节来看物流。因此,宏观物流研究的主要特点是综观性和全局性。

其主要研究内容是:物流总体构成,物流与社会的关系及其在社会中的地位,物流与经济发展的关系,社会物流和国际物流系统的建立和运作等。

2. 微观物流

微观物流是指消费者、生产者企业所从事的实际的、具体的物流活动。其含义包括:在整个物流活动中的一个局部、一个环节的具体物流活动、在一个小地域发生的具体的物流活动、针对某一种具体产品所进行的物流活动等。因而,微观物流研究的领域十分广阔,其特点是具体性和局部性。企业经常涉及的物流活动一般都属于微观物流,如:企业物流、生产物流、供应物流、销售物流、回收物流、废弃物流、生活物流等。

3. 国内物流

国内物流是指在一个国家内发生的物流活动,物流活动的空间范围局限在一个国家领土、领空、领海内。国内物流就其地理概念而言,较国际物流的范围小,它还包括一些区域性组织内部的物流,如我国的东北地区、西北地区等;按所处地理位置划分可划分为长江三角洲地区、珠江三角洲地区等;按经济圈可划分为沿海经济贸易区、边境贸易区等。它所制订的各项计划、法规、政策应该是为其自身的整体利益服务的。

4. 国际物流

国际物流是指在国与国之间、洲际之间开展的物流活动。这种物流是国际贸易的组成部分,各国之间的相互贸易最终通过国际物流来实现。由于跨国公司的发展使得企业经济活动范围遍布世界各国,经济全球化和市场国际化进程随之加快,国际物流的重要性将更为突出。从企业角度看,不仅是已经国际化的跨国企业,即便是一般有实力的企业也在推行国际战略,企业在全世界寻找贸易机会,寻找最理想的市场,寻找最好的生产基地,这就将企业的经济活动领域必然地由地区、由一个国家扩展到国际之间。因此,企业的国际物流也提到议事日程上来,企业必须为支持这种国际贸易战略,更新自己的物流观念,扩展物流设施,按国际物流要求对原来的物流系统进行改造。

(二)按物流主体方的目的不同来划分

按物流主体方的目的不同可将物流分为第一方物流、第二方物流、第三方物流和第四方物流。

1. 第一方物流

第一方物流是指生产企业或流通企业自己将产品或商品送到客户手中的物流运作,而不依靠社会化的物流服务。第一方物流实际上就是供方物流,也叫销售物流,是由供应厂商到其各个用户的物流。

2. 第二方物流

第二方物流是指用户企业从供应商市场购进各种物资而形成的物流,实际上就是需求方物流,或者说是购进物流。

3. 第三方物流

第三方物流是相对于第一方物流和第二方物流而言的。第三方物流指的是专业物流企业在整合了各种资源后,为客户提供包括物流设计规划、解决方案以及具体物流业务运作等全部物流服务的物流活动。第三方物流具有以下几个特点:其一,第三方物流是合同导向的一系列服务,它是根据合同条款的规定,而不是根据临时需求的要求,提供多功能甚至全方位的物流服务;其二,第三方物流是专业化、个性化的物流服务;其三,第三方物流是建立在现代电子信息技术基础上的物流服务;其四,第三方物流拥有配送的灵活性。

4. 第四方物流

第四方物流是指一个供应链的集成商控制和管理特定的物流服务,并提供物流咨询、物流策划与方案设计和物流管理软件、信息平台的建设等,通过电子商务将上述物流服务集成起来。

第四方物流采用的运作模式突破了第三方物流单纯发展的局限性,将资源从社会全局的角度上进行整合,将信息从物流供应链层次上进行共享,提供综合的供应链解决方案,真正实现低成本、高效率,给顾客带来最大的价值。第四方物流的出现弥补了物流发展过程中的缺陷,它依靠优秀的第三方物流技术供应商、管理咨询顾问和其他增值服务商为客户提供有针对性的供应链解决方案,具有辽阔的市场前景。

(三)按物流系统性质划分

按物流系统的性质可将物流分为社会物流、行业物流和企业物流。

1. 社会物流

社会物流是以社会为范畴、面向社会为目的物流。这种社会性很强的物流往往是由专门的物流承担人承担的。社会物流是研究再生产过程中随之发生的国民经济中的物流活动,研究如何形成面向社会、服务社会又在社会环境中运行的物流以及社会物流系统的结构和运行,因此具有综观性和广泛性。社会物流流通网络是国民经济的命脉,而流通网络分布合理、渠道畅通是关键。

2. 行业物流

行业物流是指同一行业为了本行业的整体利益或共同目标,而形成的行业内部物流网络。为了某一行业的发展,同行内各企业在行业物流大领域中,需要相互合作,共同促进行业物流系统的合理化。如中国的汽车物流,行业物流系统化,能使参与的各物流企业都获得相应的经济利益,又为全社会节约人力、物力资源。

3. 企业物流

企业物流是从企业角度出发研究与之有关的物流活动,它是具体的、微观的物流活动的典型领域。企业物流又可分为以下不同典型的具体物流活动。

(1)企业生产物流。企业生产物流是指企业在生产工艺中的物流活动。这种物流活动是与整个生产工艺过程伴生的,实际上已构成了生产工艺过程的一部分。企业生产物流的过程大体为:原料、零部件、燃料等辅助材料从企业仓库或企业的"门口"开始,进入生产线的开始端,再进一步随生产加工过程一个一个环节地"流",在"流"的过程中,本身被加工,同时产生一些废料余料,直到生产加工终结,"流"至制品仓库。

过去,人们在研究生产活动时主要注重一个一个的生产加工过程,而忽视了将每一个生产加工过程串在一起的,并且又和每一个生产加工过程同时出现的物流活动。例如,不断地离开上一工序,进入下一工序,便会不断发生搬上搬下、向前运动、暂时停滞等物流活动,实际上,一个生产周期,物流活动所用的时间远多于实际加工的时间,所以企业生产物流研究的潜力、时间节约的潜力、劳动节约的潜力也是非常大的。

(2)企业供应物流。企业为保证本身的生产的节奏,不断组织原材料、零部件、燃料、辅助材料供应的物流活动,这种物流活动对企业生产的正常、高效进行起着重大作用。企业供应物流不仅是保证供应的目标,而且是在以最低成本、最少消耗下来组织供应物流活动的。现代物流学是基于非短缺商品市场这样一个宏观环境来研究物流活动的,在这种市场环境下,供应数量保证上是容易做到的,企业的竞争关键在于如何降低这一物流过程的成本,这可以说是企业物流的最大难点。为此,企业供应物流就必须解决有效的供应网络问题,供应方式问题、零库存问题等。

(3)企业销售物流。企业销售物流是企业为保证本身的经营利益,不断伴随销售活动,将产品所有权转给用户的物流活动。如上所述,在现代社会中,市场环境是一个完全的买方市场,因此,销售物流活动便带有极强的服务性,以满足买方的要求,最终实现销售。在这种市场前提下,销售往往以送达用户并经过售后服务才算终止,因此,销售物流的空间范围便很大,这便是销售物流的难度所在。在这种前提下,企业销售物流的特点是通过包装、送货、配送等一系列物流实现销售,这就需要研究送货方式、包装水平、运输路线等并采取各种诸如少批量、多批次、定时、定量配送等特殊的物流方式达到目的,因而,其研究领域是很宽的。

(4)企业回收物流。企业在生产、供应、销售的活动中总会产生各种边角余料和废料,这些东西的回收是需要伴随物流活动的。而且,在一个企业中,回收物品处理不当往往会影响整个生产环境,甚至影响产品质量,也会占用很大空间,造成浪费。

(5)企业废弃物物流。对企业排放的无用物,根据实际需要进行收集、分类、加工、包装、搬运、储存等物流活动,从保护环境的角度来看,其社会意义是非常重要的。

四、现代物流的作用

(一)物流的效用

物流过程实际上是一个增值的过程,在整个过程中通过物化劳动和活劳动的投入来增加产品的效用,具体表现为增加了产品的空间效用、时间效用、品种效用、批量效用、信息效用和风险效用等。

1.物流创造时间效用

时间价值是指"物"从供给者到需要者之间本来就存在一段时间差,由于改变这一时间差创造的价值,称为"时间价值"。时间价值通过物流获得的形式有以下几种。

(1)缩短时间。缩短物流时间可获得多方面的好处,如减少物流损失、降低物流消耗、加速物的周转、节约资金等。从全社会物流的总体来看,加快物流速度,缩短物流时间,是物流必须遵循的一条经济规律。

(2)弥补时间差。供给与需求之间存在时间差,这是一种普通的客观存在,正是有了这个时间差,商品才能取得自身最高价值,才能获得十分理想的效益。物流便是运用科学的、系统的方法弥补,有时是改变这种时间差,以实现其"时间价值"。

(3)延长时间差。在某些具体物流中存在人为地、能动地延长物流时间来创造价值。例如,秋季集中产出的粮食、棉花等农作物,通过物流的储存、储备活动,有意识地延长物流的时间,以均衡人们的需求。

2. 物流创造空间效用

物流创造场所价值是由现代社会产业结构、社会分工所决定的,主要原因是供给和需求之间的空间差,商品在不同地理位置有不同的价值,通过物流将商品由低价值区转到高价值区,便可获得价值差,即"场所价值",有以下几种具体形式。

(1)从集中生产场所流入分散需求场所创造价值。现代化大生产通过集中的、大规模的生产以提高生产效率,降低成本。在小范围集中生产的产品可以覆盖大面积的需求地区,有时甚至可覆盖一个国家乃至若干国家。通过物流将产品从集中生产的低价位区转移到分散于各处的高价值区有时可以获得很高的利益。

(2)从分散生产场所流入集中需求场所创造价值。和上面一种情况相反的情况在现代社会中也不少见,如粮食是粮产区分散生产出来的,而一个大城市的需求却相对大规模集中,这也形成了分散生产和集中需求。

(3)在低价值地生产流入高价值地需求创造场所价值。现代社会中供应与需求的空间差十分普遍,现代人每日消费的物品几乎都是在相距一定距离的地方生产的。这么复杂交错的供给与需求的空间差都是靠物流来弥合的,物流也从中取得了利益。

在经济全球化的浪潮中,国际分工和全球供应链的构筑的一个基本选择是在成本最低的地区进行生产,通过有效的物流系统和全球供应链,在价值最高的地区销售。

3. 品种效用

品种效用表现为通过商品流通过程中的劳动克服商品生产和消费品种方面的不一致。因为无论是生产资料还是生活资料,消费者需要的都是多种多样的商品,而专业化生产使某一生产厂家所提供的商品具有单一性,商品流通则可以集中多家生产商的产品提供给消费者,这方面的劳动来投入表现为商品品种效用的增加。例如,越来越多的流通企业承担起生产厂家的"采购代理"任务。

4. 批量效用

批量效用表现为通过商品流通过程中的劳动来克服生产和消费批量的不一致。社会化大生产的一种重要方式是生产的专业化和规模化,而很多时候消费的需求量都是有限的。商品流通中所消耗劳动的一个重要用途就是将生产的大批量分割成最终的小批量需求,在此表现为由整到散的分流过程;反过来的情况也同样存在,即生产尤其是在后工业化社会中,无论是生产资料的生产还是生活资料的生产都呈现出一种趋势,即小批量、多品种的生产,这种生产方式与大批量流水生产方式共同存在。所以可能出现这种情况:虽然生产批量较小,而需求则可能是大量集中的。这时商品流通中的劳动就要用于把分散的货源加以集中,从而表现为从散到整的集流过程。所有这方面的投入的劳动是为了解决生产与消费批量上的不一致,表现为批量效用。

5. 信息效用

专业商品流通企业要收集大量的信息,如买卖双方的信息、产品说明和使用情况、发展情况、用户的意见、供求信息、技术发展趋势等,并对这些信息进行过滤、筛选、整理、分析,总结规律,发现问题。同时企业也可指导自己的工作,并将这些信息传递给供求双方,以形成一种知识学习的作用。

6. 风险效用

在商品流通过程中存在和隐藏着许多风险,如质量风险、信贷风险、政策风险、汇率风险、财务风险等,让商品流通双方谁来承担这些风险责任可能都会是一种讨价还价的"扯皮"过程,并且会极大地加大交易费用甚至阻碍商品流通的真正完成。由专业商品流通企业来承担这些风险无疑会极大地提高供求双方的信心,同时加快流通和再生产的过程。

(二)物流对国民经济的作用

1. 物流是国民经济的基础之一

物流通过不断输送各种物质产品,使生产者不断获得原材料、燃料以保证生产过程的正常进行,又不断将产品运送给不同需要者,以使这些需要者生产、生活得以正常进行。这些互相依赖的存在是靠物流来维系的,国民经济因此才得以成为一个内在联系的整体。

物流是国民经济的基础,这也是从物流对某种经济体制和实现这一经济体制的资源配置的作用而言的。经济体制的核心问题是资源配置,资源配置不仅要解决生产关系问题,而且必须解决资源的实际运达问题。有时候,并不是某种体制不成功,而是物流不能保证资源配置的最终实现,这在中国尤为突出。物流还以本身的宏观效益支持国民经济的运行,改善国民经济的运行方式和结构,促使其优化。

2. 特定条件下,物流是国民经济的支柱

在很多国家物流对国民经济起支柱作用,这些国家处于特定的地理位置或特定的产业结构条件。物流在国民经济和地区经济中能够发挥带动和支持整个国民经济的作用,能够成为国家或地区财政收入的主要来源,成为主要就业领域,也是科技进步的主要发源地和现代科技的应用领域。

3. 物流现代化可以改善中国的经济运行,实现质量的提升

中国经济运行质量不高,"粗放式"的问题还很严重,尤其作为支撑国民经济运行的"物流平台"问题更为突出。各种物流方式分立、物流基础设施不足、物流技术落后等问题如果能够得到全面的、系统的改善,就可以使中国国民经济的运行水平得到很大的提高。

4. 一个新的物流产业可以有效改善中国产业结构

由于中国国土面积大,经济发展和物流的关系就显得更为密切。物流产业过去没有受到中国经济界应有的重视,发展迟缓,这个问题如果得不到解决,对于中国未来的经济发展是极为不利的,尤其是现代通信技术和计算机技术支持的电子商务普遍运行之后,落后的物流的制约会有强烈的表现。

中国是个发展中国家,由于地域广大、经济原有基础薄弱、区域发展不平衡等原因,形成对物流合理化不利的外部条件;但是改革开放为中国的物流发展带来了很好的机遇。中国各级政府目前也正在积极支持和扶持物流产业的发展,物流现代化将指日可待。

任务二 物流的功能

导入案例

作为世界著名的家电跨国企业,海尔集团其产品每月要通过全球5.8万个营销网点销往世界160多个国家和地区,采购26万种物料,制造1万多种产品。对于海尔集团来说,高效率的现代物流系统就意味着企业内部运作的生命线,为此海尔开始了与SAP的合作。

根据海尔的实际情况,SAP先与其合作伙伴EDS为海尔物流本部完成了家用空调事业部的MM(物料管理)模块和WM(仓库管理)模块的硬件实施。2000年3月开始为海尔设计实施基于协同化电子商务解决方案mySAP.com的BBP(电子采购平台)项目。经过双方7个月的艰苦工作,mySAP.com系统下的PP(生产计划与控制)、FI(财务管理)和BBP(企业对企业采购)正式上线运营。

至此,海尔的后台ERP系统已经覆盖了整个集团原材料的集中采购、原材料库存及立体仓库的管理与19个事业部PP模块中的生产计划、事业部生产线上工位的原材料配送、事业部成品下线的原材料消耗倒冲以及物流本部零部件采购公司的财务等业务,构建了海尔集团的内部供应链。海尔物流管理系统的成功实施和完善,构建和理顺了企业内部的供应链,为海尔集团带来了显著的经济效益:采购成本大幅降低,仓储面积减少半,降低库存资金约7亿元,库存资金周转日期从30天降低到了12天以下。

实施和完善后的海尔物流管理系统可以用"一流三网"来概括:"一流"是指以订单信息流为中心;"三网"分别是全球供应链资源网络、全球用户资源网络和计算机信息网络。围绕订单信息流这一中心,将海尔遍布全球的分支机构整合在统一的物流平台之上,从而使供应商和客户、企业内部信息网络这"三网"同时开始执行,同步运动,为订单信息流的增值提供支持。

"一流三网"的同步模式实现了四个目标:①为订单而采购,消灭库存;②通过整合内部资源、优化外部资源,使原来的2336家供应商优化到了840家,建立了更加强大的全球供应链网络,有力地保障了海尔产品的质量和交货期;③实现了三个JIT(即时),即JIT采购、JIT配送和JIT分拨物流的同步流程,实现了与用户的零距离。目前,海尔100%的采购订单皆由网上下达,使采购周期由原来的平均10天降低到3天,网上支付额已达到总支付额的20%。

任务目标

通过本项目的学习,项目团队应掌握现代物流的功能、构成要素及特点,理解物流的功能含义。根据物流的功能构成要素想要达到何种目标,以及要各素之间的相互联系,相互作用。

项目一　现代物流概述

任务学习

物流贯穿于社会物质的生产、分配、交换、流通、消费、废弃的全过程,包括运输、储存、包装、搬运装卸、流通加工、配送、信息处理等诸环节,它们也为物流的各个子系统,物流就是由这些子系统构成的物流大系统。物流系统完全具备一般系统的条件,有自己的运动规律和发展阶段。

一、物流功能

物流功能又叫"集体分配功能",包括货物的运输与储存等。运输是为了实现产品在空间位置上的转移,储存是为了保存产品的使用价值,并调节产品的供需矛盾。物流功能的发挥是实现交换功能的必要条件。

二、物流系统的功能要素

物流系统的功能要素主要包括运输、储存保管、包装、装卸搬运、流通加工、配送、物流信息管理等七项功能。

(一)运输功能要素

运输是物流各环节中最重要的部分,是物流的关键。运输分为输送和配送。有人将运输作为物流的代名词。运输方式有公路运输、铁路运输、船舶运输、航空运输、管道运输等。没有运输,物品只能有存在价值,却没有使用价值,即生产出来的产品如果不通过运输送至消费者手中进行消费,等于该产品没有被利用,因而也就没有产生使用价值。没有运输连接生产和消费,生产就失去意义。一般认为,所有商品的移动都是运输,运输可以划分为两段:一段是生产厂到流通据点之间的运输,批量比较大、品种比较单一、运距比较长,这样的运输称为"输送";另一段是流通据点到用户之间的运输,一般称为"配送",就是根据用户的要求,将各类商品按不同类别、不同方向和不同用户进行分类、拣选、组配、装箱,按用户要求的品种、数量配齐后送给用户,其实质在于"配齐"和"送达"。

(二)包装功能要素

包装大体划分为两类。一类是工业包装,即运输包装、大包装;另一类是商业包装,即销售包装、小包装。工业包装是为保持商品的品质,商业包装是为使商品能顺利抵达消费者手中,提高商品价值、传递信息等。由此看来,包装的功能和作用不可低估,它既是生产的终点,又是企业物流的起点。包装的作用是按单位分开产品,便于运输,并保护在途货物的。注重包装是保证整个物流系统流程顺畅的重要环节之一。

(三)装卸搬运功能要素

装卸、搬运是物流各环节连接成一体的接口,是运输、储存、包装等物流作业得以顺利实现的根本保证。装卸和搬运质量的好坏、效率的高低是整个物流过程的关键所在。装卸搬运工具、设施、设备不先进,致使搬运装卸效率低,商品流转时间延长,商品破损风险增大,从而增大物流成本,影响整个物流过程的质量。装卸搬运的功能是连接运输、储存和包装各个系统的节点,该节点的质量直接关系到整个物流系统的质量和效率,而且又是缩短物流移动时间、节约流通费用的重要组成部分。装卸搬运环节出了问题,物流其他环节就会停顿。

（四）储存功能要素

在物流中,运输改变了商品空间状态,储存则改变了商品的时间状态。而库存与储存既有密切关系又有区别的一个概念,它是储存的静态形式。产品离开生产线后到最终消费之前,一般都要有一个存放、保养、维护和管理的过程,也是克服季节性、时间性间隔,创造时间效益的活动。库存主要分为基本库存和安全库存。

基本库存是在补给过程中产生的库存。在订货之前,库存处于最高水平,日常的需求不断地"抽取"存货,直至该储存水平降至为零。实际在库存没有降至零之前就要开始启动订货程序,于是在发生缺货之前,就会完成商品的储存。补给订货的量就是订货量。在订货过程中必须保持的库存量就是基本库存。

为了防止不确定因素对物流的影响,如运输延误；商品到货,但品种、规格、质量不符合要求；销售势头好,库存周转加快或紧急需要等,企业都需要另外储备一部分库存,这就是安全库存。

确定合理库存是企业物流管理的重要内容之一。但是库存管理并没有统一的模型,而且每个企业都有自己特殊的存货管理要求,所以企业只能根据自己的具体情况,建立有关模型,解决具体问题。

（五）流通加工功能要素

流通加工就是在产品从生产者向消费者流动的过程中,为了促进销售,维护产品质量,实现物流的高效率所采取的使物品发生物理和化学变化的功能。流通加工可以节约材料、提高成品率,保证供货质量和更好地为用户服务。因此,流通加工的作用同样不可低估。流通加工是物流过程中"质"的升华,使流通向更深层次发展。

（六）配送功能要素

配送一直以来未被独立视为物流系统实现的功能,未看成是独立的功能要素,而是将其作为运输中的末端运输来对待。但是,配送作为一种现代流通方式,集经营、服务以及库存、分拣、装卸、搬运于一身,已不仅是一种送货运输所能包含的,所以应将其视作独立功能要素。

（七）物流信息处理功能

物流信息是连接运输、储存、装卸、包装各环节的纽带,没有各物流环节信息的通畅和及时供给,就没有物流活动的时间效率和管理效率,也就失去了物流的整体效率。通过收集与物流活动相关的信息,就能使物流活动有效、顺利地进行。

信息包括与商品数量、质量、作业管理相关的物流信息,以及与订货、发货和货款支付相关的商流信息。企业需要不断地收集、筛选、加工、研究、分析各类信息,并把精确信息及时提供给决策人员,以此为依据判断生产和销售方向,制定企业经营战略,以便做出高质量的物流决策。

与物流信息密切相关的是物流信息系统,即管理人员利用一定的设备,根据一定的程序对信息进行收集、分类、分析、评估,并把精确信息及时地提供给决策人员,以便他们做出高质量的物流决策。物流信息系统的目的是不但要收集尽可能多的信息,提供给物流经理,使他们做出更多的有效的决策,还要与公司中销售、财务等其他部门的信息系统共享信息,并将有关的综合信息传至公司最高决策层面,协助他们形成战略计划。

任务三　物流理论

导入案例

2018年5月29日,"2018年中国电子商务大会"在北京举行,京东集团董事局主席兼CEO刘强东表示,京东将把社会化物流成本降到5%以内。物流成本优化正在引起越来越多的业内关注。

早在2016年6月13日的首届全球智慧物流峰会上,菜鸟公司就提出了业内著名的"5%"论断。当时中国的社会物流总成本占GDP的比重为16%,而发达国家只有8%。菜鸟公司提出,要将本国该项数据下降到5%。

两年来,在全行业的推动下,这项数字已经下降到14.5%。在中国物流快速优化的过程中,京东终于高调宣布加入其中。尽管可能晚了两年提出,但是中国物流的成本优化确实还有巨大空间,京东或许仍有一定机会。

不过也有行业观察人士表示,京东一贯擅长的自营模式,与菜鸟的平台化模式毕竟有本质不同。京东物流在长期重投入下,确实能服务好京东自营的订单,但是否能承载"社会化物流成本优化"这样的大命题,还有待观察。

任务目标

通过本项目的学习,项目团队应掌握五种常见的学说,理解各个学说的含义,并且会理解各个学说中物流的地位倾向,以及对企业利润、增值性服务、核心竞争力的影响。

任务学习

一、商物分离和商物融合

(一)商物分离

商物分离是物流科学赖以存在的先决条件,它是指流通中两个组成部分商业流通和实物流通各自按照自己的规律和渠道独立活动。如果以物流本身的特殊性与商流过程分离,与商流过程合一比较,显然要合理得多。

"商"指"商流",即商业性交易,实际是商品价值运动,是商品所有权的转让,流动的是"商品所有权证书",是通过货币实现的;"物"指"物流",即马克思讲的"实际流通",是商品实体的流通。物流科学正是在商物分离基础上才得以对物流进行独立的考察,进而形成的科学。

(二)商物融合

商物分离也并非绝对的,在现代科学技术有了飞跃发展的今天,优势可以通过分工获得,也可以通过趋同获得。"一体化"的动向在原来许多分工领域中变得越来越明显,在流通领域中,发展也是多形式的,绝对不是单一的"分离"。

事实上,有一些国家的学者提出了商流和物流在新基础上的一体化的问题,欧洲一些国家对物流的理解本来就包含企业的营销活动,即在物流研究中包含着商流。在物流的一个重要领域——配送领域中,配送已成了许多人公认的既是商流又是物流的概念。

二、"黑大陆"与物流"冰山"

(一)物流是经济领域的"黑大陆"

著名的管理学权威 P.F. 德鲁克讲过:"流通是经济领域里的黑暗大陆。"德鲁克泛指的是流通。但是,由于流通领域中物流活动的模糊性尤其突出,是流通领域中人们更认识不清的领域,所以,"黑大陆"说现在转向主要针对物流而言。

"黑大陆"说主要是指尚未认识,尚未了解的领域,如果理论研究和实践探索照亮了这块黑大陆,那么摆在人们面前的可能是一片不毛之地,也可能是一片宝藏之地。黑大陆说也是对物流本身的正确评价:这个领域未知的东西还很多,理论和实践皆不成熟。

(二)物流"冰山"

物流"冰山"理论是由日本早稻田大学的西泽修教授提出来的,他在研究物流成本时发现,现行的财务会计制度和会计核算方法都不可能掌握物流费用的实际情况,大家只看到物流费用露出海水上面的冰山的一角,而潜藏在海水里的整个冰山却看不见,海水中的冰山才是物流费的主体部分。一般来说,企业向外部支付的物流费是很小的一部分,真正的大头是企业内部发生的物流费,如图1-1所示。

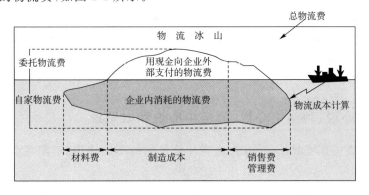

图 1-1　物流冰山说

三、"第三利润源"

"第三利润源"来源日本,是对物流潜力及效益的描述。通过生产中降低物质材料的消耗而增加的利润,称之为"第一利润源";因节约活劳动消耗而增加的利润,称之为"第二利润源"。通过提高管理技术、水平,采取先进的管理手段,降低人力资源消耗,因节约物流费用而增加的利润,称之为"第三利润源"。

"第三利润源"理论是日本对物流的理论认识,与欧洲、美国的理论存在差异。一般而言,美国对物流的主体认识可以概括为"服务中心"型,而欧洲的认识可以概括为"成本中心"型。显然,"服务中心"和"成本中心"的认识和"利润中心"的差异很大,"服务中心"和"成本中心"更看重总体效益或间接效益,而"利润中心"更看重直接效益。

四、"效益背反"说和物流的整体观念

(一)"效益背反"说

在经济学中,"效益背反"(Trad Off)是指"对同一资源的两个方面处于相互矛盾的关系之中,要想较多地达到其中一个方面的目的,必然使另一个方面的目的受到部分损失。"

在物流的各项活动(运输、保管、搬运、包装、流通加工)之间存在"效益背反"。例如,减少库存据点并尽量减少库存,必然使库存补充变得频繁,增加了运输成本。

物流效益背反说是指物流的若干功能要素之间存在着损益的矛盾,即某一个功能要素的优化和利益发生的同时,必然会存在另一个或另几个功能要素的利益损失,反之也如此。为此,企业必须注重研究物流的总体效益,使物流系统化,使系统的各个部分有机地结合起来,以最低成本实现最佳效益。

(二)物流的整体概念

美国学者用"物流森林"的结构概念来表述物流的整体观点,指出物流是一种"结构",对

物流的认识不能只见功能要素而不见结构,即不能只见树木不见森林。物流的总体效果是森林的效果,即使是和森林一边多的树木,如果各个孤立存在,那也不是物流的总体效果,这可以归纳成一句话:"物流是一片森林而非一颗颗树木。"

对这种总体观念的描述还有很多,如物流系统观念,多维结构观念,物流一体化观念,综合物流观念,后勤学和物流的供应链管理等都是这种思想的另一种提法或者是同一思想的延伸和发展。

五、成本中心说、利润中心说、服务中心说和战略说

这实际是对物流系统起什么作用、达到什么目的的不同认识、不同观念,因而也派生出不同的管理方法。

成本中心说的含义是物流在整个企业战略中,只对企业营销活动的成本发生影响,物流是企业成本的重要的产生点,因而,解决物流的问题,并不主要是为要搞合理化、现代化,不在于支持保障其他活动,而主要是通过物流管理和物流的一系列活动降低成本。显然,成本中心说的考虑没有将物流放在主要位置,尤其没有放在企业发展战略的主角地位,改进物流的目标如果只是在于降低成本,这势必也会影响物流本身的战略发展。

利润中心说是指物流可以为企业提供大量直接和间接的利润,是形成企业经营利润的主要活动。非但如此,物流也是国民经济中创利的主要活动。物流的这一作用被表述为"第三利润源"。

服务中心说代表了美国和欧洲等一些国家学者对物流的认识,他们认为,物流活动最大的作用并不在于为企业节约消耗,降低成本或增加利润,而是在于提高企业对用户的服务水平进而提高企业的竞争能力。

战略说是目前非常盛行的说法,实际上学术界和产业界越来越多的人已逐渐认识到,物流更具有战略性,是企业发展的战略而不是一项具体的任务。将物流和企业的生存和发展直接联系起来的战略说的提出,对促进物流的发展具有重要意义,企业不追求物流的一时一事的效益,而着眼于总体,着眼于长远,于是物流本身战略性发展也提到议事日程上来。战略性的规划、战略性的投资、战略性的技术开发是最近几年促进物流现代化发展的重要原因。

任务四 现代物流发展

导入案例

现今,人工智能不再是电影中的场景,它已经与我们的工作生活息息相关。比如物流AGV机器人,有了它们,商品的拣选不再是人追着货架跑,而是等着机器人驮着货架排队跑过来,消费者收到包裹自然会更快。这种长得像"扫地机器人"的机器遇到货物,会有什么样的趣事发生呢?

在苏宁集团1000平方米的上海仓库里,穿梭着200台仓库机器人,驮运着近万个可移

动的货架,且机器人行动井然有序。根据实测,对于1000件商品的拣选,仓库机器人拣选可减少人工50%~70%,小件商品拣选效率超过3倍人工效率,拣选准确率可逾99.99%。

由此可见,物流开始迅速大变样,再也不是传统印象里粗糙不堪的样子,它正在变得青春活泼起来。

2016年"双十一"前夕,苏宁集团的亚洲最大智慧物流基地首次对外开放。建筑面积达20万平方米的苏宁云仓,相当于28个标准足球场大小,由5个大型仓库组成,分成小件商品、中件商品、异形品、贵重品和温控商品五个区域,可存储2000万件商品,日处理包裹181万件。而且,从订单生成到商品出库,最快的时间只要30分钟。

任务目标

通过本项目的学习,项目团队应了解物流的发展过程,以及在不同时期对于物流的定义,认识现代物流的具体形式,判断当下国际物流的发展趋势。

任务学习

一、Logistics一词的发展演变

物流是一种古老又平常的现象,自从人类社会有了商品交换,就有了物流活动(如运输、仓储、装卸搬运等)。而将物流作为一门科学,从系统的角度和观点来研究,却仅有几十年的历史,因此说物流是一门新学科。

"Distribution"一词最早出现出美国。1915年阿奇·萧在《市场流通中的若干问题》(Some Problem in Market Distribution)一书中提到"物资经过时间和空间的转移,会产生附加价值"。这里,Market Distribution指的是商流,时间和空间的转移指的是销售过程的物流。

1918年,第一次世界大战期间,英国犹尼里佛的利费哈姆勋爵成立了"即时送货股份有限公司"。这家公司的宗旨是在全国范围内把商品及时送到批发商、零售商以及用户的手中,这一举动被一些物流学者誉为有关"物流活动的早期文献记载"。

20世纪30年代初,在一部关于市场营销的基础教科书中提出涉及物流运输、物资储存等业务的"实物供应"(Physical Supply)这一名词,该书将市场营销定义为:"影响产品所有权转移和产品的实物流通活动。"这里,所有权转移是指商流;实物流通是指物流。

1935年,美国销售协会最早对物流进行了定义:"物流(Physical Distribution)是包含于销售之中的物质资料和服务,与从生产地点到消费地点流动过程中伴随的种种活动。"

上述历史被物流界较普遍地认为是物流的早期阶段,或理解为传统物流。

"二战"之后是物流发展的重要阶段,这一时期物流发展的大背景是美国为了解决军需品的供应问题,运用运筹学与电子计算机技术对供应费用、运输路线与武器使用、库存量进行科学的规划,形成了系统的军事供应、保障活动,并称之为"后勤物流(Logistics)"。美国

首先采取了后勤管理(Logistics Management)这一名词,对军火的运输、补给、屯驻等进行全面管理。从此,后勤逐渐形成了单独的学科,并不断发展为后勤工程(Logistics Engineering)、后勤管理(Logistics Management)和后勤分配(Logistics of Distribution)。这些理论与方法在"二战"后被很多国家运用到了民用领域,促进了20世纪六七十年代世界经济的发展,也促使物流学(Logistics)理论的形成与发展。

在20世纪50年代到70年代期间,人们研究的对象主要是狭义的物流(Physical Distribution),是与商品销售有关的物流活动,即物流通过程中的商品实体运动。日本在1964年开始使用"物流"这一概念。在使用"物流"以前,日本把与商品实体有关的各项业务,统称为"流通技术"。1956年日本生产性本部派出"流通技术专门考察团",由早稻田大学教授宇野正雄等一行7人去美国考察,弄清楚了日本以往叫做"流通技术"的内容,相当于美国叫做"Physical Distribution"的内容,从此便把流通技术按照美国的简称,叫做"PD",1965年,日本在政府文件中正式采用"物的流通"这个术语,简称为"物流"。

1979年6月,中国物资工作者代表团赴日本参加第三届国际物流会议,回国后在考察报告中第一次引用和使用"物流"这一术语。

1986年,美国物流管理协会(NCPDM;National Council of Physical Distribution Management)改名为"CLM"即The Council of Logistics Management。将Physical Distribution改为Logistics,其理由是因为Physical Distribution的领域较狭窄,Logistics的概念则较宽广、连贯、整体。改名后的美国物流协会(CLM)对Logistics所做的定义是:"以适合于顾客的要求为目的,对原材料、在制品、制成品与其关联的信息,从产业地点到消费地点之间的流通与保管,为求有效率且最大的'对费用的相对效果'而进行计划、执行、控制"。Logistics标志着物流进入新时期。1988年台湾地区也开始使用"物流"这一概念。1989年4月,第八届国际物流会议在北京召开,"物流"一词的使用日益普遍。

Logistics与Physical Distribution的不同,在于Logistics已突破了商品流通的范围,把物流活动扩大到生产领域。物流已不仅仅从产品出厂开始,而是包括从原材料采购、加工生产到产品销售、售后服务,直到废旧物品回收等整个物理性的流通过程。这是因为随着生产的发展,社会分工越来越细,大型的制造商往往把成品零部件的生产任务,包给其他专业性制造商,自己只是把这些零部件进行组装,而这些专业性制造商可能位于世界上劳动力比较便宜的地方。在这种情况下,物流不但与流通系统维持密切的关系,同时与生产系统也产生了密切的关系。这样,将物流、产商流和生产三个方面连结在一起,就能产生更高的效率和效益。

Logistics一词的出现,是世界经济和科学技术发展的必然结果。当前物流业正在向全球化、信息化、一体化发展。一个国家的市场开放与发展必将要求物流的开放与发展。随着世界商品市场的形成,从各个市场到最终市场的物流日趋全球化;信息技术的发展,使信息系统得以贯穿于不同的企业之间,使物流的功能发生了质变,大大提高了物流效率,同时也为物流一体化创造了条件;一体化意味着需求、配送和库存管理的一体化。

二、智慧物流的兴起

(一)智慧物流的提出

智慧物流(Intelligent Logistics System)这一概念,首次由IBM公司在2009年提出。智慧物流是一种以信息技术为支撑,在物流的运输、仓储、包装、装卸搬运、流通加工、配送、信息服务等各个环节实现系统感知,全面分析、及时处理及自我调整功能,实现物流规整智慧、发现智慧、创新智慧和系统智慧的现代综合性物流系统。

智慧物流强调构建一个虚拟的物流动态信息化的互联网管理体系。智慧物流重视将物联网、传感网与现有的互联网整合起来,通过以精细、动态、科学的管理,实现物流的自动化、可视化、可控化、智能化、网络化,从而提高资源利用率和生产力水平,创造更丰富社会价值的综合内涵。

(二)智慧物流的作用

智慧是对事物能迅速、灵活、正确地理解和解决的能力。由智慧的定义可以引申,智慧物流就是能迅速、灵活、正确理解物流,运用科学的思路、方法和先进技术解决物流问题,创造更好的社会效益和经济效益。智慧物流具体的作用主要有以下几个方面:

1. 降低物流成本,提高企业利润

智慧物流能大大降低制造业、物流业等行业的成本,提高企业的利润。生产商、批发商、零售商三方通过智慧物流相互协作,信息共享,物流企业就能更节省成本。其关键技术诸如物体标识及标识追踪、无线定位等新型信息技术应用,能够有效实现物流的智能调度管理,整合物流核心业务流程,加强物流管理的合理化,降低物流消耗,从而降低物流成本,减少流通费用、增加利润,进而改善备受诟病的高物流成本居高不下的现状,并且能够提升物流业的规模、内涵和功能,促进物流行业的转型升级。

2. 加速物流产业的发展,成为物流业的信息技术支撑

智慧物流的建设将加速当地物流产业的发展,集仓储、运输、配送、信息服务等多功能于一体,打破行业限制,协调部门利益,实现集约化高效经营,优化社会物流资源配置。同时,物流企业整合在一起,将过去分散于多处的物流资源进行集中处理,发挥整体优势和规模优势,实现传统物流企业的现代化、专业化和互补性。此外,这些企业还可以共享基础设施、配套服务和信息,降低运营成本和费用支出,获得规模效益。

智慧物流概念的提出对现实中局部的、零散的物流智能网络技术应用有了一种系统的提升,契合了现代物流的智能化、自动化、网络化、可视化、实时化的发展趋势,对物流业的影响将是全方位的,因为现代物流业最需要现代信息技术的支撑。

3. 为企业生产、采购和销售系统的智能融合打基础

随着RFID技术与传感器网络的普及,物与物的互联互通将给企业的物流系统、生产系统、采购系统与销售系统的智能融合打下基础,而网络的融合必将产生智慧生产与智慧供应链的融合,企业物流完全智慧地融入企业经营之中,打破工序、流程界限,从而打造智慧企业。

4. 使消费者节约成本,轻松、放心购物

智慧物流通过提供货物源头自助查询和跟踪等多种服务,尤其是对食品类货物的源头查询,能够让消费者买得放心、吃得放心,再增加消费者的购买信心而促进消费,最终对整体市场产生良性影响。

5. 提高政府部门工作效率,助于政治体制改革

智慧物流可全方位、全程监管食品的生产、运输、销售,大大节省了相关政府部门的工作压力的同时,使监管更彻底、更透明。通过计算机和网络的应用,政府部门的工作效率将大大提高,有助于我国政治体制的改革,精简政府机构,裁汰冗员,从而削减政府开支。

6. 促进当地经济进一步发展,提升综合竞争力

智慧物流集多种服务功能于一体,体现了现代经济运作特点的需求,即强调信息流与物质流快速、高效、通畅地运转,从而降低社会成本,提高生产效率,整合社会资源。

智慧物流的建设,在物资辐射及集散能力上同邻近地区的现代化物流配送体系相衔接,全方位打开企业对外通道,以产业升级带动城市经济发展,推动当地经济的发展。物流中心的建设将增加城市整体服务功能,提升城市服务水平,增强竞争力,从而有利于商流、人流、资金流向物流中心所属地集中,形成良性互动,对当地社会经济的发展有较大的促进作用。

(三)展望智慧物流的未来

智慧物流概念的提出顺应历史潮流,也符合现代物流业自动化、网络化、可视化、实时化、跟踪与智能控制的发展新趋势,符合物联网发展的趋势。智慧物流有利于降低物流成本,提高效率,控制风险,节能环保,改善服务。

项目小结

现代物流是随着商品经济的快速发展,人们为最大限度的实现经济利益,提高生产效率,促进社会化生产精细分工,使专门化生产程度越来越高的一门新兴的综合性学科。

因为物流作业对象的不同、目的不同、方向不同、范围不同等,我们可以从不同的角度对物流进行分类。物流的七个功能要素紧密结合,促进了物流作业的科学进行。经典的物流理论在继续影响物流作业的同时,一些新科技、新技术也在不断应用于物流作业,共同提高物流服务水平、降低物流成本。

项目一　现代物流概述

同步练习

一、单项选择题

1. 根据《中华人民共和国国家标准物流术语》规定，下列哪项不属于物流的基本功能活动（　　）。
   A. 运输　　　　　B. 仓储　　　　　C. 生产加工　　　　D. 配送
2. 对象物所有权转移的活动称为（　　）。
   A. 商流　　　　　B. 信息流　　　　C. 物流　　　　　　D. 资金流
3. 下列哪项不属于物流创造的效用（　　）。
   A. 时间效用　　　B. 空间效用　　　C. 批量效用　　　　D. 生产效用
4. 以下哪个不是我国本土的著名快递企业（　　）。
   A. 申通　　　　　B. 马士基　　　　C. 圆通　　　　　　D. 韵达
5. 按作业活动的性质，物流可分为（　　）。
   A. 企业物流，社会物流，国际物流　　　B. 供应物流，生产物流，销售物流
   C. 分销物流，社会物流，国际物流　　　D. 企业物流，分销物流和国际物流

二、填空题

1. 物流按照作用分，可以分为_____、_____、_____、回收物流、废弃物物流。
2. _____取代 P.D 成为物流科学的代名词，这是物流科学走向成熟的标志。
3. 第一利润源、第二利润源和第三利润源分别是指_____、_____和_____。

三、简答题

1. 物流创造的效用有哪些？
2. 第一利润源、第二利润源和第三利润源分别是指什么？
2. 传统物流与现代物流的区别有哪些？

四、案例分析

京东商城是中国最大的综合网络零售商，是中国电子商务领域最受消费者欢迎和最具有影响力的电子商务网站之一，在线销售家电、数码通讯、电脑、家居百货、服装服饰、母婴、图书、食品、在线旅游等数万个品牌的百万种优质商品。

京东商城并没有像其他 B2C 企业那样完全将物流外包出去，而是创办了自己的物流体系。目前京东有两套物流配送体系：一套是自建的，另一套是和第三方合作。

1. 京东商城自建物流的必要性

（1）第三方物流的弊端。

根据调查显示，40%的企业对于第三方物流表现出不满意。究其不满意的原因，80%归结于第三方物流无法对于企业客户的需求变化进行快速及时的响应。经过调查研究，发现有以下几大因素致使第三方物流无法及时响应客户变化需求。

①服务能力薄弱：在企业物流服务多样化和复杂化地市场条件下，客户需要的是能够得到从原材料采购到销售的一系列供应链集成解决方案，而不仅仅是第三方物流提供的优化

库存、运输等物流服务,所以第三方物流企业的服务能力显得比较单一和薄弱。

②物流信息技术和物流设备落后:第三方物流的智能化、自动化仓库还比较少,物流设备落后,仓储运输系统的整合效能比较低,信息流通不畅,不能形成对物流服务需求全面及时的了解,更难以达到对物流过程中商品的合理、有效控制。

③整体效率不高:第三方物流企业各自为政,难以解决经济发展中的物流瓶颈,不能有效进行资源整合,所以从整体来看第三方物流的效率不高。

④与客户合作不深入:虽然大多数第三方物流企业与委托客户企业是一种长期的战略联盟关系,但双方的整体目标不一致,大多数第三方物流企业不能承揽全部的物流和供应链服务。

(2)竞争对手和其他物流公司带来的压力。

目前,各个大的电子商务企业都在大力推动自建物流体系,如淘宝的大物流计划,凡客的自建物流,苏宁电器、国美电器进军电子商务也开始自建物流等。不仅是竞争对手,快递行业也开始反攻,开始跨界电子商务。目前,国内"三通一达"(圆通、申通、中通、韵达)以及顺丰快递等多家民营快递都透露了涉足电子商务的筹谋,开始积极进军电子商务领域等。来自竞争对手和物流公司的压力,使京东商城面临着自建物流及物流一体化的选择。

(3)自身因素。

京东商城不断增长的订单量也产生了自建物流的要求,销售额增长奇迹与物流配送水平落后的差距给京东商城带来压力,自建物流还能降低物流成本,提高顾客体验,带来一系列的效益。

2.京东商城自建物流的优势及劣势

(1)优势。

①自营模式从根本上解决了企业物流货权的把握问题,保证了对于货品从厂家出场到终端消费者全过程的货物把握,这从侧面上减少了货损率。

②增加了与顾客直接沟通的机遇,并为企业市场调查提供方便,同时有效实现电子商务物流金融服务的开展(到付刷卡业务)。

③节约成本,使企业更有竞争力。企业自营物流对供应链各个环节有较强的控制能力,易于企业的其他各个环节模切配合,可以使物流与资金流、信息流更加紧密结合,从而大大提高了物流作业乃至全方位的工作效率。

④为其他生产企业提供物流服务,使得生产企业获得其本身不能提供的物流服务,还能降低物流设施和信息网的滞后对企业的长期影响。

⑤拥有服务优势,因为自建物流可以实现商品的快速交易,增加客户的满意度。

(2)劣势。

①物流团队的专业性大打折扣。由于京东是电子商务公司,对于物流服务可谓是门外之人,消费者经常会享受不到专业服务。

②投资过大,增加风险,缺乏灵活性。自建配送系统的成本很大,企业必须进行较大的投资来进行配送队伍的建成,自营配置模式要求企业自建仓库,而自建仓库的投入性较大,

很短的时间内。成本收不回来,使企业的资金缺乏灵活性。

③物流服务多为单项服务,大量耗费物流资源,物流效率低。我们知道快递物流服务公司主要是靠双向物理服务(取货和派货同时进行)从而实现物流服务的高利润率,而在京东商城服务之下,商城对客户的服务远大于客户对商城的物流服务,从而形成了大量的跑空行为,最终使物流利用率低于其他物流公司。

思考题

1. 京东商城为什么要自建物流?
2. 你对京东自建物流体系的评价是什么?

任务实训

实训项目 学习二个物流业的重要规划

学习资料

1. 国发〔2009〕8号《国务院关于印发物流业调整和振兴规划的通知》。
2. 国发〔2014〕42号《物流业发展中长期规划(2014—2020年)》。

实训组织

以小组为单位进行实训活动,每4人为一个小组。

实训步骤

1. 组内讨论,为什么物流业被国务院列为十大产业振兴规划之一。
2. 组内讨论,我国现代物流业的发展形势及面临的发展问题。

实训考核

1. 每组4位成员分别就两个实训内容,进行发言。
2. 根据组内成员的讨论表现进行评价。

项目二 物流系统

学习目标

知识目标

1. 了解物流系统的概念和特征
2. 掌握物流系统的构成要素、设计要素
3. 掌握物流系统化的内容、措施

技能目标

1. 学会用系统的方法分析物流问题
2. 学会综合地进行物流系统的分析和评价

任务一 物流系统概述

导入案例

在物流服务的各项活动（如运输、保管、搬运、包装、流通加工）中存在"二律背反"问题。二律背反是指对于同一资源的两个方面处于相互矛盾的关系中，想要较多地达到其中一个方面的目的，必然使另一方面的目的受到损失。

例如，针对企业的货物库存量与保管费用这两种成本来说，如果增加库存量，虽然保管费用增加，但是可以避免脱销，降低货物的脱销率，减少缺货损失；反之，如果减少库存量，虽然可以降低保管费用，但增加了脱销的可能性，使货物的脱销率上升。再如，简化货物包装，但容易造成包装强度降低，仓库里的货物就不能堆放过高，无形中减少了仓库使用面积，降低了保管效率；而且在装卸和运输过程中容易出现破损，致使搬运效率下降，破损率增加。

任务目标

通过本项目的学习，项目团队应掌握系统、物流系统基本知识及物流系统的构成要素，理解物流系统特征，会用系统观来处理物流中的问题。

任务学习

一、物流系统

(一)物流系统概念

物流系统(Logistic System)是由多个相互联系、相互作用的要素有机结合而成的具有特定功能的有机整体。这些要素包括物流的硬件设施、物流管理、物流信息、物流操作和人力资源等。

物流贯穿于社会物质的生产、分配、交换、流通、消费、废弃的全过程,具有运输、储存、包装、搬运装卸、流通加工、配送、信息处理等诸环节,也称为物流的各个子系统。物流是由这些子系统构成的物流大系统。物流系统完全具备一般系统的条件,有自己的运动规律和发展阶段。

(二)物流系统的特征

物流系统具有一般系统所共有的特点,即整体性、层次性、相关性、目的性、环境适应性。同时,物流系统是一个典型的"人机系统",还具有复杂性、动态性、广泛性等大系统所具有的特征。

1. 典型的"人机系统"

物流系统是由人和设备、工具所组成。它表现为物流劳动者运用运输设备、装卸搬动机械等设备,仓库、港口、车站等设施,作用于物资的一系列生产活动。在这一系统的物流活动中,人是系统的主体,因此,在研究物流系统的各个方面问题时,把人和物有机地结合起来作为不可分割的整体加以考察和分析,而且始终把如何发挥人的主观能动作用放在首位。

2. 复杂性

首先,物流系统的对象异常复杂。物流系统的对象是物质产品,既包括生产资料、消费资料,还包括废旧物品等,遍及全部社会物质资源,将全部国民经济的复杂性集于一身。其次,物流系统拥有大量的基础设施和庞大的设备,如交通运输设施,车站、码头和港口,仓库设施和货场,各种运输工具,装卸搬运设备,加工仪器,仪器仪表等。再次,物流系统的关系复杂。物流系统的各子系统之间存在着普遍的复杂联系,各要素关系也较为复杂,存在着非常强的"背反"现象。最后,物流系统与外部环境的联系极为密切和复杂。物流系统不仅受外部环境条件的约束,而且这些约束条件本身也具有多变性、随机性。

3. 动态性

物流系统一般联系多个生产企业和用户,随需求、供应、渠道、价格的变化,系统内的要素及系统的运行也经常发生变化。即社会物资的生产状况、需求变化、资源变化、企业间的合作关系等,都会随时随地影响着物流。物流系统受社会生产和社会需求的广泛制约,所以物流系统必须是具有环境适应能力的动态系统。为适应经常变化的社会环境,物流系统必须是灵活、可变的。当社会环境发生较大的变化时，物流系统甚至需要进行重新设计。

4. 广泛性

物流系统涉及面广、范围大，既有企业内部物流、企业间物流，又有城市物流、社会物流，同时还包括国际物流，物流系统几乎渗透到我们工作和生活的各个领域。

在对物流活动进行研究时，只有充分考虑物流系统的特征，才能建立一个高效低耗的物流系统，实现系统的各种功能。

(三) 物流系统的构成要素

1. 物流系统资源要素

物流系统的资源要素由人、财、物三方面构成。

(1) 人的要素。人是所有系统中占主导地位、起决定作用的要素，在物流系统中也不例外，它是保证物流活动得以顺利进行的关键因素。随着经济全球化的发展，企业的竞争越来越多地表现为人才的竞争，培养人才、招揽人才、留住人才是物流企业提高竞争力，这是建立有效物流系统的根本要求。

(2) 资金要素。资金是物流系统中不可缺少的要素，离开资金要素，物流系统就不复存在，更谈不上发展。流通本身实际上也是以货币为媒介的、实现交换的物流过程；企业生产过程中的物流活动，本质上也是资金运动过程；物流服务的提供需要以货币为媒介；物流系统建设更是需要大量资金。

(3) 物的要素。物的要素是物流系统存在和发展的物质基础。物流系统中的物是指物流系统中必需的原材料、半成品、产成品、能源、动力以及设施、工具等物质资料的总称。

2. 物流系统的物质要素

物流系统的建立和运行需要有大量技术装备手段，这些手段的有机联系对物流系统的运行有决定意义。这些要素对实现物流的某一方面的功能也是必不可少的。物流系统的物质基础要素主要有：

(1) 物流设施要素。物流设施是组织物流系统运行的基础物质条件，包括：物流站、场、物流中心、仓库，物流线路，建筑、公路、铁路、港口等。

(2) 物流装备要素。物流装备是保证物流系统开动的条件，包括仓库货架、进出库设备、加工设备、运输设备、装卸机械等。

(3) 物流工具要素。物流工具也是物流系统运行的物质条件，包括包装工具、维护保养工具、办公设备等。

(4) 信息技术及网络要素。信息技术及网络是掌握和传递物流信息的手段，在现代物流系统中发挥着日益重要的作用。不同物流系统需要选择不同的信息水平和技术，根据所需信息水平不同来决定包括通讯设备、传真设备、计算机及网络设备等的水平。

3. 物流系统的支撑要素

物流系统的建立需要有许多支撑手段，尤其是处于复杂的社会经济系统中，要确定物流系统的地位，要协调与其他系统的关系，这些要素必不可少。

（1）体制与制度。物流系统的体制与制度决定物流系统的结构、组织、领导、管理方式、国家对其控制、指挥、管理方式以及这个系统地位、范畴是物流系统的重要保障。有了这个支撑条件，物流系统才能确立其在国民经济中的地位。

（2）法律与规章。物流系统的运行不可避免地涉及企业或人的权益问题，法律、规章一方面限制和规范物流系统的活动，使之与更大的系统协调，另一方面也给予了保障。合同的执行、权益的划分、责任的确定等都靠法律、规章维系。

（3）行政与命令。物流系统和一般系统的不同之处在于，物流系统关系到国家军事、经济命脉，所以国家和政府的行政、命令等手段也常常是支持物流系统正常运转的重要支持要素。

（4）标准化系统。标准化系统是保证物流环节协调运行，保障物流系统与其他系统在技术上实现联结的重要支撑条件。

（5）组织及管理要素。组织及管理是物流系统的"软件"，起着连接、调运、运筹、协调、指挥其他各要素以保障物流系统目的实现的作用。

4. 物流系统的功能要素

物流系统的功能要素指的是物流系统所具有的基本能力，这些基本能力有效地组合、联结在一起，构成了物流的总功能，便能合理、有效地实现物流系统的总目的。物流系统的功能要素一般认为有运输、储存保管、包装、装卸搬运、流通加工、配送、物流信息等，如果从物流活动的实际工作环节来考查，物流由 7 项具体工作构成。

（1）运输功能要素。运输功能要素被认为是物流的主要功能要素，运输系统是物流系统的主要子系统。运输功能要素的活动包括供应及销售物流中的车、船、飞机等方式的运输，生产物流中的管道、传送带等方式的运输。对运输活动的管理要求选择经济技术效果最好的运输方式及联运方式，合理确定运输路线，以实现安全、迅速、准时、价廉的要求。

（2）包装功能要素。包装处于物流系统的起始端，包括产品的出厂包装、生产过程中在制品、半成品的包装以及在物流过程中换装、分装、再包装等活动。根据物流方式和销售要求来确定、实现包装的功能，以商业包装为主，还是以工业包装为主，要全面考虑包装对产品的保护作用、促销作用、提高装运率的作用、包拆装的便利性以及废包装的回收及处理素。包装功能还要根据整个物流过程的经济效果，具体决定包装材料、强度、尺寸、方式。

（3）装卸搬运功能要素。装卸搬运是物流过程中频繁发生的一项活动。装卸包括对输送、保管、包装、流通加工等物流活动进行衔接活动，以及在保管等活动验、维护、保养所进行的装卸活动。伴随装卸活动的小搬运，一般也包括在全物流活动中，装卸活动是频繁发生的，因而是产品损坏的重要原因。对主要是确定最恰当的装卸方式，力求减少装卸次数，合理配置及使用装省力、减少损失、加快速度，获得较好的经济效果。

（4）储存保管功能要素。储存保管功能要素包括堆存、保管、保活动的管理，要求正确确定库存数量，明确仓库以流通为主还是以制度和流程对库存物品采取有区别的管理方式,力求提高保管效率,降低损耗,加速物资和资金的周转。

(5)流通加工功能要素。流通加工功能要素又称流通过程的辅助加工活动。这种加工活动不仅存在于社会流通过程中,也存在于企业内部的流通过程中。企业、物资部门、商业部门为了弥补生产过程中加工程度的不足,更有效地满足用户或本企业的需求,更好地衔接产需,往往需要进行流通加工活动。

(6)配送功能要素。配送功能要素是物流进入最终阶段,以配货、送货形式最终完成社会物流并最终实现资源配置的活动。配送活动一直被视作运输活动中的一个组成部分,看作是一种运输形式。所以,过去未将其独立作为物流系统实现的功能,而是将其作为运输中的末端运输对待。但是,配送作为一种现代流通方式,集经营、服务、社会集中库存、分拣、装卸搬运于一身,已不仅是一种送货运输所能包含的,所以可看作独立功能要素。

(7)物流信息处理功能要素。在物流过程中,伴随着物流的进行,产生大量的、反映物流过程的有关输入、输出物流的结构、流量与流向、库存动态、物流费用、市场情报等信息,对信息进行加工处理有利于及时了解和掌握物流动态,协调各物流环节,有效地组织好物流活动。

在上述功能要素中,运输及储存保管分别解决了供给者与需要者之间场所和时间的分离,分别是物流创造"场所效用"及"时间效用"的主要功能要素,因而在物流系统中处于主要功能要素的地位。

任务二 物流系统运行机制

导入案例

根据鲜花种植专家测定,玫瑰花从农场收割后,通常可以在正常情况下保鲜14天,这是在整个运输过程中万无一失的情况下才能够做到的,而且玫瑰花不能受到挤压,花枝受压变形后会大大降低玫瑰花的品质。那么,如何让人们看到高品质的玫瑰花呢?

南美洲厄瓜多尔中部Cotopaxi火山地区常年气候温暖,雨水充足,虽然山高林密,地势险要,是玫瑰花和其他珍贵花卉的盛产之地。

玫瑰花太娇嫩了,经不起日晒雨淋,农场主将园中的玫瑰花枝剪下来之后立即包装起来。为了防止花枝受到挤压,包装用的盒子都非常结实,盒子装满鲜花后即使站一个人上去也不变形,而且这种良好的包装使得运输过程中避免了重复包装。一般都将150枝玫瑰装一盒,然后将盒子装入华氏34度的冷藏集装箱内。等集装箱装满之后就被送到厄瓜多尔Quito国际机场,再从这里被连夜直接送往美国迈阿密机场。美国迈阿密州的××物流公司向北美各大城市配送的玫瑰花就是在这个地区的3家大型农场定点供应。

××物流公司发明了一种环保集装箱,它的保温时间可以持续96个小时,而且能贮存在宽体飞机底部的货舱内。第二天凌晨,满载着新鲜收割的玫瑰花的货机徐徐降落在迈阿密国际机场,在此等候着的工作人员将鲜花迅速从飞机舱口运到温控仓库里。早上,海关当局、检疫所和动植物检验所的工作人员来对鲜花进行例行检查。之后,花卉就被转运到集装箱卡车或国内航空班机上,直接运达美国各地配送站、超市和大卖场,再通过它们将鲜花送往北美大陆各大城市街道上的花店、小贩和快递公司等处,并最终到达消费者手中。整个过程是快速衔接的,在时间上不能有任何差错。这样,北美地区的人们就能够欣赏到来自南美洲厄瓜多尔美丽的玫瑰花了。

当然,并不是所有的玫瑰花都能够如此顺利地到达人们手中。在玫瑰花从不远千里的厄瓜多尔农场来到北美各大城市的过程当中,其中任何一个环节发生意外或处理不当都有可能导致玫瑰花香消玉陨。比如,飞机晚点、脱班或飞机货舱容量不够大,抑或冷藏集装箱的温控设备失灵等都会影响玫瑰花的品质。此外,还有一些人为的因素,如有些货主为了降低运费,不采用具有温控设备的运输工具来运送玫瑰花等。

任务目标

通过本项目的学习,项目团队应了解物流系统设计的要素,掌握物流系统分析的原则和方法,并且可以根据物流系统设计有关基本数据的六个要素,分析物流系统设计是否合理,提出物流系统设计的改进意见。

任务学习

一、物流系统的模式

物流系统与系统一样,具有输入、输出、处理(转化)、限制(制约)及反馈等功能。根据物流系统的性质,具体内容有所不同(如图2-1所示),简述如下。

(一)输入

通过提供资源、能源、设备、劳力、劳动手段等,对某一系统发生作用,这一作用被称为外部环境对物流系统的"输入"。

物流系统的输入内容有:各种原材料或产品、商品,生产或销售计划,需求或订货计划,资源,资金,劳力,合同,信息等。

(二)处理(转化)

物流本身的转化过程,即从"输入"到"输出"之间所进行的生产、供应、销售、服务等活动中的物流业务活动,称为物流系统的"处理或转化"。

物流系统的处理包括:各种生产设备、设施(车间、机器、车辆、库房、货物等);各物流企业进行的物流业务活动(包括运输、储存、包装、装卸搬运等);各种物流信息的数据处理;各项物流管理工作。

（三）输出

物流系统与其本身所具有的各种手段和功能，对环境的输入进行各种处理后所提供的物流服务称为物流系统的"输出"。

物流系统输出的内容有：各种物品位置与场所的转移，各种信息报表的传递，各种合同的履行，提供各种优质的服务等。

（四）限制或制约

外部环境对物流系统施加一定的约束称之为外部环境对物流系统的"限制和干扰"。

对物流系统的限制或制约因素有：资源条件，能源限制，资金力量，生产能力，价格影响，需求变化，市场调节，运输能力，政策的变化等。

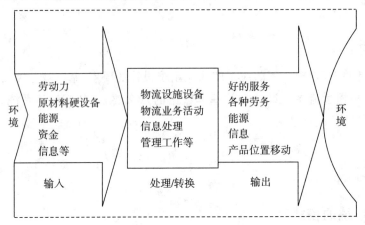

图 2-1　物流系统基本模式

（五）反馈

物流系统在把"输入"转化为"输出"的过程中，由于受系统内外各种因素的限制、干扰，不会完全能按原来的计划实现，往往使系统的输出未达到预期的目标，所以需要把"输出"的结果返回给"输入"进行调整（即使按原计划实现，也要把信息返回，以对工作进行评价），这称为"反馈"。

物流系统反馈的主要内容有：各种物流活动分析，各种统计报表、数据，典型调查，工作总结，市场行情信息，国际物流动态等。

二、物流系统设计要素

好的物流系统需要进行科学设计，以最佳的结构、最好的配合，充分发挥其系统功能，实现整体物流合理化。

（一）商品的种类、品目（Products）

种类、品目的数目对物流系统的复杂程度有很大的影响。

（二）商品的数量（Quantity）

按种类、品目分别统计的商品数量多少，经营或生产年度目标的规模，价格和价值。

（三）商品的流向（Route）

商品的流向包括起始点（如生产厂）和终点（如配送中心、消费者），单向输送与多点配送，直接送达与巡回送货等。

（四）服务水平（Service）

服务水平包括送货的快速性、即时性、正确性，商品质量的保持如不损伤、不变质、不丢失等，信息查询的可能性、便捷性等。

（五）时间（Time）

时间包括不同的季度、月、周、日、时业务量的波动、特点，淡季与旺季、月初与月末业务量的波动，配送中心上午的发货高峰、下午的进货高峰等。业务量波动大的物流系统运作难度较大，有时要调整业务流程与作业时间以减少波动值。

（六）物流成本（Cost）

物流成本一直是物流系统设计与改善的最关心的问题之一，也是物流系统的规模与水平的主要约束条件。

以上 P、Q、R、S、T、C 称为物流系统设计有关基本数据的六个要素，系统设计中必须具备这几个方面的有关资料。

三、物流系统分析

（一）物流系统分析的概念及目的

1. 物流系统分析的概念

物流系统呈现多层次结构，对物流系统进行系统分析可以了解物流系统各部分的内在联系，把握物流系统行为的内在规律性，进而对物流系统的设计、改善和优化作出正确的决策。所以说，无论从系统的外部或内部，设计新系统或是改造现有系统，系统分析都是非常重要的。

物流系统分析是指在一定时间和空间里，对其所从事的物流活动和过程作为一个整体来处理，以系统的观点、系统工程的理论和方法进行分析研究，以实现其时间和空间的经济效应。物流系统分析贯穿于从系统构思、技术开发到制造安装和运输的全过程,其重点应在物流系统发展规划和系统设计阶段。物流系统分析所涉及的问题范围很广,其对象可以是大的宏观物流系统,也可以是局部的一个子系统。

物流系统分析时要运用科学的分析工具和计算方法,对系统的目的、功能、结构、环境、费用和效益等,进行充分、细致的调查研究,收集、比较、分析和处理有关数据,建立若干个拟定方案,比较和评价物流结果,寻求系统整体效益最佳和有限资源配备最佳的方案,为决策者最后抉择提供科学依据。

2. 物流系统分析的目的

物流系统分析的目的是通过分析比较各种物流方案的功能、费用、效益和可靠性等各项经济、技术指标,向决策者提供可做出正确决策所必需的资料和信息,以便获得最优的系统方案,为决策者提供科学依据。

在进行分析的时候,要把任何研究对象均视为系统。如在分析物流系统中的运输问题时,需要将运输设施、运输管理方法、运输资源、运输目的等综合成一个整体进行研究,即运输系统,而运输系统又是物流系统的一个子系统,以系统的整体最优化为工作目标,力求建立数量化的目标函数;并应用数学的基本知识和优化理论,从而尽量使各种替代方案可进行定量化的比较,而不是凭主观臆断和单纯经验判断。这样的物流系统分析才能使人们科学地寻找到物流系统的潜力,使物流系统得到优化和最佳效益。

物流系统分析涉及搬运物流系统、系统布置、物流预测、库存等各种信息,要应用多种数理方法和计算机技术,这样才能分析比较实现不同物流系统目标和采用不同方案的效果,为系统评价和系统设计提供足够的信息和依据。

(二)影响物流分析的因素

物流系统存在于大的外部环境系统之中,其与内部子系统的关系都将直接影响到物流系统的功能,因此在物流系统分析时必须考虑其影响因素:物流服务需求、物流行业的竞争状况、不同区域物流市场差异、物流技术的发展、流通渠道的结构、经济发展水平和物流基础设施等。

1. 物流服务需求

物流服务需求包括服务水平、服务时间、服务地点、产品特征等因素,它们是物流系统规划设计的基础。由于内外环境的不断变化,企业必须不断改进物流服务条件,以达到最佳的物流系统。

2. 物流行业的竞争状况

物流系统规划设计就是寻求最佳的竞争优势,企业必须考虑物流成本的合理性,协调物流节点能力与市场需求之间的关系,从而降低成本,获得最好的竞争优势。

3. 不同区域物流市场的差异

物流系统中的因素如人口密度、经济发展水平、交通条件、风俗习惯、宗教信仰等影响着物流系统规划的设计。

4. 物流技术的发展

信息、物流技术等对物流发展具有重大的影响,快速、准确的信息交换可以实时掌握物流的动态,从而可以对物流系统实时管理与控制,提高物流效率。

5. 流通渠道的结构

流通渠道的结构是由买卖关系组成的企业之间的商务关系,而物流活动是伴随着一定的商务关系而产生的。因此,为了支持商务活动,物流系统的构筑应考虑流通渠道的结构。

6. 经济发展水平

经济发展水平、居民消费水平、产业结构等直接影响着物流服务需求的数量和质量。物流系统必须适应物流服务需求的不断变化,不断拓展其功能,以满足经济发展的需要。

7. 物流基础设施

物流基础设施包括物流场站、物流中心、港口、铁路、公路、仓库、通行设施等,它们直接影响着物流系统的规划设计。

(三) 物流系统分析的原则

一个物流系统由许多要素组成,要素之间相互作用,物流系统与环境互相影响,这些问题涉及面广而又错综复杂,因此在进行物流系统分析时,应认真考虑以下原则:

1. 内部环境和外部环境相结合

物流系统是流通领域的一个子系统,它不是孤立的封闭系统,而是与社会环境紧密联系的开放性系统,受外部社会经济、政策以及科学技术等多方面条件的制约,并随需求、供应、价格等因素的变化而变化。从内部来看,物流系统也会受物流各功能要素的影响和制约。因此,在进行物流系统分析时,既要注意对外部环境进行分析,也要注意对系统内部各环节的协调,对系统内外的关联因素进行综合考虑,以使物流系统在一定的环境中高效运行。

2. 当前利益与长远利益相结合

在进行方案优化时,既要考虑当前利益,又要考虑长远利益。一般来说,只有兼顾当前利益和长远利益的物流系统才是最好的系统和最具有生命力的系统。

3. 局部利益与整体利益相结合的原则

在分析物流系统时常常会出现这种情况,局部效益与物流系统整体效益并不一致,其原因就在于物流系统的"二律背反"规律,即某一局部效益的增长可能带来另一局部效益的减少。因此,在选择方案的时候,我们不仅要考虑物流系统的局部效益,更加重要的是要考虑物流系统的整体效益。即使局部效益并不经济,但整体效益最优的方案才是可取的方案。

4. 定量分析和定性分析相结合

当分析系统的一些数量指标时,采用定量分析的方法,有利于使系统量化,便于根据实际确定对策;而当分析那些不能用数字量化的指标时则采用定性分析的方法,可以减少弯路,节省成本。只有把定性与定量结合起来进行分析,才能达到系统优化的目的。

（四）物流系统分析的步骤

系统分析是通过对现有系统的调查和分析来确定新系统目标的极为重要的阶段，是系统工程的技术前导。系统分析首先要对现有系统进行详细调查，包括调查现有系统的工作方法、业务流程、信息数量和频率、各业务部门之间的相互联系；然后再对现有系统从时间和空间上对信息的状态作详细调查和基础上，分析现有系统的优缺点，并了解其功能。物流系统分析的具体步骤如图2-2所示。

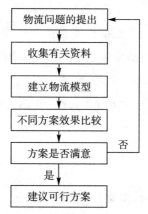

图2-2　物流系统分析步骤框架

（五）物流系统分析的方法

物流系统分析常用的方法主要有以下几种。

1. 数学规划法

数学规划法是一种对系统进行统筹规划，寻求最优方案的数学方法。其具体理论与方法包括线性规划、动态规划、排队论和库存论等。这些理论和方法都是解决物流系统中物流设施选址、物流作业的资源配置、货物配载、物料储存的时间和数量问题。

2. 统筹法

统筹法是指运用网络来统筹安排，合理规划系统的各个环节。它用网络图来描述活动流程的线路，把事件作为结点，在保证关键线路的前提下安排其他活动，调整相互关系，以保证按期完成整个计划。统筹法可用于物流作业的合理安排。

3. 系统优化法

系统优化法是指在一定约束条件下，求出使目标函数最优的解。物流系统包括许多参数，这些参数相互制约，互为条件，同时受外界环境的影响。系统优化研究就是在不可控参数变化时，根据系统的目标，如何来确定可控参数的值，以使系统达到最优状态。

4. 系统仿真

系统仿真是指利用模型对实际系统进行实验研究，利用数学公式、图表等抽象概念来表示实际物流系统的内部状态和输入输出关系。

上述方法各有特点,在实际中都得到广泛的应用,其中系统仿真技术是近年来应用最为普遍的方法。系统仿真技术的发展及应用依赖于计算机软硬件技术的飞速发展,随着计算机科学与技术的巨大发展,系统仿真技术的研究也在不断完善,应用不断扩大。

任务三 物流系统化

导入案例

香港机场货运中心是比较现代化的综合性货运中心,它的物流实现了高度的自动化,如在其 1 号货站,货运管理部对需要入库的货物按标准打包;之后,一般规格的包装通过货架车推到一列摆开的进出口,在电脑输入指令,货架车就自动进入轨道,运送到 6 层楼高布满货架的库房,自动进入指定的仓位。需要从仓库中提取的货物,也是通过电脑的指令,货物自动从进出口输送出来。搬运货物主要用叉车、拖车,看不到人工搬运,这也是它与其他的货运中心不同之处。

传统的仓储运输业与现代物流业对比,传统储运注重的是做好货物的保管和运输,而现代物流则专注于包括运输、装卸、保管、加工、包装、配送、信息网络等,其要求是通过整体科学管理使物流过程做到最优化。基于此,社会化、现代化的物流中心,必须具备地点适中、一定的规模、完整的配套、拥有大量的专业技术人才等条件,并不断提高信息化、现代化、国际化水平,以实现商流、现金流、物流、信息流的有效整合。

任务目标

通过本项目的学习,项目团队应了解物流系统化的概念和特点,掌握物流系统化的具体措施,并且能根据企业物流系统的实际情况,制定出物流系统化的具体措施。

任务学习

一、物流系统化的概念

对物流大系统来说,在各个子系统之间存在着互相制约、互相依存的关系,有时甚至是矛盾的。例如,在包装环节,如果片面地强调节省包装材料和包装费用,不适当地少用包装材料或用低质代用材料,虽然包装环节费用降低了但由于包装质量差,在运输和装卸搬运过程中造成货物破损,从物流系统全过程来看,这反而是一种浪费。

所以,物流系统的各个子系统之间,既是独立的,又是互相联系、互相制约的。各个子系统要为物流大系统取得整体的经济效益创造条件,这就是物流系统化,而物流系统化又是物流合理化的重要前提。

所谓物流系统化，就是把物流的各子系统联系起来视为一个大系统，进行整体设计和管理，以最佳的结构、最好的配合，充分发挥其系统功能的效率，实现整个物流合理化。

二、物流系统化的特点

（一）生产流通企业以物流系统化为总目标进行物流革新及重构

由物流系统化的本质涵义可知，物流系统化并不是要将全国的物流构成一个总的系统，也不是按照区域规划将区域内、区域间的物流构成一个总的系统，这些都不属物流系统化的研究范畴。物流系统化是作为微观物流组织者的生产、流通企业进行物流系统革新的总目标，是指要将生产、流通企业的包装、装卸、运输、储存、配送、流通加工、物流信息这些以前分开管理的物流活动作为一个总体系统来构造、组织和管理。

（二）各子系统相互协调、共同发挥各自功能使总系统目标最优

物流系统化谋求的是物流子系统的协调，是在物流系统目标之下的子系统的协调，因而着重研究的不是各子系统本身，而是各子系统之间的联系、影响、制约关系，是各子系统的功能与总体系统目标之间的关系。当然它是以各子系统的研究为基础的，但只是孤立地研究包装、装卸、运输、储存、配送、流通加工、物流信息，仅提出各子系统优化的理论与方法是不能说成物流系统化的。

（三）物流系统化以硬件为基础，以软件为主体

物流系统化所说的把包装、装卸、运输、储存配送、流通加工、物流信息作为一个系统来构造、组织和管理，并不是说企业所实现的物流系统是一个囊括包装、装卸、运输、储存、配送、流通加工、物流信息所有装备的硬件集合体。企业作为物流的组织者实施的物流系统化，应该是根据本企业的物流特性，结合可利用自有及社会物流设施、物流服务，通过物流系统分析和效益费用分析，发现目前物流系统的问题，提出改进物流系统的方案，重新构造出适合于本企业物流特性，以最低的物流总成本完成要求的物流服务的物流系统。

（四）物流系统化的目的

日本学者菊池康认为，物流系统化的目的在于Speed（速度）、Safety（安全）、Surely（可靠）、Low（低费用）的3S1L原则，即以最少的费用提供最好的物流服务。

密西根大学的斯麦基教授倡导的物流系统化的目的体现在"7Right"，即Right Quality（优良的质量）、Right Quantity（合适的数量）、Right Time（适当的时间）、Right Place（恰当的场所）、Right Impression（良好的印象）、Right Price（适宜的价格）、Right Commodity（适宜的商品）。

物流系统化的目的可归纳为：按交货期将所订货物适时而准确地交给用户；尽可能地减少用户所需的订货断档；适当配置物流据点，提高配送效率，维持适当的库存量；提高运输、

保管、装卸、包装、流通加工等作业效率,实现省力化、合理化;保证订货、出货、配送的信息畅通无阻;使物流成本降到最低。

三、物流系统化的内容

（一）大量化

随着消费的多样化和产品的多品种化,多数客户往往要求频繁地订货预约,迅速交货。在接受订货的企业中,因为要尽可能地使发货批量变大,采取最低限额订购制,以期降低成本。大型超市、百货店,从制造厂或批发商那里进货,把向各店铺个别交货的商品,由中间区域设置的配送中心集约起来,再大批量地送往各店铺,并按照客户的订货量,采用减价供货制。

（二）共同化

在同一地区或同一业种的企业中,谋求物流共同化的情况比较多,尤其在大城市,由于交通拥挤,运输效率大大降低,积极参加共同配送的企业越来越多,各种销售企业面向百货店、大型超市的共同配送的例子举不胜举。不少小规模的企业也共同出资建立"共同配送中心",全面地使装卸、保管、运输、信息处理等物流功能协作化。

（三）短路化

过去,很多企业的商品交易过程是按照制造商→一次批发→二资批发零售商→消费者的渠道进行的,商品经由的各个阶段都有仓库。现在,销售物流可以不经由中间阶段,直接把商品从制造厂送至二次批发或零售商,使物流路线缩短,既减少了商品的移动,又压缩了库存量。

（四）自动化

企业在过去的运输、装卸、配送、保管、包装等物流功能中,引进了各种机械化、自动化的技术。在运输等方面,由于运用托盘、集装箱而发展起来的单位载荷制,提高了货物分拣机械化水平的技术;在保管方面,由于高层货架仓库发展为自动化仓库,大大提高了保管的效率。

（五）信息化

物流系统中的信息系统是指企业从订货到发货的信息处理结构。在企业活动中,信息是控制生产和销售系统相结合的物流作业系统组成部分,因而物流信息的系统化、效率化是物流系统化必不可少的条件。

（六）网络化

由物流环节构成的供应链本身就是一个链式网络。这里的结构网络化并不仅指这种链式网络,还包括物流过程中由于服务对象多元化形成的网状结构。企业的运输线路、配送线路和库存分布必然形成复杂的网络结构。

四、物流系统化的措施

（一）物流计划化

物流的组织管理要科学规划和合理设计,这是实现物流合理化的首要条件。物流企业应与商品生产经营企业紧密结合,对其物流系统进行科学规划,并使物流活动纳入计划。即根据其购销业务的商流计划,制定相应的物流计划,妥善安排货物的运输、储存、装卸等物流环节,按照客户要求的数量、时间、地点,把原材料或商品准确地运送到工厂、商店或消费者手中,达到客户满意,提高物流社会效益。

（二）物流直达化

物流企业在组织货物运送的过程中,应尽量减少中间环节,特别是物流过程中运输、储存等环节,把货物由供给者的仓库或货场直接运送到客户的仓库（货场）或消费者手中,实现门到门的运送。物流直达化可以加快商品运送时间,创造时间价值,又可以降低物流费用支出,因而是物流企业组织物流合理化的主要形式或目标。

（三）物流短距化

物流企业在组织货物运送的过程中,要根据货物的发、到地点,选择最佳的运送路径,使运送距离最短。

（四）物流网络化

物流企业在组织货物运送过程中,要尽可能组织双向运输,提高运输工具的回运系数或里程利用率。组织双向运输的主要途径是形成运输网络,物流企业可以自行建立网点,或相互之间达成协议互为对方提供组货服务,同时要建立有效的信息系统,及时传递车、货信息。

（五）物流集中化

物流企业在组织货物运送时,对小批量、零星货物,要把几个货主的多种商品,且发往同一地区、同一方向的,在计划化的基础上,集零为整,就小量为大量,采用混装的形式进行集中运送。

（六）物流社会化

物流的各个功能要素被分割从属于社会各单位、各部门,有的属于生产过程的一个环节,有的作为商流的组成部分,有的是同一物流企业分属多个部门。生产流通合一,商流物流合一,条块分割,使物流要素功能弱化,物流系统支离破碎,这在我国由传统计划经济向社会主义市场经济转变过程中,表现比较突出。这一方面受经济发展水平的影响,另一方面受经济体制、人们观念认识的影响。因此,要在经济体制改革中,遵循社会化大生产分工协作和市场经济运行的客观要求,加快物流活动专业化、商品化和社会化进程,使物流成为相对独立的系统,这是物流合理化的必要条件。

(七)物流服务化

物流企业属于第三产业,它既有经营,又有服务,是以服务为主的经营服务型企业。因此,应当树立"顾客就是上帝"的服务宗旨,加强服务教育,提高职工的服务意识和素质,制定服务规范,为社会提供高标准的服务水平。物流服务化关系物流业务发展,是实现物流合理化的一项重要内容。

(八)物流标准化

物流标准化是指从物流系统的整体出发,制定其各子系统的设施、设备、专用工具等技术标准,以及业务工作标准;研究各子系统技术标准和业务工作的配合性,按配合性要求,统一整个物流系统的标准;研究物流系统与相关其他系统的配合性,谋求物流大系统的标准统一。

五、物流系统化的程序

运用系统化管理方法来设计和改进物流体系,是物流管理中重要的内容和任务之一。物流系统的研究大体可分为三个阶段:系统研究,系统设计,系统应用。

(一)系统研究阶段

系统研究阶段的任务是研究分析现状、找出问题和确定目标。系统研究要从全局出发,运用系统方法,正确确定系统研究的对象和范围,然后通过资料的收集和加工整理,对实际部门的调查和各种相关因素的分析,来透彻地了解物流的现状和存在的关键问题,在此基础上确定预期的改进目标,并为进一步制定新的方案拟定必需的若干原则。

(二)系统设计阶段

系统设计阶段的任务包括改革方案的构思,判断和选择以及改革方案的细化。在这一阶段,要对各种可能的方案进行深入细致的比较和分析,确定各自在技术上的优劣和经济上的可行性,进而作出正确抉择。

(三)系统应用阶段

系统应用是改革方案的全面实施阶段,在实行中要采取相应的配套措施和保证措施,以确保方案的顺利实施和系统化的实现。

物流系统化的实现对于物流管理来说,只是完成了最重要的一步。物流管理贯穿于整个物流活动中,必须不断地进行计划——实施——评价的反复循环,以期在物流环境和各种物流条件发生变化时,能够主动对物流系统进行必要的调整和更新,从而保持物流系统运行的最佳状态。

项目小结

用系统的观点来研究物流活动是现代物流管理的核心问题。物流并不是某一个环节的概念,不能单纯地认为运输就是物流,或者认为保管就是物流,这就偏离了物流的本质。物流系统是一个复杂的、动态的、广泛的系统。物流系统的子系统一般认为有运输、储存保管、包装、装卸搬运、流通加工、配送、物流信息等,各个子系统要为物流大系统取得最好的、整体的经济效益创造条件,这就是物流系统化,也是物流合理化的重要前提。

同步练习

一、单项选择题

1. 物流系统结构要素之间的"二律背反"现象,原因是物流系统的( )。
   A. 复杂性　　　　B. 动态性　　　　C. 广泛性　　　　D. 相关性
2. 物流系统的输出是( )。
   A. 物流情报　　　B. 流通加工　　　C. 产品配送　　　D. 物流服务
3. 研究系统的中心问题是( )
   A. 研究各元素之间的关系　　　　　B. 研究系统如何优化
   C. 研究系统建立可应用的模型　　　D. 研究系统可判别性能的标准
4. ( )是一种对系统进行统筹规划,寻求最优方案的数学方法。
   A. 数学规划法　　B. 统筹法　　　　C. 系统优化法　　D. 系统仿真
5. 下列不属于物流系统的建立过程的是( )。
   A. 系统规划　　　B. 系统设计　　　C. 系统仿真　　　D. 系统实施

二、填空题

1. _____是系统最基本和最重要的本质特性。
2. 在物流系统的诸多功能要素中,_____和_____分别解决了供给者及需要者之间场所和时间的分离,分别是物流创造"场所效用"及"时间效用"的主要功能要素,因而在物流系统中处于主要功能要素的地位。
3. 物流系统化的内容包括大量化、_____、_____、_____、信息化、网络化等。

三、简答题

1. 物流系统的特征是什么?
2. 简述物流系统的功能要素是什么?
3. 物流系统分析的方法有哪些?
4. 物流系统优化的措施是什么?
5. 试述物流系统运行的模式

四、案例分析

奥康物流运作的三个"零"

奥康集团17年来的皮鞋产量足以达到使浙江省每人拥有一双奥康鞋。面对每年上千万双的鞋子,奥康如何做到物畅其流呢?据了解,现在的奥康正朝着企业经营三个"零"的方向发展,即物流管理零库存、物流运营零成本、物流配送零距离。

1. 物流管理零库存

1998年以前,奥康沿用以产定销营销模式。当时整个温州企业的物流形式都是总部生产什么,营销人员就推销什么,代理商就卖什么。这种模式导致与市场需求脱离、库存加大、利润降低。

1999年,奥康开始实施产、销分离,全面导入订单制,即生产部门生产什么不是生产部门说了算,而是营销部门说了算。营销部门根据市场的信息、分公司的需求、代理商的订单进行信息整合,最后形成需求,向生产部门下订单。这样,奥康的以销定产物流运作模式慢慢形成。

2004年以前,奥康在深圳、重庆等地外加工生产的鞋子必须通过托运部统一托运到温州总部,经质检合格后方可分销到全国各个省级公司,再由省级公司向各个专店和销售网点进行销售。没有通过质检的鞋子需要重新打回生产厂家,修改合格以后再托运到温州总部。这样一来,既浪费人力、物力,又浪费了大量的时间,加上鞋子是季节性较强的产品,错过上市最佳时机,很可能导致这一季的鞋子积压。

经过不断探索与实践,奥康运用将其他工厂变成自己仓库的方法来解决这一问题。具体操作方法是:假如奥康在深圳、重庆生产加工的鞋子无须托运回温州总部,只需温州总部派出质检人员前往生产厂家进行质量检验,质量合格后生产厂家就可直接从当地向奥康各省级公司进行发货,再由省级公司向各营销点进行分销。

奥康集团总裁王振滔表示,当时机成熟时,奥康完全可以撤销省级的仓库,借用别人的工厂和仓库来储存奥康的产品,甚至可以直接从生产厂家将产品发往当地直接点。这样,既节省大量人力、物力、财力,又节省了大量时间,使鞋子紧跟市场流行趋势。同时,可以大量减少库存甚至保持零库存。按照这样的设想,奥康在30多家省级公司不需要设置任何仓库,温州总部也只需设一个中转仓库就可以了。

2. 物流运营零成本

奥康提出的物流运营零成本并非是物流运营不花一分钱,只是通过一种有效的运营方式,极大限度地降低成本,提高产品利润。

现代市场的竞争就是眼光与决断。特别是对皮鞋行业而言,许多产品是季节性的,对这类产品,就是比时间、比速度。对一些畅销品种,如果能抢先对手一星期上货、一个月出货,就意味着抢先占领了市场。而对于市场的管理终极目的也在于此,如果你的产品慢于对手一步,就会形成积压。

积压下来无法销售掉的鞋子将会进行降价处理,如此一来,利润减少,物流成本加大。实在处理不掉的鞋子将统一打回总部,二次运输成本随之产生,物流成本也就在无形之中增加了。据了解,奥康将一年分为8个季,鞋子基本上做到越季上市。一般情况下,在秋季尚未到来的半个月前,秋鞋必须摆上柜台,这在一定程度上考验奥康的开发设计能力,必须准确地把握产品的时尚潮流信息。为此,奥康在广州、米兰等地设立信息中心,将国际最前沿的流行信息在第一时间反馈到温州总部,这样就可以做到产品开发满足市场需求,从而减少库存、增加利润。

很多消费者可能都有这样一种经历,电视台上有些大打广告的产品,当你心动准备去购买的时候,跑遍了所在城市的每一个角落,也找不到它们的踪影。如此一来,信息成本加大,进一步导致利润降低。奥康的广告策略是广告与产品同时上市或广告略迟于产品上市,这样既可以使产品在上市之初进行预热,又可以收集到产品上市后的相关信息,有利于对返单的鞋子进行产品宣传及进一步的开发设计,达到高销量的要求。同时也降低了物流运营成本。

3.物流配送零距离

物流配送零距离是指以最短的时间、路程对产品进行配送。传统的库存管理主要通过手工做账与每月盘点的方法来实现,但面对当今市场高速运行、皮鞋季节分化日益明显的态势,不能及时清晰对库存结构及数量作出准确的反映,就会在企业的运营中出现非常被动的局面。有时库存处于警戒线后,企业必须在一个月后经过全国大盘点后才可以得知,而这时若想进行调整就已经有些晚了。

为此,奥康采用了用友U8系统,并于2005年在整个集团公司开始试用ERP系统。着手建立了全国营销的分销系统,为每个分公司、办事处配备电脑,并与总部电脑进行连接,使各网点与总部联网,最后达到信息快速共享的目的。这样,总部与分公司、分公司与终端网点的信息沟通、反馈及处理就全部在电脑上操作完成,形成一个快速的信息反应链,每个销售分公司的销售网点每天的销售就一目了然。

现在,无论到奥康全国任何一个分公司、办事处的任何一台电脑上,都可以了解到公司产品的库存总数、当天销售、累计销售、某一类型产品的数量及尺码,总部对一些畅销品种就能马上作出反应,打好时间战,产品的南货北调迅速完成。促进了总部的决策活动与全国物流整体把握,把全国物流风险降低,提高整体的经济效益。

据了解,奥康现在除了在台湾、香港、澳门三地没有设立营销机构外,在全国31个省市、自治区都拥有自己的营销网络,106个营销机构,2000多家连锁专卖店,1000多家店中店,并在意大利的米兰成立了境外分公司,在西班牙的马德里设立办事处。强大的终端网络促使奥康物流"能流""速流"。现在,奥康产品三天之内就可以通过专卖店及商场专柜等终端出现在消费者面前,实现了营销工作的第一步"买得到"。

同样一款夏季凉鞋出现在吉林和海南两地市场上的时间差绝不会超过一天,出现在浙江和北京市场上的时间差不会超过两天,只有这种完善的营销网络才能做到物畅其流。

思考题

1.奥康要实现"三零"目标,其在物流系统改善方面需要作出哪些努力?

2.奥康重视零库存、配送零距离的意义是什么?

任务实训

实训项目　物流企业运作部门职能认知

实训组织

1. 以小组为单位进行实训活动,选出组长,组内进行人员分工。

2. 联系当地某一家物流企业,进行实地考察,并结合网络收集,完成物流企业运作部门职能认知报告。

实训步骤

1. 分组并选定组长。

2. 选定实习调研的企业。

3. 进行物流企业的实地调研及网络资料搜集。

4. 分工完成该物流企业运作部门职能认知报告。

实训考核

1. 根据小组内的分工协作情况进行评价。

2. 根据物流企业运作部门职能认知报告的完成情况进行评价,要求至少涵盖物流七个功能要素中的四个。

项目三 运输

学习目标

知识目标

1. 了解和掌握运输的概念
2. 掌握五种运输方式的含义及特征,了解成组运输及多式联运的含义
3. 掌握运输合理化的具体措施

技能目标

1. 学会根据企业运输实际,选择合适的运输方式
2. 学会判断不合理运输,并提出有针对性的合理化措施

任务一 运输概述

导入案例

2017年,安徽省政府公布了未来五年交通规划,安徽将建立起现代铁路交通体系及民航建设体系,规划的主要内容如下:

1. 高铁:省内所有设区市全覆盖

到2021年,安徽省将基本建成以合肥为中心,阜阳、蚌埠、安庆、芜湖、黄山等区域性铁路枢纽为支撑,连接全部设区市,通达全国主要城市的高速铁路网络。2017—2021年,续建快速铁路1037公里,开工建设830公里,建成1400公里。

2. 城际铁路:加快皖江、皖北城际铁路网建设

围绕新型城镇化发展,加快皖江、皖北城际铁路网建设,利用已建高速铁路和既有普通铁路,提供快速度、公交化、大容量的城际运输服务,实现中心城市之间、中心城市至周边主要城镇、重点旅游景区之间快速铁路客运联通。

3. 沿江(长江)、沿淮(淮河)等重点港口建设集疏运专用铁路

加快连接沿江、沿淮主要港口、开发区、物流园区的集疏运铁路建设,打通"最后一公里"。支持工矿企业专用线建设。加快现代铁路物流中心建设,完善配套设施,发展铁路集

装箱运输。2017—2021年，重点实施合肥、六安等市郊（域）铁路，沿江、沿淮等重点港口建设集疏运专用铁路。

4.民航：开通民航运输机场达到10个，建设通用机场16个以上

到2021年，全省开通民航运输机场达到10个，建设通用机场16个以上，实现全省92%的县级行政单元能够在地面交通100公里范围内享受航空基本服务。加快推进新建芜湖、宣城、蚌埠、亳州、宿州、滁州等民航机场建设。开展新建金寨民航机场以及迁建安庆、黄山机场前期研究，努力把黄山机场建成区域性旅游航空枢纽。

问题：你认为安徽省未来五年的交通规划，会对安徽省的物流运输带来什么影响呢？

任务目标

通过本项目的学习，项目团队应掌握运输的概念、运输在物流中的作用，了解运输的特征等基本知识，熟悉运输的三个基本原理，并能用运输原理解释运输中的具体问题。

任务学习

一、运输的概念

中华人民共和国国家标准《物流术语》对运输的定义为：用设备和工具，将物品从一个地点向另一个地点运送的物流活动，其中包括集货、分配、搬运、中转、装入、卸下、分散等一系列操作(GB/T 18354—2006)。

运输是人或物借助于运力创造时间和空间效应的活动，本课程研究的对象是货物运输。当产品从一个地方转移到另一个地方而价值增加时，运输就创造了空间价值。时间效应则是指这种服务在需要的时候发生。所谓运力，是指由运输设施、路线、设备、工具和人力组成的，具有从事运输活动的能力系统。

运输作为物流系统的一个重要组成部分，包括生产领域的运输和流通领域的运输。生产领域的运输活动一般是在生产企业内部进行，因此称之为"厂内运输"，其内容包括原材料、在制品、半成品和成品的运输，这种厂内运输有时也称为"搬运"。它是作为生产过程的一个组成部分，直接为物质产品的生产服务的。流通领域的运输活动，则是作为流通领域里的一个环节。其主要内容是物质产品的运输，是以社会服务为目的，完成物品从生产领域向消费领域在空间位置上的物理性的转移过程。它既包括物品从生产所在地直接向消费所在地的移动，也包括物品从生产所在地向物流网点的移动和由物流网点向消费者（用户）所在地的移动。为了区别长途运输，往往把从物流网点到用户的运输活动称为"发送"或"配送"，将场地内部的移动称为"搬运"。本书所讲的物流运输侧重于流通领域的运输。

二、运输的作用

(一)运输是社会物质生产的必要条件之一

运输是国民经济的基础和先行。马克思将运输称之为"第四个物质生产部门",将运输看成生产过程的继续,这个"继续"虽然以生产过程为前提,但如果没有这个继续,生产过程就不能最后完成。所以,虽然运输的这种生产活动和一般生产活动不同,它不创造新的物质产品,不增加社会产品数,不赋予产品以新的使用价值,而只变动其所在的空间位置,但这一变动使生产能继续下去,使社会再生产不断推进。从这个角度来看,其可看作物质生产部门,或者物质生产部门的一个组成部分。

(二)运输可以创造"空间效用"

空间效用的含义是:同种"物"由于空间场所不同,其使用价值的实现程度则也不同,其效益的实现也不同。由于改变场所而最大限度发挥其使用价值,最大限度提高产出投入比,这就称之为"空间效用"。通过运输,将"物"运到场所效用最高的地方,就能发挥"物"的潜力,实现资源优化配置。从这个意义上讲,也相当于通过运输提高了"物"的使用价值。

(三)运输是"第三个利润源"的主要源泉

物流被称为"第三利润源",但在物流费用中,运输费用所占的比重最高。一般来讲,在社会物流费用当中,运输费用占近50%的比重,有些产品的运输费用甚至高于生产费用。因此,降低运输费用对于降低物流费用,提高物流活动经济效益,以及稳定商品价格,满足消费需求,提高社会经济效益都具有重要的意义。

(四)运输是物流的主要功能要素之一

物流是"物"的物理性运动,这种运动不但改变了"物"的时间状态,也改变了物的空间状态。而运输承担了改变空间状态的主要任务。运输是改变空间状态的主要手段,再配以搬运、配送等活动,以完成改变空间状态的全部任务。

在现代物流的观念诞生之前,仍有不少人将运输等同于物流,其原因是物流中很大一部分责任是由运输承担的,这也是物流的主要部分。

三、运输的特征

(一)物质生产性

实现劳动对象的空间位移是物流运输的基本功能,也是物流运输参与物质生产的主要途径。从表面看,运输不直接增加社会产品的实物总量,如运输对劳动对象只有生产权(即运输权),而不具有所有权;劳动对象在运输过程中的形态和性质也不发生变化,只改变了空间位置。这是社会生产过程在流通领域内的继续。产品只有从生产领域进入消费领域,其价值才会发生变化,而物流运输正是连接的是生产和消费领域。

(二)公共服务性

运输业尤其是运输基础设施,必须公平地为社会所有成员服务,必须以注重公共安全作为其重要目标,不能单纯或过分强调企业或部门的盈利性。

(三)政府干预性

由于运输业公共服务性的特点,世界各国政府对运输的价格、运输工具、运输范围等都进行了一定的干预,有些国家甚至对运输业实行高度管制。

(四)全球性

在经济、贸易、金融等全球化的今天,运输的全球化首当其冲,而且是全球化的载体,与其他全球化成为一个系统。

(五)生产和消费的同一性

运输生产和消费的同一性是指物流运输的生产过程就是对它的消费过程,因此,生产过程的开始也就意味着消费过程的开始,生产过程一结束,消费过程也就相应结束。运输的这种特性也决定了运输能力不能储存和调配,如果不及时消费就会被浪费。

四、运输的原理

(一)规模经济

规模经济的特点随着装运规模的增长,使每单位重量的运输成本下降。例如,整车运输的每吨成本低于零担运输。铁路或水路等运输方式的运输能力较大,所以其每单位重量的费用要低于汽车或飞机之类运输能力较小的运输工具。规模经济之所以存在,是因为转移一批货物有关的固定费用按整票货物的重量分摊时,该批货物越重,分摊到单位重量上的成本就越低。

(二)距离经济

距离经济指每单位的运输成本随距离的增加而减少。这是因为货物提取与交付有关的固定费用,随运输距离增加,分摊到单位运输距离上的固定费用会降低。根据距离经济原理,长途运输的单位运距成本低,短途运输的单位运距成本高。

(三)速度原理

速度原理是指在运输生产经营活动中,就某一次运输而言,随着运输速度的增大,货物的单位运输成本将上升。这是因为,运输速度越高,运输过程中消耗的能源越多,对运载工

具及运输组织工作的要求越高,因而会使运输成本增加。但是,运输速度提高,完成特定的运输所需时间越短,又使得运输实现的时间效用价值越高,如有利于缩短到货提前期,减少库存和降低存储费用。

任务二　运输方式及选择

导入案例

宝洁(P&G)中国有限公司在广州黄埔工厂生产的产品需要分销到中国内地的全市场区域。宝洁公司为这个分销网络设计了配套的物流网络,其中运输就是这个物流网络中的主要业务之一。北京是宝洁公司在北方的区域配送中心,商品从广州黄埔工厂到北京(宝洁)区域配送中心的运输可以采用公路、铁路、航空等方式进行,也可以将以上几种方式进行组合,对不同的商品品种采取不同的运输方式。

宝洁公司的物流目标是:保证北方市场的销售,尽量减少库存,降低物流的系统总成本。宝洁公司对市场销售需求和降低成本的目标要求进行了权衡和协调,最后确定了运输成本目标,在锁定的运输目标成本的前提下,宝洁公司要在铁路、公路和航空运输方式之间进行选择。铁路运输能够为宝洁公司运送大批量的商品,同时由于铁路运价"递远递减",从广州到北京采用铁路运输的运价是比较合算的,铁路还能提供全天候的运输服务等。但是,铁路运输的缺点就是手续复杂,影响办事效率,运作机制缺乏灵活性,采用铁路运输时,两端还需要公路运输配套,增加了装卸搬运环节和相关的费用,这样使铁路的待运期增加。另外,铁路部门提供的服务与宝洁公司的要求有不少差距。如果采用公路运输,宝洁公司将需要大批的卡车为其服务,在绵延1000多公里的京广公路运输线上的宝洁货运车队遇到的风险明显比铁路运输要大,同时,卡车运输的准时性、商品的破损率等都不会比铁路运输有优势,而且超过1000公里的距离采用公路运输从运输成本上来说是不合算的。但是,公路运输的最大优势是机动灵活,手续简便,如果气候条件好,卡车能够日夜兼程,在途时间还比铁路运输短,这样从总体上来说,采用公路运输还是比铁路运输合算。如果采用航空运输,虽然在运输速度上比铁路运输和公路运输都快,可以为企业带来时间上的竞争优势,但是航空运输的成本要远远大于另外两种运输方式。

以上几种运输方式各自存在利弊,其运输成本也各不相同,为此,企业在各种运输方式之间进行权衡和选择是非常重要的。

任务目标

通过本项目的学习,项目团队应掌握五种常见的运输方式概念、构成要素及特点,理解成组运输和多式联运的含义,并且会根据企业运输的实际情况,综合评估每种运输方式,做出恰当的运输方式选择决策。

任务学习

运输在物流系统中是重要的构成要素,选择何种运输方式对于物流效率的提高是至关重要的,在决定运输方式时,必须权衡运输系统要求的运输服务和运输成本,可以以运输工具的服务特性作为判断的基准;运费、运输时间、频度、运输能力、货物的安全性、时间的准确性、适用性、伸缩性、网络性和信息化等。

一、运输方式

(一)公路运输

1. 公路运输的定义

公路物流运输是主要使用汽车,也可以使用其他车辆(如人力车或畜力车)在公路上进行货物运输的一种方式。公路运输不仅是现代物流运输的主要方式之一,也是经济社会发展的基础性产业。近年来,随着经济全球化进程的加快和市场竞争的日益加剧,高效、便捷、安全的公路货运系统和物流配送体系,不仅成为某个地区或国家投资环境的重要组成部分,也日益成为决定该地区和国家制造业竞争力的重要因素。

2. 公路物流运输系统的构成要素

公路物流运输系统的构成要素主要包括运输工具、运输节点和运输线路。

运输工具包括汽车、挂车和汽车列车三大类。本书只讨论用于载运货物或牵引载运货物的车辆,即货车。挂车是指需汽车牵引才能正常使用的一种无动力的道路车辆。汽车列车是由一辆货车与一辆(或多辆)挂车组合而成的车辆。

运输节点(也称运输结点)即货运站(场),是以场地为依托,为社会提供有偿服务的具有仓储、保管、配载、信息服务、装卸、理货等功能的综合经营场所。

公路物流运输中的运输线路即公路。

3. 公路物流运输的特点

公路物流运输的主要优点是:其一,机动灵活,运输方便。汽车运输在运输时间方面机动性也比较大,车辆可随时调度、装卸载和起运,各运输环节之间的衔接时间较短。其二,可实现"门到门"的直达运输。汽车体积较小,可以深入到工厂区内、农村田间、城市街道、机关单位和居民住宅的门口,从而把货物从发货人仓库门口直接运送到收货人仓库门口。其三,中短途运输速度快、费用低。由于汽车运输可以实现"门到门"的直达运输,不需中途倒运,货物在途时间短,因而在中短途运输中的运送速度较快。其四,原始投资少,资金周转快。公路物流运输不像铁路物流运输那样需要铺设铁轨、设置信号设备以及购置其他昂贵的设施等,车辆的购置费用也比较低,因而原始投资回收期短,较容易在短期内扩大再生产,以及时满足生产生活需要。其五,适应性强,与其他物流运输方式衔接方便。由于机动灵活,公路物流运输能适应多种条件下的运输作业,与铁路运输、水路运输以及航空运输衔接方便,成为综合运输体系的重要组成部分,是货物集散的有效工具。

(二)铁路运输

1. 铁路运输的定义

铁路运输就是利用铁路设施、设备来运输货物的一种运输方式。它在干线运输中起主力作用,也是最有效的陆上运输方式,在物流运输业中占有重要的地位。铁路物流运输主要承担长距离、大数量的货物运输,在没有水运条件的地区,几乎所有大批量货物都是依靠铁路运输来进行。

2. 铁路物流运输系统的构成要素

铁路物流运输系统主要由铁轨、铁路车辆、铁路机车和铁路车站组成。

铁轨是铁路轨道的简称,也称路轨、轨道等,通常由两条平行的钢轨组成,供火车运行。钢轨固定在轨枕(亦称枕木或路枕)上,轨枕的作用是分散铁轨重量和固定钢轨、维持轨距。现代使用的钢轨切面成"工"字形,分为与车轮接触的轨头、中间的轨腰及底部的轨底。不同的路线对钢轨的强度、稳定性及耐磨性有不同的要求,因此钢轨也有不同的规格。铁轨能平均分散火车的重量,令火车的载重力相比汽车有极大提高;相对于公路来说,铁轨可以大大减少摩擦力,使铁路运输节省大量能量。

铁路车辆是运送旅客和货物的工具,可分为客车和货车两大类,本书只讨论铁路货车。铁路货车的分类方式很多,如按照用途或车型可分为通用货车和专用货车两大类,通用货车又可分为棚车、敞车和平车三类,专用货车是专供装运某些指定种类货物的车辆,如保温车、罐车、家畜车、煤车、矿石车、矿砂车等。

铁路机车是铁路运输的基本动力。铁路车辆本身没有动力装置,因此必须把许多车辆连接在一起编成一列,由机车牵引才能运行。按照机车的原动力不同,铁路机车可分为蒸汽机车、内燃机车和电力机车三种。

铁路车站是从事铁路货运业务和列车作业的场所。铁路车站发展趋势是作业集中化,设备、设施现代化和操作自动化等。

3. 铁路运输的特点

铁路运输最大的特点是适合长距离大宗货物的集中运输。另外,超大的装载容量和类型丰富的运输车辆,使铁路运输能够运送几乎所有的货物,而且铁路运输几乎没有体积和重量的限制,受天气条件的影响较小,能常年保持准点运营。

铁路运输的优点主要表现在:其一,运载量大。铁路运输量仅次于船舶,一列货车一般能运送 5000t 货物。其二,成本低。其远距离运费仅为公路运输的几分之一甚至十几分之一。其三,受气候影响小。铁路物流运输一般不受气候条件的影响,一年四季可以不分昼夜的运行,准点率高。其四,速度快。铁路运输的速度较快,在几种运输方式中仅次于航空运输。其五,安全。铁路运输的安全系数较大,是运输中较为可靠的运输方式。

（三）水路运输

1. 水路运输的定义

水路运输是指利用船舶、排筏或其他浮运工具，在江、河、湖泊、海洋、人工水道以及其他通航水域载运货物的一种物流运输方式。

2. 水路物流运输系统的构成要素

现代水路物流运输系统的构成要素主要包括三个部分，即船舶、港口和航道。

船舶是指能航行或停泊于水域进行运输或作业的工具，按不同的使用要求而具有不同的技术性能、装备和结构形式，水路物流运输中的船舶一般不包括用于军事、政府公务目的的船舶和20t以下的小型船艇。

港口是指具有船舶进出、停泊、靠泊，旅客上下，货物装卸、驳运、储存等功能，具有相应的码头设施，由一定范围的水域或陆域组成的区域，港口可以由一个或者多个港区组成。港口可分为基本港与非基本港，基本港是班轮公司的船一般要定期挂靠的港口，凡基本港以外的港口都称为非基本港；港口按用途不同，可以分为商港、军港、渔港、避风港等；按所处位置分则有河口港、海港和河港等。

航道是在水域内供船舶及排筏和其他浮运工具航行的线路，它是水路运输的基础设施。航道可分为天然航道和人工航道（如运河等）。

3. 水路运输的特点

水路运输以天然或人工水域为载体，利用水的浮力承载货物的重量，可实现大吨位物流运输。它是开展国际贸易的主要方式，也是发展经济主要工具。

水路运输主要的优点有：其一，通过能力大。水路物流运输的突出优点是通过能力大，如海上运输利用海洋作为航道，其通航能力几乎不受限制。而且，江、河、湖、海互相贯通，可以实现长距离物流运输；船舶的舱位大、装载能力强，适合于体积较大的货物运输。目前世界上最大的油船载重量达55万吨以上，集装箱船箱位为5000～6000个标准集装箱（TEU），矿石船载质量达35万吨。即便在内河运输中，美国最大顶推船队运载能力达到5～6万吨，我国顶推船队的运载能力已达3万吨，相当于铁路列车运载能力的6～10倍。其二，节省燃料，单位运输成本低。因为沿水道浮动运行，水路物流运输可以有效节省燃料，降低物流运输成本。在各种物流运输方式中，水路运输的单位运输成本最小，尤其是海运，运输成本更加低廉，为铁路物流运输的1/25～1/20，不足公路物流运输的1/100。其三，续航能力强。一艘商船携带的燃料、粮食及淡水可以延用数十日，商船还具有独立生活的种种设备，如发电、制造淡水、储藏食物、油料等，其续航能力较强。其四，劳动生产率高。由于船舶运载量大，配备船员少，因而其劳动生产率较高。其五，节约投资，占地较少。水路物流运输主要利用江、河、湖泊和海洋等天然航道，线路投资少，节省土地资源。

（四）航空运输

1. 航空运输的定义

航空运输简称"空运"，是使用飞机运送客货的一种方式。航空货物运输的单位成本较高，因而适合运载的主要物品为价值高、运费承担能力强的物品和紧急需要的物品。

2. 航空运输的构成要素

技术设施是实现航空运输的物质基础，航空运输的构成要素包括航空器、航空港、航空线路和通信导航设施四个部分。

航空器主要是指民用飞机，而民用飞机是指用于从事客货运输的非军用飞机。民用飞机根据起飞重量分为大型、中型和小型飞机三种，按航程分为近程、中程和远程飞机三种，按用途则可分为客机和货机。

航空港是航空运输机场及其服务设施的总称，一般由飞行区、客货运服务区和机场维修区三个部分组成。机场是供飞机起飞、降落、停放及维修等活动的场所，也是旅客、货物、邮件的集散地。跑道是供飞机起飞加速和着陆时减速滑跑用的带状地面，是航空港的组成部分之一。

航空线路又称"航线"，是根据地面导航设施建立的走廊式保护空域。航线的划定是以连接各个地面导航设施的直线为中心线，在航线范围内规定上限高度、下限高度和宽度，对在其范围内飞行的飞机实施空中交通管制。

通信导航设施是沟通信息、引导飞机安全飞行到达目的地并安全着陆的设施。

3. 航空运输的特点

航空运输的主要特点是快速、灵活。与其他运输方式相比，航空运输中的运输工具（即飞机）可以与地面设施（机场）分离，而且不受地形限制，因而航线选择较为自由，灵活性较高，用途也比较广泛。

航空运输虽然起步较晚，但发展异常迅速，并日益受到现代企业管理者的青睐，原因之一就在于它具有许多其他运输方式所不能比拟的优越性。概括起来，航空货物运输的主要优点有：其一，快速省时，可达距离长。飞机是世界上最快的一种运输工具，航空运输可以大大节约运输时间，而且飞行距离越长，所能节约的时间越多，这是其他各种运输方式所无法比拟的。随着技术的发展、机型的更新，航空运输速度快的特点将越来越显著，如目前使用的涡轮喷气飞机时速为9000多公里，飞行距离为10000多公里。货物在途时间的缩短，对于那些易腐烂变质的鲜活商品、时效性强的报刊、节令性商品以及抢险、救急品的运输来说，显得尤为重要。运送速度快，在途时间短，也使货物在途风险降低，因此许多贵重物品、精密仪器的运输往往采用航空运输的形式。其二，不受地面条件影响，灵活机动。航空运输是在空间进行生产活动的，受线路和地理条件制约的程度要小的多，只要有机场及必备的通讯导航设施就可以开辟航线。对于地面条件恶劣、交通不便的内陆地区，发展航空运输有利于当地资源的出口，促进当地经济的发展。航空器可在两点间直线飞行，航程大为缩短，而且运程越远，节约航程的特点就越显著。其三，安全度高。与其他运输方式相比，航空运输的安全性较高,货损也小得多。其四,节省存货、包装等费用。采用航空运输方式,由于航空运送速度较快,货物在途时间短,周转速度快,资金可迅速回收,企业存货可以相应的减少,从而节省利息和储存费用,加上航空货物运输安全准确,货损、货差少,可节约包装及保险费用。其五,手续简便。航空运输为托运人提供了简便的托运手续,也可以由货运代理人上门取货并为其办理一切运输手续。

（五）管道运输

1. 管道运输的定义

管道运输是利用管道,通过一定的压力差而完成气体、液体和粉状固体输送的一种运输方式。它所输送的货物主要有油料、天然气、煤浆以及其他矿浆。

2. 管道运输系统的构成要素

管道运输系统的构成要素主要包括管道站和运输管道。

管道站又叫"输油站"或"输气站",是沿管道干线为输送洞口或气体而建立的各种作业站或作业场的总称,包括起点站、中间站和终点站。起点站也叫"首站",它的任务是集油,经计量、加压后向下一站输送;中间站的任务是对所输送的原油加压、升温;终点站也叫"末站",它用来接受输油管道送来的全部油料,供给用户或以其他方式转运。

运输管道就是用管子、管件、阀门等将管道起点站、中间站和终点站连接起来,构成一条完整的管道运输线路,它一般还包括穿越江河(或山谷)等的设施和管道阴极防腐保护设施等,为保证长距离输油管道的正常运营,运输管道中还应设有供电和通讯设施。管道的直径通常以 mm 为单位,管径是决定输送能力的重要因素之一。管道按货物性能可分为固体管道、气体管道、液体管道;按管道的材料分类,常用的管道有金属管道、塑料管道、玻璃钢管道等;按货物种类管道可分为原油管道、成品油管道、天然气管道、二氧化碳管道、液化气管道、煤浆和其他矿浆管道等。

3. 管道运输的特点

不同于前面提到的几种运输形式,管道运输中的管道设备是静止不动的,运输是靠相关设备来驱动,使货物在管道内顺着压力方向移动而实现的。

管道运输的主要优点是,其一,运量大、连续性强。与其他运输方式不同,管道运输可以不间断地进行,因此,管道运输的运输量只取决于管径大小,每年可达数百万到几千万吨,甚至超过亿吨。其二,输送系统简单,基建投资少、周期短。相对于公路、铁路以及航空物流运输形式,管道运输系统的建设周期较短、投资也小得多。另外,管道运输对地形没有严格的要求,甚至没有要求,因而易于克服地形障碍,缩短输送路径,特别是在地质地貌和气候条件较差的情况下,采取管道运输方式的优越性更加明显。其三,安全可靠。管道运输是在密闭环境下进行的,可有效避免货物损耗,对那些易燃、易爆、易挥发、易泄露的货物,采用管道运输方式,既安全又能减少损耗,同时还可以减少对空气、水源和土壤的污染。特别是输送气体,管道运输几乎是唯一可行的运输方式。此外,由于管道基本埋在地下,运输过程受气候条件的影响较小,可以确保长期稳定地运行。其四,耗能低、成本低、效益好。管道运输方式不存在铁路或公路运输方式所需的牵引机车、汽车和车厢的额外能耗,也没有铁路或公路所需的车辆维护检修费用,以及铁路、公路的维护检修费用,因此,管道运输的能耗最小、运营费用最低。(5)占地少,有利于节约资源和保护环境。管道通常埋于地下,基本不占用土地,这对于节约土地资源意义重大,而且管道运输无噪音、污染小,有利于保护环境,保持生态平衡。

(六)其他运输方式

1. 成组运输

成组运输是指运输领域内的一种运输自动化大生产方式,它是采用一定的办法,把分散的单件货物组合在一起,成为一个规格化、标准化的大的运输单位进行运输。成组运输的优点可减轻装卸作业的强度,充分利用机械进行作业,提高装卸效率,缩短船舶、车辆的周转时间,便于理货交接,减少货损,提高货运质量和效率。目前,世界各国最常见的成组运输方式主要为托盘运输和集装箱运输。

(1)托盘运输。托盘运输是货物按一定要求组装在一个标准托盘上组合成一个运输单位并便于利用铲车或托盘升降机进行装卸托运和堆存的一种运输方式。

托盘运输具有提高装卸速度、减少货损货差等优点,因此,世界上许多国家的港口、船舶公司和厂商都愿意采用托盘运输。不少国家的港口规定,只允许托盘运输的商品装卸,还有一些国家对托盘运输优先予以泊位。

(2)集装箱运输。集装箱运输是指以集装箱这种大型容器为载体,将货物集合组装成集装单元,以便在现代流通领域内运用大型装卸机械和大型载运车辆进行装卸、搬运作业和完成运输任务,从而更好地实现货物"门到门"运输的一种新型、高效率和高效益的运输方式。

2. 多式联运

多式联运是综合利用某一区间中各种不同运输方式的优势进行不同运输方式的协作,使货主能够按一个统一的运输规章或制度,使用同一个运输凭证,享受不同运输方式综合优势的一种运输方式。多式联运的最低限度要求是两种不同的运输方式进行两程的衔接运输。多式联运按运输地域划分有国际多式联运和国内多式联运两种。《联合国国际货物多式联运公约》对国际多式联运所下的定义是:按照国际多式联运合同,以至少两种不同的运输方式,由多式联运经营人把货物从一国境内接管地点运至另一国境内指定交付地点的货物运输。

多式联运有如下特点:

第一,根据多式联运的合同进行操作,运输全程中至少使用两种运输方式,而且是不同方式的连续运输。

第二,多式联运的货物主要集装箱货物,具有集装箱运输的特点。

第三,多式联运是一票到底,实行单一运费率的运输。发货人只要订立一份合同一次付费,一次保险,通过一张单证即可完成全程运输。

第四,多式联运是不同方式的综合组织,全程运输均是由多式联运经营人组织完成的。

无论涉及几种运输方式,分为几个运输区段,由多式联运经营人对货运全程负责。

比较常见的多式联运有铁路与公路联运、公路或铁路与水路联运等。铁路与公路联运,即公铁联运,也称"驮背运输",通常是在铁路平板车上载运汽车拖车,能实现比汽车运输更长距离的运输。它综合了汽车运输的方便、灵活与铁路适合长距离运输的特点。这样,汽车运输企业可以延伸其服务范围,而铁路部门也能分享到某些一般只有汽车公司单独运输的业务,同时托运人则可以以合理价格享受长距离"门到门"运输服务的便捷。因此,铁路与公路联运成为最受欢迎的多式联运方式。公路或铁路与水路联运也称"鱼背运输",即将汽车拖车、火车车厢或集装箱转载驳船或船舶进行长途运输。这种使用水路进行长途运输的方式是最便宜的运输方式之一,在国际多式联运中应用广泛。

此外,航空与公路联运应用也较广泛,即将航空货物与汽车运输结合起来,这种方式所提供的服务和灵活性可与公路直达运输相比拟。

二、运输方式的选择

（一）运输方式的决策依据

在选择运输方式时,人们往往以运输工具的经济特性作为决策的基础。除此之外,决策时需要考虑的因素还包括:运费的多少、运输时间的长短、运输能力的大小、货物的安全性以及运输工具的适用性等。另外,决策者可用的信息量及其来源渠道也是一个重要因素。

一般认为,运费和运输时间是最重要的决定因素。一方面,从运输的功能看,速度快是货物运输的基本要求,但速度快的运输方式,运输费用往往也较高。另一方面,在考虑运输的经济性时,不能把运输费用作为唯一的标准,还要考虑到因运输速度的提高,缩短了货物的在途时间,从而减少了货物的库存费用。此外,运输的安全性和可靠性提高,成本也会相应增加。最佳运输方式或运输工具的选择,应该是在综合考虑上述各种因素后做出的,最重要的是如何平衡运输服务的速度和成本。

（二）各种运输方式的经济特性

1. 运送速度

在各种运输方式中,铁路的技术速度较高,但是列车在运行过程中,一方面需要进行会让（单线）、越行（复线）及其他技术作业,因而营运速度比技术速度低。水路运输的技术速度一般低于铁路,因为水路运输的货物运送时间比铁路慢。公路运输对于短距离的运送速度较高。航空运输技术速度远远高于其他运输方式。

2. 运输成本

（1）铁路货运成本。铁路货运成本结构具有两个最显著的特点:第一,"与运量无关"的成本费用（指线路、通信设备、大型建筑物、技术建筑物的运用、维护费用,以及管理人员工资等）占铁路货运成本的50%左右;第二,始发和终到作业费用约占运输成本的18%左右,所以运距短时,成本高,只有运距较长时,成本才能大幅度下降。

(2)水路货运成本。水路货运基本成本结构是高的可变成本和低的固定成本。由于海运平均运距较长,所以海运货运成本大大低于其他运输方式。

(3)公路货运成本。公路货运的成本结构包括较高的可变成本和较低的固定成本。公路货运成本一般比铁路、水运要高出很高。(4)航空运输成本。航空运输的成本结构是低可变成本和高固定成本。

(5)管道运输成本。与铁路运输业相似,管道运输业的固定成本比较高,而可变成本所占比例低。

综合比较,铁路运输运送能力大,大宗货物运输成本低;水路运输工具载重量大,单位运输成本较低;汽车载重量小,单位成本较高;航空运输成本最高。

各种运输方式对应于不同的技术特征,有不同的运输单位、运输时间和运输成本,因而形成了各种运输方式不同的服务质量(如图 3-1 所示)。也就是说,运输服务的利用者,可以根据货物的性质、大小、所要求的运输时间和运输成本等条件选择相适应的运输方式,或者合理利用各种运输方式,实行复合运输。

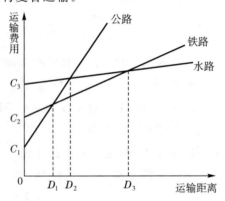

图 3-1 不同运输方式成本比较

3. 劳动生产率

铁路和水路,只有在确保客货大宗运输和远距离的前提下才能达到较高的劳动生产率;公路运输的平均劳动生产率低于其他的几种运输方式,但是在货运量小、距离短的零担运输时,则有较高的劳动生产率。

4. 燃料消耗量

运输工具运行速度越高,阻力越大,单位燃料消耗量越高。各种运输工具在陆上、水上和空中,因速度提高而产生的运行阻力增大的状况各有特点。在低速情况下,船舶的单位阻力比火车小。但是,船舶的运行阻力具有因速度的提高而急剧增大的特点,即阻力与速度的平方成正比,发动机功率与速度的立方成正比,而发动机功率的增大又与燃料的消耗量成正比。

5. 始建投资

在各种运输方式的建设线路投资中,铁路运输较高;水路运输是线路投资较少的一种运输方式;汽车运输的线路投资介于铁路和水路之间,但高速公路的投资很大;管道运输的始建投资大；航空运输线路投资最少。在各种运输方式的运输工具投资上，船舶尤其是海船，单船造价昂贵，铁路机车车辆的单车造价比船舶低得多，汽车的单车造价最低，飞机最贵。

任务三 运输合理化

导入案例

2017年中国鲜花电商行业总体市场规模达124.1亿元，其中日常鲜花消费占比约5%，与欧美发达国家40%～60%的消费比例相差甚远。

日常鲜花消费场景对花期有很高要求，因此需要通过冷链物流的方式来延长花期。使用普通物流和冷链物流对于鲜花花期的影响有明显差异。以普通玫瑰为例，在采摘地使用冷库分拣打包的玫瑰出仓后大概能存放7天，若不使用冷库存放花期将缩短1～2天。

但在实际运营中，传统物流仍然是多数企业干线运输的首选。据悉，国外鲜花在干线运输中全程使用冷链，能够保证较长的花期，但国内冷链基础设施不完善，冷链成本过高。目前，国内一辆15米的冷藏车价格在40万～80万元不等，车辆关键部件冷机价格在20万元左右。除了一次性投入成本外，冷藏车司机工资、冷藏货物保险等均高于普通车辆。在运输收费方面，使用普通车和使用冷藏车相比，每吨货品运费相差50～70元。

任务目标

通过本项目的学习，项目团队应掌握运输合理化的概念及影响因素，掌握不合理运输的表现形式；学会根据企业运输实际，判断企业运输是否合理，并能提出其运输合理化的改进措施，作出正确的运输决策。

任务学习

一、运输合理化概述

（一）运输合理化的概念

运输合理化就是遵循商品流通规律，根据货物运输的条件、货物的合理流向和市场供需状况，以最快的速度、最少的环节、最短的路程、最节省的费用、完成货物的运输任务。即用最少的劳动消耗，运输更多的货物，以取得最佳的经济效益。

（二）运输合理化影响因素

运输合理化的影响因素很多，起决定作用的有运输距离、运输环节、运输时间、运输工具、运输费用五个因素,称作合理运输的"五要素"。由于运输是物流中最重要的功能之一,物流合理化很大程度上要依赖运输合理化。

1. 运输距离

在运输过程中,运输时间、运输费用、货损、车辆周转等运输若干经济指标都与运输距离有一定的比例关系,运输距离长短是运输是否合理的基本因素,因此物流公司在组织运输时首先要考虑运输距离,尽可能实现运输最优路径。

2. 运输环节

每增加一个运输环节势必要增加运输附属活动及相关费用,如装卸、包装等。各项技术经济指标也会因此发生变化。因此合理减少运输环节,尤其是同类运输工具的运输环节,将对合理运输有一定的促进作用。

3. 运输时间

在全部物流时间中,运输时间占绝大部分,尤其是远程运输。"时间就是金钱,速度就是效益",运输不及时容易失去销售机会,造成商品积压和脱销,因此运输时间的缩短有利于运输工具加速周转,充分发挥运力作用,为此争取更多效益。

4. 运输工具

各种运输工具都有其使用的优势领域,对运输工具进行优先选择,要根据不同的商品特点,分别利用公路、铁路、水路、管道等不同运输工具。选择最佳的运输路线合理使用运力,最大限度地发挥所用运输工具的作用,是运输合理化的重要一环。

5. 运输费用

运输费用是衡量物流经济效益的一项重要指标,也是组织合理运输的主要目的之一。运费在全部物流费用中占近乎50%比例,所以运费高低,不仅直接关系到物流企业的经济效益,决定了整个物流系统的竞争能力,而且影响到货主企业的生产或销售。尽可能地降低运输费用,无论对于企业还是货主都是追求的重要目标,也是判断各种运输合理化措施是否行之有效的重要依据。

上述五个要素既相互联系,又相互影响,有时甚至是相互矛盾的,如运输时间短费用却不一定省,这就要求进行综合分析寻找最佳方案。

二、不合理运输

不合理运输是在现有条件下可以达到的运输水平而未达到,从而造成了动力浪费、运输时间增加、运费超支等问题的运输情况。在实际工作中,应力争将不合理运输出现的概率降低为零。不合理的运输主要表现如下:

(一)返程或启程空驶

空车或无货载行驶可以说是最不合理的运输情况。在实际运输组织中,有时候必须调运空车,从管理上不能将其看成不合理运输,但是,因调运不当、货源计划不周、不采用运输社会化而形成的空驶,则是不合理运输的表现。

（二）对流运输

对流运输也称"相向运输""交错运输",指同一种货物或两种能够互相代用的货物,在同一线路上或平行线路上,作相对方向的运送,而与对方运程的全部或一部分发生重叠交错的运输。对流运输又分两种情况:一是明显的对流运输,即在同一运输线上对流,如一方面把甲地的物资运往乙地,而另一方面又把乙地的同样物资运往甲地,产生这种情况大都是由于货主所属的地区不同、企业不同所造成的。二是隐蔽性的对流运输,即把同种物资采用不同的运输方式在平行的两条路线上,朝着相反的方向运输。

（三）迂回运输

迂回运输是舍近取远的一种运输,指可以选取短距离进行运输而不选取,却选择路程较长路线进行运输。迂回运输有一定复杂性,不能简单认定,只有当计划不周、地理不熟、组织不当而发生的迂回运输,才属于不合理运输。如果最短距离内有交通阻塞、道路情况不好或有对噪声、排气等特殊限制而不能使用时发生的迂回运输,不能称不合理运输。

（四）重复运输

重复运输是指一种货物本可直达目的地,但由于某种原因而在中途停卸、重新装运的不合理运输现象。重复运输虽未延长运输里程,但增加了装卸环节,延长了货物在途时间,增加了装卸搬运费用,降低了车船使用效率。

（五）倒流运输

倒流运输是指货物从销地或中转地向产地或起运地回流的一种运输现象。倒流运输也可以看成隐蔽对流的一种特殊形式,除非是退货或者返厂重修而引发的倒流运输,否则倒流运输纯粹是一种运力的浪费,其不合理程度要高于对流运输。

倒流运输有两种形式:一是同一物资由销地运回产地或转运地;二是倒同种物资由乙地将甲地能够生产且已消费的同种物资运往甲地,而甲地的同种物资又运往丙地。

（六）过远运输

过远运输是一种舍近求远的现象,即销地本来可以由距离较近的产地供应物资,却从远地采购进来;或产品不是就近供应给消费地,而是调给较远的其他消费地,违反了近产近销的原则。

（七）运力选择不当

运力选择不当是指未正确利用运输工具造成的不合理现象。常见的运力选择不当有以下几种形式:一是弃水走路。在同时可以利用水运和陆运时,不利用成本较低的水运或水陆联运,而选择成本较高的铁路运输或公路运输,使水运优势不能发挥。二是运输工具承载能力选择不当。即运输没有根据承运货物数量及重量有效选择运输工具,造成货物超载、损坏车辆或车辆不满载、运力浪费等。三是铁路、大型船舶的过近运输。火车与大型船舶的起运及到达目的地的准备、装卸时间长,机动性不足,如果在过近距离中利用这些运输工具,不仅发挥不了它们的优势,反而会延长运输时间,增加装卸难度和运输费用。

（八）托运方式选择不当

托运方式选择不当是指没有选择最好的托运方式,造成运力浪费及费用增加的一种不合理运输。例如,应选择整车运输却采取了零担托运,应采取直达运输却选择了中转运输等,这些都是托运方式不当的表现。

二、运输合理化的措施

（一）提高运输工具实载率

提高实载率可以充分利用运输工具的额定能力,减少车船空驶和不满载行驶的时间,减少浪费,从而求得运输的合理化。其主要做法有以下几种:

一是组织轻重装配。即把实重货物和轻泡货物组装在一起,既可充分利用车船装载容积,又能达到装载重量,以提高运输工具的使用率。

二是实行流通加工/解体运输。对一些大体积、不易装卸又容易碰撞致损的货物,如自行车、缝纫机和科学仪器、机械等可将其拆卸装车,分别包装,以缩小所占空间,并易于装卸和搬运,以提高运输装载效率。

三是改进堆码方法。根据车船的货位情况和不同货物的包装形状,采取各种有效的堆码方法,以提高运输效率。

当然,推进物品包装的标准化,逐步实行单元化、托盘化,是提高车船装载技术的重要条件。

（二）发展直达运输

直达运输是运输合理化的重要表现形式,其要点是通过减少过载、换载,提高运输速度,节省装卸费用,降低中转货损。直达的优势尤其是在一次运输批量和用户一次需求量达到整车时表现最为突出。此外,在生产资料、生活资料运输中,利用有效的技术来实现直达运输,可以建立起稳定的产销关系和运输系统,有利于提高运输水平和运输效率。

（三）减少运力的投入

运输的投入主要是能耗和基础设施的建设,在设施建设已定型和完成的情况下,尽量减少能源投入,是少投入的核心。做到了这一点就能大大节约运费,降低单位物品的运输成本,达到合理化的目的。

减少运力投入,提高运输能力的有效措施有:在机车能力允许情况下,加挂车皮;水运拖排和拖带法;将内河驳船编成一定队形,由机动船顶推前进;汽车拖挂运输;选择大吨位汽车或者开展甩挂运输等。

(四)开展中短距离铁路公路分流

在公路运输经济里程范围内,或者经过论证,超出通常平均经济里程范围,也尽量利用公路,"以公代铁"运输。这种运输合理化的表现主要有两点:一是对于比较紧张的铁路运输,用公路分流后,可以得到一定程度的缓解,从而加大这一区段的运输通过能力;二是充分利用公路从"门到门"和在中短途运输中速度快且灵活机动的优势,实现铁路运输服务难以达到的水平。

(五)开展"四就"直拨运输

"四就"直拨运输是指由管理机构预先筹划,就厂、就站(码头)、就库、就车(船)将货物分送给用户,而不予入库。"四就"可以有效减少中转运输环节。

(六)采取各种现代运输方法

为了提高运输效率,一些新的运输模式应该加以推广,如多式联运、一贯托盘化运输、散装化运输、智能化运输等。

(七)发展特殊运输技术和运输工具

依靠科技进步是实现运输合理化的重要途径。例如,专用散装及罐车解决了粉状、液状物运输损耗大、安全性差等问题;袋鼠式车皮、大型半挂车解决了大型设备整体运输问题;"滚装船"解决了车载货的运输问题;集装箱船比一般船能容纳更多的箱体;集装箱高速直达车船加快了运输速度等。这些都是通过运用先进的科学技术来实现合理化。

(八)发展社会化的运输体系

运输社会化的含义是发展运输的大生产优势,实行专业分工,打破一家一户自成运输体系的状况。实行运输社会化可以统一安排运输工具,避免不合理的运输形式。不但可以追求组织效益,而且可以追求规模效益,所以发展社会化的运输体系是运输合理化的非常重要的措施。

(九)通过流通加工使运输合理化

有不少产品,由于产品本身形态及特性问题,很难实现运输的合理化,如果进行适当加工,就能有效解决合理运输问题,如将造纸材料在产地预先加工成干纸浆,然后压缩体积运输,就能解决造纸材料运输不满载的问题,可以提高车辆装载效率并降低运输损耗。

项目小结

运输是物流的主要活动内容,商品在流通领域的位置变化,可以使用不同的运输工具、采用不同的运输方式,根据需要做出相应的运输决策。

运输是一个完成的系统,需要各个环节的密切配合,并且需要在生产实际中广泛使用先进的设施、设备和科学的管理手段,保证运输过程中产品的完整和完好。

同步练习

一、单项选择题

1. 中国的国际航线以( )为中心。
   A. 上海　　　　B. 北京　　　　C. 广州　　　　D. 厦门
2. 公路货运的优点有( )。
   A. 适应性强　　　　　　　　　B. 不适合大批量运输
   C. 具有定时性　　　　　　　　D. 会受到天气情况的影响
3. 随着一次装运量的增大,每单位重量的运输成本下降的原理是( )。
   A. 规模原理　　B. 距离原理　　C. 速度原理　　D. 经济原理
4. 在下列运输方式中,运量相对较大的是( )。
   A. 陆路运输　　B. 水路运输　　C. 航空运输　　D. 管道运输
5. 某物流公司租赁一辆装载能力为5吨的汽车,在实际装载时只装了4吨,其装载率为( )

二、填空题

1. 根据距离经济原理,长途运输的单位运距_____,短途运输的单位运距_____。
2. 公路物流运输系统的构成要素主要包括运输工具、_____和_____。
3. 在选择运输方式时,一般认为_____和_____是最重要的决定因素。

三、简答题

1. 请简述合理运输的"五要素"?
2. 什么是成组运输?有哪两种主要形式?
3. 运输在物流中的作用是什么?

四、案例分析

中外运为摩托罗拉提供的物流运输服务

中外运空运公司(以下简称"中外运")是中国外运集团所属的全资子公司。下面是中外运为摩托罗拉公司(以下简称摩托罗拉)提供物流运输服务的情况介绍。

1. 摩托罗拉对物流运输服务要求和考核标准

(1)摩托罗拉的服务要求。

①要求提供24小时的全天候准时服务。它主要包括:保证摩托罗拉中外业务人员、天津机场、北京机场两个办事处及双方有关负责人通讯24小时畅通;保证运输车辆24小时运

转;保证天津与北京机场办事处 24 小时提货、交货。

②要求服务速度快。摩托罗拉对提货、操作、航班、派送都有明确的规定,时间以小时计算。

③要求服务的安全系数高,要求对运输的全过程负全责,要保证航空公司及派送代理处理货物的各个节都不出问题,一旦某个环节出了问题,将由服务商承担责任,赔偿损失,而且当过失在到一定程度时,将被取消做业务的资格。

④要求信息反馈快。要求公司的电脑与摩托罗拉联网,做到对货物的随时跟踪、查询、掌握货物运输的全过程。

⑤要求服务项目多。根据摩托罗拉货物流转的需要,通过发挥中外运系统的网络综合服务优势,提供包括出口运输、进口运输、国内空运、国内陆运、国际快递、国际海运和国内提货的派送等全方位的物流服务。

(2) 摩托罗拉选择中国运输代理企业的基本做法。

通过多种方式对备选的运输代理企业的资信、网络、业务能力等进行周密的调查,并给初选的企业少量业务试运行,以实际考察这些企业服务的能力与质量,对不合格者,取消代理资格。

对获得运输代理资格的企业进行严格的月度作业考评。主要考核内容包括运输周期、信息反馈、单证资料、财务结算、货物安全、客户投诉。

2. 中外运空运公司的主要做法

(1) 制定科学规范的操作流程。

摩托罗拉的货物具有科技含量高、货值高、产品更新换代快、运输风险大、货物周转以及仓储要求零库存的特点。为满足摩托罗拉的服务要求,中外运从 1996 年开始设计并不断完善业务操作规范,并纳入了公司的程序化管理。对所有业务操作都按照服务标准设定工作和管理程序进行,先后制定了出口、进口、国内空运、陆运、仓储、运输、信息查询、反馈等工作程序,每位员工、每个工作环节都按照设定的工作程序进行,使整个操作过程井然有序,提高了服务质量,减少了差错。

(2) 提供 24 小时的全天服务。

针对客户 24 小时服务的需求,中外运空运公司实行全年 356 天的全天候工作制度,周六、周日(包括节假日)均视为正常工作日,厂家可随时出货,中外运空运公司随时有专人,专车提货和操作。在通讯方面,相关人员从总经理到业务员实行 24 小时的通讯畅通,保证了对各种突发性情况的迅速处理。

(3) 提供门到门的延伸服务。

普通货物运输的标准一般是从机场到机场,由货主自己提货,而快件服务的标准是从门到门,桌到桌,而且货物运输的全程都在代理的监控之中,因此收费也较高,中外运对摩托罗拉的普通货物虽然是按普通货物标准收费的,但提供的却是门到门,库到库的快件的服务,这样既提高摩托罗拉的货物的运输及时,又保证了安全。

(4)提供创新服务。

为保证摩托罗拉的货物在运输中减少被盗,中外运在运输中间增加了打包、加固的环节;为防止货物被雨淋,中外运又增加了一项塑料袋包装;为保证急货按时送到货主手中,中外运还增加了手提货的运输方式,解决了客户的急、难的问题,让客户感到在最需要的时候,外运公司都能及时快速在帮助解决。

(5)充分发挥中外运的货运营销网络优势。

经过50年的建设、中外运在全国拥有了比较齐全的海、陆、空运输与仓储、码头设施,形成了遍布国内外的货运营销网络,这是中外发展物流服务的最大优势。通过中外运网络,在国内为摩托罗拉提供服务的网点已达98个城市,实现了提货、发运、对方派送全过程的定点定人,信息跟踪反馈,满足了客户的要求。

(6)对客户实行全程负责制。

作为摩托罗拉的主要货运代理之一,中外运对运输的每一个环节负全责,即从货物由工厂提货到海,陆、空运输及国内外的异地配送等各个环节,负全责。对于出现的问题,积极主动协助客户解决,并承担责任和赔偿损失,确保了货主的利益。

思考题

1. 运用本章知识,简单归纳摩托罗拉对运输的要求。
2. 中外运空运公司是怎样满足摩托罗拉对服务的要求的?
3. 中外运空运公司满足摩托罗拉的服务要求对本公司的具体影响如何?

任务实训

实训项目　运输车辆选择

实训项目

根据给定的限制条件,选择出合适的运输车辆

实训目的

让学生通过车辆选择的过程,熟悉运输过程中车辆选择考虑的影响因素,并作出最优的车辆使用决策。

实训内容

2018年5月9日,1号店向中国农业科学院作物科学研究所采购一批黄桃罐头,委托物流企业上门提货。

1. 货品信息如下。

客户	单位:中国农业科学院作物科学研究所 地址:北京市海淀区农科大道25号 联系人:张新生　电话:13920178567
收货人	单位:天津农学院 地址:天津市西青区津同公路19号 联系人:赵树明　电话:15622985642

续表

装货地点	北京市海淀区农科大道 25 号
卸货地点	天津市西青区津同公路 19 号
货品信息	黄桃罐头,纸箱包装规格(毫米)(长×宽×高)460×260×180,重量 7.5 千克/箱,数量 2400 箱,单价 180 元/箱
运杂费标准	普通货物天津—北京基础运价 300 元/吨,重货(每立方米重量大于等于 333 千克)按实际重量计费,轻货(每立方米重量不足 333 千克)按折算重量计费。装车费 15 元/吨,卸车费 12 元/吨,保价费为货物声明价值的 0.3%,托运人可自愿选择是否保价

2.可调用车型车辆信息。

(1)车型一:7.2 米厢车,可调用车辆数 4 辆。

车厢内尺寸 7.2 米×2.3 米×2.7 米,最大载重量 10 吨,车辆在高速公路上空驶平均油耗 20 升/百公里,重驶平均油耗增加 0.4 升/百吨公里。车辆在其他道路上空驶平均油耗 26 升/百公里,重驶平均油耗增加 0.6 升/百吨公里。司机平均日工资 350 元(不考虑工作时长),高速公路过路过桥费平均 1.0 元/公里,其他费用忽略不计。

(2)车型二:9.6 米厢车,可调用车辆数 4 辆。

车厢内尺寸 9.6 米×2.3 米×2.7 米,最大载重量 20 吨,车辆在高速公路上空驶平均油耗 25 升/百公里,重驶平均油耗增加 0.8 升/百吨公里。车辆在其他道路上空驶平均油耗 32 升/百公里,重驶平均油耗增加 1.2 升/百吨公里。司机平均日工资 600 元(不考虑工作时长),高速公路过路过桥费平均 1.6 元/公里,其他费用忽略不计。

3.天津——北京行驶线路。

(1)天津到北京高速公路全程 150 公里,预计行驶 2 小时 30 分,收取过路桥费。(换算为小时时,请注意)

(2)天津到北京国道 140 公里,预计行驶 4 小时 15 分钟(4.25 小时),无过路桥费。

无论选择哪条线路,车辆均在 24 小时内返回。

4.车辆行驶时间成本。

车型一的行驶时间成本 100 元/小时,车型二的行驶时间成本 150 元/小时。

5.燃油价格 6.8 元/升。

实训要求

请从成本节约角度选取合适的车型车辆和运输线路,作出最终的运输决策。

实训组织

以小组为单位进行实训活动,每 4 人为一个小组。

实训步骤

1.组内讨论,确定运输决策的影响因素。

2.根据案例要求,从成本最低的角度选择合适的车辆及合适的路线,最终完成运输决策。

实训评价

1.每组提交运输决策分析的报告一份。报告中包含两部分,一部分为运输决策影响因素,一部分为给定案例的具体分析过程,要求体现整个决策过程。

2.根据决策过程中组内成员的具体表现进行评价。

项目四　仓储

学习目标

知识目标

1. 了解和掌握仓储的具体概念及在物流管理中的作用
2. 掌握仓储作业管理的内容
3. 掌握库存管理与控制的方法

技能目标

1. 熟练掌握仓储作业各个环节的具体流程
2. 能够根据仓库具体情况准确制定合理的库存管理方案

任务一　仓储概述

导入案例

毕业生小王应聘了安徽省合肥市长丰县某仓库管理员的职位,该仓库主要客户包括大型家用电器厂商(小天鹅、伊莱克斯、上海夏普、三洋),酒类生产企业(五粮液的若干子品牌、金六福等),方便食品生产企业和其他快速消费品厂商(维达纸业,金光纸业等)。

问题:家电、酒类、方便食品对仓库的要求是否一样?为什么?

任务目标

通过本项目的学习,项目团队能够熟练掌握仓储的概念,明确仓储在整个物流系统中的重要地位,同时掌握仓库分类知识,能够正确认知不同种类的仓库,同时可以根据企业特点、货物的具体情况选择合适的仓库对货物进行保存。

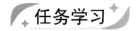

一、仓储的概念

1. 仓储的概念

物流中的仓储是包括储备、库存在内的广义的仓储概念,是与运输并列的两大主要功能要素之一,在物流管理流程中有相当重要的地位。

商品在从生产地向消费地的转移过程中,往往会表现出在一定空间、一定时间上的"停滞",商品在流通领域中的这种暂时的"停滞"过程,就是仓储。仓储,是以改变"物"的时间状态为目的的活动,在物流系统中起着缓冲、调节和平衡的作用,能有效克服物品生产和消费在时间上的差异,创造时间价值。

我国国家标准《物流术语》(GB/T 18354－2006)中对仓储的定义:利用仓库及相关设施设备进行物品的入库、存贮、出库的活动。仓储既有静态的物品储存,也包括动态的物品存取、保管、控制的过程。仓储的对象可以是生产资料,也可以是生活资料,但必须是实物动产。

二、仓储的功能与作用

1. 仓储的功能

仓储的功能主要分为基本功能、增值功能和社会功能三个方面。

(1)仓储的基本功能。仓储的基本功能是只为了满足市场的基本储存需求,仓库所具有的基本的操作或行为,包括储存,保管,集散,协调等基础作业。

储存功能:储存功能是仓储最基本的功能,现代社会生产的一个重要特征就是专业化和规模化,劳动生产率极高,产量巨大,绝大多数产品都不能被及时消费,同时生产中所用的原材料,半成品等,需要进行合理的储备,才能防止因缺货造成的生产停顿,另外,生产和消费之间还存在着时差矛盾,通过仓储,将集中生产的产品进行储存,持续的向消费者提供,才能不断保证满足消费需求。

保管功能:保管也是物流仓储最基本的功能,它起到对劳动产品价值进行保存的作用,生产出的产品在消费之前必须保持其使用价值,这需要仓储来完成,在仓储过程中,对仓储物的数量和质量进行保护管理,防止其损坏而丧失使用价值,例如粮食受潮易发霉,使其价值会受到严重的影响,因此在保管过程中要选择合适的储存场所,采取合适的养护措施。

集散功能:仓库把生产单位的产品汇集起来,形成规模,然后根据需要分散发送到消费地,在仓储活动中,仓库集中接收来自多个制造企业的产品或原材料,然后按照运输方向进行分类仓储,再根据客户的需求,把产品或原材料,拼装成单一的一票装运,按照适当的运力运送到指定的客户,该功能的经济利益体现在从厂商到仓库的大批量运输,和从仓库到顾客的共同配送(如图4-1所示)。

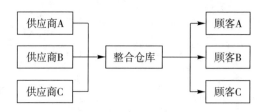

图 4-1 仓储的集散功能示意图

调节功能：仓储在物流中起着蓄水池、火车站的作用，由于不同的运输方式在运向、里程、运量和运输时间上存在着差异，一种运输方式一般不能直达目的地，需要在中途改变运输方式、运输线路、运输规模、运输工具，而且为协调运输时间和完成物品倒装、转运、分装集中等物流作业，还需要在物品运输的途中停留，通过仓储的调节，实现了物品从生产向销售地的快速转移（如图4-2所示）。

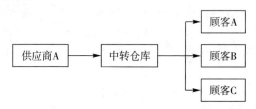

图 4-2 仓储的调节功能示意图

（2）仓储的增值功能。仓储的增值功能的典型表现包括加工服务和信息传递。

加工服务。仓储期间，根据存货人或客户的要求，对保管物的外观，形状成分构成，尺度等进行加工，提高保管物的负价值。

信息传递。在仓库管理的各项事务中，经营方和供需方都需要及时而准确的仓库信息，例如，仓库利用水平，进出货频率，仓库的地理位置，仓库的运输情况，客户需求状况和仓库人员的配置等信息，这些信息为用户或经营方进行正确的商业决策提供了可靠依据，提高了用户对市场的响应速度，提高了经营效率，降低了经营成本，从而带来了额外的经济利益。

（3）仓储的社会功能。仓储的社会功能是指仓储的基础作业和政治作业，会给整个社会物流过程的运转带来不同的影响，良好的仓储作业和管理会带来正面的影响，反之带来负面的效果。

社会功能主要包括三个方面：一是调整功能，一般情况下，生产与消费之间会产生时间差，通过储存可以克服货物产销在时间上的隔离。二是价格调整功能，生产和消费之间也会产生价格差，供过于求，供不应求，都会对价格产生影响，因此通过仓库可以克服货物在产销量上的不平衡，达到调控价格的效果。三是衔接商品流通功能，仓库是商品流通的必要条件，为保证商品流通过程连续进行，就必须有仓储活动，通过仓储可以防范突发事件，如运输被延误，卖主缺货，保证商品顺利流通，对供货仓库而言，这项功能是非常重要的，因为原材料供应的延迟会导致产品的生产流程延时。

2. 仓储的作用

随着现代物流学的发展，商品储存作为物流系统的重要组成部分，被越来越多的学者与物流业者重视,它在整个物流过程中发挥着越来越重要的作用。仓储具有"两面性",其作用包括积极作用和消极作用。

(1)仓储的积极作用。仓储是保持物资原有使用价值的重要手段:仓储最基本的功能是储存和保管,通过对物品进行合理的储存和保管,保持物品的原有使用价值。

仓储的整合作用体现在两个方面:一是运输整合功能。为了降低运输成本,仓库将来自不同制造工厂指定送往某一特定顾客的材料或产品,整合成一个单元,进行一票装运。二是产品整合功能。由于公司往往会在不同的制造场所生产不同的产品,这样也可以减少由多个供应商向同一客户进行供货带来的拥挤和不便,为了满足不同客户订单要求,物流公司需从不同的制造场所调运产品,于是就产生了不同的到达时间和产品整合的可能性,通过这些方法将会提高公司完成客户订单的效率。

仓储具有预防不确定性的作用:原材料供应延迟以及偶发事件都会影响制成品的生产及物流配送,仓储则可以有效地防止货物短缺或供应中断。

仓储能够增加商品的附加价值:现代仓储的功能已经不再局限于传统的储存和保管,为客户提供增值服务已经成为现代仓储经营者们努力追求的目标之一。仓储物在保管期间,保管人根据客户的要求对仓储物的外观、形状、尺度等进行加工,使仓储物发生所期望的变化。比如装袋、捆包、拴扉子、贴标签、印条形码、切割、刷标记、组装等活动。

仓储能够发挥传递市场信息的作用:仓储物数量的变化可以反映出市场对该物品的需求情况。仓储量减少,周转量加大,表明社会需求旺盛;反之则为需求不足。厂家存货增加,表明其产品需求减少或者竞争力降低,或者生产规模不合适。

(2)仓储的消极作用。固定费用支出:库存会引起仓库建设、仓库管理、仓库员工福利等费用开支增加。机会损失:仓储货物占用资金必须支付的利息,以及这部分资金如果用于其他项目可能会有的更高的收益,所以,利息损失和机会损失可能都非常大。

陈旧损坏与跌价损失:货物在库存期间可能发生各种物理、化学等损失,或者错过有利的销售期,引起贬值或跌价。

保险费支出:仓储物资所缴纳的保险费用也是一笔不小的开支。

仓储活动就像一把"双刃剑",库存太少会导致缺货,而库存太多又会出现库存积压,影响企业的资金周转,如何合理开展仓储活动,充分发挥其积极作用,是现代企业亟须解决的问题。

二、仓库的概念

仓库一般指以库房、货场及其他设施、装置为劳动手段的,对商品、货物、物资进行收进、整理、保管和分发等工作的场所,在工业中则是指储存各种生产需用的原材料、零部件、设备、机具和半成品、产品的场所。

三、仓库的分类

1. 按照仓库的功能分类

(1)周转仓库。周转仓库的主要功能是物资周转,主要用于暂时存放待加工、待销售、待运输的物资,包括生产仓库、中转仓库、集配仓库、加工仓库等(如图 4-3 所示)。该种仓库储存货物时间短,主要追求周转效益,为生产、流通或运输服务。

图 4-3　周转仓库

(2)储备仓库。储备仓库主要指专门长期存放各种储备物资,以保证完成各项储备任务的仓库(如图 4-4 所示)。如战略物资储备、季节物资储备、流通调节储备等。其功能是较长时间储存保管。

图 4-4　粮食储备仓库

2. 按照仓库的隶属关系分类

（1）自用仓库。自用仓库是指某个企业建立的供自己使用的仓库（如图4-5所示），用于保管本企业的物品（原材料、半成品、产成品等），仓库的建设、物品的管理以及进出库均属本公司的管理范畴。建造此类仓库，要考虑自建的固定成本和业务必要性与采用外包策略的可能性，看哪一种方案最优。

图4-5　企业自有（零配件）仓库

（2）营业仓库。营业仓库是按照相关管理条例的许可和企业经营需要，向其他一般企业提供保管服务的仓库（如图4-6所示）。它是面向社会，以经营为手段，以盈利为目的一类仓库。与自有仓库相比，营业仓库的使用率要高。第三方物流企业所建的仓库属于营业仓库。

图4-6　第三方物流企业的营业仓库

(3)公共仓库。公共仓库是指国家和公共团体为了公共利益而建设的仓库(如图 4-7 所示)。这是一种专业从事仓储经营管理的,面向社会的,独立于其他企业的仓库。

图 4-7　港口码头的公共仓库

3. 按照保管条件分类

(1)普通仓库。普通仓库一般是指具有常温保管、自然通风、无特殊功能的仓库(如图 4-8 所示)。可用于存放无特殊保管要求的物品。

图 4-8　普通仓库

(2)恒温仓库。恒温仓库是指具有保持一定温度和保湿功能的仓库(如图 4-9 所示),主要用于储存对于储藏温度有一定要求的物品。

图 4-9　恒温仓库

（3）冷藏仓库。冷藏仓库指具有制冷设备，并有良好的保温隔热性能以保持较低温度的仓库，是专门用来储存需要进行冷藏物品的仓库（如图 4-10 所示）。一般多用于农副产品、特殊药品等对温度有特殊要求的物品。

图 4-10　冷藏仓库

（4）危险品仓库。危险品仓库主要是指存放具有易燃性、易爆性、腐蚀性、有毒性和放射性等对人体或建筑物有一定危险的物资的仓库（如图 4-11 所示）。由于危险品可能对人体及环境造成危险，因此危险品仓库在库房结构及库内布局等方面有特殊的要求，同时必须远离工厂和居民区。

图 4-11　危险品仓库

4. 按照库房建筑完整性分类

（1）封闭式仓库。封闭式仓库俗称"库房"（如图 4-12 所示），该结构的仓库封闭性强，便于对库存物品进行维护保养，适宜存放那些对保管条件要求比较高的物品。

图 4-12　封闭式仓库

（2）半封闭式仓库。半封闭式仓库俗称"货棚"（如图 4-13 所示），保管条件不如库房，但出入库作业比较方便，适宜存放那些对温湿度要求且出入库频繁的物品。

图 4-13　半封闭式仓库

（3）露天式仓库。露天式仓库俗称"货场"（如图 4-14 所示），其最大优点是装卸作业极其方便，适宜存放大宗原材料，或者不怕受潮的货物。

图 4-14　露天式仓库

任务二　仓储作业管理

导入案例

毕业生小王应聘成功,成为了该仓库的一名仓库管理实习生,被分配在仓库小件仓内进行学习和工作。小件仓内物品数量非常多,周转量巨大,每天都会有很多商品等待入库,也有很多的客户订单需要处理。

问题:小王应掌握哪些基本的作业方法?小王该怎样做才能提高工作效率?

任务目标

通过本项目的学习,项目团队能够熟练掌握仓储的作业流程,明确在仓储管理作业中入库,在库存储管理,出库的具体作业方法。

任务准备

知识准备:仓储作业管理的入库作业具体流程,在库作业管理方法,出库作业具体流程。

材料准备:仓库货物信息表。

任务学习

一、物品入库

入库作业时间即是在接到商品入库通知单后,经过一系列作业环节的工作过程。入库也是仓库管理过程的开始,入库作业直接影响后续在库作业以及物流客户服务,必须综合考虑,因此必须综合考虑影响入库作业的因素,按照入库作业的基本,根据不同的管理策略,货物属性数量以及现有库存情况,自动设定货物堆码位置,货物堆码顺序,实现货物的高速入库,从而提高入库作业效率。

入库作业的基本业务流程,包括入库申请,编制,入库,作业计划及计划分析,入库准备,接运卸货,核查入库凭证,不凭检验办理交接手续,处理入库信息,生产取货凭证的作业,具体如图4-15所示。

1. 入库申请

入库申请是存货人对仓储服务产生需求,并向仓储企业发出需求通知。仓储企业接到申请之后,对此项业务进行评估,并结合仓储企业自身业务状况作出反应,如拒绝该项业务,需作出合理解释,以求客户的谅解;如接受此项业务,需制定入库作业计划,分别传递给存货人和仓库部门,做好各项准备工作。所以,入库通知单是生产入库作业计划的基础和依据

(如表 4-1 所示)。

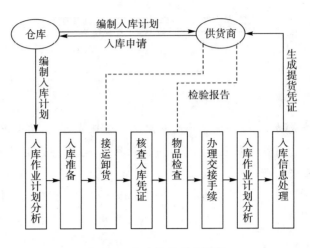

图 4-15 入库作业基本流程

表 4-1 入库通知单

入库通知单									
作业计划单号：									
库房：			□正常商品		□暂存商品	□退换货			
客户名称：			客户编号：				制单时间：		
入库通知单号：			应收总数：				实收数量：		
产品名称	产品编号	规格	单位	应收数量	实收数量	货位号	批号	备注	
保管员：			制单人：						

(1)编制入库作业计划及计划分析。入库作业计划是指仓库部门根据本部门和存货人的外部实际情况，权衡送货人的需求和仓库存储的可能性，通过科学的预测，提出在未来一定时期内，仓库要达到的目标和实现的目标方法。入库作业计划需要存货人发货和仓库部门进行入户前准备，入库作业计划主要包括到货时间及方式、包装单元与状态、存储时间及物品的名称、品种、规格、数量、单件体积与重量、物理、化学、生物特征等详细信息。

(2)入库准备。入库准备是仓库部门根据设定好的入库作业计划，合理安排好货位，毡垫材料，验收，装卸搬运器件以及人员和单证的，以便货物的入库，经仓库的入库计划分析评估之后，即可开始入库准备工作。

(3)入库交接。

①交接手续：接收物品——→接收文件——→签署单证。

②登账：物品入库后，仓库建立详细反映物品仓储的明细账，登记物品的相关情况。

登账的主要内容：物品名称、规格、数量、件数、累计数或结存数、存货人或提货人、批次、金额、注明货位号或运输工具、接(发)货经办人。

③立卡：物品入库或上架后，将物品名称、规格、数量、或出入状态等内容填在料卡上，称之为立卡。

④建档：对仓库内的仓储物建立存货档案，做到"一货一档、统一编号、妥善保管"。档案内容主要如下：物品的各种技术资料、合格证、装箱单、质量标准等；物品运输单据、普通记录、货运记录、残损记录、装载图等；入库通知单、验收记录、磅码单、技术检验报告；保管期间的检查、保养作业、通风除湿、翻仓等直接操作记录；存货期间的温度、湿度、特殊天气的记录等；出库凭证、交接签单、送出货单、检查报告等；其他有关该物品仓储保管的特别文件和报告记录。

⑤入库交接内容：仓库对收到的货物向送货人进行确认，表示已接受货物。交接手续的办理意味着划清运输、送货部门和从哪个快的责任。

交接手续的内容包括以下几点。

接受货物：验货后，将不良货物提出、退回，或编制残损单证等明确责任，并确定收到货物的确切数量、货物表面良好状态。

接受文件：接受送货人送交的货物资料、运输货物的记录、普通记录等，以及随货附带，在运输单证上注明的相应文件，如图纸，准运证等。

签署单证：仓库与送货人或承运人共同在送货人交来的送货单、交接清单上签署，并留存相应单证。

(4)入库理货。

入库理货内容包括以下几点。

①清点货物件数。对于件装货物，包括有包装的货物、裸装货物、捆扎货物，根据合同约定的计数方法，点算完整货物的件数；如果合同没有约定则仅限在点算运输包装件数(又称大数点收)。合同约定计件方法为约定细数及需要在仓库拆除包装的货物，则需要点算最小独立(装潢包装)的件数等，包括捆内细数、箱内小件数等；对于件数和单重同时要确定的货物，一般只点算运输包装件数；对入库拆箱的集装箱则要在理货时开箱点数。

②查验货物单重、尺寸。货物单重是指每一运输包装的货物的重量。单重确定了包装内货物的含量，分为净重和毛重。对于需要拆除包装的需要核定净重。货物单重一般通过称重的方式核定。对于以长度或者面积、体积进行交易的商品，入库时必然要对货物的尺寸进行丈量，以确定入库货物数量。丈量的项目(长、宽、高、厚等)根据约定或者根据货物的特性确定，通过使用合法的标准量器，如卡尺、直尺、卷尺等进行丈量。同时，货物丈量还是区分大多数货物规格的方法，如管材、木材的直径，钢材的厚度等。

③查验货物重量。查验货物重量是指对入库货物的整体重量进行查验。对于计重货物(如散装货物)、件重并计(如包装的散货、液体)的货物，需要衡定货物重量。货物的重量分为净重和毛重，毛重减净重为皮重。根据约定或具体情况确定毛重或净重。

此外对设有连续法定计量工具的仓库，可以直接用该设备进行自动衡重。连续计量设备主要有:轨道衡、FE量灌包器、流量计等。连续计量设备必须经国家计量行政管理部门检验发证(审证)方可有效使用。此外,还可以通过对容器或运输工具的液体货物体积量算(容器、货舱、体积)和液体的比重测定来计算重量,此法称为液量计算。船舶的排水体积乘水的比重减空船、储备、油水重量,是不很准确计算货物重量的方法,称为船舶水尺计量。

④检查货物表面状态。理货时应对每一件货物的外表进行感官检验,查验货物外表状态,以接收货物外表状态良好的货物。外表检验是仓库的基本质量检验要求。确定货物有无包装破损、内容外泄、变质、油污、散落、标志不当、结块、变形等不良质量状况。

⑤剔除残余。在理货时发现货物外表状况不良,或者怀疑内容损坏等,应将不良货物剔出,单独存放,避免又与其他正常货物混淆。待理货工作结束后进行质量确定,确定内容有无受损以及受损程度。对不良货物可以采取退货、修理、重新包装等措施处理,或者制作残损报告,以便明确划分责任。

⑥货物分拣。仓库原则上采取分货种、分规格、分批次的方式储存货物,以保证仓储质量。对于同时入库的多品种、多规格货物,仓库有义务进行分拣分类分储。理货工作就是要进行货物确认和分拣作业。对于仓储委托的特殊的分拣作业,如对外表分颜色、分尺码等,也应在理货时进行,以便分存。当然需要开包进行内容分拣,则需要进行独立作业。

⑦安排货位、指挥作业。由理货人员进行卸车、搬运、垛码作业指挥。根据货物质量检验的需要,指定检验货位,无须进一步检验的货物,直接确定存放位置。要求作业人员按照预定的堆垛方案堆码货或者上架。对货垛需要的垫垛,堆垛完毕的苫盖的铺设,指挥作业人员按要求进行。作业完毕,要求作业人员清扫运输、搬运工具、收集地脚货。

⑧处理现场事故。对于在理货中发现的货物残损,不能退回的,仓库只能接收,但要制作残损记录,并由送货人、承运人签署确认。对作业中发生的工损事故,也应制作事故报告,由事故责任人签署。

⑨办理交接。由理货人员与送货人、承运人办理货物交接手续。接收随货单证、文件,填制收费单据,代表仓库签署单证,提供单证由对方签署等。

二、货物在库货物管理

(一)盘点作业

1. 盘点作业的目的

(1)查清实际库存数量:通过盘点清查实际库存数量与账面库存数量,发现问题并查明原因,及时调整。

(2)帮助企业计算资产损益:为了能准确地计算出企业实际损益,必须通过盘点。

(3)发现仓库管理中存在的问题:通过盘点查明盈亏的原因,发现作业与管理中存在的问题,并通过解决问题来改善作业流程和作业方式,提高人员素质和企业的管理水平。

2. 盘点作业的内容

(1)查数量。通过点数计数查明在库货物的实际数量,核对库存账面资料与实际库存数量是否一致。

(2)查质量。检查在库货物质量有无变化,有无超过有效期和保质期,有无长期积压等现象,必要时还必须对其进行技术检验。

(3)查保管条件。检查保管条件是否与各种货物的保管要求相符合。如堆码是否合理稳固,库内温度是否符合要求,各类计量器具是否准确等。

(4)查安全。检查各种安全措施和消防设备、器材是否符合安全要求,建筑物和设备是否处于安全状态。

3. 盘点流程

盘点流程具体如图4-16所示。

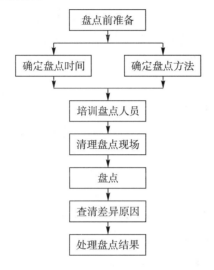

图 4-16 盘点流程

4. 盘点前的准备

(1)明确建立盘点的具体方法和作业程序。
(2)配合财务会计做好准备。
(3)设计打印盘点用表单(盘点单)。
(4)准备盘点用基本工具。

表 4-2 盘点单

盘点单						
盘点日期:				编号:		
物品编号	物品名称	存放位置	盘点数量	复核数量	盘点人	复核人

5. 确定盘点时间

根据货物的不同特点、价值大小、流动速度、重要程度来分别确定不同的盘点时间,盘点时间的间隔可以从每天、每周、每月、每年盘点一次不等。一般生产企业因其货物流动速度不快,半年至一年实施一次盘点即可。但在配送中心货物流动速度较快的情况下,应视配送中心各货物的性质制定不同的盘点时间。

6. 确定盘点方法

因为不同现场对盘点的要求不同,盘点的方法也会有差异,为尽可能快速准确地完成盘点作业,必须根据实际需要确定盘点方法。

7. 盘点人员的组织与培训

为使盘点工作得以顺利进行,盘点时必须增派人员协助进行,由各部门增援的人员必须组织化,并且施以短期训练。人员的培训分为两部分:对所有人员进行盘点方法的训练和对复盘与监盘人员进行认识货品的训练。

8. 清理盘点现场

盘点现场就是仓库或配送中心的保管场所。清理作业主要包括以下几方面的内容。

(1)在盘点前,对货物必须明确其所有权。尚未办理入库手续的货物,以及已办理出库手续的货物,不在盘点之列。

(2)储存场所在关闭前应通知各需求部门预领所需的物品。

(3)储存场所整理整顿完成,以便计数盘点。

(4)预先鉴定呆料、废品、不良品,以便盘点。

(5)账卡、单据、资料均应整理后加以结清。

(6)储存场所的管理人员在盘点前应自行预盘。

9. 盘点

盘点时可以采用人工抄表计数,也可以用电子盘点计数器。注意加强盘点作业时的指导与监督。盘点作业可分为初点、复点和抽点三个阶段进行。

10. 查清盘点差异的原因

当盘点结束后,发现所得数据与账簿资料不符时,应追查差异的原因。其主要有如下几点:

(1)因记账员素质不高致使货品数目无法表达。

(2)因料账处理制度的缺点致使货品数目无法表达。

(3)因盘点制度的缺点导致货账不符。

(4)盘点所得的数据与账簿的资料差异不在容许误差范围之内。

(5)盘点人员不尽责。

(6)发生漏盘、重盘、错盘等情况。

(7)因盘点的差异不可事先预防致使误差难以降低。

11. 盘点结果的处理

差异原因追查后,应针对主要原因对盘亏和呆废品、不良品一并进行调整。货物除了盘点时产生数量的盈亏外,有些货品在价格上会产生增减,这些变更在经主管审核后必须利用货品盘点盈亏及价格增减更正表修改,如表 4-3 所示。

表 4-3 货品盘点数量盈亏、价格增减更正表

货品编号	货品名称	单位	账面资料			盘点实存			数量盈亏					价格增减					差异因素	负责人	备注
									盘盈		盘亏		增价		减价					
			数量	单价	金额	数量	单价	金额	数量	金额	数量	金额	单价	金额	单价	金额				

(二)商品养护

商品养护是指物品在存储过程中所进行的保养和维护,存在仓库里的货物种类繁多,并且具有不同的商品特性,表面上看来是静止不变的,但实际上每时每刻都在发生变化,在一段时间里,货物发生的轻微变化,在感官是察觉不出来的,只有在其发展到一定时期,到一定程度后才被发现,商品养护的任务,就是要在认识和掌握各种在库货物的变化规律后,采取相应的组织管理和技术管理措施,有效抑制外界因素的影响,创造适宜的环境,提供良好的条件,以求最大限度地避免和减少物品损失,降低保管损耗。

物品在养护的过程中应该遵循的原则是:以防为主,防治结合,要做到及早发现,及早治理,提高对变质货物处理的响应时间。

除了因事故造成的损失外,仓库中储存的物品,由于受到自然环境中的日晒,潮湿高温,冻害虫害,灰尘等的影响和储存时间延长而发生的变化,会引起物品的锈蚀,霉烂,老化,超级自然的变质现象,从而使物品部分失去或完全丧失使用价值,物品的保管工作就是根据物品的物理化学性质及所处自然条件,为延缓物品产生上述变化,采取了一系列工作,

常见的物品保管技术,有仓库温湿度控制法,仓库物资的美防治法,金属物资的防锈除锈处理,虫害的防治法等。

三、出库作业

物品出库作业是仓库根据业务部门或所或单位开出的货物出库凭证,按其所列货物编号,名称,规格型号,数量的项目,组织,货物出库等一系列工作作业的总称。出库作业的任务是所发放的货物必须准确及时,保质保量的,发给收货单位,包装必须完整牢固,标记必须正确清楚,核对必须仔细。

图 4-17 拣选出库流程

物品出库要求包括以下几点。

第一，物品出库要做到三不三核五检查。三不：未接单据不翻账，未经审单不备货，未经复核不出库；三核：即在发货时要核对凭证，核对账卡，核对实物；五检查：即对单据和实物要进行品名检查，规格检查，包装检查，数量检查，重量检查。具体地说，物品出库要求严格执行各项规章制度，杜绝差错事故，提高服务质量，让用户满意。

第二，按程序作业手续必须完备。物品出库必须按规定程序进行，领料单、仓单等提货凭证必须符合要求，物品出库时必须有正式凭证，保管人员根据凭证所列物品数量和种类发货。

第三，坚持先进先出原则。在保证库存物品的价值和使用价值不变的前提下，坚持先进先出的原则，同时要做到有保管期限的先出，保管条件差的先出，容易变质的先出，近失效期的先出，包装简易的先出，其目的在于避免物品应互存时间过长而发生变质或影响其价值和使用价值。

第四，做好发货准备。为使物品及时流通，合理使用，保管员必须快速及时准确的发货，为此必须做好发货的各项准备工作，如化整为零，集装单元化，备好包装复印资料，组织搬运人力，准备好出库的各种设施设备及工具等。

第五，发货和记账要及时。保管员接到发货凭证后，应及时发货，不压票；物品发出后，应立即在物品保管账上核销，并保存好发料凭证，同时调整垛牌或料卡。

第六，保证安全。物品出库作业要注意安全操作，防止损坏包装和震坏压坏摔坏物品，同时还要保证运输安全，做到物品包装完整，捆扎牢固，标志清楚正确，性能不相互抵触和影响，保障乳品质量安全，仓库作业人员必须经常注意物品的安全保管期限等，对比变质已过期失效，你失去原使用价值的物品，不允许出库。

第七，保证无差错。保管人员发货时应按照发货凭证上面的物品的产地、规格、型号、价格、数量、质量准确发货，当面点清数量和检验质量，确保出库物品数准确，质量完好，包装牢固，标志正确，发运及时安全，避免发生运输差错和损坏物品的事故。

任务三　库存管理与控制

导入案例

小王在仓库实习一段时间之后掌握了很多仓储管理的知识。最近小王回家探亲时发现家乡有一个冷库，主要用来储存周围菜农种的大白菜，由于冷库规模不大，且设施设备陈旧落后，该冷库工作效率低下，效益不好。虽然小王并不懂物流，但潜意识里他认为通过有效的管理，该冷库的状况是可以改变的。因此，小王想为家乡冷库的发展瓶颈找到解决办法，改善经营状况，促进当地经济发展。

问题：如果你是小王，为了解决上述问题你将怎么做？

任务目标

通过本项目的学习,项目团队能够熟练掌握库存管理的概念,功能,及库存管理中的需求形式,熟悉在仓储管理模式中不同需求形势下的常见的库存管理方法并熟练掌握,正确计算,且能够在实际的库存管理中进行运用。

任务学习

一、库存概述

1. 库存的概念

库存是仓库中实际储存的货物。库存可以分两类:一类是生产库存,即直接消耗物资的基层企业、事业的库存物资,它是为了保证企业、事业单位所消耗的物资能够不间断地供应而储存的;一类是流通库存,即生产企业的原材料或成品库存,生产主管部门的库存和各级物资主管部门的库存。此外,还有特殊形式的国家储备物资,它们主要是为了保证及时、齐备地将物资供应或销售给基层企业、事业单位的供销库存。

对国家物资主管部门下属的物资经营者来说,库存主要包括大宗按计划进货供应的物资、年度计划尚未安排具体用户和用途的待分配物资、发挥"蓄水池"作用必须购进的物资和正常供应所需周转库存等。上述库存都占用企业的流动资金,如果库存量过大,流动资金占用量过多,就会影响企、事业单位的经济效益;库存量过小,又难以保证生产持续正常进行。因此,库存量的多少必须掌握适度定额和合理库存周转量。

库存包括现有库存和在途库存或者还有合同库存,也就是账面上的和实际的。

物流管理中这样定义"库存":指一切当前闲置的,用于未来的,有经济价值的资源。其作用在于:防止生产中断,稳定作用,节省订货费用,改善服务质量,防止短缺。库存也带有一定的弊端:占用大量资金,产生一定的库存成本,掩盖了企业生产经营中存在的问题。

2. 库存管理认识

不同的企业对于库存管理,历来有不同的认识。概括起来主要有以下三种。

(1)持有库存。一般而言,在库存上有更大的投入可以带来更高水平的客户服务。长期以来,库存作为企业生产和销售的物资保障服务环节,在企业的经营中占有重要地位。企业持有一定的库存,有助于保证生产正常、连续、稳定进行,也有助于保质、保量地满足客户需求。维护企业声誉,巩固市场的占有率。

(2)通过库存控制保持合理库存。库存管理的目的是保持合适的库存量,既不能过度积压也不能短缺。让企业管理者困惑的是:库存控制的标准是什么?库存控制到什么量才能达到要求?如何配置库存是合理的?这些都是库存管理的风险计划问题。

(3)以日本丰田为代表的企业提出"零库存"的概念。其主要表现形式是准时生产方式(JIT)。持此认识的人认为,库存即是浪费,零库存是高效库存管理方式。

3. 库存的功能

平衡供求、分离、地域专业化，以及用安全储备缓冲不确定因素等，是库存的四个主要功能。这些功能确定了特定的系统所必需的对库存进行的投资，期望能够实现管理部门的各个目标。在给某种具体的制造战略或营销战略条件下，只有当这四个库存功能在同一水平上发挥其作用时，已计划的库存和已承诺的作业才有可能被减少。凡超过最低层次的库存都被视为过度承诺。

库存对安全储备的承诺通常具有作业性质，一旦发生差错或政策改变，就能够进行迅速的调整。管理部门可以通过各种技术的帮助来计划安全储备方面的承诺。在给定的这些条件下，这里将着重对安全储备的关系和政策做出全面分析。

当企业已形成垂直一体化时，他必须再多层次的配送上对库存进行管理。一体化厂商实施存货管理的性质很复杂，因为它必须制定多层次的政策及控制。无论库存需求是处于制造层次、批发层次还是零售层次，库存管理部门都使用同一基本技术与原理。在最低限度的层次上，已投资的库存要实现地域专业化和分离功能，只有调整其实现地点与作业过程。最低层次的库存需要依赖于对季节性需求的估算来平衡供给与需求。随着经验的积累，管理部门可以相当充分地预计在高需求量期间实现边际销售量所需的库存。于是，在这一基础上就形成了季节性的库存计划。

理想的库存过程应该是，一旦订货确定后就应该按照顾客的规格制造产品。这就是通常所说的订货型作业，其特点是具有客户制定化的设备。这种系统无需按未来的销售量预计存储材料或制成品，虽然零库存的系统运作中不一定完全实现，但必须记住，在库存中投资的每一分钱都必须要借助其他物流资源得到补偿，并且要显示出一种有效的总成本回报。库存是资产配置的一个重要领域，应提供资金投入的最低限度报酬。对此，会计专家早已认识到其中存在着如何衡量的问题。因为公司的损益报告一般都不充分显示其真实的成本或库存投资的收益。由于衡量办法不够先进，使之难以评估服务层次、作业效率和库存水平之间的交替换位。大多数企业承担的平库存都超过其基本需求。因此，仔细的检查库存负担中表现出来的四个主要功能，就能更好地了解这种普遍性了。

4. 独立性需求与相关性需求库存

（1）独立需求指对一种物料的需求，在数量上和时间上与对其他物料的需求无关，只取决于市场和顾客的需求。独立需求库存是指客户对某种库存物品的需求与其他种类的库存无关，表现出对这种库存需求的独立性。从库存管理的角度来说，独立需求库存是指那些随机的、企业自身不能控制而是由市场所决定的需求，这种需求与企业对其他库存产品所作的生产决策没有关系。例如客户对企业最终产成品、维修备件等的需求。独立需求库存无论在数量上还是时间上都有很大的不确定性，但可以通过预测方法粗略地估算。

（2）相关需求（从属需求、非独立需求）指对一种物料的需求，在数量上和时间上直接依赖于对其他物料的需求。相关需求库存是指其需求水平与另一项目的生产有直接联系的一库存项目。由于相关需求库存项目的需求数量和时机可以精确地加以预测，因此，这些库存项目处于组织的完全控制之下。

二、库存管理与控制方法

1. ABC 分类法概述

(1) ABC 分类法的控制方式及管理。

ABC 分类法又称"帕累托分类法",即所谓"关键的少数和一般的多数"的哲理,也就是我们平时所提到的 80/20 法则。最早由意大利经济学家帕累托于 1906 年首次提出。ABC 分类法的核心思想是在决定一个事物的众多因素中分清主次,识别出少数的但对事物起决定作用的关键因素和种类繁多的但对事物影响极小的次要因素。

ABC 分类法基本原理是运用数理统计的方法,对种类繁多的各种事物属性或所占权重不同要求,进行统计、排列和分类,划分为 A、B、C 三部分,分别给予重点、一般、次要等不同程度的相应管理。对应到库存管理中,ABC 分类管理就是将库存物资按品种和占用资金的多少分为重要的 A 类,一般重要的 B 类和不重要的 C 类三个等级,针对不同等级分别进行管理和控制的一种方法,其具体分类方法为:A 类物资所占品种占用资金大;B 类物资占用品种比 A 类物资多一些,占用的资金比 A 类物资少一点;C 类物资所占品种多,占用的资金少。

ABC 分类法具体含义如表 4-4 所示。

表 4-4 ABC 库存分类法

类别	品种数占全部品种比例%	价值占总价值比例%
A	5%～15%	70%～80%
B	20%～30%	15%～25%
C	60%～70%	5%～10%

(2) ABC 分类法的原则。

①成本—效益原则:无论采用何种方法,只有其付出的成本能够得到完全补偿的情况下才可以施行。

②"最小最大"原则:我们要在追求 ABC 分类管理的成本最小的同时,追求其效果的最优。

③适当原则:在施行 ABC 分析进行比率划分时,要注意企业自身境况,对企业的存货划分 A 类、B 类、C 类并没有一定的基准。

(3) ABC 分类法的作用。

①优化库存结构:运用分类管理法可以对各种物资进行经济合理地分类,较准确地确定订货批量和储备周期克服不分主次盲目决定储备量的做法,促进库存结构优化。

②压缩库存总量:减少库存资金,加快物资流通和资金周转速度。重点的类物资划出后,使类物资严格控制在核定的范围内,降低类物资的储备从而降低库存资金的总量。

③减少管理工作量:运用分类管理法可以集中精力抓主要矛盾克服"眉毛胡子一把抓"的混乱现象,使管理人员从繁杂的事务工作中脱身出来。

(4)物动量 ABC 分类法。

物动量就是商品的销售数量。商品的销售数量大,就是 B 类,商品的销售数量中间的为 C 类,商品的销售数量少,为 A 类。商品的销售数量和价格直接挂钩。依据商品销售流动量来分类。用表格排列出商品的品种类别,并表明每种产品的出库数量,及每种产品的价格。然后在分别排序。这样就可以分列出 ABC 产品,A 类为价值最高的,B 类为价值中等的,C 类为价值最低的。按 ABC 分析表,累计品种百分数和平均资金占用额累计百分数:

①将累计品种百分数为 5%～15%;而平均资金占用额累计百分数为 60%～80%左右的前几个物品,周转量为 60%～80%的货物确定为 A 类;

②将累计品种百分数为 20%～30%,而平均资金占用额累计百分数也为 20%～30%的物品,周转量为 20%～30%的货物确定为 B 类;

③其余为 C 类,C 类情况正和 A 类相反,其累计品种百分数为 60%～80%,而平均资金占用额累计百分数仅为 5%～15%。周转量为 10%～20%的货物确定为 C 类。

运用方法:

①收集数据,将周转量作为分类的关键因素,收集各种货物的周转量数据。

②计算整理,对数据进行加工,计算各种货物的周转率、累计周转率;计算各品种占总品种的百分比及品种累计百分比。

③得出结论,根据计算的实际数据、ABC 分类的定义确定 ABC 三类货物。

实例运用:

下面是某一仓库去年库存周转量统计表。

序号	货品编号	货品名称	周转量(箱)
1	A001	美的电水壶	750
2	D001	松下吹风机	451
3	B003	戴尔电脑显示器	6128
4	D002	苏泊尔电磁炉	170
5	A002	美的电饭煲	922
6	W002	西门子微波炉	214
7	S001	金龙鱼芝麻油	188
8	F003	方便面	1252
9	F004	笋干老鸭煲面	822
10	K001	金锣火腿肠	130
11	S002	纯净水	4520
12	S003	金龙鱼花生油	217
13	K009	长城干红葡萄酒	462
总计			16226

库存周转量从高到低排列变如下。

序号	货品名称	品种所占百分比	品种累计百分比	周转量	周转比例	累计周转量比例
3	戴尔电脑显示器	7.69%	7.69%	6128	37.77%	37.77%
11	纯净水	7.69%	15.38%	4520	27.86%	65.63%
8	方便面	7.69%	23.07%	1252	7.72%	73.34%
5	美的电饭煲	7.69%	30.76%	922	5.68%	79.02%
9	笋干老鸭煲面	7.69%	37.45%	822	5.07%	84.09%
1	美的电水壶	7.69%	45.14%	750	4.62%	88.71%
13	长城干红葡萄酒	7.69%	52.83%	462	2.85%	91.56%
2	松下吹风机	7.69%	60.52%	451	2.78%	94.34%
12	金龙鱼花生油	7.69%	68.21%	217	1.34%	95.68%
6	西门子微波炉	7.69%	75.90%	214	1.32%	97.00%
7	金龙鱼芝麻油	7.69%	83.59%	188	1.16%	98.16%
4	苏泊尔电磁炉	7.69%	91.28%	170	1.05%	99.21%
10	金锣火腿肠	7.69%	98.87%	130	0.80%	100.00%
总计				16226	100.00%	

根据累计品种百分数为 5%～15%；累计周转量比例为 60%～80%的货物确定为 A 类货物。则 A 类货物有：戴尔电脑显示器、纯净水。

根据累计品种百分数为 20%～30%，累计周转量比例为 20%～30%的货物确定为 B 类。则 B 类货物有：方便面、美的电饭煲、笋干老鸭煲面、美的电水壶。

2. 独立需求库存控制方法——EOQ 模型

经济订货批量模型又称"整批间隔进货模型"或"EOQ 模型"，英文为 Economic Order Quantity，该模型适用于整批间隔进货、不允许缺货的存储问题，即某种物资单位时间的需求量为常 D，存储量以单位时间消耗数量 D 的速度逐渐下降，经过时间 T 后，存储量下降到零，此时开始订货并随即到货，库存量由零上升为最高库存量 Q，然后开始下一个存储周期，形成多周期存储模型。

(1) 经济订货量基本模型的假设。企业能够及时的补充存货，即需要订货时便可以立即取得存货；能集中到货，而不是陆续入库；不允许缺货，即无缺货成本（TCs=0），这是因为良好的存货管理本来就不应该出现缺货成本；需求量稳定，并且能预测，即 D 为已知常量；存货单价不变，即 U 为已知常量；存货现金充足，不会因为出现现金短缺而影响进货；所需存货市场供应充足，不会因为买不到需要的存货而影响其他。

(2) 经济订货量基本模型的推导。

①存货成本构成。与存货成本有关的，有如下三种：取得成本、储存成本和缺货成本。

A. 取得成本（TCa）。取得成本分为订货成本和购置成本。

a. 订货成本:订货成本根据是否与订货次数有关,分成两部分:第一,订货的固定成本,诸如常设采购机构的基本开支,这一部分我们用 F1 表示;第二,订货的变动成本,诸如差旅费、邮费等等,这一部分与订货次数有关,我们假设每一次的变动成本为 K,存货年需求量为 D,每次进货量为 Q,把订货次数定义为 D 与 Q 的商,所以综上,有公式如下:

$$订货成本 = F1 + \frac{D}{Q}K;$$

其中,F1 为固定成本、D 为存货年需求量、Q 为每次进货量、K 为每一次的变动成本。

b. 购置成本:即存货本身的价值,由数量和单价决定,我们假设,单价为 U,年需求量为 D,则以 DU 表示购置成本。所以,综上,有如下公式:

$$TCa = F1 + \frac{D}{Q}K + DU;$$

其中,TCa 是取得成本,F1 为固定成本、D 为存货年需求量、Q 为每次进货量、K 为每一次的变动成本,DU 为购置成本。

B. 储存成本(TCc)。储存成本是指为保持存货而发生的费用,包括存货占用资金所应计的利息、仓库费用、保险费用等等。储存成本根据是否与存货数量有关,分成固定成本和变动成本。

a. 固定成本,诸如仓库人员工资等,用 F2 表示。

b. 变动成本,诸如应计利息、保险费等,假定以 Kc 作为单位成本。

综上,有公式如下:

$$TCc = F2 + Kc\frac{Q}{2};$$

其中,TCc 是储存成本,F2 是固定成本,Q 为存货量。

注:之所以取 $\frac{Q}{2}$,是基于一个统计学上的考虑。假定一个存货周期里面,最多的存货量为 Q,最少的存货量为 0,我们知道,时点指标是不能相加的,而时期指标是可以相加的,要想使时点指标得以相加,常见的做法是取平均数,使时点指标变成时期指标。所以,我们取 $\frac{Q-0}{2}$ 作为可以相加减的时期数据代入公式进行计算。

C. 缺货成本(TCs)。缺货成本定义为因为中断而造成的损失,诸如停工损失、紧急外购成本等。

②总公式。假定总成本为 TC,而且总成本构成由上面三个部分构成,于是有下面的公式。

$$TC = TCa + TCc + TCs = F1 + \frac{D}{Q}K + DU + F2 + Kc\frac{Q}{2} + TCs$$

③经济订货量基本模型的推导。依据 EOQ 模型的基本假设,我们有如下的基本公式。

$$TC = F1 + \frac{D}{Q}K + DU + F2 + Kc\frac{Q}{2}$$

令 F1、K、D、F2、Kc 为常数量,TC 的大小取决于 Q,为了求得 TCmin,对其进行求导演算。

$$TC' = \frac{Kc}{2} - \frac{DK}{Q^2}$$

令 $TC' = 0$,有 $\frac{Kc}{2} = \frac{DK}{Q^2}$

有 $Q^* = \sqrt{\frac{2DK}{Kc}}$ [1]

上面的 Q^* 公式即为经济订货量基本模型[1]。此外,还有如下的公式演变[1]:每次最佳订货次数。

$$N^* = \frac{D}{Q} = \frac{D}{\sqrt{\frac{2KD}{Kc}}} = \sqrt{\frac{DKc}{2K}}$$

与批量有关的存货总成本。

$$TC(Q^*) = \frac{KD}{\sqrt{\frac{2KD}{Kc}}} + \frac{\sqrt{\frac{2KD}{Kc}}}{2} \times Kc = \sqrt{2KDKc}$$

最佳订货周期。

$$t^* = \frac{1}{N} = \frac{1}{\sqrt{\frac{DKc}{2K}}}$$

经济订货量占用资金。

$$I^* = \frac{Q}{2}U = \sqrt{\frac{KD}{2Kc}}$$

例如:某企业每年消耗某种材料 3600 千克,该材料单位成本为 10 元,单位储存成本为 2 元,一次订货成本为 25 元,则有如下公式。

$$Q^* = \sqrt{\frac{2 \times 25 \times 3600}{2}} = 300(千克)$$

$$N^* = \frac{3600}{300} = 12(次)$$

$$TC(Q^*) = \sqrt{2 \times 25 \times 3600 \times 2} = 600(元)$$

$$t^* = \frac{1}{12}(年)$$

$$I^* = \frac{300}{2} = 1500(元)$$

3. 相关性需求库存控制方法——物料需求计划(MRP)

物料需求计划(Material Requirement Planning,MRP)是指根据产品结构各层次物品的从属和数量关系,以每个物品为计划对象,以完工时期为时间基准倒排计划,按提前期长短区别各个物品下达计划时间的先后顺序,是一种工业制造企业内物资计划管理模式。MRP是根据市场需求预测和顾客订单制定产品的生产计划,然后基于产品生成进度计划,组成产品的材料结构表和库存状况,通过计算机计算所需物料的需求量和需求时间,从而确定材料的加工进度和订货日程的一种实用技术。

其主要内容包括客户需求管理、产品生产计划、原材料计划以及库存记录。其中客户需求管理包括客户订单管理及销售预测,将实际的客户订单数与科学的客户需求预测相结合即能得出客户需要什么以及需求多少。

MRP 是一种推式体系,根据预测和客户订单安排生产计划。因此,MRP 基于天生不精确的预测建立计划,"推动"物料经过生产流程。也就是说,传统 MRP 方法依靠物料运动经过功能导向的工作中心或生产线(而非精益单元),这种方法是为最大化效率和大批量生产来降低单位成本而设计。计划、调度并管理生产以满足实际和预测的需求组合。生产订单出自主生产计划(MPS)然后经由 MRP 计划出的订单被"推"向工厂车间及库存。

MRP 的特点有以下几点。

其一,需求的相关性:在流通企业中,各种需求往往是独立的。而在生产系统中,需求具有相关性。例如,根据订单确定了所需产品的数量之后,由新产品结构文件 BOM 即可推算出各种零部件和原材料的数量,这种根据逻辑关系推算出来的物料数量称为相关需求。不但品种数量有相关性,需求时间与生产工艺过程的决定也是相关的。

其二,需求的确定性:MRP 的需求都是根据主生产进度计划、产品结构文件和库存文件精确计算出来的,品种、数量和需求时间都有严格要求,不可改变。

其三,计划的复杂性:MRP 要根据主产品的生产计划、产品结构文件、库存文件、生产时间和采购时间,把主产品的所有零部件需要数量、时间、先后关系等准确计算出来。当产品结构复杂,零部件数量特别多时,其计算工作量非常庞大,人力根本不能胜任,必须依靠计算机实施这项工程。

一般来说,物料需求计划的制订是遵照先通过主生产计划导出有关物料的需求量与需求时间,然后,再根据物料的提前期确定投产或订货时间的计算思路。其基本计算步骤如下。

第一步,计算物料的毛需求量。即根据主生产计划、物料清单得到第一层级物料品目的毛需求量,再通过第一层级物料品目计算出下一层级物料品目的毛需求量,依次一直往下展开计算,直到最低层级原材料毛坯或采购件为止。

第二步,计算净需求量。即根据毛需求量、可用库存量、已分配量等计算出每种物料的净需求量。

第三步,批量计算。即由相关计划人员对物料生产作出批量策略决定,不管采用何种批量规则或不采用批量规则,净需求量计算后都应该表明有否批量要求。

第四步,计算安全库存量、废品率和损耗率等。即由相关计划人员来规划是否要对每个物料的净需求量作这三项计算。

第五步,下达计划订单。即指通过以上计算后,根据提前期生成计划订单。物料需求计划所生成的计划订单,要通过能力资源平衡确认后,才能开始正式下达计划订单。

第六步,再一次计算。物料需求计划的再次生成大致有两种方式,第一种方式会对库存信息重新计算,同时覆盖原来计算的数据,生成的是全新的物料需求计划;第二种方式则只是在制定、生成物料需求计划的条件发生变化时,才相应地更新物料需求计划有关部分的记录。这两种生成方式都有实际应用的案例,至于选择哪一种要看企业实际的条件和状况。

项目小结

仓储随着物资储存的产生而产生,又随着生产力的发展而发展。仓储是商品流通的重要环节之一,也是物流管理中最重要的功能要素之一。仓储是物流活动的重要支柱。进行有效的仓储管理,才能很好地发挥仓储管理在物流环节中的重要作用。

同步练习

一、判断题

1. 集散功能的经济利益体现在,从厂商到仓库的大批量运输。( )
2. 恒温仓库就是冷藏仓库。( )
3. 仓储可以增加商品的附加价值,因此我们要始终保持高库存。( )
4. 帕累托图法过于简单,通常不能找到问题及其解决的途径。( )
5. 库存量指仓库内所有纳入仓库经济技术管理范围的全部本单位和代存单为的物品数量,也包括待处理、待验收的物品数量。( )
6. 仓库生产绩效考核意义在于对内加强管理、降低仓储成本,对外接受货主定期评价。( )

二、选择题

1. 在仓储过程中对产品进行保护、管理,防止损坏而丧失价值,体现了仓储的( )功能。
   A. 保管   B. 整合   C. 加工   D. 储存
2. ( )是指企业将物流活动转包给外部公司,由外部公司为企业提供综合物流服务。
   A. 自有仓储   B. 第三方仓储   C. 公共仓储   D. 分散仓储
3. ( )就是委托营业型仓库进行仓储管理。
   A. 第三方仓储   B. 外包仓储
   C. 自建仓库仓储   D. 租赁仓库仓储
4. 仓库作业过程仓库以入库、保管、( )为中心的一系列作业阶段和作业环节的总称。
   A. 分拣   B. 保管   C. 出库   D. 运输
5. 在发货过程中,如果物品包装破漏,发货时都应经过整理或更换包装,方可出库,否则造成的损失应由( )承担。
   A. 收货人   B. 仓储部门   C. 验收人员   D. 运输单位

6.出库程序包括核单备货、复核、（　　）、点交、登账、清理等过程。
　A.检验　　　　　B.计价　　　　　C.包装　　　　　D.清理现场
7.（　　）是一种将库存按年度货币占用量分为三类,通过分析,找出主次,分类排队,并根据其不同情况分别加以管理的方法。
　A.CVA库存管理法　B.关键因素分析法　C.ABC库存管理法　D.基础库存管理法
8.到仓储库内去清点数量,再依物品单价实际库存的方法被称为（　　）法。
　A.实际盘点　　　B.账面盘点　　　C.期末盘点　　　D.循环盘点
9.ABC仓库库存管理法是（　　）的帕累托原理在仓储管理中的应用。
　A."关键是少数次要是多数"　　　　B."关键是多数次要是多数"
　C."关键是少数次要是少数"　　　　D."关键是多数次要是少数

三、简答题

1.仓储的重要作用主要表现在哪几个方面?
2.在仓库网点规划时,进行仓库数量决策都需要考虑哪些方面的成本?
3.仓储的消极作用是如何表现的?
4.简述ABC分类法的概念。
5.经济订货批量模型的假设内容是什么?
6.简述物料需求计划的含义。
7.简述仓储管理中订单处理过程。
8.简述拣选出库流程。
9.常见的物品养护技术有哪些?

四、案例分析

安徽天地公司是一家有30多年历史的国营企业,其主打产品是日用洗涤品,在有国内外许多知名品牌企业参与竞争的市场中,公司以产品价格的优势得以立足,但这种优势正逐渐消失殆尽。

去年末公司在年终财务结算后发现,尽管公司的销售比前年增长了10%,但公司的利润率却下降了。公司的财务数据显示公司物流成本高居不下,每年都有较大的增长。时常发生这样的情况,某个品种某销售分部的仓库断货,而其他一些销售分部的仓库却有大量的同类产品积压,不得不从一个仓库送到另一个仓库。

有两个原因造成生产计划调整,一是因原料断货,二是销售分公司因为断货要求生产部紧急生产,原定生产计划的执行率通常不到50%。公司有十几辆5吨和8吨的封箱车专门用于向各地销售分部的仓库运输产品,一般是每周各地销售分部向公司要货,他们直接把要货的品种数量报给储运部,储运部汇总当天的要货计划,第二天安排车辆送货。但各地销售分部时常发过来传真要求储运部当天发货。如果这时车辆都派出去了,储运部的经理就联系外面的车辆来送货,但这种运价一般要高于市场的正常价格。

以上这些现象已经引起天地公司的管理高层的注意,他们认为必须对公司进行较大的调整,这种感觉越来越迫切了。

实训项目一　区域仓储发展现状调查

实训项目

××区域仓储发展现状调查

实训目的

让学生通过最近真实仓库的调研,了解仓库的作用与功能,并根据实际情况,分析是否有不足之处,并提出改进措施和具体改进意见,生成调查结果。

实训内容

1. 每个团队通过检索文献,并实地调查几个仓库后,撰写一份报告《××区域仓储发展现状调查》,要求结合数据描述所在区域仓库发展的总体情况。

2. 选择一个与任务资料中相似的经营状况不太理想的仓库作为研究对象,提出具体的改进意见。

实训组织

1. 以小组为单位进行实训活动,实地调查。

2. 每小组需要合理分配任务,并生成《××区域仓储发展现状调查》。

实训步骤

1. 通过文献检索××区域的仓储发展情况。

2. 查找与物流相关的主要门户网站,了解与仓储相关的数据。

3. 以团队(2~4人)形式在所在区域选择几家仓库进行实地调查,注意区分所选仓库的性质,尽量覆盖大、中、小三种类型的仓库,最好可以涵盖县城、乡镇等仓库。给出改进意见和建议。完成《××区域仓储发展现状调查》。

实训评价

1. 教师根据每组上交的《××区域仓储发展现状调查》对小组的实训进行评分。

2. 每小组进行自我评价,自我总结。

实训项目二　仓库管理作业模拟实训

实训项目

××仓库货品出入库作业

实训目的

让学生通过模拟仓库的出入库和库存管理过程,掌握仓储出入库的操作规范和库存管理原则,在作业中能够快速迅速接收货物,快速完成货物分类、堆码、入库等操作,同时可以根据客户订单的要求准确分拣货品并进行出库操作,并在保证整个作业环节流畅无误的基础上提高效率。

实训内容

××仓库新到一批货物,请根据入库作业流程对该批货物进行入库作业,再根据客户订单完成出库作业流程。

实训组织

1. 以小组为单位进行实训活动,每两小组为一组进行实训,两组需要根据仓库货物信息表互相为对方编写入库通知单、货物周转量信息和客户订单,每组必须根据对方提供的单据和数据完成出、入库作业流程。

2. 每小组组员分配不同任务:收货、验货、理货、码盘、上架、拣货等(由组员自行分配)。

实训步骤

1. 每一小组需要制定货物周转量信息、一份入库通知单和一份客户订单给同组中的另一小组,要求形制正确,内容合理。

2. 小组成员进行分工。

3. 小组根据自己收到的货物周转量信息和入库通知单进行货物分类和入库作业操作。

4. 小组根据自己收到的客户订单进行出库作业操作。

5. 完成后两组分别对照自己所制定的货物周转量信息、入库通知单和客户订单,确定对方出入库小组作业是否正确。

实训评价

1. 小组根据指定的入库通知单和客户订单,检查对方入库单据是否准确、完整,出库单据是否准确、出库货品与客户订单是否相符。

2. 小组根据货物周转量信息检查对方小组货物 ABC 分类和货位安排是否正确且合理。

3. 小组为对作业过程中双方具体表现进行评价仓储出库作业

附表:天地公司原料库存与价值

原料名称	库存数量	商品单位货值
001	6000	4.8
002	120000	1.1
003	1000	6.2
004	800	10
005	150	450
006	95	300
007	10000	0.5
008	9000	1.2

要求:根据以上案例,对原材料库存进行 ABC 分类,并说明分类结果。

实训项目三 ABC 分类模拟实训

实训项目

××仓库 ABC 分类作业

实训目的

让学生通过模拟仓库的实际周转量情况,通过 ABC 分类方法将仓库中的货物进行 ABC 分类,并按照分类结果对物品进行管理。

实训内容

××仓库新到一批货物,请根据入库作业流程对该批货物进行 ABC 分类后进行入库作业,再根据分类结果对货品进行管理。

实训组织

以小组为单位进行实训活动,每两小组为一组进行实训,两组需要根据仓库货物信息表互相为对方编写货物周转量信息,每组必须根据对方提供的单据和数据完成 ABC 分类作业流程。

实训步骤

1. 每一小组需要为对方小组制定货物周转量信息,要求形制正确,内容合理。
2. 小组成员进行分工。
3. 小组根据自己收到的货物周转量信息对物品进行 ABC 分类。
4. 小组根据自己所计算出的分类结果设定管理模式。
5. 完成后两组分别对照自己所制定的货物周转量信息确定对方小组的分类结果是否正确。

实训评价

1. 小组根据指所制定的物动量信息,检查对方的 ABC 分类结果是否正确,检查对方小组的管理方式设定是否合理。
2. 小组为对作业过程中双方具体表现进行评价。
3. 教师根据各个小组实训结果给出评价。

项目五　配送

学习目标

知识目标

1. 了解和掌握配送的概念
2. 掌握配送的作业流程图,以及配送的分类
3. 掌握配送合理化
4. 掌握配送中心的分类及功能

技能目标

1. 学会根据企业配送实际,选择合适的配送路线
2. 学会判断不合理配送,并提出有针对性的合理化措施

任务一　配送概述

导入案例

7-11便利店配送案例

日本7-11便利店是有着日本最先进物流系统的连锁便利店集团。7-11原是美国一个众所周知的便利店集团,后被日本的主要零售商伊藤洋华堂引入,日本7-11作为下属公司成立于1973年。

日本的7-11把各单体商店按7-11的统一模式管理。自营的小型零售业,例如小杂货店或小酒店在经日本7-11许可后,按日本7-11的指导原则改建为7-11门店,日本7-11随之提供独特的标准化销售技术给各门店,并决定每个门店的销售品类。

1. 频繁、小批量进货的必要性

便利店依靠的是小批量的频繁进货,只有利用先进的物流系统才有可能发展连锁便利店,因为它使小批量的频繁进货得以实现。

典型的7-11便利店非常小,场地面积平均仅100m^2左右,但就是这样的门店提供的日常生活用品达3000多种。便利店供应的商品品种广泛,却通常没有储存场所,为提高商品

销量,售卖场地原则上应尽量大。这样,所有商品必须能通过配送中心得到及时补充。如果一个消费者光顾商店时不能买到想买的商品,商店就会失去一次销售机会,并使便利店的形象受损。所有的零售企业都认为这是必须首先避免的事情。

JIT体系不完全是交货时间上的事,它也包含以最快的方式通过信息网络从各个门店收到订货信息的技术以及按照每张特定的订单最有效率地收集商品的技术。这有赖于一个非常先进的物流系统的支持。

2.分销渠道的改进

为每个门店有效率地供应商品是配送环节的重要职责。首先要从批发商或直接从制造商那里购进各种商品,然后按需求配送到每个门店。配送中心在其中起着桥梁作用。

为了保证有效率地供应商品,日本7—11不得不对原有分销渠道进行合理化改造。许多日本批发商过去常常把自己定性为某特定制造商的专门代理商,只允许经营一家制造商的产品。在这种体系下,零售商要经营一系列商品,就不得不和许多不同的批发商打交道,每个批发商都要单独用卡车向零售商送货,送货效率极低,而且送货时间不确定,但人们往往忽视了配送系统的低效率。

日本7—11在整合及重组分销渠道上进行改革。此外,7—11通过和批发商、制造商签署销售协议,能够开发有效率的分销渠道与所有门店连接。

批发商是配送中心的管理者,为便利店的门店送货。而日本7—11本身并没在配送上投资。批发商自筹资金建设配送中心,然后在日本7—11的指导下进行管理。通过这种协议,日本7—11无需承受任何沉重的投资负担就能为其门店建立一个有效率的分销系统。为了与日本7—11合作,许多批发商也愿意在配送中心上做必要的投资;作为回报,批发商得以进入一个广阔的市场。

日本7—11重组了批发商与零售商,改变了原有的分销渠道。由此,配合先进的物流系统,使各种各样的商品库存适当,保管良好,并有效率地配送到所有的连锁门店。

从给便利店送货的卡车数量下降可以体现出物流系统的先进程度。如果是在十几年前,每天为便利店送货的卡车就有70辆,现在只有12辆左右。显然,这是来自于新的配送体系有效率的作业管理。

任务目标

通过本项目的学习,项目团队应掌握配送的概念、配送的作业流程,了解配送有哪些模式,配送模式的选择,并能用配送合理化解决实际问题。

任务学习

一、配送的含义

(一)配送的概念

配送(Distribution)一词起源于日本,《日本工业标准(JIS)物流用语》中将配送定义为:将货物从物流据点送交给收货人。我国将配送定义为:在经济合理的区域范围内,根据用户的要求,对物品进行拣选、加工、包装、分割、组配等作业,并按时送达指定地点的物流活动。我们可以从两个方面来认识配送的概念。

1. 从经济学资源配置的角度

对配送在社会再生产过程中的位置和配送的本质行为予以表述:配送是以现代送货形式实现资源的最终配置的经济活动。这个概念的内涵可以概括为以下四点。

(1)配送是资源配置的一部分,这是根据经济学家的理论认识而得出的。因此,配送是经济体制的一种形式。

(2)配送的资源配置作用是"最终配置",因而是接近顾客的配置。接近顾客是经营战略中重要的内容。

(3)配送的主要经济活动是送货。这里强调现代送货,表述了与旧式送货的区别,其区别以"现代"两字概括,即现代生产力、劳动手段支撑的,依靠科技进步的,实现"配"和"送"有机结合的一种方式。

(4)配送在社会再生产过程中的位置是处于接近用户的那一段流通领域,因而有其局限性,配送是一种重要的方式,有其战略价值,但是它并不能解决流通领域的所有问题。

2. 从配送货物配备,并以最合理的方式送交用户的角度

(1)整个概念描述了接近用户资源配置的全过程。

(2)配送实质是送货。配送是一种送货,但与一般送货又有区别。一般送货是一种偶然的行为,而配送是一种固定的形态,甚至是一种有确定组织、确定渠道,有一套装备和管理力量、技术力量,有一套制度的体制形式。所以,配送是一种高水平送货形式。

(3)配送是一种"中转"形式。配送是从物流节点至用户的一种特殊送货形式。从送货功能来看,其特殊性表现为:从事送货的是专职流通企业,而不是生产企业;配送是"中转"型送货,而一般送货尤其从工厂至用户的送货往往是直达型;一般送货是生产什么送什么,有什么送什么,而配送则是企业需要什么就送什么。所以,要做到需要什么就送什么,就必须在一定中转环节筹集这种需要,从而使配送必然以"中转"形式出现。

(4)配送是"配"和"送"有机结合的形式。配送与送货的重要区别在于,配送利用有效的分拣、配货等理货工作,使送货达到一定的规模,以利用规模优势取得较低的送货成本。如果不进行分拣、配货,有一件是一件,需要一点送一点,就会大大增加动力的消耗,使送货并不优于取货。所以,追求整个配送的优势,分拣、配货等项工作是必不可少的。

(5)配送以用户要求为出发点。按用户订货要求配送明确了用户的主导地位。配送是从用户利益出发、按用户要求进行的一种活动,因此,在观念上必须明确"用户第一""质量第一"。配送企业的地位是服务地位而不是主导地位,因此不能从本企业利益出发而应从用户利益出发,在满足用户利益的基础上取得本企业的利益。更重要的是,企业不能利用配送损伤或控制用户,不能利用配送作为部门分割、行业分割、割据市场的手段。

(二)配送的种类

配送的种类很多,按不同的划分标准,可分为不同的类型。

1. 按配送的时间和数量不同来分

按配送的时间和数量的不同,配送可分为以下几种类型。

(1)定时配送。定时配送是按规定的时间间隔进行的配送,如数天或数小时一次。配送商品的品种和数量可按计划执行,也可在配送之前用商定的联络方式(如电话、计算机终端等)加以确定。这种配送方式,由于配送时间固定,配送企业易于安排工作和计划使用车辆。对于用户来讲,用户也易于安排接货力量。但是由于配送商品的种类变化,致使配货、配装工作难度较大,并且当要求配送的商品数量变化较大时,会造成配送运力不均衡的状况。

(2)定量配送。定量配送是按规定的商品数量在一个指定的时间范围内进行的配送。这种配送方式数量固定,备货工作较为简单,可采用按托盘、集装箱及车辆的装载能力规定配送的定量,也可采取整车配送,提高配送效率。由于配送时间上没有严格限定,可将不同用户所需商品凑成整车后配送,提高车辆利用率和节省运力。对于用户来说,每次接货作业处理的是同等数量的货物,有利于人力、物力的调度和准备。

(3)定时、定量配送。定时、定量配送是按规定的配送时间和配送数量进行的配送。这种配送方式兼有定时、定量两种配送方式的优点,但特殊性很强,计划难度大,适合采用的对象不多,不是一种普遍的配送方式。

(4)定时、定路线配送。定时、定路线配送是在规定的运行路线上制订送货到达的时间表,按运行时间表进行的配送,用户可以按规定的路线及规定时间接货,并可对配送业务提出要求。这种配送方式有利于计划安排送货车辆和调度驾驶人员,用户既可以在一定的路线、一定的时间上进行选择,又可以有计划地安排接货力量。但这种配送方式适用的范围也是有限的。

(5)即时配送。即时配送是完全按用户临时提出的配送时间和数量要求进行的配送。这种配送方式具有极强的随机性和很高的灵活性,是服务水平最高的一种配送方式。但由于计划性差,车辆利用率低,因而配送成本较高。

2. 按配送的品种与数量构成不同来分

按配送的品种与数量构成的不同,配送可分为以下几类。

(1)单(少)品种、大批量配送。单(少)品种、大批量配送形式适合于工业企业需要量较大的商品,单独个品种或少数几个品种就可以达到较大的输送量,实行整车运输,而不需要再与其他商品搭配。由于商品配送量大,整车发运比率高,配送中心的业务组织和计划工作比较简单,因而配送成本较低。

(2)多品种、小批量配送。多品种、小批量配送形式是按用户的要求,把其所需要的各种数量不多的商品配备齐全,凑成整车后由配送企业送达用户。这种配送要求配送中心设备齐全,配货、送货的计划性强,配货作业水平高。在各种配送方式中,这是一种高水平、高技术的组织方式。

(3)成套配套配送。成套配套配送是按企业生产需要,尤其是装配型企业生产的需要,将生产每一台件所需要的全部零部件配齐后,按生产节奏定时送达生产企业,生产企业随即将此成套零件送入生产线装配产品。这种配送方式因配送企业承担了生产企业大部分的供应工作,使生产企业可以专注于生产,有利于提高生产效率。

3. 按实施配送组织者的不同来分

按实施配送组织者的不同,配送可分为以下几类。

(1)配送中心配送。配送中心配送是由专职从事配送业务的配送中心所组织的配送。配送中心配送的规模较大,专业性强,和用户有固定配送关系。配送中心配送是配送的主要形式。

(2)仓库配送。仓库配送是由仓库组织的配送。仓库配送既可以是将仓库改造成为配送中心,也可以是仓库在保持原有功能的基础上增加一部分配送功能。由于仓库的设施设备不是专门按配送中心的要求设计和建立的,因此仓库配送的规模比配送中心配送的规模小,配送的专业化程度低。

(3)商店配送。商店配送的组织者是商业或物资的门市网点。这些网点主要承担商品零售业务,经营品种齐全。除了日常零售业务外,还可根据用户的要求将商店经营的品种配齐,或代用户外订外购一部分商店平时不经营的商品,和商店经营的品种一起配齐后送交用户。

(4)生产企业配送。生产企业配送由进行多品种生产的企业直接对本企业生产的产品进行配送而无须将产品发送到配送中心进行中转配送。生产企业配送由于避免了一个物流中转环节,节省了物流费用,因而具有一定的优势。但是在社会化大生产条件下的现代企业,往往是进行大批量低成本生产,品种单一,因而不能像配送中心那样依靠多种商品凑整运输取得规模经济的优势。

4. 其他类型的配送

(1)共同配送。共同配送是指多个客户联合起来共同由一个第三方物流服务公司来提供配送服务。共同配送的本质是通过作业活动的规模化降低作业成本,提高物流资源的利用效率。

共同配送目前主要有两种运作形式。

第一种,由一个配送企业对多家用户进行配送。即由一个配送企业综合某一地区内多个用户的要求,统筹安排配送时间、次数、路线和货物数量,全面进行配送。

第二种,在送货环节上将多家用户待运送的货物混载于同一辆车上,然后按照用户的要求将货物分别运送到各个接货点,或者运送到多家用户联合设立的配送货物接收点上。这种配送有利于节省运力和提高运输车辆的货物满载率。

(2)加工配送。加工配送是指与流通加工相结合的配送,即在配送据点中设置流通加工环节,或是流通加工中心与配送中心建立在一起。如果社会上现成的产品不能满足用户需要,或者是用户根据本身的工艺要求需要使用经过某种初加工的产品,则可以将产品加工后进行分拣、配货,再送货到用户手中。

(三)配送合理化

1. 不合理配送

不合理配送是指在现有条件下可以达到的配送水平而未达到,从而造成了资源浪费、成本增加等问题。

不合理配送的表现形式主要有以下几个方面。

(1)进货不合理。配送主要通过规模效益来降低进货成本,当配送进货成本低于客户自己进货成本时,取得优势。如果不是集中多个客户需要进行批量进货,而仅是为某几个客户代购,不仅不能降低成本,反而要多支付配送企业的代购费,因而是不合理的。

(2)价格不合理。一般配送的价格低于客户自己进货时购买价格加上提货、运输、进货的成本总和,只有这样客户才有利可图。有时由于配送有较高服务水平,即使价格稍高,客户也是可以接受的,但这不是普遍原则。如果配送价格普遍高于客户自己进货价格,损害了客户利益,就是一种不合理表现;如果价格制定过低,使企业在无利或亏损状态下运行,也是不合理的。

(3)库存决策不合理。配送应充分利用集中库存总量低于客户分散库存总量这一优势,大大节约库存成本,降低客户实际库存负担。因此,必须依靠科学管理来实现一个低总量的库存,否则就会出现库存转存现象,并未根本解决库存的不合理。

(4)送货中运输不合理。与客户自提货物比较,配送可以集中配装一车送几个客户,节省运力和运输。如果不利用这一优势,仍然是一户一送的模式,车辆达不到满载,就属于不合理。

(5)配送与直达的决策不合理。配送增加了环节,但是环节的增加可降低客户平均库存水平,这样不但抵消了增加环节的支出,还能取得剩余效益。但是如果客户使用批量大,可以直接通过社会物流系统均衡批量进货,这比通过配送中心转送更节约费用。在这种情况下,不直接进货而通过配送就是不合理的。

(6)经营观念不合理。在配送实施中,有许多情况是经营观念不合理,配送优势无法发挥,这是在开展配送时尤其需要注意克服的不合理现象。例如,企业利用配送手段向客户转嫁资金,在库存过大时,长期占用客户资金;在资源紧张时,将客户委托资源挪作他用获利等。

2. 合理配送

对配送是否合理进行判断是配送决策的重要内容,一般可以从以下四个指标来进行判断。

(1)库存指标。库存是判断配送合理与否的重要标志,具体还包括以下两个方面。

①库存总量。在一个配送系统中,库存从分散于各个客户转移给了配送中心,配送中心库存数量加上各客户在实行配送后库存量之和应低于实行配送前各客户库存量之和。库存总量是一个动态的指标,应当在一定经营规模前提下进行。只有消除客户经营发展对库存总量上升的影响,才能对总量是否下降做出正确判断。

②库存周转。由于配送企业的调剂作用,以低库存保持高的供应能力,库存周转一般总是快于原来各个企业库存周转。

(2)资金指标。实行配送应有利于资金占用下降及资金运用的科学化,具体还包括以下几个方面:

①资金总量。随储备总量的下降及供应方式的改变,进货所占用的流动资金总量必然有一定幅度的下降。

②资金投向。资金分散还是集中投入,是资金调控能力的重要反映。实行配送之后,资金必然从分散改为集中投入,增加调控作用。

③资金周转。从资金运用来讲,由于周转加快,资金充分发挥作用,对于同样数量的资金,在过去需要较长时期才能满足一定供应要求,实施配送之后,在较短期内就能达到此目的。资金周转速度是衡量配送是否合理的指标。

(3)供应保证指标。对于配送,客户最担心的是供应保证程度会降低。配送必须提高而不能降低客户的供应保证能力,只有这样才算实现合理配送。供应保证能力可以从以下几个方面进行判断。

①缺货次数。实行配送后,该到货而未到货以致影响客户生产及经营的次数只有下降才算合理。

②即日配送的能力及速度。即日配送的能力及速度是客户出现特殊情况的特殊供应保障方式,这一能力必须高于实行配送前客户紧急进货能力才算合理。

③配送企业集中库存量。配送企业集中库存量所形成的保证供应能力只有高于配送前单个客户保证能力,供应保证才算合理。

(4)成本和效益指标。总效益、宏观效益、微观效益、进货成本都是判断配送合理性的重要指标。对于不同的配送方式,可以有不同的判断侧重点。例如,配送企业、客户是各自独立的以获得利润为中心任务的企业,在判断时不但要看配送的总效益,还要看对社会的宏观效益及对两个企业的微观效益,不顾及任何一方都必然出现不合理现象。

3.提高配送合理化的措施

综合国内外提高配送合理化的措施,可以归纳为以下几点。

(1)推行共同配送。当车辆不能满载且难以确定最优路线时,采取共同配送方式可大大降低成本,提高效率。

(2)推行一定综合程度的专业化配送。物流企业可通过采用专业设备序,力争取得较好的配送效果并降低配送过程综合化的复杂程度及难度,从而实现配送合理化。

(3)推行加工配送。通过加工和配送结合,充分利用本来应有的中转,不增加新的中转就可以取得配送合理化。同时,加工借助于配送,加工目的更明确,和客户联系更紧密,避免了加工的盲目性。两者的有机结合能够使投入不增加太多就可追求两种优势、两个效益,这是提高配送合理化程度的重要途径。

(4)恰当设置配送中心。配送中心的数量及地理位置是决定效益的前提条件。配送路线的选择,直送或配送的决定都是在配送中心数量、位置已确定的前提下作出的。如果这个前提条件本身有缺陷,则很难弥补,所以恰当设置配送中心是取得效益的基础。在此前提条件下,准确选择配送路线,恰当决定配送或直送,是提高配送的合理化程度、实现系统总体最优的基本条件。

(5)推行定时配送。定时配送是配送合理化的重要内容。只有及时配送商品,保证配送能力,客户才可以放心地实施低库存或零库存,并有效地安排接货的人力、追求最高效率的工作。

(6)推行即时配送。即时配送是大幅度提高供应保证能力的重要手段,是配送企业快速反应能力的具体体现,也是企业配送能力的体现。即时配送成本较高,但它是追求配送合理化的重要手段。

二、配送的作业流程

(一)配送的一般作业流程

配送一般包括进货、储存、分拣、配货、送货等基本作业,如图5-1所示。

图5-1 配送的一般作业流程

1. 进货

进货亦称"组织货源",其有两种方式:订货或购货(表现为配送主体向生产商订购货物,由后者供货);集货或接货(表现为配送主体收集货物,或者接收用户所订购的货物)。前者的货物所有权(物权)属于配送主体,后者的货物所有权属于用户。

2. 储存

储存即按照用户提出的要求并依据配送计划将购到或收集到的各种货物进行检验,然后分门别类地储存在相应的设施或场所中,以备拣选和配货。储存作业依产品性质、形状不同而形式各异。有的利用仓库进行储存,有的利用露天场地进行储存,特殊商品(如液体、气体)则储存在特制的设备中。

3. 分拣、配货

分拣和配货是同一个工艺流程中的两项有着紧密关系的经济活动。有时这两项活动是同时进行和同时完成的(如散装物的分拣和配货)。在进行分拣、配货作业时,少数场合是以手工方式进行操作的,更多的场合是采用机械化或半机械化方式操作的。如今,随着一些高

新技术的相继开发和广泛应用,自动化的分拣、配货系统已在很多国家的配送中心建立起来,并且发挥了重要作用。

4. 送货

送货流程包括搬运、配装、运输和交货。送货是配送的终结,故在送货流程中除了要圆满地完成货物的移交任务以外,还必须及时进行货款或费用结算。在送货这道工序中,运输是一项主要的经济活动。因此,在进行送货作业时,选择合理的运输方式和使用先进的运输工具,对于提高送货质量至关重要。就前者而言,应选择直线运输、配载运输(即充分利用运输工具的载重量和容积,合理安排装载的货物和载运方法的一种运输方式)进行作业。

(二)配送的特殊作业流程

在实践中,某些有特殊性质、形状的货物,其配送活动有许多独特之处。例如,液体状态的物质资料的配送就不存在配货、配装等工序,金属材料和木材等生产资料的配送常常附加流通加工工序。据此,在配送的一般流程的基础上,又产生了配送的特殊流程。其作业流程如下:

其一,进货—储存—分拣送货。

其二,进货—储存—送货。

其三,进货—加工—储存—分拣—配货—配装—送货。

其四,进货—储存—加工—储存—装配—送货。

上面所指示的配送流程分别为各类食品的配送流程;为煤炭等散货的配送流程;为木材、钢材等原材料的配送流程;为机电产品中的散件、配件的配送流程。

三、配送模式

(一)配送模式的分类

配送模式是指企业对配送所采取的基本战略和方法。目前主要有以下四种常用的配送模式。

1. 自营配送模式

自营配送模式是企业物流配送的各个环节由企业自身筹建并组织管理,实现对企业内部及外部货物配送的模式。这种模式有利于企业供应、生产和销售的一体化作业,系统化程度相对较高,既可以满足企业内部原材料、半成品及成品的配送需要,又可以满足企业对外进行市场拓展的需求。缺点是企业为组建配送体系的投资规模将会大大增加,当企业配送规模较小时,配送的成本和费用相对较高。

采用自营配送的主要是规模较大的集团企业。其中有代表性的是沃尔玛这样的连锁企业配送,其基本上是通过组建自己的配送系统来完成企业的配送业务,包括对连锁企业内部的各个分场、分店的配送和对外部客户的配送等业务。

2. 共同配送模式

共同配送是物流配送企业之间为了提高配送效率以及实现配送合理化所建立的一种功能互补的配送联合体。该模式有利于实现能送资源的有效配置,弥补配送企业功能的不足,促使企业配送能力的提高和配送规模的扩大,更好地满足客户要求,提高配送效率,降低配送成本。

共同配送的实施步骤是选择联合对象、组建谈判小组、做好谈判准备、签订合作意向及合同、进行公正、组建领导班子、拟定管理模式、正式运作。

在实际运作中,受合作形式、所处环境和客户要求等多方面因素的影响,共同配送的运作过程存在较大差异。共同配送的一般流程如图 5-2 所示。

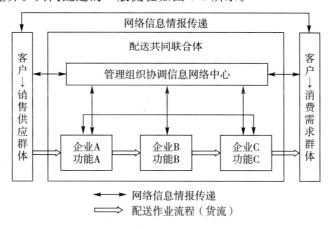

图 5-2　共同配送的一般流程

3. 互用配送模式

互用配送模式模式是几个企业为了各自利益,以契约的方式达成某种协议,互用对方的配送系统进行配送的模式。该模式的优点是企业不需要投入较大的资金和人力就可以扩大自身的配送规模和范围,但是企业需要有较高的管理水平及与相关企业的组织协调能力。互用配送模式的基本形式如图 5-3 所示。

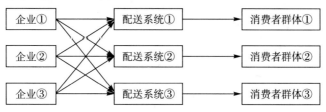

图 5-3　互用配用模式的基本形式

在电子商务条件下,企业和消费者之间可以直接通过网络进行信息交流与订货,这时互用配送模式的形式就转为以网络控制为主的配送系统。电子商务互用配送模式的基本形式如图 5-4 所示。

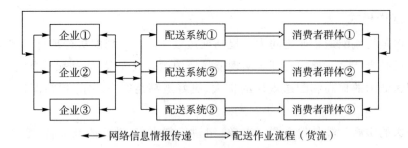

图 5-4　电子商务互用配送模式的基本形式

4. 第三方配送模式

第三方配送模式是指交易双方把自己需要完成的配送业务委托给第三方完成的一种配送运作模式。第三方配送模式的运作方式如图 5-5 所示。

图 5-5　第三方配送模式的运作方式

5. 组合配送模式

随着 JIT 管理方式在中国的普及,不论制造企业还是商业企业,普遍应用 JIT 管理的理念,采用拉动方式,减少库存、降低库存储备,适应市场变化。组合配送是第三方物流企业适应 JIT 运输提出的一种运输方式。

组合配送是第三方物流企业根据采购方的小批量和多频率的要求,按照地域分布密集情况,决定供应方的取货顺序,并提供一系列的信息技术和物流技术,保证 JIT 取货和送货。组合配送的基本模型如图 5-6 所示。

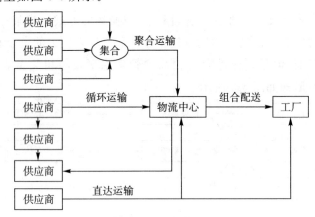

图 5-6　组合配送的基本模型

(一) 配送模式的选择

企业选择何种配送模式主要应考虑配送对企业的重要性、市场规模与地理范围、企业的配送能力、保证的服务和配送成本等因素。目前,企业选择配送模式时,主要采用矩阵图决策法和比较选择法。

1. 矩阵图决策法

矩阵图决策法主要是通过两个不同因素的组合,利用矩阵图来选择配送模式的决策方法。其基本思路是选择决策因素,然后通过其组合形成不同区域或象限再进行决策。目前主要围绕配送对企业的重要性和企业配送的能力来进行分析。

在实际经营过程中,企业根据自身的配送能力和配送对企业的重要性组成了如图 5-7 所示的区域。一般来说,企业可以按下列思路来进行选择和决策。

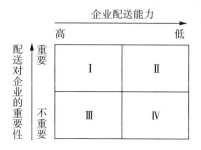

图 5-7 矩形图决策法

在状态 I 下,配送对企业的重要性程度较大,企业也有较强的配送能力。在配送成本和地理区域较小但是市场相对集中的情况下,企业可以采取自营配送模式,以提高顾客的满意度和配送效率,与营销保持一致。

在状态 II 下,配送虽对企业的重要程度较大,但企业的配送能力较低。此时,企业可采取的策略是寻求配送伙伴来弥补自身在配送能力上的不足。一般来说,在市场规模较大且相对集中及投资量较小的情况下,企业可以采取自营配送模式;若情况相反,则可以采取第三方配送模式。

在状态 III 下,配送在企业战略中不占主要地位,但企业却有较强的配送能力。此时,企业可向外拓展配送业务,以提高设备和资金的利用能力,既可以采取共同配送模式,也可以采取互用配送模式。若企业在该方面具有较强优势,也可适当调整业务方向,向社会化的方向发展,成为真正的配送企业。

在状态 IV 下,企业的配送能力较低,且不存在较大的配送需求。此时,企业宜采取第三方配送模式,将企业的配送业务完全或者部分委托给专业的配送企业去完成,而将主要精力放在企业最为擅长的生产经营方面,精益求精,追求更大的收益。

2. 比较选择法

比较选择法是企业通过对配送活动的成本和收益等进行比较而选择配送模式的一种方法。比较选择法有确定型决策、非确定型决策和风险型决策三种决策方法。

(1)确定型决策。确定型决策是指一个配送模式只有一种确定的结果,只要比较各个方案的结果,即可以作出选择何种配送模式的决策。

【例1】 某企业为了扩大生产销售,现有三种配送模式可供选择,各配送模式所需的配送成本和可能实现的销售额如表 5-1 所示。企业应选择哪种配送模式?

表 5-1　各配送模式所需的配送成本与可能实现的销售额

配送模式	成本费用/万元	销售额预计数/万元
自营配送模式	10	220
互用配送模式	8	180
第三方配送模式	5	140

这类问题一般为单目标决策,企业可以运用价值分析来进行选择,也就是直接利用 V=F/C 公式来计算配送模式的价值系数。在公式中,V 为价值系数,F 为功能(表 5-1 中为销售额预计数),C 为成本费用。根据计算,某一种配送模式的价值系数越大,则说明该种模式的配送价值越大,是企业最佳的配送模式。在此例题中,自营、互用、第三方配送模式的价值系数分别为 22、22.5 和 28,企业应采用第三方配送模式。

在实际经营过程中,企业对配送模式的选择往往需要考虑多方面的因素,也就是进行多目标决策。此时,配送模式的评价标准是各个模式的综合价值,一般可以用综合价值系数来进行。某一模式的综合价值系数越大,则说明该模式的综合价值越大,这种模式就是企业要选择的配送模式。综合价值系数可以用公式 V=∑MIFI 来计算。在公式中,V 为综合价值系数,MI 为分数,FI 为权数。

【例2】　某企业在选择配送模式时,主要考虑四个方面的目标,如表 5-2 所示。

表 5-2　某企业选择配送模式时主要考虑的目标

配送模式	成本费用/万元	销售额预计数/万元	利润总数/万元	客户满意度/(%)
	0.1	0.3	0.4	0.2
自营配送模式	10	220	25	98
互用配送模式	8	180	17	97
第三方配送模式	5	140	15	99

根据表 5-2 的资料计算,各个模式的综合价值系数分别为

$V_{自营}=(5/10)\times0.1+(220/220)\times0.3+(25/25)\times0.4+(98/99)\times0.2\approx0.95$

$V_{互用}=(5/8)\times0.1+(180/220)\times0.3+(17/25)\times0.4+(97/99)\times0.2\approx0.78$

$V_{第三方}=(5/5)\times0.1+(140/220)\times0.3+(15/25)\times0.4+(99/99)\times0.2\approx0.74$

通过计算,自营配送模式的综合价值系数最大,是企业要选择的配送模式。但是需要注意的是,在利用确定型决策选择配送模式时,要明确几个问题:一是决策的目标要明确;二是至少要有两个可供选择的配送模式;三是未来有一个确定的自然状态或者一组确定的约束条件;四是各备选方案的自然状态或约束条件的效益值可以确定出来。

(2)非确定型决策。非确定型决策是指一个配送模式可能出现几种结果,而又无法知道其概率时所进行的决策。其条件是:决策者期望的目标明确,存在着不以决策者意志为转移的两种以上的状态,具有两种或两种以上可供选择的配送模式,不同模式在不同状态下相应的损益值可以获得。这种决策方法虽然有较大的主观随意性,但也有一些公认的决策准则可供企业在选择模式时参考。

【例3】 某企业计划通过提高配送效率来满足客户对配送的要求,从而扩大经营规模。现在有三种可供选择的配送模式。由于在未来几年内,企业对用户要求的配送程度无法作出准确的预测,只能大体估计为三种情况,且估算出在三种自然状态下三种模式在未来几年内的成本费用,具体见表5-3,但不知道这三种情况的发生概率,问该企业应如何决策?

表5-3 某企业在三种自然情况下三种模式的成本费用(万元)

自然状态	配送模式		
	自营模式	互用配送	第三方配送
配送要求程度高	80	75	68
配送要求程度一般	45	30	40
配送要求程度低	10	15	25

第一种方法是按照乐观准则来决策。首先从每种模式中选择个最小成本看做必然发生的自然状态,然后在这些最小成本的模式中再选择个最小成本的模式作为满意方案。此例中三种模式的最小成本分别为10万元、15万元和25万元。其中,自营配送模式的成本最低,应作为企业满意的配送模式。这种方法般适用于把握较大和风险较小的情况。

第二种方法是按照悲观准则来决策。首先从每种模式中选择个最大成本作为评价模式的基础,实际上是对每个局部模式持悲观态度,从不利的角度出发,把最大成本作为必然发生的自然状态,将非确定型决策问题变为确定型决策问题处理,再从这些最大成本之中选择成本最小的模式。此例中三种模式的最大成本分别为80万元、75万元和68万元。其中,第三方配送模式的成本最小,可作为企业满意的模式。这种方法一般适用于把握性较小和风险较大的情况。

第三种方法是按照折中准则来决策。决策者不应极端行事,而应在两种极端情况中求得平衡。具体的方法是,根据决策者的估计确定一个乐观系数 a,乐观系数 a 的取值范围是 $0<a<1$。给最好的结果和最坏的结果分别赋予相应的权数 a 和 $1-a$,中间结果不作考虑。本例是计算折中成本值,公式如下。

折中成本值=a × 最小成本值+(1-a) × 最大成本值

在决策过程中,决策者根据分析估计客户对配送程度要求高的大概占40%,客户对配送要求程度低的占60%,即乐观系数为0.4。此时三种模式的折中成本值分别为38万元、39万元和42.2万元。从计算结果可以看出,自营配送模式的成本最低,可作为企业选择的配送模式。

第四种方法是按照等概率准则来决策。这种方法认为在非确定型决策中各种自然状态发生的概率是未知的,若按最好或最坏的结果进行决策,都缺乏依据。解决的方法是给每种可能出现的结果都赋予相同的权数,若有几种自然状态,则每种自然状态发生的概率都是相等的,且和为1。然后计算出各个方案在各种自然状态下的加权平均值,并根据决策(指标)的性质来进行决策。在本例中,各种自然状态发生的概率为1/3,各种模式的成本加权值分别为45万元、40万元和44.3万元。可以看出,互用配送模式的成本加权值最小(40万元),可作为企业选择的配送模式。

第五种方法是按照最小后悔值准则来决策。这种方法是以每个模式在不同自然状态下的最小成本值作为理想目标的。如果在该状态下,没有采取这一理想模式而采取了其他模式,从而会使成本增加,就会感到"后悔",这样每个自然状态下的其他模式成本值与理想值之差所形成的损失值,就称为"后悔值"。然后按模式选出最大后悔值,在最大后悔值中再选出后悔值最小的成本值,其对应的模式就是企业要选择的配送模式,这是一种比较保险的决策方法。

根据【例3】中的资料,可以计算出各种状态下各模式的后悔值,如表5-4所示。

表5-4 某企业在三种自然状态下三种模式的后悔值(万元)

自然状态	配送模式		
	自营模式	互用配送	第三方配送
配送要求程度高	12(80-68=12)	7(75-68=7)	0(68-68=0)
配送要求程度一般	15(45-30=15)	0(30-30=0)	10(40-30=10)
配送要求程度低	0(10-10=0)	5(15-10=5)	15(25-10=15)

从表5-4中可以看出,三种模式的最大后悔值分别为15万元、7万元和15万元。其中互用配送模式的最大后悔值最小,可作为该例中企业选择的满意配送模式。

从上面介绍的五个准则中可以看出,同一个问题按不同的准则来决策,决策的结果也存在着差异。因此,在企业用不确定型决策方法来选择配送模式时,还应该考虑其他方面的因素。

(3)风险型决策。风险型决策是指在目标明确的情况下,依据预测得到不同自然状态下的结果及出现的概率所进行的决策。由于自然状态并非决策所能控制,决策的结果在客观上具有一定的风险,因此称为风险型决策。

风险型决策通常采用期望值准则,一般是先根据预测的结果及出现的概率计算期望值,然后再根据指标的性质及计算的期望值结果进行计算。产出类性质的指标一般选择期望值大的方案;投入类性质的指标一般选择期望值小的方案。

某企业计划通过加强配送效率来提高顾客满意度,从而扩大产品的销售量,现有三种配送模式可供企业选择,各种资料如表5-5所示,企业应选择哪种配送模式?

表5-5 某企业资料表

市场需求规模	概率	销售量/万元		
		自营配送	互用配送	第三方配送
大	0.5	900	1400	1600
中	0.3	800	900	1000
小	0.2	300	400	700

从上面的资料可计算出三种配送模式的销售量分别是750万元、1050万元和1240万元。第三方配送模式的期望值最大,为1240万元,可作为企业选择的比较满意的配送模式。

任务二 配送中心

导入案例

上海连锁商业的竞争已蔓延到了便利店,联华便利店发展势头迅猛,以每月新开60家门店的速度急剧扩张。但是,规模的不断扩大也带来了新的问题——传统的物流已经不能为公司庞大的便利店销售网络中商品的顺畅流通提供保障。建立现代化物流系统、降低物流成本成为联华便利店在竞争中掌握先机的关键。

联华公司将现有的建筑物改建成便利配送中心,总面积8000平方米,建筑物共有4层楼。采用仓库管理系统(WMS)实现整个配送中心的全电脑控制和管理,以货架形式来保管货品,以自动化流水线来输送,以数字拣选系统(DPS)来拣选。这样既导入了先进的物流理念,提升了物流管理水平,又兼顾了联华便利店配送商品价值低、配送中心投资有限的实际情况。为了提高拣选效率,配送中心被分成了17个分拣区域,采用托盘货架与流动式货架为主的布局设计。托盘货架保管整箱为单位的货物,流动式货架保管非整箱货物,托盘货架的最下端和流动式货架的外侧都装有数码拣选显示器。在各个区域的起始位置也装有商店号码显示器,拣选时将显示出库单上的商店号码。其主要配送作业流程如下。

1. 进货入库

进货后,立即由WMS进行登记处理,生成入库指示单,同时发出是否能入库的询问信号。接到系统发出的入库指示后,工作人员将货物堆放在空托盘上,并用手持终端对该托盘的号码及进货品种、数量、保质期等数据进行进货登记输入。在入库登记处理后,工作人员用叉车将货物搬运至入库品运载装置处。单击"入库开始"按钮,入库运载装置将货物送上入库输送带。在货物传输过程中,系统将对货物进行称重和检测,输送带侧面安装的条码阅读器对托盘条码确认,计算机将对托盘货物的保管和输送目的地发出指示,由托盘升降机自动传输到所需楼层。当升降机到达指定楼层后,由各层的入库输送带自动搬运货物到入库区,工作人员根据入库输送带侧面设置的条码阅读器,将托盘号码输入计算机,并根据该托盘情况,对照货位情况,发出入库指示,然后由叉车作业者从输送带上取下托盘,并根据手持终端指示的货位号将托盘入库。

2. 笼车出库

当全部区域拣选结束后,装有商品的笼车由笼车升降机送至一层。工作人员将不同商店分散在多台笼车上的商品归总分类,附上交货单,依照送货平台上显示的商店号码将笼车送到等待中的对应运输车辆上。电脑配车系统将根据门店远近,合理安排配车路线。

3. 托盘回收

出货完成后,工作人员将空托盘堆放在各层的空托盘平台上,并返回输送带上,然后由垂直升降机将空托盘传送至第一层,并由第一层进货区域的空托盘自动收集机收集起来,随后送到进货区域的平台上堆放整齐。

联华便利店建造的物流配送中心在实际运作中收到了良好的经济效益和社会效益。原来为联华便利门店配送的江杨配送中心,每天的拆零商品配送能力在1万箱左右,单店商品拆零配置时间约需4分钟,由于场地狭小、科技含量低、人力资源浪费,人工分拣的拆零差错率达千分之六,而且每天只能配送200多家门店。

联华便利配送中心建成后,以其高效率、低差错率和人性化设计受到各界的好评。配送中心所有操作均由计算机中心的WMS管理,并将在库信息与公司ERP系统连接,使采购、发货有据可依。新物流中心库存商品可达10万箱,每天拆零商品可达3万箱,商品周转期从原来的14天缩短到3.5天,库存积压资金大大降低;采用DPS方式取代人工拣选,使差错率减少到万分之一,配送时间从4分钟/店压缩到1.5分钟/店,每天可配送400多家门店。配送准确率、门店满意度等都有了大幅提升,同时降低了物流成本在整个销售额中所占的比例,从而为联华便利店业态的良好稳定发展奠定了坚实基础。

任务目标

通过本项目的学习,项目团队应掌握配送中心的概念,理解配送中心的分类以及配送中心的功能,并且会根据企业配送的实际情况,作出恰当的配送方式选择决策。

任务学习

一、配送中心的定义

配送中心是指从事配送业务的物流场所或组织,它应符合下列要求:主要为特定的用户服务;配送功能健全;拥有完善的信息网络;辐射范围小;品种多,批量小;以配送为主,储存为辅。

配送中心是接受生产厂家等供货商多品种大量的货物,按照多家需求者的订货要求,迅速、准确、低成本、高效率地将商品配送到需求场所的物流结点设施。

一般来说,为了提高物流服务水平,降低物流成本,从工厂等供货场所到配送中心之间实施低成本高效率的大批量运输,在配送中心分拣后,向区域内的需求地进行配送。在配送过程中,根据需要还可以在接近用户的地方设置末端集配点,从这里向小需求量用户配送商品。

从物流成本的角度看,配送圈的大小,配送中心数量的增减会直接影响到运输费、入出库费、保管费和配送费等物流总成本的变化,这些费用彼此之间存在着效益自反关系。因此,需要在充分考虑各种因素对物流总成本影响的基础上,确定一个合理的配送圈和配送中心的最佳数量。

二、配送中心的分类

(一)按照配送中心的内部特性分类

1. 储存型配送中心

一般来讲,在买方市场下,企业成品销售需要有较大库存支持,其配送中心可能有较强储存功能;在卖方市场下,企业原材料、零部件供应需要有较大库存支持,这种供应配送中心也有较强的储存功能。大范围配送的配送中心,需要有较大库存,也可能是储存型配送中心。

2. 流通型配送中心

流通型配送中心基本上没有长期储存功能,仅以暂存或随进随出方式进行配货、送货的配送中心。这种配送中心的典型方式是,大量货物整进并按一定批量送出,采用大型分货机,进货时直接进入分货机传送带,分送到各用户货位或直接分送到配送汽车上,货物在配送中心里仅做少许停留。

3. 加工配送中心

配送中心具有加工职能,根据用户的需要或者市场竞争的需要,对配送物进行加工之后进行配送的配送中心。在这种配送中心内,有分装、包装、初级加工、集中下料、组装产品等加工活动。在工业、建筑领域,生混凝土搅拌的配送中心也属于这种类型的配送中心。

(二)按照配送中心承担的流通职能分类

1. 供应配送中心

配送中心执行供应的职能,专门为某个或某些用户(例如连锁店、联合公司)组织供应的配送中心。例如,为大型连锁超级市场组织供应的配送中心;代替零件加工厂送货的零件配送中心,零件加工厂对装配厂的供应合理化。供应型配送中心的主要特点是,配送的用户有限并且稳定,用户的配送要求范围也比较确定,属于企业型用户。因此,配送中心集中库存的品种比较固定,配送中心的进货渠道也比较稳固,同时,可以采用效率比较高的分货式工艺。

2. 销售配送中心

配送中心执行销售的职能,以销售经营为目的,以配送为手段的配送中心。销售配送中心大体有两种类型:一种是生产企业为本身产品直接销售给消费者的配送中心,在国外,这种类型的配送中心很多;另一种是流通企业作为本身经营的一种方式,建立配送中心以扩大销售,我国目前拟建的配送中心大多属于这种类型,国外的例证也很多。

销售型配送中心的用户一般是不确定的,而且用户的数量很大,每一个用户购买的数量又较少,属于消费者型用户。这种配送中心很难像供应型配送中心一样,实行计划配送,计划性较差。

销售型配送中心集中库存的库存结构也比较复杂,一般采用拣选式配送工艺,销售型配送中心往往采用共同配送方法才能够取得比较好的经营效果。

(三)按照配送区域的范围分类

1. 城市配送中心

以城市范围为配送范围的配送中心,由于城市范围一般处于汽车运输的经济里程,这种配送中心可直接配送到最终用户,且采用汽车进行配送。所以,这种配送中心往往和零售经营相结合,由于运距短,反应能力强。因而从事多品种、少批量、多用户的配送较有优势。

2. 区域配送中心

以较强的辐射能力和库存准备,向省际、全国乃至国际范围的用户配送的配送中心。这种配送中心配送规模较大,一般而言,用户也较多,配送批量也较大,而且往往是配送给下一级的城市配送中心,也配送给营业所、商店、批发商和企业用户,虽然也从事零星的配送,但不是主体形式。

(四)按照配送货物种类分类

根据配送货物的属性,配送中心可以分为食品配送中心、日用品配送中心、医药品配送中心、化妆品配送中心、家用电器配送中心、电子产品配送中心、书籍产品配送中心、服饰产品配送中心、汽车零件配送中心以及生鲜处理中心等。

三、配送中心的功能

具体来说,配送中心有以下七种主要功能。

(一)采购功能

配送中心只有采购到所需供应配送的商品,才能及时、准确无误地为其用户即生产企业或是商业企业供应物质,所以采购活动是配送中心的首要功能之一。采购功能我们也可以看成备货功能。其是配送的准备工作或基础工作,备货工作包括筹集货源、订货或购货、集货、进货及有关的质量检查、结算、交接等。配送的优势之一,就是针对市场的供求变化情况或是集中用户的需求进行一定规模的备货。备货是决定配送成败的初期工作,如果备货成本太高,会大大降低配送的效益。

(二)储存保管功能

任何商品为了防止缺货,或多或少都要有一定的安全库存,以保障生产或满足消费。对于配送中心来说,要顺利而有序地完成向用户配送货物的任务,通常建有现代化的仓库,存储一定数量的商品,特别是大型或从事货代业务的配送中心,其储存的货物数量更大、品种更多。这就为工商企业实现"零库存"奠定了基础。从配送中心所拥有的存储能力,以及存储货物的实际来看,储存保管功能是其重要的功能之一。

配送中的储存有储备及暂存两种形态。

配送储备是按一定时期的配送经营要求,形成的对配送的资源保证。这种类型的储备数量较大,储备结构也较完善,视货源及到货情况,可以有计划地确定周转储备及保险储备结构及数量。配送的储备保证有时在配送中心附近单独设库解决。

另一种储存形态是暂存。它是具体执行日配送时,按分拣配货要求,在埋货场地所做的少量储存准备。由于总体储存效益取决于储存总量,所以,这部分暂存数量只会对工作方便与否造成影响,而不会影响储存的总效益,因而在数量上控制并不严格。

还有一种形式的暂存,即在分拣、配货之后,形成发送货载的暂存。这时暂存主要是调节配货与送货的节奏,暂存时间不长。

(三)分拣功能

配送中心与传统意义上的仓库和运输的最大区别还在于要对所配送的货物进行分拣、加工、分装、配装。作为物流结点的配送中心,其服务对象少则几十家,多则数百家。在这为数众多的用户中,各自的性质不尽相同,经营规模各异,因而对于货物的种类、规格、数量等要求也千差万别。为了能同时向不同的用户进行有效地配送,必须采用现代化的分拣技术,利用科技含量高的分拣设备对货物进行分拣,并在此基础上按配送计划分装和配装货物。分拣是完善送货、支持送货准备性工作,是不同配送企业在送货时进行竞争和提高自身经济效益的必然延伸。所以,也可以说是送货向高级形式发展的必然要求。有了分拣功能就会大大提高送货服务水平。分拣及配货是决定整个配送系统水平的关键要素和重要的功能。

(四)分装功能

在单个用户配送数量不能达到车辆的有效载运负荷时,就存在如何集中不同用户的配送货物,如何搭配装载以充分利用运能、运力的问题,这就需要分装。和一般送货不同之处在于,分装送货可以大大提高送货水平及降低送货成本,所以,分装也是配送系统中有现代特点的功能要素,也是现代配送不同于以往送货的重要区别之处。

(五)集散功能

在物流实践中,配送中心以其特殊的地位和先进的设施设备,可以把分散在各类生产企业的产品集中起来,再经过分拣、配装向众多用户送货。与此同时,配送中心还可把各个用户所需的多种货物组合在一起,形成经济、合理的货运批量,集中送达分散的用户。这种在流通过程中所展现的功能就是货物集散功能。而这种功能的作用就在于提高了运输效率,降低了物流成本。集散功能作为配送中心所具备的一项功能,可以提高载货车辆的满载率,并来降低物流成本。

(六)加工功能

为了提高服务水平,扩大经营范围,提升竞争力,国内外许多配送中心均配备了一定的加工设备,由此而形成了一定的加工能力。它们按照用户的要求,将货物加工成必要的规格、尺寸和形状等,为用户提供方便。这项功能的实现,不仅赢得了用户的信赖,而且有利于提高物资资源的利用率,同时为配送中心增加了附加效益。

在配送中,配送加工这一功能要素不具有普遍性,但是往往是有重要作用的功能要素。配送加工可以大大提高用户的满意程度。

(七)信息处理功能

在商品经济日益发达、消费需求更加多样化的今天,哪种产品更加适合消费者的口味,更加畅销,哪些商品市场需要,而又无人开发,这对于最贴近消费者的配送中心来说是最清楚不过了。如果能及时地把这些信息传递给生产企业,就可以使企业及时调整生产结构,改变生产策略,应变市场需求。对于配送中心下游的用户而言,近期有哪些新产品,其性能特点是什么,所订产品什么时候到货,现在到达什么位置,都是企业制定销售推广策略、实施经营管理最想了解的信息;与此同时,配送中心本身的作业情况进展如何,也需要及时了解,以便作出适当的调整。有鉴于此,配送中心必须起到沟通并处理上下游之间以及各作业环节之间各种信息互通、互换的作用。

项目小结

配送号称"小物流",它是物流系统的缩影和终端,是物流中一种特殊的、综合的活动形式。配送作为物流系统的主要环节,其合理化作业,对于提高物流管理水平起到决定作用。

同步练习

一、单项选择题

1.配送中心的业务活动是以(　　)发出的订货信息作为驱动源的。

　　A.生产订单　　　　B.客户订单　　　　C.采购订单　　　　D.内部订单

2.配送中心进货作业不包括(　　)。

　　A.订货　　　　　　B.盘点　　　　　　C.接货　　　　　　D.验收入库

3.组织合理化配送作业不包括(　　)。

　　A.订货发货合理化　　　　　　　　　　B.商品检验合理化

　　C.备货作业合理化　　　　　　　　　　D.送货时间合理化

4.下列不属于配送中心的主要功能的是(　　)。

　　A.储存功能　　　　B.分拣功能　　　　C.配送功能　　　　D.计划功能

5.(　　)是按配送区域划分的配送中心。

　　A城市配送中心　　　　　　　　　　　B.流通加工型配送中心

　　C.家电商品配送中心　　　　　　　　　D.第三方配送中心

二、判断题

1. 实行一户一送可以准确无误的送达消费者,也是配送合理化的体现。(　　)
2. 配送需求包括量和质两个方面,即从配送规模和配送服务质量中综合反映出配送的总体需求。(　　)
3. 配送中心应符合为特定的用户服务、小品种、大批量;以配送为主,储存为辅的要求。(　　)

三、简答

1. 什么是配送？配送合理化措施有哪些？
2. 什么是配送中心？配送中心的功能是什么？

四、案例分析

蔬菜配送公司成功案例与模式分析

蔬菜配送市场从配送客户分类来说主要分为中小餐厅食材配送,企事业机关单位食堂(大中专院校食堂,幼儿园食堂)和酒店高端餐厅食材配送,垂直品类的食材配送(冻货,调料,海鲜,肉类),生鲜超市食材配送。

1. 中小餐厅蔬菜配送

典型代表主要是美菜,这家通过"互联网＋资本"的方式重构中小餐厅配送的企业,在短短的3年内从0起步,做到了全国日配额数千万,从数百家同类型企业中厮杀而出,目前在一线城市做的尚可,二线城市尚无明显起色。

从2016年下半年开始,随着该垂直细分领域的逐渐成熟,区域性市场逐渐涌现出了一批不错的配送公司,如北京的蔬菜侠、天津的金仓吉、长沙的尚融生鲜。以长沙尚融生鲜来说,虽然公司规模不大,但是靠着稳打稳扎,收割区域性市场的中小餐厅。

他们的特征一般是人数规模平均在30人左右,日配送额在10万～20万之间,创始人年龄为30～45岁之间,年利润为100万～200万,前期投入不到50万的情况下,从0开始不到2年的时间做到这样的规模,基本上每个城市都有好几家这种"互联网＋"型的蔬菜配送公司,专供中小餐厅。从效果来看,二线城市的配送商利润相对要高一些,首先是餐厅的稳定性强(没有一线城市餐厅倒闭率那么高),二是人力成本相对要低,但是菜价有些甚至比一线城市要高。

2. 企事业单位食堂和高端餐厅及酒店食材配送

企事业单位食堂、大中专院校食材配送、中小学幼儿园食材配送和高端餐厅及酒店的食材配送,在国内的市场空间也是相当大的,目前主要还是传统蔬菜配送企业做生意的天下,市场空间为年流水3000亿,各个省份都盘踞着不少年配送额上亿的大鳄。

这个领域里面的龙头企业是千喜鹤,该企业从陆军指挥学院食材配送起步,目前覆盖全军3/4的军事院校、3/5的武警院校的食材配送业务,是当之无愧的聚焦行业客户的龙头企业,年营业额已经突破了100亿。

除了千喜鹤这种行业大鳄,该领域还有其他的做得不错的配送公司,如北京的分分钟(主攻高端连锁餐厅配送,最新A轮融资1.1个亿),北京的绿盛发(新发地20年的配送公司,主攻企业食堂部队食堂),浙江的明辉股份(新三板上市公司,估值 5 个亿),重庆的捷翠(年营业额接近 2 个亿,主攻机关单位食堂配送),武汉的汇农(武钢十多万人的食材配送商),四川的康源配送,广东的宏鸿农产品,宏鸿农产品已经在深圳、广州、上海、武汉、珠海、佛山、东莞、南京、苏州、杭州、无锡、长沙等地设有近 20 家子公司。

这个领域对行业经验的要求较高。与行业壁垒相对较高成正比的是利润也更加丰厚,不过由于押账周期长,资金周转会存在一定的问题,没有资金实力的创业者进入该领域需要谨慎。基本上每个二三线城市都会盘踞 3～5 个年配送额上亿大鳄,这些配送商一般是早期凭借着资源绑定 1～2 家大客户,通过长时间的积累达到这个规模,但是因为账期原因资金周转压力再往上走也比较难。可以这么说,企事业单位食堂和高端餐厅及酒店食材配送市场,有着高壁垒高利润长账期的特点,目前国内年营业额过亿,年利润过千万的生鲜蔬菜配送企业基本上都集中在这个领域。

3. 食材垂直配送(冻货、调料、海鲜产品、肉类)

在消费升级的大势下,谁也没想到,海鲜产品品类配送商会先率先获得食材配送领域的行业红利。其中,小龙虾成了海鲜水产品品类中皇冠中的明珠,仅重庆一个市,小龙虾店在 3000 家以上。据不完全统计,全国小龙虾的商户数超过 17000 家,市场规模超过 1000 亿。在小龙虾激起的浪花超过人们想象的同时,后端的小龙虾供应链企业出现了爆发似的增长。

2017 年 4 月,主营冷冻小龙虾的信良记获得 5000 万的 A 轮融资,估值 3 个亿;在全国性的小龙虾供应危机发生后,2017 年 7 月小龙虾再次融资 1.2 个亿的 A＋轮融资,凭借小龙虾吹起的风口,信良记的估值已经奔 10 亿。

除了海鲜水产品之外,冻货、调料、肉类细分领域也是暗流涌动,以猪肉配送为例,根据笔者调查,基本上每个二线城市都有 3～5 家年利润数百万的猪肉配送企业。

4. 生鲜超市蔬菜配送

2017 年 3 月,每日优鲜完成 2.3 亿美元 C＋轮融资,至此每日优鲜 C 轮系列融资总额已超过 3 亿美元。

2017 年 6 月,京东独家投资社区生鲜超市"钱大妈"。受益于此轮融资,钱大妈估值达到了 6 亿元。

2017 年 8 月,天猫投资 3 亿美元给易果生鲜,这已经是阿里对易果生鲜的 D 轮融资。此轮融资主要加强冷链物流基础设施建设和扩张,天猫自身的生鲜配送能力也将受益加强。

2017 年 11 月 20 日,创始于 2010 年的上海社区生鲜品牌"康品汇"完成 A 轮融资,由美团点评领投。

2017 年 11 月 22 日,乐城股份旗下品牌"生鲜传奇"获得 2 亿元融资,这已经是 O2O 生鲜市场 2017 年下半年以来的第五次融资事件。

2017 年开始,在新零售的刺激下,阿里出手盒马生鲜,京东推出自家的直营生鲜便利店,各类生鲜超市、生鲜便利店在全国各地遍地开花。线上流量越来越贵,原来的生鲜电商企业纷纷开始玩起线下开店的路子。各地的传统连锁超市和便利店都在进行着"生鲜＋"的变革。

生鲜超市蔬菜配送,除了自营生鲜超市服务 C 端外,同时可以进行 B 端的配送,这种整合 2C 和 2B 的模式,有着很大的想象空间。

综上所述,蔬菜配送市场是一个万亿级别的市场,体量足够巨大。通过上面的这些蔬菜配送的模式以及蔬菜配送成功案例分享,相信大家已经对这个领域有了初步的了解,整体来说,目前国内还是群雄割据新秀并起的时代。

思考题

1. 配送对现代社会经济发展有什么重要作用?

2. 根据你的了解,合肥有这样的公司吗?如果创业应该从何做起呢?

任务实训

实训项目 鲜花的路线设计

1. 假设你要在合肥的大学城开一间鲜花配送中心(也可以以实际所在城市的某个区为范围),面向 15 家鲜花商店进行配送,请在下面方框内画出配送路线图。

2. 结合上题的配送路线图,请你设计一份玫瑰花的配送路线时刻表及工作程序和要求,篇幅不够可自行附页。

序号	项目	时刻	工作内容、程序	工作前提和要求
1				
2				
3				
4				
5				

实训组织

以小组为单位,成立该鲜花配送中心,并进行实训活动,每4人为一个小组。

实训步骤

1. 组内讨论,选取该鲜花配送中心的地址,并确定配送路线决策的影响因素;

2. 根据案例要求,画出配送路线图和填好表格。

实训评价

1. 评分包含两部分,一部分为配送路线设计合理(50%分值),另一部分为玫瑰花的配送路线时刻表及工作程序和要求(50%分值)。

2. 根据决策过程的具体表现进行评价。

项目六 包装

学习目标

知识目标

1. 理解包装的含义与功能
2. 了解包装的分类及常用的包装容器
3. 熟悉主要的包装技术以及实现包装合理化的方法

技能目标

1. 能够结合企业实际,分析包装合理化的途径
2. 培养物流包装作业活动的操作、管理能力

任务一 包装概述

导入案例

说起可口可乐的玻璃瓶包装,至今仍为人们所称道。1898年,鲁特玻璃公司一位年轻的工人亚历山大·山姆森在同女友约会时,发现女友穿着一套筒型连衣裙,显得臀部突出,腰部和腿部纤细,非常好看。约会结束后,他突发灵感,根据女友穿着这套裙子的形象设计出一个玻璃瓶。

经过反复的修改,亚历山大·山姆森不仅将瓶子设计得非常美观,很像一位亭亭玉立的少女,还把瓶子的容量设计成刚好一杯水的大小。瓶子试制出来之后,获得大众交口称赞。有经营意识的亚历山大·山姆森立即到专利局申请专利。

当时,可口可乐的决策者坎德勒在市场上看到了亚历山大·山姆森设计的玻璃瓶后,认为非常适合作为可口可乐的包装。于是,他主动向亚历山大·山姆森提出购买这个瓶子的专利。经过一番讨价还价,最后可口可乐公司以600万美元的天价买下此专利。要知道在100多年前,600万美元可是一项巨大的投资。然而实践证明,可口可乐公司这一决策是非常成功的。

任务目标

通过本项目的学习,项目团队应理解包装的含义和发挥的作用,并能够对包装的类别进行区分。

任务学习

一、包装的含义和作用

(一)包装的含义

从有产品的那一天起,就有了包装。包装已成为现代商品生产不可分割的一部分,也成为各商家竞争的强力利器,各厂商纷纷打着"全新包装,全新上市"去吸引消费者,绞尽脑汁,不惜重金,以期改变其产品在消费者心中的形象,从而也提升企业自身的形象。就像唱片公司为歌星全新打造、全新包装,并以此来改变其在歌迷心中的形象一样。如今,包装已融合在各类商品的开发设计和生产之中,几乎所有的产品都需要通过包装才能成为商品进入流通过程。

包装的定义在不同的时期、不同的国家,对其理解与定义也不尽相同。以前,很多人都认为,包装就是以转动流通物资为目的,是包裹、捆扎、容装物品的手段和工具。20世纪60年代以来,随着各种自选超市与卖场的普及与发展,使包装由原来的保护产品的安全流通为主,一跃而转向销售员的作用,人们对包装也赋予了新的内涵和使命。《高级汉语大词典》里对包装的定义为:把东西打捆成包或装入箱等容器的动作或过程;包装商品的东西,即起覆盖作用的外表、封套或容器;特指储藏或运输商品时用的保护性的单元。

我国在GB 3873—1983中对包装的定义是:"为在流通中保护产品、方便储运、促进销售,按一定的技术方法所采用的容器、材料和辅助物的过程中施加一定技术方法等操作活动。"也有其他版本的教材对包装的定义为:"为了保证商品的原有状及质量在运输、流动、交易、贮存及使用时不受到损害和影响,而对商品所采取的一系列技术手段叫包装。"

(二)包装的作用

1. 保护功能

保护功能是包装最基本的功能,即使商品不受各种外力的损坏。一件商品要经多次流通,才能走进商场或其他它场所,最终到消费者手中,在这期间,需要经过装卸、运输、库存、陈列、销售等环节。在储运过程中,很多外因如撞击、潮湿、光线、气体、细菌等因素都会威胁到商品的安全,因此,在开始设计之前,首先要想到包装的结构与材料,保证商品在流通过程中的安全,这是包装最主要的作用。

2. 便利功能

便利功能就是商品的包装是否便于使用、携带、存放等。一个好的包装作品应该以"人"

为本,站在消费者的角度考虑,拉近商品与消费者之间的关系,增加消费者的购买欲和对商品的信任度,也促进消费者与企业之间的沟通。例如,很多人购买易拉罐装的饮料时,都喜欢开盖时的那一声"啪"带来的快感。

3. 销售功能

以前,人们常说"酒香不怕巷子深""一等产品、二等包装、三等价格",只要产品质量好,就不愁卖不出去。在市场竞争日益强烈的今天,包装的作用与重要性也为厂商深谙,人们已感觉到"酒香也怕巷子深"。如何让自己的产品得以畅销,如何让自己的产品从琳琅满目的货架中跳出,只靠产品自身的质量与媒体的轰炸是远远不够的,因为在各种超市与自选卖场如雨生春笋般而起的今天,直接面向消费者的是产品自身的包装。好的包装能直接吸引消费者的视线,让消费者产生强烈的购买欲,从而达到促销的目的。设想一下,某一产品在媒体里把它描绘得无比神奇,不管是功能作用,还是外观质量,让人听了都蠢蠢欲动,恨不得马上拥有,别无所求。可当你一拿到东西时,跳入你视野的是一个包装粗陋、溢着浓浓的"土"味与"腻"味、色彩搭配让人看一眼就目眩的东西,你会对其产品产生信任感吗?恐怕你第一想到就是媒体搞错了,广告宣传得那么好,还没打开就开始失望了呢。因此,商家在包装的销售功能方面都下了很多功夫。

4. 提高物流作业效率

包装构成物流的操作单位。精心设计包装,实现包装的标准化和模块化,将便于采用科学合理且成本低廉的方式完成各项物流作业,有利于采用科学的物流作业设备、物流作业方式,有利于选择合理的物流管理方法,有利于降低物流作业消耗、节约储存与运输费用。随着电子商务的快速发展,该功能愈来愈受到商家重视。

二、包装的分类

在生产、流通和消费过程中,根据包装起到作用的不同,其类别也有所不同。对包装的科学分类有利于充分发挥包装在流通和消费领域的作用,有利于商品的物流和商流,有利于包装的标准化、规格化和系列化,有利于物流作业机械化、自动化,有利于科学管理水平和科学技术水平的提高。对包装的分类,大致有以下几种。

(一)按包装在流通领域的作用分类

按其在流通领域的作用,包装可分为物流包装和商流包装两大类。

1. 物流包装

(1)运输包装。根据国家有关标准,运输包装是以满足运输储存要求为目的的包装,它具有保障商品的安全,方便储运装卸,加速交接和检验的作用。

(2)托盘包装。托盘包装主要是以托盘为承载物,将包装件或产品堆码在托盘上,通过捆扎裹包或胶贴等方法加以固定,形成一个搬运单位,以便使用机械设备搬运。

(3)集合包装。集合包装是指将一定数量的包装件或商品装入具有一定规格、强度、适宜长期周转使用的重大包装容器内,形成一个合适的装卸搬运单位的包装,如集装箱、集托盘、集装袋等。

2. 商流包装

商流包装就是我们常说的销售包装,就是指直接接触商品,并随商品进入零售网点和消费者或客户直接见面的包装。

商流包装在设计时重点考虑的是包装造型、结构和装潢。因为与商品直接接触,在包装材料的性质、形态、式样等因素上,都要为保护商品着想,结构造型要有利于流通,图案、文字、色调和装潢能吸引消费者,能激起消费者的购买欲,为商品流通创造良好条件。另外包装单位要适宜顾客的购买量和商店设施条件。这种包装具有一定的保护功能和方便功能。

(二)按包装的形态层次分类

1. 个包装

个包装也称"内包装"或"小包装",是与产品最亲密接触的包装。它是产品走向市场的第一道保护层。个包装一般都陈列在商场或超市的货架上,最终连产品一起卖给消费者。它是直接盛装和保护商品的最基本包装形式,其标识、图案和文字起到指导消费、便于流通的作用。

2. 中包装

中包装主要是为了增强对商品的保护、便于计数而对商品进行组装或套装。日常生活中装箱啤酒是 12 瓶,捆扎啤酒是 10 瓶,一条香烟是 10 包等。

3. 大包装

大包装也称"外包装"或"运输包装"。它的主要作用也是增加商品在运输中的安全以及便于装卸与计数。大包装的设计,相对个包装也较简单多。一般在设计时,也就是标明产品的型号、规格、尺寸、颜色、数量、出厂日期,加上一些视觉符号,诸如小心轻放、防潮、防火、堆压极限、有毒等,起到保护商品、简化物流环节的作用。

(三)按包装形状和材料分类

以包装材料为分类标志,包装可分为纸类包装、塑料类包装、玻璃类包装、金属类包装、木材类包装、复合材料类包装、陶瓷类包装、纺织品类包装、其他材料类包装等。

(四)按包装方法分类

以包装方法为分类标志,包装可分为缓冲包装、吸塑包装、贴体包装、托盘包装、热收缩包装、提袋包装、易开包装、喷雾包装、熏蒸包装、真空包装、充气包装、防潮包装、防锈包装、防霉包装、防虫包装、无菌包装、防震包装、遮光包装、礼品包装等。

任务二　包装材料和包装容器

导入案例

20世纪30年代，易拉罐在美国成功研发并生产。易拉罐技术的发展，使其被广泛运用于各类商品包装当中，啤酒、饮料、罐头目前大多都以易拉罐进行包装。据悉，全世界每年大约生产的铝制易拉罐已经超过2000亿个。目前，易拉罐已经成为市场上应用范围最广、消费者接触使用最多、最频繁的包装容器，是名副其实的包装容器之王。易拉罐消费量的快速增长使得制造易拉罐的铝材消费量也有大幅增长，目前制作易拉罐的铝材已经占到世界各类铝材总用量的15%。

任务目标

通过本项目的学习，项目团队应掌握包装材料的类别、各种包装材料的优缺点和适用范围以及各种包装容器的性能；能根据商品的流通和销售需求选择适合的包装材料和容器。

任务学习

一、包装材料

（一）包装材料的含义与功能要求

1. 包装材料的含义

包装材料指产品包装和制作包装容器所使用的材料。它是形成商品包装的物质基础，是商品包装各种功能的具体承担者，是构成商品包装的使用价值最基本的要素。因此，了解包装材料对深入分析、研究商品包装使用价值具有重要意义。

包装材料在整个包装工业中占有重要的地位。了解包装材料的性能、应用范围和发展趋势，对合理选用包装材料、扩大包装材料的来源、采用新的包装材料和加工新技术、发明新型包装容器与包装技法和提高包装技术水平与规律都具有重要而又深远的意义。

2. 包装材料的功能要求

从现代包装功能来看，包装材料应具有以下几方面性能。

（1）维护性能。为适应气温变化，包装材料应具有一定机械强度，能够防潮、防水、防腐蚀、防紫外线穿透、耐热、耐寒、耐光、耐油等，而自身应无异味、无毒、无臭，能维护内装物质量完好。

（2）操作性能。包装材料应具有一定的光洁度以及可塑性、可焊性、易开口性、易加工、易充填、易分合等,具有一定的刚性、热合性和防静电性,适合自动包装机械操作,生产效率高等。

（3）附加价值性能。良好的包装使商品的价值及使用价值大大提高,尤其是销售包装材料,高温双面胶带包装增加了商品的附加值。附加价值性能要求包装材料透明度好,外表光泽,使造型和色彩美观,产生摆设效果,以便提高商品价值和消费者的购买欲望。

（4）方便使用性能。对包装材料的基本要求是便于开启和提取内装物,无论用何种资料包装商品都应便于再封闭,开启性能好,不易破裂和损坏。

（5）降低费用性能。包装落后既增加利息又达不到预期效果。除了考虑上述几种要求外,还应考虑节省包装材料费用及包装机械设备费用、劳务费用等,使用最合适的材料,采取最合理的包装方法,人们取得最佳的效果。

（6）与商品性质相适应性。包装材料必须同商品的性质相适应。如丝绸匹头的商品包装,有的商店与顾客直接见面,有的则是进厂加工整理,其包装应该有所不同,前者应考究些,以突出绸缎质量特点,后者则要求货平整不皱,启封方便,以利厂方加工。又如聚氨酯现场发泡衬垫技术是较新的科技包装效果,使用它可以提高商品身价,维护商品平安,但使用这种包装需逐一成型,费用高,又花费时间多,故现时只用于包装名贵的雕刻品及仿古瓷器等贵重的工艺品,而一般的工艺品如木雕、摆件等则使用聚乙烯塑料和气泡薄膜包装就已足够。

（二）包装材料的种类

1. 纸和纸板

纸和纸板是支柱性的包装材料,应用范围十分广泛。定量在 $250g/m^2$ 以下或厚度在 $0.1mm$ 以下称为"纸",在此标准以上的称为"纸板"。由于纸无法形成固定形状的容器,常用作裹包衬垫和口袋,而纸板常用来制成各种包装容器。

纸和纸板作为包装材料有其优缺点,优点主要有:具有适宜的强度、耐冲击性和耐摩擦性,容易做到清洁卫生;密封性好,便于采用各种加工方法;具有优良成型性和折叠性,适用于机械化、自动化的包装生产,便于介绍和美化商品;具有最佳的可印刷性,且重量轻;价格较低,可以降低包装利息和运输成本;用后易于处理,可回收复用和再生,不会污染环境并节约资源。

上述优点使得纸和纸板得以广泛的应用,但是它们也存在着一定的缺点:难以封口、受潮后牢度下降以及气密性、防潮性、透明性差等,这些使它们在包装应用上受到一定的限制。

常见的包装纸类材料有下列品种。

（1）白板纸。白板纸是一种正面呈白色且光滑、背面多为灰底的纸板。这种纸板主要用于单面彩色印刷后制成纸盒以供包装使用,或用于设计、手工制品。白板纸有灰底与白底两种,适用于做折叠盒。

（2）铜版纸。铜版纸是以原纸涂布白色涂料所制成的高级印刷纸,主要用于印刷高级书刊的封面和插图、彩色画片、各种精美的商品广告、样本、商品包装、商标等,适用于多色套版印刷。

(3)胶版纸。胶版纸主要供平版(胶印)印刷机或其他印刷机印刷较高级彩色印刷品时使用,适于印制单色或多色的书刊封面、正文和插页以及画报、地图、宣传画、彩色商标和各种包装品、信纸、信封、产品说明书、标签等。

(4)卡纸。卡纸是介于纸和纸板之间的厚纸的总称。

(5)牛皮纸。牛皮纸用作包装材料时强度很高,通常呈黄褐色。半漂或全漂的牛皮纸浆呈淡褐色、奶油色或白色。牛皮纸抗撕裂强度、破裂功和动态强度很高,多为卷筒纸,也有平板纸。牛皮纸采用硫酸盐针叶木浆为原料,经打浆后在长网造纸机上抄造而成,可用作水泥袋纸、信封纸、胶封纸、沥青纸、电缆防护纸、绝缘纸等。牛皮纸以经济实惠著称,因此是包装设计的优良用纸。

(6)特种纸。特种纸是具有特殊用途的、产量比较小的纸张。特种纸的种类繁多,是各种特殊用途纸或艺术纸的统称。特种纸在印刷时产生特殊的底纹效果和印刷纹理,可以达到平面纸张达不到的艺术效果。

(7)再生纸。再生纸是一种以废纸为原料,经过分选、净化、打浆、抄造等十几道工序生产出来的纸张。它并不影响办公、学习的正常使用,并且有利于保护视力健康。在全世界日益提倡环保思想的今天,使用再生纸是一个深得人心的举措。

(8)玻璃纸。玻璃纸是一种以棉浆、木浆等天然纤维为原料,用胶黏法制成的薄膜,适用于食品包装,广泛应用于商品的内衬纸和装饰性包装用纸。玻璃纸对油性、碱性和有机溶剂有强劲的阻力;不产生静电,不自吸灰尘;因用天然纤维制成,在垃圾中能吸水而被分解,不至于造成环境污染。玻璃纸的透明性使人对内装商品一目了然,又因其具有防潮、不透水、不透气、可热封等性能,可对商品起到保护作用。

(9)有光纸。有光纸是供书写办公和宣传标语用的单面光纸张,也可以用于裱糊纸盒、包装商品以及印刷日历、信笺和发票等,用途广泛,是一种常用的薄纸。

(10)过滤纸。过滤纸作为一种有效的过滤介质,已被广泛地用于各个领域。根据组成滤纸的纤维种类不同,过滤纸的性能、用途也不一样,有用于一般场合的普通滤纸,也有用于高温下的玻璃纤维滤纸、超净用聚丙烯滤纸等。

(11)铝箔纸。铝箔纸作为一种工业制造原(辅)材料,将更多地取代单一性材料,广泛应用于各种软包装。随着经济的发展,铝箔包装的发展前景十分可观。

(12)瓦楞纸板。瓦楞纸板是一个多层的黏合体,它最少由一层波浪形芯纸夹层(俗称"坑张"或"瓦楞芯纸")及一层纸板(俗称"牛皮卡")构成。瓦楞纸板有很高的机械强度,能经受搬运过程中的碰撞和摔打。瓦楞纸箱的实际性能取决于芯纸和纸板的特性以及纸箱本身的结构这三项因素。瓦楞纸板是由面纸、里纸、芯纸和加工成波形瓦楞的瓦楞纸通过黏合而成。根据商品包装的需求,瓦楞纸板可以加工成单面、三层、五层、七层、十一层等。构成瓦楞纸板的波形瓦楞纸,其瓦楞波形可分为V形、U形和UV形。V形瓦楞波形的特征是平面抗压力强度值高,使用中可节省黏合剂用量、节约瓦楞原纸;但这种波形的瓦楞做成的瓦楞纸板缓冲性差,瓦楞在受压或受冲击变形后不容易恢复。U形瓦楞波形的特征是着胶面积大,黏结牢固,富有一定弹性,当受到外力冲击时不像V形瓦楞那样脆弱;但平面抗压力强度不如V形瓦楞好。传统的瓦楞纸箱多用于运输,由于二次包装、可重复使用的包装产品竞争激烈,引发了包装商之间的竞争。瓦楞纸箱主要应用于宠物食品、酒盒、饮料包装箱、矿泉水、食品服务和化妆用品等领域,在这些领域中瓦楞纸箱被用作一种市场行销工具,这促进了白面瓦楞纸和沟槽最细的瓦楞纸的应用。随着瓦楞纸箱所用纸张定量的降低以及白面瓦楞纸使用率的提高,市场上要求有新的制版系统,以更好地满足日益提高的印刷质量要求和新需求。瓦楞纸的特点是:抗压强度高,保护产品更牢靠;缓冲性能好,可替代传统内衬材料,更利于环保;印刷效果好,可印刷精美图案文字做广告;质优且重量轻,可节省成本、提高效益。因此,瓦楞纸被广泛地应用于包装设计之中。

2. 塑料

塑料是以合成的或天然的高分子化合物为基本成分,在加工过程中可塑制成型,而产品最后能保持形状不变的材料。由于其种类多,因此各有特殊的物理、化学、电和机械等性能。

塑料的优点主要有:重量轻、强度和韧性好,结实耐用使用方便,有的透明材料能体现美感;阻隔性良好,对气体具有阻隔作用;化学性质优良,耐腐蚀;易加工成型,易热封和复合,即不同塑料以及塑料与其他材料易于复合,有成熟的成型工艺;包装适应性强,可替代许多天然材料相传统材料。

塑料的缺陷主要表现在:易老化、易燃,耐热性差,物理及化学稳定性不及玻璃,废弃物不易分解或处理,易造成对环境的污染等。

塑料以其无可比拟的优异性能广泛用于包装工业中。现代塑料生产的四分之一以上都用于制作包装材料。包装上常用的塑料主要有聚乙烯、聚丙烯、聚苯乙烯、聚氯乙烯、聚氨基甲酸酯、酚醛树脂等。

(1)聚乙烯(PE)。聚乙烯是乙烯的高分子聚合物,是一种热塑性塑料,按其工业生产方法,有高压、中压、低压聚合法。生产方法不同,其分子结构也有很大差异,产品性能亦随分子结构而异。

聚乙烯是一种乳白色蜡状固体,比水轻,较柔软,抗水性好,耐低温;无味、无毒,耐热性较差,薄膜气密性差,对紫外线敏感;易氧化、老化,热收缩变化较大,印刷性能较差。按其密度划分,聚乙烯可分为高密度、中密度、低密度聚乙烯以及线形低密度聚乙烯。

(2)聚丙烯(PP)。聚丙烯是用石油炼制时的副产品丙烯,经过精炼的丙烯单体,在触媒的催化下进行聚合反应,再从聚合物中分离而得。分子量为10万~50万,密度很小,是已知塑料中最小的;无毒、无味,透明度高,机械性能、表面强度,抗摩擦性、抗化学腐蚀性、防潮性均很好;在室温以上时抗冲击值大,但耐低温冲击值小;易带静电,印刷性能欠佳。

聚丙烯的原料来源广泛,价格便宜,性能适应性强,广泛用于食品工业中。它多用作制造薄膜、复合薄膜,有良好的透明性和表面光泽,能耐120℃的温度;可制成包装箱,吹塑成塑料瓶,添加某些填料可制成某些机器零件等。

(3)聚苯乙烯(PS)。聚苯乙烯是由乙烯与苯在无水三氧化铝催化下,发生烃化反应生成乙基苯,再经催化脱氢而得苯乙烯。苯乙烯单体在适量引发剂(过氧化苯甲酰)和分散剂(聚乙烯醇)的水悬浮液中加热聚合而成聚苯乙烯。聚苯乙烯是一种无色、透明、无延展性的热塑性塑料；无毒、无味、无嗅，着色性好，透湿性大于聚乙烯，吸湿性很低，尺寸稳定，具有良好光泽；加工性能好，成本低；机械性能随分子量的加大而提高；耐热性低，不能在沸水中使用；耐低温，可承受—40℃的低温；有良好的室内耐老化性；对醇类有机溶剂、矿物油有较好的耐受性，耐酸、碱性能也很好。

聚苯乙烯由于性能优越、价格低廉，应用很广。它可以制成薄膜、容器，广泛用于食品工业中；收缩率可达60%～70%，是制作收缩包装的好材料有良好的绝缘性能，可制作多种电讯零件；还可以制作各种机器零件、玩具、日用品等；在聚苯乙烯中加入发泡剂，可制造泡沫塑料，它是一种良好的缓冲包装材料。

（4）聚氯乙烯(PVC)。聚氯乙烯是氯乙烯经引剂作用，进行悬浮聚合或乳液聚合而生成聚氯乙烯。它呈淡褐色、透明、韧性好，密度 $1.4g/cm^3$；有良好的化学稳定性，不易被酸、碱所腐蚀；气密性、抗水性、热封性能好，印刷性良好，生产能耗少，价格便宜；机械强度，耐磨、耐压性均优于聚乙烯和聚丙烯。它的主要缺点是热稳定性较差，受热易于分解，放出氯化氢气体。由于添加剂，如增塑剂、稳定剂的品种和数量的不同，聚氯乙烯可制成不同的产品，可生产硬质制品，如硬管、建筑材料等；可制造人造革、电线电缆绝缘层、塑料地板等。它在包装上的最主要作用是制成薄膜，包括软质膜、硬质膜、收缩膜三种。软质膜质地柔软，热封性好，适于高频封合，但拉伸强度很小，撕裂强度很高；滑动性差，加工性能也较差。硬质膜的拉伸强度和撕裂强度都较大，质地较硬，延伸率小；透湿性小，阻气性好，滑动性较好；印刷适应性好，但要选择适当的油墨溶剂；耐温性较差，低温时变脆。收缩膜的透明度好，透气性小，加热时产生收缩，收缩温度范围宽，收缩率大，是良好的热收缩包装材料。

（5）聚酯(PET)。聚酯是对苯二甲酸与乙二醇的缩聚产物。聚酯和其他塑料相比，具有极优良的阻隔性，如对二氧化碳、氧气、水和香味等均能很好地阻隔；随机械性能优异，有很高的强度、抗压性和耐冲击性；化学稳定性好，耐酸、碱腐蚀；透明度高，光泽性、光学特性好；无毒、无味，符合食品卫生标准；其结构中有酯基，故印刷性能好。聚酯是一种独特而用途广泛的包装材料，可以制造薄膜，做成瓶、罐、杯等包装容器，还可作两用可烘烤托盘。

（6）酚醛塑料(PF)。酚醛树脂是由酚类（主要是苯酚）和醛类（主要是甲醛）缩聚而成。根据催化剂是酸性或碱性，苯酚与甲醛比例的不同，可得到热塑性树脂或热固性树脂，两者在合适的条件下可以互相转化。在实践中多用热固性树脂。酚醛树脂有很好的机械强度，热强度亦很好；耐湿性、耐腐蚀性良好；易于加工、价格低廉。

酚醛树脂添加不同的填料、固化剂等加工后，可制得不同的酚醛塑料。将各种片状填料加入热固性树脂，经层压后可得多种性能的层压板；加入发泡剂可制得酚醛泡沫塑料；酚醛塑料用于包装时，是用酚醛树脂混以填料、固化剂、着色剂等制成模塑粉，再经模压成型为瓶盖、机器零件、日用品以及某些包装容器等。

酚醛塑料制品化学稳定性好；耐热性优良；机械强度高，耐磨；不易变形，但弹性差；电绝缘性良好；颜色单调，多呈暗红色或黑色。由于它的主要原料是苯酚和甲醛，都有一定毒性，故不宜作食品包装材料。

（7）聚酰胺(PA)。聚酰胺俗称"尼龙"，可用二元酸与二元胺通过缩聚反应而得。聚酰胺无毒、无色透明；耐磨性好，冲击韧性强，机械性能优异；耐光性好，光照不易老化；耐油性好，化学稳定性好，但不耐醇类、甲酸和苯酚；气密性好；对温度适应性大，可在－40℃～100℃范围内使用；印刷性与装饰性良好；吸湿性大。

聚酰胺的用途很广，可以制作轴承、齿轮、泵叶、汽车零件等。它在包装上的应用主要是软包装，制成薄膜用于食品包装，还可以制造打包带和绳索，其坚固性比聚丙烯打包带更好。

(8)脲醛塑料(UF)。脲醛塑料俗称"电玉"，是由尿素与甲醛为原料，经缩聚反应而得脲醛树脂，再加填料、着色剂、润滑剂、增塑剂等加工成压塑粉(电玉粉)，再经加热、模压而成制品。它表面硬度大，有一定的机械强度，不易变形，但脆性较大；无臭、无味，着色力强，色彩鲜艳，形似美玉；耐热性好，不易燃烧；耐酸、耐碱，耐水性较差，吸水性较大，电绝缘性良好。

脲醛塑料可制得多种制品，如日用品、电器元件等，还可制成漂亮的包装盒、包装盘、瓶盖等。因甲醛有一定毒性，它不宜用于食品包装。

在脲醛树脂中加入发泡剂，用机械方法使其发泡，可得脲醛泡沫塑料。它质轻、价廉、保温性好，耐腐蚀，是使用广泛的缓冲包装材料。

(9)密胺塑料(ME)。密胺塑料与脲醛塑料同属氨基塑料。它是以三聚氰胺与甲醛经缩聚反应而得树脂为主要成分，加入填料、润滑剂、着色剂、硬化剂等，经热压而成，也属热固性塑料。

密胺塑料无毒、无嗅、无味、卫生性能好；机械强度大，表面硬度好，不易变形；表面光滑，手感似瓷器；抗冲击，抗污染能力强；化学稳定性好。密胺塑料可以用来制作包括食品包装方面的各种颜色的包装容器。

(10)聚乙烯醇(PVA)。聚乙烯醇是聚醋酸乙烯酯的水解产物。它透明性大，无毒，无味；有极好的阻气性、耐水性和耐油性；化学稳定性好；印刷性好，无静电；机械性能好。

聚乙烯醇在包装上多利用其薄膜，可用于食品包装，对防止食品氧化变色、变味和变质，保持食品的新鲜度有显著效果；也能包装其他产品，如化工产品等。

(11)聚碳酸酯(PC)。聚碳酸酯是分子链中含有碳酸酯结构的树脂的总称，通常指双酚A型的聚碳酸酯。它无色透明，光泽性良好；耐热性、耐寒性优良，可用于加压杀菌；机械强度较高，可与聚酯和尼龙并列；有极好的冲击韧性，制品受冲击不易破裂；吸水性、吸湿性、透气性小；耐化学腐蚀性能好，能阻止紫外线透过无毒、无嗅、无味；成型性能良好，用一般成型方法均可，成型的制品精度很高。但热封性能较差。

聚碳酸酯是一种综合性能优良的工程塑料，可制作各种齿轮、机器零件等；可制薄膜，用以包装食品和其他物品，需要密封时，多制成复合薄膜，以改善热封性能；还可制成各种包装容器。

(12)聚偏二氯乙烯(PVDC)。聚偏二氯乙烯是偏二氯乙烯的均聚物。它无毒、无味、透明；机械强度大；韧性好；耐油和有机溶剂；热收缩性与自粘性好，薄膜间能轻易粘合；气密性、防潮性极佳。但是它机械加工性差，热稳定性差，不易热封，受紫外线作用时易分解。

聚偏二氯乙烯在包装上的应用主要是制作食品包装薄膜，可用作密封包装，能有效地防止食品吸潮，使食品长期保质不坏；可用作杀菌食品包装，因其能加热杀菌，还可用作家庭日用的包装材料。

(13)聚氨酯(PVP)。聚氨酯又称"聚氨基甲酸酯",它由异氰酸酯和羟基化合物反应制得。聚氨酯的主要特点是耐磨性好,耐低温性优良,耐油性、耐化学腐蚀性突出。

聚氨酯主要加工成泡沫塑料,改变原料及配比可得软硬不同的泡沫塑料。软质制品韧性好,有较好的弹性,耐油,是聚氨酯泡沫塑料的主要品种,在包装上广泛用于制作衬垫等缓冲材料。硬质制品耐热、抗寒、绝热,有优良的防震性,广泛用于精密仪器、仪表的包装。聚氨酯泡沫塑料的生产简单,操作方便,成本低廉,防震性能好,常温下即可制得,特别是可以通过现场发泡制得,给包装带来极大的方便。

3. 金属材料

金属包装材料主要有镀锡薄钢板、镀铬薄钢板、铝和铝箔等。金属包装材料的阻隔保护性好,即阻光、阻水、阻气、渗透性小,能较长期地保存食品;耐高温和低温、耐压、耐虫害;但耐酸碱能力较小,故需内涂层保护;加工、装饰性好。

常见的金属包装材料有下列品种。

(1)铝板。铝是一种轻金属,在大气中非常稳定,加工工艺性能优良,是一种应用非常广泛的金属。由于铝制作包装容器加工方便,轻便耐用,防护性能良好,所以在包装产品方面应用的范围很广,用量也大。目前,世界上生产铝较多的国家有美国、欧洲等国,每年生产的铝中有7%~10%、总数达60万吨用于产品包装。制作铝包装容器的板材多采用纯铝或铝合金板材。

铝合金(主要是铝-镁、铝-锰合金)板材的强度较纯铝为高。由于铝对酸、碱、盐不耐蚀,所以铝板均须经涂料后使用。铝板的生产过程是:铸铝→热轧→冷轧→退火→冷轧→热处理→校平→钝化处理(生成氧化铝膜)→涂料→铝薄板。

铝板主要用于制作铝质包装容器如罐、盒、瓶等。此外,铝板因加工性好,是制作易开罐的专用材料。

(2)铝冲拔罐。铝板是一种新型的制罐材料,加工性能优良,但是焊接较困难,因此铝板均制作成一次冲拔成型的二片罐。目前,铝罐生产线的速率可达120~150罐/分以上。铝罐轻便美观,外壁不生锈,罐身无缝不泄漏,且由单一金属制成,保护性能好,用于鱼、肉类罐头无硫化斑,用作啤酒饮料罐无风味变化现象。铝罐的缺点是强度较低,较易碰凹,但只要改进运输包装,这个问题就能得到较好的解决。

现在的铝冲拔罐在欧美应用较多,约占金属罐的1/3,主要用于销售量很大的啤酒饮料罐,一般制成易开罐形式。非食品包装的喷雾罐中也有部分为铝罐。

(3)铝管和铝管包装。挤压软管包装容器中约有2/3是铝管,主要用于牙膏、化妆品、药膏等的包装。铝管用于食品包装则是一种新型简便的包装方法,流行于欧洲和澳大利亚。铝管特别适合于灌装半流质或膏状食品,如果酱、肉酱、奶油、蜂蜜、浓缩食品和调味食品等。铝管包装不仅具有重量轻、优良的防护性能、强度好,不易破碎、便于携带的特点,而且具有易开启、可挤压折叠,食用后食品易于再存放,保持新鲜度的时间较瓶、罐装为长,不需要冷冻处理,使用方便的优点。因此,铝管包装颇受消费者的欢迎,并被用于军用食品和宇航食品的包装。

铝管一般由99%的纯铝制成,以便挤压卷曲,外表面可进行印刷装潢、内壁涂有有机树脂涂料,如环氧树脂、酚醛树脂、乙烯基树脂等,既可进一步提高耐蚀性,又能防止铝管在蜷曲时破裂的作用。

铝管的生产方法是把一定厚度的铝板用精密落料冲床进行冲压,落料成小圆片坯料,经过退火,然后在100t～350t的挤压机上进行冲击挤压,使圆片坯料沿一定长度和直径向外延伸成管状,最后达到一定尺寸。成型后的铝管还要经过热处理消除加工硬化作用,以免在挤压和蜷曲时产生破裂。最后在铝管内壁上涂料、烘干,并在管表面进行装潢印刷。铝管尺寸大小不等,直径为15～50mm,长度为40～200mm,其长度由圆片坯料的厚度决定。

(4)镀锡薄钢板。镀锡薄钢板俗称"马口铁",是指两面镀有商业纯锡的冷轧低碳薄钢板或钢带。锡主要起防止腐蚀与生锈的作用。它将钢的强度和成型性与锡的耐蚀性、锡焊性和美观的外表结合于一种材料之中,具有耐腐蚀、无毒、强度高、延展性好的特性。

马口铁包装由于其良好的密封性、保藏性、避光性、坚固性和特有的金属装饰魅力,决定了其在包装容器业内具有广泛的涵盖面,是国际上通用的包装品种。随着马口铁各种CC材料、DR材料、镀铬铁的不断丰富,促进了包装制品及技术发展,马口铁包装到处充满创新。

因其抗氧化性强且款式多样、印刷精美,马口铁包装容器深受广大客户的喜爱,广泛应用于食品包装、医药品包装、日用品包装、仪器仪表包装、工业品包装等。

《2013—2017年中国马口铁包装容器行业市场前瞻与投资战略规划分析报告》显示,马口铁包装容器强度高、成型性好、对产品的兼容性强等许多优点已经为其在国际市场上树立了口碑。所以,各国都普遍重视这一种包装容器,是世界上用量最大的一种金属包装板材。

根据包装行业的不同要求,马口铁材料的厚度、镀锡量、机械性能等都有不同的需要。自问世以来,马口铁就一直向减薄的方向发展。一是少用锡,甚至不用锡,二是减薄马口铁的基板厚度。其目的都是为了适应制罐产品的变化和降低制罐的成本。

4. 玻璃、陶瓷材料

玻璃、陶瓷的主要特点是具有很强的耐腐蚀性,强度较高,装潢,装饰性能好,因此被广泛用于商业包装,有宣传美化的推销作用。

(1)玻璃包装材料。玻璃包装材料具有良好的化学稳定性,可以保证食物纯度和卫生,不透气、易于密封、造型灵活、有多彩晶莹的装饰效果等优点,所以得到了广泛的应用。在运输包装中,它用来制作存装化工产品如强酸类的大型容器。在销售包装中,它主要是玻璃瓶和平底杯式的玻璃罐,用来存酒、饮料、其他食品、药品、化学试剂、化妆品和文化用品等。

值得注意的是玻璃具有较低的耐冲击力,融制玻璃能耗较高等缺点。

(2)陶瓷包装材料。陶瓷包装是指各种以陶瓷为原料制成的包装总称。陶瓷按所用原料不同可以分为粗陶器、精陶器、瓷器、炻器。陶瓷包装材料硬度高,对高温、水和其他化学介质有抗腐蚀能力。不同价位的商品包装对陶瓷的性能要求也不同,如高级饮用酒茅台对陶瓷包装的要求就高。另外,陶瓷包装材料具有易碎且回收成本较高的缺点。

二、包装容器

包装容器一般是指在商品流通过程中,为了保护商品,方便储存,利于运输,促进销售,防止环境污染和预防安全事故,按一定技术规范而用的包装器具、材料及其他辅助物的总体名称。

(一)包装袋

包装袋是指用于包装各种用品的袋子,广泛用于日常生活和工业生产中。包装袋的发展经历了四个明显的阶段:原始包装袋阶段、大包装袋阶段、小包装袋阶段、目前逐步进入环保(绿色)包装袋的新阶段。随着商品经济的发展,包装本身的商品性也越来越显著,它已成为一种不再依附于商品生产的特殊产品,一种所有商品都离不开的、广泛应用的产品。

1. 按生产原料分类

包装袋分为高压聚乙烯塑料袋、低压聚乙烯塑料袋、聚丙烯塑料袋、聚氯乙烯塑料袋等。

2. 按外形分类

包装袋分为背心袋、直筒袋、立体袋、方底袋、封口袋、胶条袋、异形袋等。

3. 按制作工艺分类

包装袋分为塑料包装袋、复合包装袋。

(1)塑料包装袋。它包括塑料编织袋和塑料薄膜袋。前者具有重量轻、强度高、耐腐蚀等特点,加入塑料薄膜内衬后,则可防潮防湿;轻型袋载重量在2.5kg以下,中型袋载重量在25~50kg,重型袋载重50~100kg。后者的轻型袋载重量在1kg以上;中型袋载重1~10kg;重型袋载重10~30kg;集装袋载重量在1000kg以上。

(2)复合包装袋。把各种不同特性的材料复合在一起,以改进包装材料的透气性、透湿性、耐油性、耐水性、耐药品性,使其发挥防虫、防尘、防微生物、对香臭等气味的隔绝性以及耐热、耐寒、耐冲击,具有更好的机械强度和加工适用性能,并有良好的印刷及装饰效果。

①按包装的形式分类:复合包装袋分为三边封、阴阳袋、中封、枕型袋、五边封袋、自立袋、拉链袋、吸管袋、卷材、盖材等。

②按功能分类:复合包装袋分为高阻隔膜袋、蒸煮膜袋、抗静电膜袋、抗菌膜袋、防雾膜袋、真空袋、抗化学膜袋、除氧包装膜袋、气调包装膜袋等。

③按材质分类为:复合包装袋分为镭射镀铝膜复纸材料、镭射转移纸材料、纸复合材料、铝复合材料、塑料复合材料、织物复合材料等。

(二)包装盒

包装盒是指用卡纸和微细瓦楞纸板这两种材料制成的折叠纸盒和微细瓦楞纸盒。一般生产包装盒的企业称为"包装材料有限公司"或"印刷包装厂"。

包装盒一般作为中档的包装方法使用,介于内包装与外箱包装之间。包装盒彩盒一般由若干颜色搭配而成,给人以强烈的视觉感官,使购买者和使用者对商品的整体外观和颜色等细节有一点了解,特别适合于购买前不能拆箱的商品,现已被广泛应用于电子、食品、饮料、酒类、茶品、卷烟、医药、保健品、化妆品、小家电、服装、玩具、体育用品等行业。

(三)包装箱

1. 瓦楞纸箱

瓦楞纸箱是采用具有空心结构的瓦楞纸板,经过成型工序制成的包装容器。瓦楞纸箱采用包括单瓦楞、双瓦楞、三瓦楞等各种类型的纸板做包装材料,大型纸箱装载货物的重量可达3000kg。

瓦楞纸箱的应用范围非常广泛,几乎包括所有的日用消费品,如水果、蔬菜、加工食品、针棉织品、玻璃陶瓷、医用药品等各种日用品以及自行车、家用电器、精美家具等。瓦楞纸箱具有很多优点:它的设计可使之具有足够的强度,富有弹性,且密封性能好,便于实现集装单元化,便于空箱储存;它的箱面光洁,印刷美观,标志明显,便于传达信息;它的体积、重量比木箱小,有利于节约运费;纸箱耗用资源比木箱要少,其价格自然比木箱低,经回收利用,可以节省资源。当然,瓦楞纸箱也有一些不足之处,主要是抗压强度不足和防水性能差,这两个缺陷都会影响瓦楞纸箱的基本功能——保护商品功能的实现。

2. 木箱

木箱是一种传统的包装容器,虽然在很多情况下已逐步被瓦楞纸箱所取代,但木箱与瓦楞纸箱相比在某些方面仍有其优越性和不可取代性。再加上目前木箱还比较适合我国包装生产和商品流通的现状,所以木箱在整个运输包装容器中仍占有一席之地。

常见的木箱有木板箱、框板箱和框架箱三种。木板箱一般用于小型运输包装容器,能装载多种性质不同的物品,有较大的耐压强度,但箱体较重,防水性较差;框板箱是由条木与人造材板制成的箱框板,再经钉合装配而成;框架箱是由一定截面的木条构成箱体的骨架,再根据需要在骨架外面加上木板覆盖而成。

3. 托盘集合包装

托盘集合包装是把若干件货物集中在一起,堆叠在运载托盘上,构成一件大型货物的包装形式。托盘包装是为了适应装卸和搬运作业机械化而产生的一种包装形式。托盘集合体包装是一类重要的集合包装,它区别于普通运输包装的特点就是搬运活性大,在任何时候都处于可转入运动的状态,使静态的货物变成动态的货物。托盘集合包装既是包装方法,又是运输工具,也是包装容器。从小包装单位的集合来看,它是一种包装方法;从适合运输的状态来看,它又是一种运输工具;从它对货物所起的保护功能来看,它也是一种包装容器。

4. 集装箱

集装箱是密封性较好的大型包装箱。使用集装箱可实现最先进的运输方式,即"门到门"运输。集装箱属于大型集合包装,具有既是运输工具又是包装方法和包装容器的特点。在适应现代化物流方面,它比托盘集合包装更具有优越性。集装箱这一术语不包括车辆和一般包装,从作为一种运输设备的角度来看,它应满足下列要求:具有足够的强度,可长期反复使用;适用于一种或多种运输方式运送,途中转运时箱内货物不须换装,具有快速装卸和搬运装置,特别便于从一种运输方式转移到另一种运输方式;便于货物装满和卸空;具有$1m^3$及以上的容积。

5. 塑料周转箱

塑料周转箱是一种适用于短途运输,可以长期重复使用的运输包装器具。同时,它是一种敞开式的、不需要捆扎、用户也不必开包的运输包装。所有与厂家直销挂钩、快进快出的商品都可采用周转箱,如饮料、肉食、豆制品、牛奶、糕点、禽蛋等食品。

过去的周转箱普遍采用木箱,近年来出现的新型塑料周转箱逐步取代了木箱。塑料周转箱在保护商品、节约费用、提高服务质量等方面,具有很大的潜力空间可供挖掘,因此塑料周转箱的应用范围不断扩大。塑料周转箱的重量轻,体积小,费用低,搬运方便,可提高安全度,不会发生箱底脱落现象,使玻璃瓶等易碎物品的破损率大大降低。塑料箱的采用还可以节约宝贵的木材资源。但塑料周转箱的缺点是一次性投资大,成本高;空箱也要占用运输储存费用;密封性差,在某些情况下有碍卫生;缺少商品标志,给物流管理工作带来一定的困难。

(四)包装瓶

包装瓶是瓶颈尺寸有较大差别的小型容器,是刚性包装中的一种。包装材料有较高的抗变形能力,刚性、韧性要求一般也较高,个别包装瓶介于刚性与柔性材料之间,瓶的形状在受外力时虽可发生一定程度变形,外力一旦撤除,仍可恢复原来瓶形。包装瓶结构是瓶颈口径远小于瓶身,且在瓶颈顶部开口;包装操作是填灌操作,然后将瓶口用瓶盖封闭。包装瓶包装量一般不大,适合美化装潢,主要用作商业包装、内包装,主要包装液体货、粉状货。

(五)包装罐(筒)

包装罐是罐身各处横截面形状大致相同,罐颈短,罐颈内径比罐身内径稍小或无罐颈的一种包装容器,是刚性包装的一种。包装材料强度较高,罐体抗变形能力强。包装操作是装填操作,然后将罐口封闭,可做运输包装、外包装,也可做商业包装,内包装用。其大体类型有三种。

1. 小型包装罐

小型包装罐的外形是典型的罐体,可用金属材料或非金属材料制造,容量不大,一般用作销售包装、内包装,罐体可采用各种方式美化。

2. 中型包装罐

中型包装罐的外形也是典型罐体,容量较大,一般用作化工原材料、土特产的外包装,起运输包装作用。

3. 集装罐

集装罐是一种大型罐体,外形有圆柱形、圆球形、椭球形等,卧式、立式都有。集装罐往往是罐体大而罐颈小,采取灌填式作业和排出作业往往不在同一罐口进行,另设卸货出口。集装罐是典型的运输包装,适合包装液体、粉状和颗粒状货物。

任务三 包装技术

导入案例

Thomson Learning 公司专门生产计算机领域的文本教材、在线课件等教学材料以及其他能够促进有效学习的产品。该公司在提高包装品质方面下了功夫,通过改用 Sealed Air 公司生产的填充在包装袋内的泡沫包装来运输自己的产品。这种保护性的、在包装袋内填充泡沫的包装不仅提高了包装区域的生产能力和吞吐量,还减少了产品因为损坏而被退回的事件的发生。

任务目标

通过本项目的学习,项目团队应掌握防震保护技术等 7 种常用的物流包装技术及其作用,并能根据商品的性质以及物流的需求选择恰当的包装技术,达到保护商品的目的。

任务学习

一、防震保护技术

防震包装又称"缓冲包装",在各种包装方法中占有重要的地位。产品从生产出来到开始使用要经过一系列的运输、保管、堆码和装卸过程,置于一定的环境之中。在任何环境中都会有力作用在产品之上,并使产品发生机械性损坏。为了防止产品遭受损坏,就要设法减小外力的影响,而防震包装就是指为减缓内装物受到冲击和振动,保护其免受损坏所采取的一定防护措施的包装。防震包装主要有以下三种方法。

1. 全面防震包装方法

全面防震包装方法是指内装物和外包装之间全部用防震材料填满进行防震的包装方法。

2. 部分防震包装方法

对于整体性好的产品和有内装容器的产品,仅在产品或内包装的拐角或局部地方使用防震材料进行衬垫即可。所用包装材料主要有泡沫塑料防震垫、充气型塑料薄膜防震垫和橡胶弹簧等。

3. 悬浮式防震包装方法

对于某些贵重易损的的物品,为了有效地保证在流通过程中不被损坏,外包装容器比较坚固,然后用绳、带、弹簧等将被装物悬吊在包装容器内。在物流中,无论是什么操作环节,内装物都被稳定悬吊而不与包装容器发生碰撞,从而减少损坏。

二、防破损保护技术

缓冲包装有较强的防破损能力,因而是防破损包装技术中有效的一类。此外还可以采取以下三种防破损保护技术。

1. 捆扎及裹紧技术

捆扎及裹紧技术的作用是使杂货、散货形成一个牢固整体,以增加整体性,便于处理及防止散堆来减少破损。

2. 集装技术

利用集装技术减少与货体的接触,从而防止破损。

3. 选择高强保护材料

通过外包装材料的高强度来防止内装物受外力作用破损。

三、防锈包装技术

1. 防锈油防锈蚀包装技术

大气锈蚀是空气中的氧、水蒸气及其他有害气体等作用于金属表面引起电化学作用的结果。如果使金属表面与引起大气锈蚀的各种因素隔绝(即将金属表面保护起来),就可以达到防止金属大气锈蚀的目的。防锈油包装技术就是根据这一原理将金属涂封防止锈蚀的。

用防锈油封装金属制品,要求油层要有一定厚度,油层的连续性好,涂层完整。不同类型的防锈油要采用不同的方法进行涂复。

2. 气相防锈包装技术

气相防锈包装技术就是用气相缓蚀剂(挥发性缓蚀剂),在密封包装容器中对金属制品进行防锈处理的技术。气相缓蚀剂是一种能减慢或完全停止金属在侵蚀性介质中的破坏过程的物质。它在常温下即具有挥发性,在密封包装容器中,在很短的时间内挥发或升华出的缓蚀气体就能充满整个包装容器内的每个角落和缝隙,同时吸附在金属制品的表面上,从而起到抑制大气对金属锈蚀的作用。

四、防霉腐包装技术

在运输包装内装运食品和其他有机碳水化合物货物时,货物表面可能生长霉菌,在流通过程中如遇潮湿,霉菌生长繁殖极快,甚至伸延至货物内部,使其腐烂、发霉、变质,因此要采取特别防护措施。

包装防霉烂变质的措施,通常是采用冷冻包装、真空包装或高温灭菌方法。冷冻包装的原理是减慢细菌活动和化学变化的过程,以延长储存期,但不能完全消除食品的变质;高温杀菌法可消灭引起食品腐烂的微生物,可在包装过程中用高温处理防霉。有些经干燥处理的食品包装,应防止水汽浸入以防霉腐,可选择防水汽和气密性好的包装材料,采取真空和

充气包装。

真空包装法也称"减压包装法"或"排气包装法",可阻挡外界的水汽进入包装容器内,也可防止在密闭着的防潮包装内部存有潮湿空气,在气温下降时结露。采用真空包装法,要注意避免过高的真空度,以防损伤包装材料。

防止运输包装内货物发霉,还可使用防霉剂,防霉剂的种类甚多,用于食品的必须选用无毒防霉剂。

机电产品的大型封闭箱,可酌情开设通风孔或通风窗等相应的防霉措施。

五、防虫包装技术

防虫包装技术常用的是驱虫剂,即在包装中放入有一定毒性和嗅味的药物,利用药物在包装中挥发气体杀灭和驱除各种害虫。常用驱虫剂有萘、对位二氯化苯、樟脑精等。采用真空包装、充气包装、脱氧包装等技术也可使害虫无生存环境,从而防止虫害。

六、危险品包装技术

危险品有上千种,按其危险性质,交通运输及公安消防部门规定分为十大类,即爆炸性物品、氧化剂、压缩气体和液化气体、自燃物品、遇水燃烧物品、易燃液体、易燃固体、毒害品、腐蚀性物品、放射性物品。有些物品同时具有两种以上危险性能。

有毒商品的包装要有明显地标明有毒的标志。防毒的主要措施是包装严密不漏、不透气。例如,重铬酸钾(红矾钾)和重铬酸钠(红矾钠)为红色带透明结晶,有毒,应用坚固附桶包装,桶口要严密不漏,制桶的铁板厚度不能小于1.2mm。对有机农药一类的商品,应装入沥青麻袋,缝口严密不漏,如用塑料袋或沥青纸袋包装的,外面应再用麻袋或布袋包装。用作杀鼠剂的磷化锌有剧毒,应用塑料袋严封后再装入木箱中,箱内用两层牛皮纸、防潮纸或塑料薄膜衬垫,使其与外界隔绝。

对有腐蚀性的商品,要注意商品和包装容器的材质发生化学变化。对金属类的包装容器,要在容器壁涂上涂料,防止腐蚀性商品对容器的腐蚀。例如,包装合成脂肪酸的铁桶内壁要涂有耐酸保护层,防止铁桶被商品腐蚀,商品也随之变质。再如,氢氟酸是无机酸性腐蚀物品,有剧毒,能腐蚀玻璃,不能用玻璃瓶作包装容器,应先装入金属桶或塑料桶,再装入木箱。甲酸易挥发,其气体有腐蚀性,应装入良好的耐酸坛、玻璃瓶或塑料桶中,严密封口,再装入坚固的木箱或金属桶中。

对黄磷等易自燃商品的包装,宜将其装入壁厚不少于1mm的铁桶中,桶内壁须涂耐酸保护层,桶内盛水,并使水面浸没商品,桶口严密封闭,每桶净重不超过50kg。再如通水引起燃烧的物品如碳化钙,遇水即分解并产生易燃乙炔气,对其应用坚固的铁桶包装,桶内充入氮气,如果桶内不充氮气,则应装置放气活塞。

对于易燃、易爆商品,如有强烈氧化性的、遇有微量不纯物或受热即急剧分解引起爆炸的产品,防爆炸包装的有效方法是采用塑料桶包装,然后将塑料桶装入铁桶或木箱中,每件净重不超过50kg,并应有自动放气的安全阀,当桶内达到一定气体压力时,能自动放气。

七、特种包装技术

1. 充气包装

充气包装是采用二氧化碳气体或氮气等不活泼气体置换包装容器中空气的一种包装技术方法,因此也称为"气体置换包装"。这种包装方法是根据好氧性微生物需氧代谢的特性,在密封的包装容器中改变气体的组成成分,降低氧气的浓度,抑制微生物的生理活动、酶的活性和鲜活商品的呼吸强度,达到防霉、防腐和保鲜的目的。

2. 真空包装

真空包装是将物品装入气密性容器后,在容器封口之前抽真空,使密封后的容器内基本没有空气的一种包装方法。

一般的肉类商品、谷物加工商品以及某些容易氧化变质的商品都可以采用真空包装。真空包装不但可以避免或减少脂肪氧化,而且抑制了某些霉菌和细菌的生长。同时在对其进行加热杀菌时,由于容器内部气体已排除,因此加速了热量的传导,提高了高温杀菌效率,也避免了加热杀菌时,由于气体的膨胀而使包装容器破裂。

3. 收缩包装

收缩包装就是用收缩薄膜裹包物品(或内包装件),然后对薄膜进行适当加热处理,使薄膜收缩而紧贴于物品(或内包装件)的包装技术方法。

收缩薄膜是一种经过特殊拉伸和冷却处理的聚乙烯薄膜,由于薄膜在定向拉伸时产生残余收缩应力。这种应力受到一定热量后便会消除,从而使其横向和纵向均发生急剧收缩,同时使薄膜的厚度增加,收缩率通常为30%～70%,收缩力在冷却阶段达到最大值,并能长期保持。

4. 拉伸包装

拉伸包装是20世纪70年代开始采用的一种新包装技术,它是由收缩包装发展而来的,拉伸包装是依靠机械装置在常温下将弹性薄膜围绕被包装件拉伸、紧裹,并在其末端进行封合的一种包装方法。由于拉伸包装不需进行加热,所以消耗的能源只有收缩包装的1/20。拉伸包装可以捆包单件物品,也可用于托盘包装之类的集合包装。

5. 脱氧包装

脱氧包装是继真空包装和充气包装之后出现的一种新型除氧包装方法。脱氧包装是在密封的包装容器中使用能与氧气起化学作用的脱氧剂与之反应,从而除去包装容器中的氧气,以达到保护内装物的目的。脱氧包装方法适用于某些对氧气特别敏感的物品,使用于那些即使有微量氧气也会促使品质变坏的食品包装中。

任务四 包装合理化

导入案例

中秋节吃月饼、赏月是中国人自古的风俗。因此，每年中秋节前夕，一场关于月饼的销售战屡屡在各大商家上演。月饼作为一种寄托团圆、思念情的特殊食品，使其在包装上被赋予了更多的文化内涵。但是，很多商家却对月饼进行豪华包装、过度包装。月饼包装主要的诉求点应该是中国独有的中秋文化，无论包装的材料、图案、创意发生怎样的变化，都不应该脱离这个诉求主题。很多商家对月饼进行豪华包装、过度包装甚至已经超过了月饼的本身价值，这不但脱离了包装的原有目的和功能，也造成了极大的资源浪费。

任务目标

通过本项目的学习，项目团队应理解包装合理化的内涵和标准，能够对合理化包装进行设计和管理，辨识影响包装合理化的因素，并能根据商品属性提出合理的包装策略。

任务学习

一、包装合理化的定义及表现

（一）定义

包装合理化是指在包装过程中使用适当的材料和适当的技术，制成与物品相适应的容器，节约包装费用，降低包装成本，既满足包装保护商品、方便储运、有利销售的要求，又要提高包装的经济效益的包装综合管理活动。

（二）包装合理化的主要表现

1. 包装的轻薄化

由于包装只是起保护作用，对产品使用价值没有任何意义，因此在强度、寿命、成本相同的条件下，更轻、更薄、更短、更小的包装可以提高装卸搬运的效率。

2. 包装的单纯化

为了提高包装作业的效率，包装材料及规格应力求单纯化，包装规格还应标准化，包装形状和种类也应单纯化。

3. 符合集装单元化和标准化的要求

包装的规格与托盘、集装箱关系密切，也是应考虑到与运输车辆、搬运机械的匹配，从系统的观点制定包装的尺寸标准。

4. 包装的机械化与自动化

为了提高作业效率和包装现代化水平,各种包装机械的开发和应用是很重要的。

5. 注意与其他环节的配合

包装是物流系统组成的一部分,需要和装卸搬运、运输、仓储等环节一起综合考虑、全面协调。

6. 有利于环保

包装是产生大量废弃物的环节,处理不好可能造成环境污染。包装材料最好可反复多次使用并能回收再生利用;在包装材料的选择上,还要考虑不对人体健康产生影响,对环境不造成污染,即所谓的"绿色包装"。

二、包装合理化设计与管理

(一)包装合理化的设计要求

一方面,由于包装强度不足、包装材料不足等因素所造成商品在流通过程中发生的损耗不可低估。据我国1988年相关统计分析,认定因此而引起的损失,一年逾100亿元。

另一方面,由于包装物强度设计过高、包装材料选择不当而造成包装过剩,这一点尤在发达国家表现突出。据日本的调查结果显示,发达国家包装过剩约在20%以上。

包装合理化的设计要求:掌握流通实况,发挥最经济的保护功能;实行包装标准化;协调与生产的关系;注意装卸及开启的方便性。

包装合理化还要做好几个方面工作:深入了解产品因素和物流因素;了解流通环境和运输目的地;注意包装与物流功能间的平衡。

(二)包装合理化管理

要实现包装合理化,需要从以下几方面加强管理。

其一,广泛采用先进包装技术。包装技术的改进是实现包装合理化的关键。要推广诸如缓冲包装、防锈包装、防湿包装等包装方法,使用不同的包装技法,以适应不同商品的包装、装卸、储存、运输的要求。

其二,由一次性包装向反复使用的周转包装发展。

其三,采用组合单元装载技术,即采用托盘、集装箱进行组合运输。托盘、集装箱是包装—输送—储存三位一体的物流设备,是实现物流现代化的基础。

其四,推行包装标准化。

其五,采用无包装的物流形态。

对需要大量输送的商品(如水泥、煤炭、粮食等)来说,包装所消耗的人力、物力、资金、材料是非常大的,若采用专门的散装设备,则可获得较高的技术经济效果。散装并不是不要包装,它是一种变革了的包装,即由单件小包装向集合大包装的转变。

三、包装合理化策略

从物流总体角度出发,用科学方法确定最优包装。

(一)对包装发生影响的第一因素是装卸

一方面,目前我国铁路运输,特别是汽车运输,大多采用手工装卸,因此包装的外形和尺寸就要适合于人工操作。另一方面,装卸人员素质低、作业不规范也直接引发商品损失。有这样一件案例:从香港报关进口的一件大木箱,内装精密设备,要求运输途中不能倾斜。当木箱运至客户手中时,货主肯定地认为货物已被倾斜了,因为木箱外包装上有一个标识变成了红色(原来该货物倾斜45°时,外包装上的标识就会变色)。因此,引进装卸技术、提高装卸人员素质、规范装卸作业标准等都会相应地促进包装、物流的合理化。

(二)对包装有影响的第二因素是保管

在确定包装时,应根据不同的保管条件和方式而采用与之相适合的包装强度。

(三)对包装有影响的第三因素是运输

运送工具类型、输送距离、道路情况等对包装都有影响。我国现阶段,特别是在广州地区,存在很多种不同类型的运输方式:航空的直航与中转,铁路的快运集装箱,包裹快件,行包专列等,汽车的篷布车、密封厢车,以上不同的运送方式对包装都有着不同的要求和影响。

项目小结

在社会再生产过程中,包装处于生产过程的末端和物流过程的开始,是生产的终点,又是物流的起点。在进行搬运运输之前,产品或原料都要经过某种程度的包装,以更加便利和完好无损地送到消费者手中。

在进行包装时,既要达到保护商品、方便储运、有利销售的要求,又要兼顾考虑经济效益,采用合理的包装技术和包装材料、包装容器,以实现包装合理化。

同步练习

一、判断题

1. 气泡塑料薄膜和泡沫塑料是同一个品种的防震材料。（   ）
2. 过度包装是指商品包装过于烦琐。（   ）
3. 包装不足是指包装不够牢固。（   ）
4. 包装材料废弃后最难处理的是纸类。（   ）
5. 茶叶包装箱应主要考虑木材的强度。（   ）

二、单项选择题

1. 包装是产品生产过程的（　　），包装质量的好坏通过流通过程得到检验。
   A. 始点、流通过程的始点　　　　B. 始点、流通过程的终点
   C. 终点、流通过程的终点　　　　D. 终点、流通过程的始点

2. 防止产品在潮湿的大气环境中受潮、霉变和腐蚀，体现包装的（　　）功能。
   A. 促销　　　B. 方便　　　C. 保护　　　D. 环保

3. 销售包装所需的纸材需要具有良好的白度、光洁度和韧性，印刷性能优越，经得住反复的折叠，所以（　　）被广泛地应用于销售包装之中。
   A. 牛皮纸板　　　B. 黄板纸　　　C. 白板纸　　　D. 铜版纸

4. 下列选项中属于辅助包装材料的是（　　）。
   A. 玻璃　　　B. 塑料　　　C. 粘合剂　　　D. 纸箱

5. 将若干包装件或商品包装在一起，形成一个合适的搬运单元的包装，称为（　　）。
   A. 外包装　　　B. 托盘包装　　　C. 集合包装　　　D. 运输包装

三、简答

1. 防震包装技术有哪几种？
2. 试述包装合理化策略。
3. 包装的作用有哪些？

四、案例分析

包装使乡镇企业走上致富路

C 食品企业是一家生产酱醋调味食品的民营企业，是在 1998 年收购了一家乡镇集体企业的基础上发展起来的。到 2001 年，企业资产达到 1500 万元，年产值达 5000 万元，实现利税 760 万元，员工 170 多人。企业走上了快速发展的道路。

1. 包装问题的发现

1998 年收购乡镇集体企业后，经营者组织了对经营性亏损原因的排查。其结果显示，包装管理列在市场营销管理之后，成为亏损的第二大原因。具体表现以下几点。

（1）包装成本高。原企业酱醋年产量为 200 万瓶，包装成本高达 318 万元，平均每瓶包装成本达 1.59 元，企业全年包装成本约占总销售额的 45%。

（2）包装价值低。由于包装设计效果差，包装材质差，导致高质量产品只能低价销售，且缺乏竞争力。

（3）缺乏包装管理。企业没有专人负责包装，把采购包装看成肥缺，轮流坐庄，导致包装采购成本高；在使用包装时没有责任意识和责任制度，包装损坏现象普遍。

经营者在深入分析后认为：包装管理已成为制约企业发展的"瓶颈"，无论从市场促销角度，还是从企业内部管理角度，都非常明显地反映出包装管理存在严重的问题。同时，这也是加强内部管理、提高企业经济效益的重要突破口。

2. 包装管理的措施和效果

经营者为了加强企业包装管理，采取了以下五项主要措施。

（1）设立专门的组织体系，统一企业包装管理。企业设立包装管理小组，由厂长亲任组长，小组成员包括财务、采购、生产和销售部门的人员，这些人员是企业生产经营各个环节的包装管理者。

（2）制定明确、规范的包装管理制度，让每个包装管理者和使用者都有明确的目标和责任，并通过合理的奖励方法调动企业员工做好包装管理的积极性。

（3）狠抓包装装潢设计。为了改善包装装潢的设计效果，提升产品包装价值，企业曾先后两次公开进行包装的招标设计。第一次包装设计主要是瓶贴和包装箱的设计，改变了产品销售中的包装形象，提高了产品销售价格，有力地促进了销售；第二次包装设计主要是瓶形和瓶盖、瓶胶套的设计，提高了包装使用的便利程度，强化了企业特色产品形象，进一步促进了产品销售。在包装设计之前，产品销售均价只能达到3.5元/瓶，且销售不畅，而重新设计后，产品销售均价达到4元/瓶，高档品达到8元/瓶，且销售顺畅。

（4）采取包装采购联审方法，不断降低包装采购成本。企业改变了过去包装采购由一人决定的方法，实施包装采购由销售、生产、财务、采购部门包装管理人员联审的方法。销售部门提出包装的质量要求、数量预测和价格要求；生产部门提出包装的存货管理、交货时间与包装检验；财务部门提出成本控制与资金运作安排意见；采购部门负责供应商选择与采购谈判，确保采购包装的质量符合企业需要，并不断降低成本。采用联审方法，虽然操作复杂些，但是效益很明显。例如，在以前不包括运费的情况下每个包装瓶的成本高达1.59元；现在，在提高包装材质和加工要求且包括运送到厂费用的情况下，每个包装瓶的成本降到0.53元，按企业全年使用200万个包装瓶计算，节约包装费用212万元。

（5）针对不同包装需要，进行包装分类管理。企业把包装分成四种不同类型进行管理：礼品包装精心设计，提升价值；普通包装重视实用性，注意及时改进，如采用黑白印刷，让利于消费者；促销包装注意品牌形象，如采用彩色印刷，使每个包装箱颜色鲜艳醒目；超市运转包装注重回收利用，降低包装成本，如采用塑料材质，更有利于运转和重复使用。

C企业在强化包装管理的过程中创造了包装的新价值，有力地推动了企业的发展。C企业总结经验，不断完善企业包装管理，提高包装的技术含量；引进现代先进技术和设备，调整企业产品包装以玻璃瓶为唯一包装的结构，把玻璃瓶、塑料瓶、复合纸盒、陶瓷等材质用于产品包装；提出发展和应用绿色包装，设计新的运销模式，逐步减少和不用包装（包装集成化）进行销售；积极运用现代信息技术，完善企业包装管理运作体系，提高运作效率。

思考题

1. 包装对企业发展有怎样的影响？
2. 从案例中可以得到怎样的启示？

任务实训

实训项目　水泥包装合理化设计方案

实训内容

1. 分析水泥的特点。
2. 设计水泥包装的合理化方案。

实训组织

1. 以小组为单位进行实训活动,每小组选出组长,组长负责本组实训项目的讨论引导工作。
2. 确保全员参与,并确定小组方案陈述人员。

实训步骤

1. 分析水泥商品的特点。
2. 分析目前水泥的包装状况,分析优点和缺点。
3. 提出水泥包装的合理化方案。

实训评价

实验结果是形成一份水泥包装设计方案。对于该方案从以下几方面进行评价:

	运输装卸的效果（30%）	环保效果（30%）	节约资源（20%）	创新性（20%）	总分
1					
2					
3					
4					
5					

项目七 装卸搬运

学习目标

知识目标

1. 理解装卸搬运的含义和特点
2. 掌握装卸搬运的原则
3. 掌握装卸搬运合理化措施
4. 熟悉装卸搬运作业的分类和安全常识

技能目标

1. 能够分清装卸与搬运的使用习惯、区别
2. 能够准确地说出装卸搬运合理化的措施
3. 具备装卸搬运的安全知识和严谨的工作态度

任务一 装卸搬运概述

导入案例

李女士于前日在某淘宝店内购买了一个塑料的收纳盒,三天后李女士收到包裹,可是打开包裹后里面的收纳盒却是碎的。李女士向淘宝店主申请退货,可店主拒绝,说是寄出的商品是无质量问题的,商品损坏是物流公司的失误。

问题:此案例中,你们觉得这是物流公司的失误吗?哪个环节出了问题?

任务目标

通过本项目的学习,项目团队应了解装卸搬运的概念和分类以及装卸搬运的地位、特点;能够分清装卸与搬运的使用习惯、区别。

项目七 装卸搬运

任务学习

一、装卸搬运的概念和地位

（一）装卸搬运的概念

装卸是指物品在指定地点以人力或机械装入运输设备或卸下。搬运是指在同一场所内，对物品进行水平移动为主的物流作业。

装卸是改变"物"的存放、支撑状态的活动，主要指物体上下方向的移动。而搬运是改变"物"的空间位置的活动，主要指物体横向或斜向的移动。在实际物流操作中，装卸和搬运是密不可分的，通常装卸搬运是合在一起用的，两者全称"装卸搬运"。有时候或在特定场合，单称"装卸"或单称"搬运"也包含了"装卸搬运"的完整涵义。在习惯使用中，物流领域（如铁路运输）常将装卸搬运这一整体活动称作"货物装卸"；在生产领域中常将这一整体活动称作"物料搬运"。实际上，装卸与搬运的活动内容是一样的，只是领域不同而已。

（二）装卸搬运的地位

装卸活动的基本动作包括装车（船）、卸车（船）、堆垛、入库、出库以及连结上述各项动作的短程输送，随运输和保管等活动而产生的必要活动。

在物流过程中，装卸活动是不断出现和反复进行的，它出现的频率高于其他各项物流活动，每次装卸活动都要花费很长时间，所以往往成为决定物流速度的关键。装卸活动所消耗的人力也很多，所以装卸费用在物流成本中所占的比重也较高。以我国为例，铁路运输的始发和到达的装卸作业费大致占运费的20%，船运占40%。因此，为了降低物流费用，装卸是个重要环节。

此外，进行装卸操作时往往需要接触货物，因此这是在物流过程中造成货物破损、散失、损耗、混合等损失的主要环节。例如，袋装水泥纸袋破损和水泥散失主要发生在装卸过程中，玻璃、机械、器皿、煤炭等产品在装卸时最容易造成损失。

由此可见，装卸活动是影响物流效率、决定物流技术经济效果的重要环节。从下列几个数据可以感受到装卸搬运在物流中的重要地位：

据我国统计，火车货运以500公里为分歧点，运距若超过500公里，运输在途时间多于起止的装卸时间，运距若低于500公里，装卸时间则超过实际运输时间。

美国与日本之间的远洋船运，往返一次需25天，其中运输时间为13天，装卸时间为12天。

我国对生产物流的统计，机械工厂每生产1吨成品的吨次费为加工成本的15.5%。

二、装卸搬运的特点

与生产领域和流通领域的其他环节相比，装卸搬运具有如下特点。

(一)装卸搬运是伴随生产与流通的其他环节发生的

无论是生产领域的加工、组装、检测,还是流通流域的包装、运输、储存,一般都以装卸搬运作为起始和终结。所以说,无论在生产还是流通领域里,装卸搬运环节既是不可缺少的环节,又与其他环节密不可分。因而,装卸搬运具有与其他环节伴生和起讫性的特点。

(二)装卸搬运不产生有形的产品,而是提供劳动服务

装卸搬运是生产领域与流通领域的其他环节的配套保障和服务性作业。

(三)装卸搬运过程不消耗作业对象

装卸搬运过程不排放废弃物,不大量占用流动资金。

(四)装卸搬运没有提高作业对象的价值和使用价值的功能

装卸搬运既不改变作业对象的物理、化学、几何、生物等方面的性质,也不改变作业对象的相互关系(指零件组装成部件或机器、机械设备拆解为零、部件等)。

(五)装卸搬运作业具有均衡性与波动性

生产领域的装卸搬运必须与生产活动的节拍一致,表现为与生产过程均衡性、连续性的一致性;流通领域的装卸搬运,虽力求均衡作业,但随着车船的到发和货物出、入库的不均衡,作业是突击的、波动的、间歇的,因此装卸搬运作业应具有适应波动性的能力。

(六)装卸搬运具有复杂性与延展性

通常认为,货物装卸搬运改变物料存放状态和几何位置,作业比较单纯,但由于它经常和运输、存储紧密衔接,除装卸搬运外,还要同时进行堆码、装载、加固、计量、取样、检验、分拣等作业,以保证充分利用载运工具、仓库的载重能力与容量,因此作业是比较复杂的。这些作业也可看成装卸搬运作业的分支或附属作业,它丰富了"改变货物存放状态和位置"这一基本概念的内涵,装卸搬运系统对这些分支作业应有较强的适应能力。

任务二 装卸搬运合理化

沃尔玛实现装卸搬运合理化

据了解,沃尔玛现在使用的包装材料有 70% 是 RPC(可回收塑料包装筐),而不是瓦楞纸箱,这主要是由于纸箱没有统一的占地标准和展示产品的功能。产品堆码整齐统一的重要性不言而喻。比如在一个农产品配送中心会有来自不同产地的商品,如果商品的种类繁

多,而包装件的尺寸大小不一,那么对于如何搬运这些货物就是一个很大的难题。如果商品的包装标准化,拥有统一的占地面积,而且一个完整的占地尺寸和托盘的尺寸相等,这个问题就迎刃而解了。RPC 是最早实现标准化的运输材料,因为其规格一致,所以便于堆码。

问题:本案例沃尔玛公司如何实现装卸搬运的合理化?

任务目标

通过本项目的学习,项目团队应掌握装卸搬运的原则和装卸搬运合理化的标志;能准确说出装卸搬运合理化的措施。

任务学习

一、装卸搬运的作用和原则

(一)装卸搬运的作用

装卸搬运活动在整个物流过程中占有很重要的位置。一方面,物流过程各环节之间以及同一环节不同活动之间,都是以装卸作业有机结合起来的,从而使物品在各环节、各种活动中处于连续运动或流动;另一方面,各种不同的运输方式之所以能联合运输,也是由于装卸搬运才使其形成。在生产领域中,装卸搬运作业已成为生产过程中不可缺少的组成部分,成为直接生产的保障系统,从而形成装卸搬运系统。由此可见,装卸搬运是物流活动得以进行的必要条件,在全部物流活动中占有重要地位,发挥重要作用。

1. 影响物流质量

因为装卸搬运让货物产生垂直和水平方向上的位移,货物在移动过程中受到各种外力作用,如振动、撞击、挤压等,容易使货物包装和货物本身受损,如损坏、变形、破碎、散失、流溢等,装卸搬运损失在物流费用中占有一定的比重。

2. 影响物流效率

物流效率主要表现为运输效率和仓储效率。在货物运输过程中,完成一次运输循环所需的时间,在发运地的装车时间和在目的地的卸车时间占有不小的比重,特别是在短途运输中,装卸车时间所占比重更大,有时甚至超过运输工具运行时间,所以缩短装卸搬运时间对加速车船和周转具有重要作用;在仓储活动中,装卸搬运效率对货物的收发速度和周转速度产生直接影响。

3. 影响物流安全

由于物流活动是物的实体的流动,在物流活动中确保劳动者、劳动手段和劳动对象安全非常重要。装卸搬运特别是装卸作业,货物要发生垂直位移,不安全因素比较多。实践表明,物流活动中发生的各种货物破失事故、设备损坏事故、人身伤亡事故等,相当一部分是在装卸过程中发生的。特别是一些危险品在装卸过程中如违反操作规程进行野蛮装卸,很容易造成燃烧、爆炸等重大事故。

4. 影响物流成本

装卸搬运是劳动力借助于劳动手段作用于劳动对象的生产活动。为了进行此项活动,必须配备足够的装卸搬运人员和装卸搬运设备。由于装卸搬运作业量较大,所需装卸搬运人员和设备数量亦比较大,即要有较多的活动和物化劳动的投入,这些劳动消耗要记入物流成本,如能减少用于装卸搬运的劳动消耗,就可以降低物流成本。

(二)装卸搬运的原则

1. 尽量不进行装卸

前面已经讲过,装卸作业本身并不产生价值,但是,如果进行了不适当的装卸作业,就可能造成商品的破损或使商品受到污染。因此,尽力排除无意义的作业是理所当然的,尽量减少装卸次数以及尽可能地缩短搬运距离等,所起的作用也是很大的。因为重复装卸作业不仅要花费人力和物力,增加费用,还会使流通速度放慢,同时还增加了商品污损、破坏、丢失、消耗的机会,所以装卸作业的经济原则就是"不进行装卸"。作业人员应当考虑如何减少装卸次数、缩短商品移动距离的问题。

2. 装卸的连续性

装卸的连续性是指两处以上的装卸作业要配合好。进行装卸作业时,为了不使连续的各种作业中途停顿,而能协调地进行,整理其作业流程是很必要的。因此,进行"流程分析"即对商品的流动进行分析,使相关的作业配合在一起也是很必要的。如把商品装到汽车或铁路货车上,或把商品送往仓库进行保管时,应当考虑合理取卸或出库的方便。所以某一次的装卸作业、某一个装卸动作,有必要考虑下一步的装卸而有计划进行。要使一系列的装卸作业顺利进行,作业动作的顺序、作业动作的组合或装卸机械的选择及运用是很重要的。

3. 减轻人力装卸

减轻人力装卸就是把人的体力劳动改为机械化劳动。在不得已的情况下,非依靠人力不可时,尽可能不要让搬运距离太远。关于"减轻人力装卸"问题,主要是在减轻体力劳动、缩短劳动时间、防止成本上升、劳动安全卫生等方面推进省力化、自动化。

4. 提高搬运灵活性

在物流运输过程中,常将暂时存放的物品再次搬运。从便于经常发生的搬运作业考虑,物品的堆放方法是很重要的,这种便于移动的程度被称之为"搬运灵活性"。衡量商品堆存形态的"搬运灵活性",用灵活性指数表示。一般将灵活性指数分为5个等级:散堆于地面上为0级;装入箱内为1级;装在货盘或垫板上为2级;装在车台上为3级;装在输送带上为4级。

5. 商品整理

商品整理就是把商品汇集成一定单位数量,再进行装卸,既可避免损坏、消耗、丢失,又容易查点数量,其最大的优点在于单次装卸、搬运的商品数量多,使机械装卸成为可能以及更具灵活性。这种方式是把商品装在托盘、集装箱和搬运器具中原封不动地装卸、搬运,进行输送、保管。

6. 物流整体

整个物流过程要全面考虑运输、储存、保管、包装与装卸的关系。装卸要适合运输、储存保管的规模,即装卸要起着支持并提高运输、储存保管能力、效率的作用,而不是起阻碍的作用。对于商品的包装来说也是一样的,过去以装卸为前提进行的包装,要运进许多不必要的包装材料,而采用集合包装不仅可以减少包装材料,同时也省去了许多徒劳运输。

二、装卸搬运的合理化措施

装卸搬运作业合理化应采取一些合理化的措施。

(一)防止和消除无效作业

无效作业是指在装卸作业活动中超出必要的装卸、搬运量的作业。显然,防止和消除无效作业对装卸作业的经济效益有重要作用。为了有效地防止和消除无效作业,可从以下几个方面入手。

1. 尽量减少装卸次数

要使装卸次数降低到最小,就要避免没有物流效果的装卸作业。

2. 提高被装卸物料的纯度

物料的纯度指物料中含有水分、杂质与物料本身使用无关的物质的多少。物料的纯度越高则装卸作业的有效程度越高,反之,则无效作业就会增多。

3. 包装要适宜

包装是物流中不可缺少的辅助作业手段。包装的轻型化、简单化、实用化会不同程度地减少作用于包装上的无效劳动。

4. 缩短搬运作业的距离

物料在装卸、搬运当中要实现水平和垂直两个方向的位移,选择最短的路线完成这一活动,就可避免超越这一最短路线以上的无效劳动。

(二)提高装卸搬运活性

1. 平均活性指数

装卸搬运的灵活性是指在装卸作业中的物料进行装卸作业的难度。在堆放货物时,事先要考虑到物料装卸作业的方便性。

根据物料所处的状态,即物料装卸、搬运的难度,装卸搬运的灵活性可分为以下不同的级别。

0级:物料杂乱地堆在地面上的状态;

1级：物料装箱或经捆扎后的状态；

2级：子或被捆扎后的物料,下面放有枕木或其他衬垫后,便于叉车或其他机械作业的状态；

3级：物料被放于台车上或用起重机吊钩钩住,即刻移动的状态；

4级：装卸、搬运的物料,已经被起动、直接作业的状态。

从理论上讲,活性指数越高越好,但也必须考虑实施的可能性。例如,物料在储存阶段中,活性指数为4的输送带和活性指数为3的车辆,在一般的仓库中很少被采用,这是因为大批量的物料不可能存放在输送带和车辆上。

为了说明和分析物料搬运的灵活程度,通常采用平均活性指数的方法。这个方法是对某一物流过程物料所具备的活性情况,累加后计算其平均值,用"δ"表示。δ值的大小是确定改变搬运方式的信号,如：

当δ<0.5时,所分析的搬运系统半数以上处于活性指数为0的状态,即大部分处于散装情况,其改进方式可采用料箱、推车等存放物料；

当0.5<δ<1.3时,则大部分物料处于集装状态,其改进方式可采用叉车和动力搬动车；

当1.3<δ<2.3时,可采用单元化物料的连续装卸和运输；

当δ>2.7时,则说明大部分物料处于活性指数为3的状态,可选用拖车、机车车头拖挂的装卸搬运方式。

2. 搬运活性指数

装卸搬运的活性分析,除了上述指数分析法外,还可采用活性分析图法。活性分析图是将某一物流过程通过图示来表示出装卸、搬运活性程度,并具有明确的直观性能,让人一看就清楚,薄弱环节容易被发现和改进。运用活性分析图法通常分三步进行：

第一步,绘制装卸搬运图；

第二步,按搬运作业顺序作出物资活性指数变化图,并计算活性指数；

第三步,对装卸搬运作业的缺点进行分析改进,作出改进设计图,计算改进后的活性指数。

具体操作过程如下：搬运活性指数是指搬运某种状态下的物品所需要进行的四项作业（集中、搬起、升起、运走）中已经不需要进行的作业数目（如图7-1所示）。

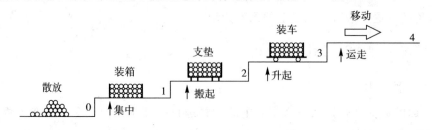

图 7-1 搬运活性指数活性图

先明确几个相关概念。

搬运活性：物料的存放状态对搬运作业的难易程度；

物料的存放状态:散放、装箱、支垫和装车;
搬运作业:集中、搬起、升起、运走。

当搬运处于静止状态的物料时,需要考虑搬运作业所必需的人工作业。物料搬运的难度称为"活性"。我们用活性系数来衡量活性,所费的人工越多,活性就越低;反之,所需的人工越少,活性越高,但相应的投资费用也越高。

在对物料的活性有所了解的情况下,可以利用活性理论来改善搬运作业。

考虑提高某些作业的活性系数,如活性系数为0的散放货物,放入容器中(活性系数为1)或码放在托盘上(活性系数为2),提升搬运活性,提高工作效率。

平均活性系数＝活性系数总和/作业工序数

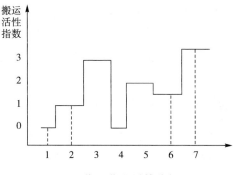

图 7-2 搬运作业活性分析图

针对不同的平均活性系数,可以采用不同的改进方法:
当活性系数低于0.5时,有效利用集装器具、手推车;
当活性系数为0.5～1.3时,有效利用动力搬运车、叉车、卡车;
当活性系数为1.3～2.3时,有效利用传送带、自动导引车;
当活性系数为2.3以上时,从设备、方法方面进一步减少搬运工序数。
总之,活性系数越高,所需人工越少,设备投入越多。在进行搬运系统设计时,不应机械地认为活性系数越高越好,而应综合考虑。

(三)实现装卸搬运的省力化

装卸搬运使物料发生垂直和水平位移,只有通过做功才能实现,要尽力实现装卸作业的省力化。

在装卸作业中应尽可能地消除重力的不利影响。在有条件的情况下利用重力进行装卸,可减轻劳动强度和能量的消耗。将设有动力的小型运输带(板)斜放在货车、卡车或站台上进行装卸,使物料在倾斜的输送带(板)上移动,这种装卸就是靠重力的水平分力完成的。在搬运作业中,不用手搬,而是把物资放在1台车上,由器具承担物体的重量,人们只要克服滚动阻力,使物料水平移动,这无疑是十分省力的。

利用重力式移动货架也是一种利用重力进行省力化的装卸方式之一。重力式货架的每层格均有一定的倾斜度,利用货箱或托盘可将货物沿着倾斜的货架层板滑到输送机械上。

为了使物料滑动的阻力越小越好,通常货架表面均处理得十分光滑,或者在货架层上装有滚轮,也有在承重物资的货箱或托盘下装上滚轮,这样将滑动摩擦变为滚动摩擦,物料移动时所受到的阻力会更小。

(四)提高装卸搬运的机械化

物资装卸搬运设备运用组织是以完成装卸任务为目的,并以提高装卸设备的生产率、装卸质量和降低装卸搬运作业成本为中心的技术组织活动。它包括下列内容。

1. 确定装卸任务量

它是指根据物流计划、经济合同、装卸作业不均衡程度、装卸次数、装卸车时限等,来确定作业现场年度、季度、月、旬、日平均装卸任务量。装卸任务量有事先确定的因素,也有临时变动的可能。因此,要合理地运用装卸设备,就必须把计划任务量与实际装卸作业量两者之间的差距缩小到最低水平。同时,装卸作业组织工作还要把装卸作业的物资对象的品种、数量、规格、质量指标以及搬运距离尽可能地作出详细的规划。

2. 确定装卸搬运设备需用的台数和技术特征

3. 编制装卸作业进度计划

它通常包括:装卸搬运设备的作业时间表、作业顺序、负荷情况等详细内容。

4. 下达装卸搬运进度计划

它包括安排劳动力和作业班次。

5. 统计和分析装卸作业成果

它是指评价装卸搬运作业的经济效益。

随着生产力的发展,装卸搬运的机械化程度定将不断提高。此外,由于装卸搬运的机械化能把工人从繁重的体力劳动中解放出来,尤其对于危险品的装卸作业,机械化能保证人和货物的安全,这也是装卸搬运机械化程度不断得以提高的动力。

(五)推广组合化装卸搬运

在装卸搬运作业过程中,根据不同物料的种类、性质、形状、重量的不同来确定不同的装卸作业方式。处理物料装卸搬运的方法有三种:对普通包装的物料逐个进行装卸,叫作"分块处理";将颗粒状物资不加小包装而原样装卸,叫作"散装处理";将物料以托盘、集装箱、集装袋为单位进行组合后进行装卸,叫作"集装处理"。对于包装的物料,尽可能进行"集装处理",实现单元化装卸搬运,可以充分利用机械进行操作。

组合化装卸搬运具有很多优点:装卸单位大、作业效率高,可大量节约装卸作业时间;能提高物料装卸搬运的灵活性;操作单元大小一致,易于实现标准化;不用手去触及各种物料,可达到保护物料的效果。

(六)合理规划装卸搬运方式和装卸搬运作业过程

装卸搬运作业过程是指对整个装卸作业的连续性进行合理的安排,以减少运距和装卸

项目七 装卸搬运

次数。

装卸搬运作业现场的平面布置是直接关系到装卸、搬运距离的关键因素,装卸搬运机械要与货场长度、货位面积等互相协调。要有足够的场地集结货场,并满足装卸搬运机械工作面的要求,场内的道路布置要为装卸搬运创造良好的条件,有利于加速货位的周转。装卸搬运距离达到最小平面布置是减少装卸搬运距离的最理想的方法。

提高装卸搬运作业的连续性应做到:作业现场装卸搬运机械要合理衔接;不同的装卸搬运作业在相互联结使用时,力求使它们的装卸搬运速率相等或接近;充分发挥装卸搬运调度人员的作用,一旦发生装卸搬运作业障碍或停滞状态,立即采取有力的措施补救。

任务三 装卸搬运的作业

导入案例

红云红河烟草(集团)有限责任公司(简称"红云红河集团")成立于2008年11月8日,集团是以烟草为主业,跨地区经营的大型国有企业,其核心品牌"云烟""红河"为"中国驰名商标""中国名牌产品"。2012年,该公司生产卷烟516万箱,实现税利587亿元,位列中国企业500强第160位,云南百强企业第2位。集团确定了"5118"的"十二五"品牌发展目标。

红云红河公司具备多个生产车间及多条全自动的进口卷包线,每个生产车间各具备自动高架库,容量都为3万大箱、15万件。成品烟能自动装车,具备较高的物流水平。

过去公司烟草物流装卸搬运存在的问题如下:

1. 合并装卸搬运环节繁杂和次数过多。装卸搬运不仅不能增加烟叶的价值和使用价值,相反还使烟叶的"综合碎耗"和生产成本随之增加。

2. 生产物流作业的集中程度过低,机械化、自动化作业目标尚未达成,人工化作业普遍。

3. 托架单元化组合使用度不够,装卸搬运过程中货物的损失增加,装卸成本增加,货物的安全性得不到保障,货物的质量未能过关。

4. 未能合理分解装卸搬运程序,影响装卸搬运的效率。

5. 烟叶的传统堆码方法——初烟解包码板后再进挑选,容易形成二次、二次造碎。

问题:此案例中,你认为该如何解决红云红河集团烟草物流装卸搬运存在的问题?

任务目标

通过本项目的学习,项目团队应掌握装卸搬运的分类,尤其按照机械分类的装卸方式,培养学生的装卸搬运安全意识和严谨的工作态度。

任务学习

一、装卸搬运作业的分类

1. 按设备对象分类

装卸搬运作业可分为仓库装卸、铁路装卸、港口装卸、汽车装卸、飞机装卸等。

仓库装卸配合出库、入库、维护保养等活动进行,并以堆垛、上架、取货等操作为主。

铁路装卸是对火车车皮的装进及卸出,特点是一次作业就实现一车皮的装进或卸出,很少有像仓库装卸时出现的整装零卸或零装整卸的情况。港口装卸不仅包括码头前沿的装船,也包括后方的支持性装卸运,有的港口装卸还采用小船在码头与大船之间"过驳"的办法,因而其装卸的流程较为复杂,往往经过几次的装卸及搬运作业才能最后实现船与陆地之间货物过渡的目的。

汽车装卸一般一次装卸批量不大,由于汽车的灵活性,可以较少或根本减去搬运活动,而直接、单纯利用装卸作业达到车与物流设施之间货物过渡的目的。

2. 按机械分类

装卸搬运可分成便吊车的吊上吊下方式,使用叉车的叉上叉下方式,使用半挂车或叉车的滚上滚下方式,移上移下方式及散装方式等。

(1)吊上吊下方式。该方式是由起重机械从货物上部起吊,依靠起吊装置的垂直移动实现装卸,并在吊车运行的范围内或回转的范围内实现搬运或依靠搬运车辆实现搬运。由于吊起及放下属于垂直运动,这种装卸方式属于垂直装卸。

(2)叉上叉下方式。该方式是由叉车从货物底部托起货物,并依靠叉车的运动进行货物位移,搬运完全靠叉车本身,货物可不经中途落地直接放置到目的处。这种方式垂直运动不大而主要是水平运动,属于水平装卸方式。

(3)滚上滚下方式。该方式主要是港口装卸的一种水平装卸方式。叉车或半挂车、汽车承载货物,连同车辆一起开上船,到达目的地后再下船。利用叉车的滚上滚下方式,在船上卸货后,叉车必须离船,而利用半挂车、平车或汽车的方式,则托车将半挂车、平车拖拉至船上后,托车开下离船而载货车辆连同货物一起运到目的地,再原车开下或拖车上船拖拉半挂车、平车开下。滚上滚下方式需要有专门的船舶,对码头也有不同要求,这种专门的船舶称为"滚装船"。

(4)移上移下方式。该方式是在两车之间(如火车及汽车)进行靠接,然后利用各种方式,不使货物垂直运动,而从一个车辆上水平推移到另一车辆上。移上移下方式需要使两种车辆水平靠接,因此对站台或车辆货台需进行改变,并配合移动工具实现这种装卸。

(5)散装散卸方式。该方式是对散装物进行装卸,一般从装点直到卸点,中间不再落地。这是集装卸与搬运于一体的装卸方式。

3. 按作业特点分类

装卸搬运可分成连续装卸与间歇装卸两类。

(1)连续装卸。它主要是指同种大批量散装或小件杂货通过连续输送机械,连续不断地进行作业,中间无停顿,货间无间隔。在装卸量较大、装卸对象固定、货物对象不易形成大包装的情况下适合采取这一方式。

(2)间歇装卸。它有较强的机动性,装卸地点可在较大范围内变动,主要适用于货流不固定的各种货物,尤其适用于包装货物、大件货物,散粒货物也可采取此种方式。

4. 按被装物的主要运动形式分类

(1)垂直装卸。它主要是使用各种起重机械,以改变货物的铅垂方向的位置为主要特征的方法,这种方法应用面最广。

(2)水平装卸。它主要是以改变货物水平方向的位置为主要特征的方法。

5. 按装卸搬运对象分类

(1)散装货物装卸。

(2)单件货物装卸。它是指单件、逐件装卸搬运的方法,是以人力作业为主的作业方法。

(3)集装货物装卸。它是指对煤炭、矿石、粮食、化肥等块、粒、粉状物资,采用重力法(通过筒仓、溜槽、隧洞等方法)、倾翻法(铁路的翻车机)、机械法(抓、舀等)、气力输送法(用风机在管道内形成气流,利用压差来输送)等方法进行装卸等。

二、装卸搬运工具

装卸搬运工具是完成装卸搬运作业的物质基础。常用的装卸搬运工具有以下几类。

(一)起重机

起重机也称"吊车",是起重机械的总称,是一种利用动力或人力将包装物吊起,并可上下、左右、前后进行搬运的装运机械。较为简单的起重机械大多数为手动装置,如绞车、葫芦等。常用的较为复杂的装卸用起重机有6种:汽车起重机、履带起重机、门式起重机、桥式起重机、岸边集装箱起重机、船吊(浮吊)。

(二)叉车

叉车是具有各种叉具,能对货物进行升降、移动、装卸作业的车辆。使用叉车可以完成出库、搬运、装卸、入栈等复合作业,常用于港口、码头、机场、车站和工厂,对成件货物进行装卸搬运。通用性较强的叉车与各种附属装置相配合可以变为专用型叉车,用于特定作业。常用叉车主要有6种:手动叉车,平衡重叉车,伸臂直达式叉车,拣选叉车,侧面叉车,转叉式叉车。

(三)小型搬运车辆

小型搬运车辆是以手动或以蓄电池为动力的各种类型的搬运车辆。它主要有以下几种:人力作业车辆,有手推车和物流笼车两种;电动搬运车,具体又分为载人(即具有载人装置)和不载人(无载人装置,搬运作业时操作人员随行)两种;无人搬运车,最常用的是自动引导车。

（四）输送机

输送机是一种可以对货物进行连续运送的搬运机械。输送机的连续作业可以提高作业效率。由于其运送路线固定，所以易于规划统筹，使作业具有稳定性。常用的输送机有以下几种：皮带输送机，主要有固定式、移动式和往复式三种类型；辊式输送机；滚轮式输送机；振动式输送机；斗式提升机；气力输送机；悬挂式输送机，有固定式和推动式两种。

（五）机械手

机械手是一种能够自动定位控制，可以重复编程，多功能、多自由度的操作设备。机械手可以按预先编定的程序完成拣货、分货、装取托盘和包装箱及装配等作业。在物流活动中，机械手常用于固定不变的作业，尤其是反复进行的单调作业。使用机械替代人工操作，可以提高作业速度，保证作业的准确性。此外，一些在特殊环境条件下（如有污染、高温、低温等）的作业，也可以采用机械手。

三、装卸搬运作业安全常识

装卸搬运作业容易发生砸伤、碰伤、扭伤等伤害；搬运粉状货物还要注意防尘肺病；搬运易燃易爆、化学危险品还要注意预防火灾、爆炸事故。作业中应注意以下几点。

第一，单人搬运时，要注意腿曲、腰部前倾，多发挥腿部力量。

第二，双人抬运时，扛子上肩要同起同落；多人抬运时，要有专人喊号子，同时起落，抬运中步伐一致。用手推车搬运货物，注意平稳，掌握重心，不得猛跑或撒把溜放。前后车距在平地时不小于 2 米，在下坡时不小于 10 米。

第三，用汽车装运货物，在搬家车辆停稳后方可进行，货物要按次序堆放平稳整齐。在斜坡地面停车，要将车轮填塞住。

第四，装运有扬尘的垃圾要撒水湿润，装运白灰、水泥等粉状材料要戴口罩；装运化学危险品（如炸药、氧气瓶、乙炔气瓶等）和有毒物品时，要按安全交底的要求进行作业，并由熟练工人进行。作业中要轻拿轻放，互不碰撞，防止激烈振动。要按规定穿工作服，戴口罩和手套。

项目小结

装卸搬运在物流系统中主要起到衔接其他要素的作用，装卸搬运的合理与否直接影响物流系统的效率高低。本项目讲述了装卸搬运的含义和特点，重点讨论装卸搬运的原则和合理化措施，强调了装卸搬运作业的分类和安全常识，同时简述了自动化搬运设备。通过学习，学生须掌握装卸搬运的原则和合理化措施。

项目七 装卸搬运

同步练习

一、判断题

1. 严格地讲,装卸和搬运是两个相同概念的组合。( )
2. 在生产过程中装卸搬运通常称为货物装卸,流通过程中装卸搬运多称为物料搬运。( )
3. 重力法是采用各种机械,采用专门的工作机构,通过舀、抓、铲等作业方式装卸货物的方法。( )
4. 配送中心装卸搬运设施布置应以系统管理为指导思想,以装卸搬运系统作为整个物流系统的一个子系统,所以其设施布置应具有系统的观点。( )

二、单项选择题

1. 在同一区域范围内,以改变商品的存放状态和空间位置为主要内容和目的的活动称为( )。
   A. 运输　　　　B. 仓储　　　　C. 物流　　　　D. 装卸搬运

2. 以下对装卸、搬运作业的特点描述不正确的是( )。
   A. 对象复杂　　B. 作业量小　　C. 作业不均衡　　D. 安全性要求高

3. 目前装卸搬运作业的主流,以各种装卸搬运机械完成商品装卸搬运的作业方法是( )。
   A. 人工作业法　　　　　　B. 集装作业法
   C. 机械换作业法　　　　　D. 综合机械化作业法

4. 以叉车完成的装卸搬运作业,根据叉车自身作业特点的不同,应属于( )。
   A. 间歇式作业法　　　　　B. 连续式作业法
   C. 集装作业法　　　　　　D. 机械化作业法

5. 与其他环节相比,( )具有伴随性的特点。
   A. 运输　　　　B. 仓储　　　　C. 配送　　　　D. 装卸搬运

三、简答

1. 试述装卸搬运的分类。
2. 简述装卸搬运的特点。
3. 试述运用活性分析图法的步骤。

四、案例分析

双鹤医药的装卸搬运环节分析

云南双鹤医药有限公司是北京双鹤这艘医药航母部署在西南战区的一艘战舰,是一个以市场为核心、现代医药科技为先导、金融支持为框架的新型公司,是西南地区经营药品品种较多、较全的医药专业公司。

虽然云南双鹤已形成规模化的产品生产和网络化的市场销售,但其流通过程中物流管理严重滞后,造成物流成本居高不下,不能形成价格优势。这严重阻碍了物流服务的开拓与发展,成为公司业务发展的"瓶颈"。

装卸搬运活动是衔接物流各环节活动正常进行的关键,但云南双鹤恰好忽视了这一点,由于搬运设备的现代化程度低,只有几个小型货架和手推车,大多数作业仍处于人工作业为主的原始状态,工作效率低,且易损坏物品。另外,仓库设计的不合理,造成长距离的搬运。并且库内作业流程混乱,形成重复搬运,大约有70%的无效搬运,这种过多的搬运次数,损坏了商品,也浪费了时间。

思考题

1. 分析装卸搬运环节对企业发展的作用。
2. 针对医药企业的特点,请对云南双鹤的搬运系统的改造提出建议和方法。

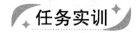

实训项目 汽车配件的装卸搬运实训

实训目的	掌握装卸搬运规范
实训任务	熟悉常用搬卸方法
实训道具	计算机,屏幕
实训操作指导	装卸搬运规范及搬运技巧抢答
实训考核标准	熟记装卸搬运规范: 1. 搬运时请轻拿轻放,所有产品不超出托盘的边缘,严谨抛货; 2. 装载或存放时请按要求摆放,重不压轻,大不压小; 3. 装卸或摆放归位时请不要倒放,斜放,箭头向上; 4. 所有产品的摆放齐托盘的边缘,成水平垂直直角; 5. 按产品的摆放标识进行摆放,请不要超高; 6. 存放时把所有的产品标识朝外; 7. 室内作业请戴好安全帽; 8. 拉货时先做好货品防护(绑带或缠绕膜),再匀速行驶; 9. 严谨溜车,慎防人、货损失; 10. 作业时请带上安全帽,装卸时请穿上安全套,垫上五合板或定制的塑料垫板,严禁直接踩踏在货物上; 11. 装载完毕后请叉车司机、仓管员协助司机盖好雨布,严禁直接站在货上盖雨布,并检查好盖完雨布后的状态、质量; 12. 收货时每一个单品的尾数(只允许一个)必须放在最上层,并用红色粉笔标识在外箱上,慎防发货时错误。

项目八 流通加工

学习目标

知识目标
1. 了解和掌握物流管理基础中流通加工的具体概念及其在物流管理中的作用
2. 了解流通加工的不同类型
3. 理解并掌握流通加工的管理及合理化的方法

技能目标
1. 熟练掌握仓储作业各个环节的具体流程
2. 能够根据仓库具体情况准确制定合理的库存管理方案

任务一 流通加工概述

导入案例

小王进入大学后,利用节假日到附近一家大型超市做兼职。在做兼职的过程中,他发现超市的猪肉销售区域有两种五花肉,一种名为"五花肉",另一种名为"精制五花肉",而后一种的价格比前一种高很多。于是小王想:超市把猪肉中稍微好点的五花肉分割出来,切成大小差不多的块,不仅可方便顾客购买,而且价格可以高这么多,那么其他的产品应该也可以采用这样的方法来增加收入。

问题:小王发现的这种现象是什么?为什么这种活动能够提高货品售价?

任务目标

通过本项目的学习,项目团队应明确流通加工的概念,了解生活中的流通加工形式有哪些;同时理解流通加工与一般生产加工的区别,明确流通加工在物流活动中的地位和作用。

任务学习

一、流通加工的概念

当今消费方式越来越呈现出个性化、多样化的特征,消费者对产品的需求越来越高。为了满足消费者的需求,提高产品的附加值,流通企业会对某些产品进行补充性加工,比如对蔬菜的清洗、肉类的分割、衣服的熨烫、钢板的剪切以及其他刷标志、贴标签等。伴随着生活节奏的加快,流通加工在促进产品销售、增加商品附加价值等方面发挥着越来越重要的作用。

在物流领域中,流通加工可以成为高附加值的活动。这种高附加值主要是通过满足用户的需求、提高服务功能而取得的,是贯彻物流战略思想的表现,是一种低投入、高产出的加工形式。

《中华人民共和国国家标准:物流术语》(GB/T 18354—2006)中对流通加工的定义:流通加工是指根据客户的需要,在流通过程中对产品实施的简单加工作业活动(如包装、分割、计量、分拣、刷标志、贴标签、组装等)的总称。

二、流通加工在现代物流中的作用

流通加工是生产加工在流通领域的延续,在物流中有着非常重要的地位。流通加工是一种低投入、高产出的加工方式,往往以简单加工解决大问题,一方面提高物流服务水平,另一方面其提供的利润并不亚于从运输和仓储中获取的利润,是物流中的重要利润来源。流通加工也成为国民经济中一种重要的加工形式,对推动国民经济的发展和完善国民经济的产业结构有一定意义。

具体来说,流通加工在现代物流中的作用有以下几点。

1. 提高原材料利用率

利用流通加工环节集中下料,是将生产厂商直接运来的简单规格产品,按使用部门的要求进行下料。例如,将钢板进行剪板、剪裁,将木材加工成各种长度及大小的板、方等。集中下料可以优才优用、小材大用、合理套材,明显地提高原材料的利用率,有很好的技术经济效果。

2. 进行初级加工,方便用户

原材料用量小或临时需要的使用单位,缺乏进行高效率初级加工的能力,依靠流通加工可使使用单位省去进行初级加工的投资、设备及人力,方便了用户。目前,发展较快的初级加工有:将水泥加工成混凝土,将原木板或板方材加工成门窗,钢板预处理整形等。

3. 提高加工效率及设备利用率

在分散加工的情况下,加工设备由于生产周期和生产节奏的限制,设备利用时松时紧,使得加工过程不均衡,设备加工能力不能得到充分发挥。而流通加工面向全社会,加工数量大、加工范围广、加工任务多,这样可以通过建立集中加工点,采用一些效率高、技术先进、加工量大的专门机具和设备,一方面提高了加工效率和加工质量,另一方面提高了设备利用率。

4. 充分发挥各种输送手段的最高效率

由于流通加工环节一般设置在消费地,因而实物流通可分成两个阶段。从生产厂到流通加工这第一阶段输送距离长,可定点、直达、大批量远距离输送;从流通加工到消费环节距离短,可输送经过流通加工后的多规格、小批量、多用户的产品。这样可以充分发挥各种输送手段的最高效率,加快输送速度,节省运力运费。

5. 增加物流企业的经济效益

流通加工是一种低投入、高产出的加工方式,往往以简单加工解决大问题。实践证明,有的流通加工通过改变装潢,使商品档次跃升而充分实现其价值;有的流通加工将产品利用率提高了 20%～50%,这是采取一般方法提高生产率所难以企及的。根据我国近些年的实践,流通企业提供的利润成效并不亚于从运输和存储中获取的利润,是物流中的重要利润源。

任务二　流通加工类型

导入案例

小王按照自己的想法将"五花肉"与"精制五花肉"分开销售,利润比从前提升了很多,得到了主管的认可。之后小王又想到了一种可以提高销量的方法,就是将部分五花肉处理成肉片、肉丝等不同的形态,方便客户,增加客户的购买欲望。

问题:小王的这种行为属于哪种类型的流通加工?这种做法的优势在哪里?

任务目标

通过本项目的学习,项目团队应明确流通加工的不同类型,并了解不同类型的流通加工作业中,有哪些典型的流通加工设备及设备的分类。

任务学习

一、流通加工不同的类型介绍

1. 为适应多样化需要的流通加工

生产部门为了实现高效率、大批量的生产,其产品往往不能完全满足客户的要求。为了满足用户对产品多样化的需要,同时保证高效率的大生产,可将生产出来的单一化标准化的产品进行多样化的改制加工。例如,对钢材卷板的舒展进行剪切加工;对平板玻璃按需要规格开片加工;将木材改制成枕木、板材、方材等加工。

2. 为方便消费、省力的流通加工

根据下游生产的需要,将商品加工成生产直接可用的状态。例如,根据需要将钢材定尺、定型,按要求下料;将木材制成可直接投入使用的各种型材;将水泥制成混凝土拌合料,使用时只需稍加搅拌即可食用等。

3. 为保护产品所进行的流通加工

在物流过程中,为了保护商品的使用价值,延长商品在生产和使用期间的寿命,防止商品在运输、储存、装卸、搬运、包装等过程中遭受损失,一般采用稳固改装、保鲜、冷冻、涂油等流通加工方式。例如,水产品、肉类蛋类一般采用冷冻加工、防腐加工等方式;为防止金属材料的锈蚀而采取的喷漆、涂防锈油等措施,运用手工、机械或化学方法除锈;对木材进行防腐、防干裂加工等。

4. 为弥补生产领域加工不足的流通加工

由于受到各种因素的限制,许多产品在生产领域的加工只能到一定程度,而不能完全实现终极的加工。例如,如果在生产地完成成材加工或制成木制品的话,就会给运输带来极大的困难,因此在生产领域只能加工到圆木、板、方材这个程度,下料裁切、处理等加工则由流通加工完成。

5. 为促进销售的流通加工

流通加工可以起到促进销售的作用。例如,将过大包装或散装物分装成盒式销售的小包装的分装加工;将以保护商品为主的运输包装,改换成以促销为主的销售包装,起到吸引消费者、促进销售的作用;将蔬菜、肉类洗净切块,以满足消费者的要求等。

6. 为提高加工效率的流通加工

许多生产企业的初级加工,由于数量有限,加工效率不高。而流通加工以集中加工的形式,解决了单个企业加工效率不高的弊病,他以一家流通加工企业的集中加工,代替了若干家生产企业的初级加工,促使生产水平有一定的提高。

7. 为提高物流效率,降低物流损失的流通加工

有些商品本身的形态以进行物流操作,而且在运输、装卸搬运过程中极易受损,因此需要进行适当的流通加工加以弥补,从而使物流各环节易于操作,提高物流效率,降低物流损失。例如,造纸用的木材磨成木屑后流通,可以极大提高运输工具的装载效率;石油气的气态物很难运输,转为更为容易运输的液态物,可以提高物流效率。

8. 为衔接不同运输方式、使物流更加合理的流通加工

在干线运输和支线运输的节点设置流通加工环节,可以有效解决大批量、低成本、长距离的干线运输与多品种、少批量、多批次的末端运输和集货运输之间的衔接问题。在流通加工点与大生产企业形成大批量、定点运输的渠道,以流通加工中心为核心,组织对多个用户的配送,也可以在流通加工点将运输包装转换为销售包装,从而有效衔接不同目的的运输方式。例如,散装水泥中转仓库把散装水泥装袋,将大规模散装水泥转化为小规模散装水泥的流通加工,就衔接了水泥厂大批量运输和工地小批量运输的需要。

9. 生产——流通一体化的流通加工

依靠生产企业和流通企业的联合,或者生产企业涉足流通,或者流通企业涉足生产,形成对生产与流通加工进行合理分工、合理规划、合理组织,统筹生产与流通加工的安排,这就是生产——流通一体化的流通加工形式。这种形式可以促成产品结构及产业结构的调整,充分发挥企业集团的经济优势,是目前流通加工领域的新形势。

10. 为实施配送进行的流通加工

这种流通加工形式是为了实现配送活动,满足客户需要,而对物资进行的加工活动。例如,混凝土搅拌车可以根据客户的需求,把沙子或者水泥、石子碎等各种不同材料,装入可旋转的罐中,在配送的过程中,汽车边行驶边搅拌,到达施工现场之后,混凝土已经搅拌好,可以直接使用。

二、针对各种流通加工类型的设备介绍

1. 按流通加工形式分类

(1)剪切加工设备:进行下料加工或将大规格的钢板裁小或裁成毛坯的设备。例如,用剪板机进行下料加工,用切割设备将大规格的钢板裁小或裁成毛坯等。

(2)集中开木下料设备:将原木锯截成各种锯材,同时将碎木、碎屑集中起来加工成各种规格的板材,还可以进行打眼、凿孔等初级加工的设备。

(3)配煤加工设备:将各种煤及一些其他发热物质,按不同的配方进行掺配加工,生产出各种不同发热量燃料的设备。例如,无锡燃料公司开展的动力配煤加工等。

(4)冷冻加工设备:解决鲜肉、鲜鱼或药品等在流通过程中保鲜及搬运装卸问题,采用低温冷冻的加工设备。

(5)分选加工设备:根据农副产品的规格、质量离散较大的情况,为了获得一定规格的产品而采取的分选加工设备。

(6)精制加工设备:用于农、牧、副、渔等产品的切分、洗净、分装等简单加工的设备。

(7)包装加工设备:为了便于销售,在销售地按照所要求的销售起点进行新包装、大包装改小包装、散装改小包装、运输包装改销售包装等加工的设备。

(8)组装加工设备:采用半成品包装出厂,在消费地由流通部门所设置的流通加工点进行拆箱组装的加工设备。

2. 根据流通加工的对象分类

(1)金属加工设备:对某些长度、规格不完全适用于用户的金属材料进行剪切、折弯、下料、切削加工的加工设备。

(2)玻璃加工设备:对玻璃进行切割等加工的专用机械,包括各种各样的切割机(如图8-1)。

(3)木材加工设备:对木材进行磨制、压缩和锯裁以方便装车、捆扎、运输的加工设备。

(4)煤炭加工设备:对煤炭进行加工的设备,主要包括除矸加工机械、管道输送煤浆加工

机械和配煤加工机械等。

（5）食品流通加工设备：依据流通加工项目可分为冷冻加工设备、分选加工设备、精制加工设备和分装加工设备。

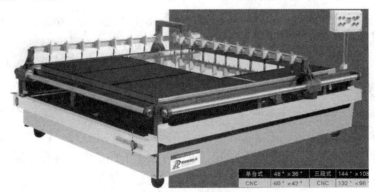

图8-1　数控平板玻璃切割机

（6）组装产品的流通加工设备：对一些组装技术不高的产品，如自行车之类的产品，在流通中进行组装加工的设备。

（7）生产延续的流通加工设备：一些产品因其自身特性要求，需要较宽阔的仓储场地或设施，而在生产场地建设这些设施是不经济的，因此可将部分生产领域的作业延伸到仓储环节完成。如服装的检验、分类等作业，可以在服装仓库专用悬轨体系中完成相关作业。

（8）水泥加工设备：主要包括混凝土搅拌机械、混凝土搅拌站、混凝土输送车、混凝土输送泵（如图8-2）、车泵等。

图8-2　混凝土搅拌运输车

（9）通用加工设备：主要包括裹包集包设备，如裹包机、装盒机等；外包装配合设备，如钉箱机、裹包机和打带机；印贴条码标签设备，如网印设备、喷印设备和条形码打印机；拆箱设备，如拆箱机和拆柜工具；称重设备，如称重设备、地磅等。

任务三　流通加工管理

导入案例

小王按照自己的想法把所有的五花肉都处理成肉丝和肉片的形态,希望可以激起客户的购买欲望,但是小王发现肉的销量相较于以前没有增加,反倒减少了,同时还增加了工作时间。

问题:为什么肉的销量相较于以前没有增加,反倒减少了呢？小王这样做合理吗？

任务目标

通过本项目的学习,项目团队应了解几种流通加工中不合理的现象,并且能够针对不合理的现象,给予合理化的建议,提高流通加工的效率。

任务学习

一、不合理的流通加工

（一）流通加工地点设置的不合理

流通加工地点设置即布局状况是整个流通加工有效的重要因素。一般而言,为衔接单品种大批量生产与多样化需求的流通加工,加工地点设置在需求地区;为方便物流的流通加工环节,加工地点应设在消费地。即使是产地或需求地设置流通加工的选择是正确的,但还涉及流通加工在小地域范围内正确选址问题,如果处理不妥,仍然会出现不合理的现象。

（二）流通加工方式选择不当

流通加工方式包括流通加工对象、流通加工工艺、流通加工技术、流通加工程度等。流通加工方式的正确选择实际上是指与生产加工的合理分工。

（三）流通加工作用不大,形成多余环节

有的流通加工过于简单,或对生产及消费者作用都不大,甚至存在盲目性,即未能解决品种、规格、质量、包装等问题,反而增加了多余环节,这也是不合理的。

（四）流通加工成本过高,效益不好

流通加工成本过高,效益不好,不能实现以较低投入获得较高回报的目的。所以,除了一些必需的政策要求,即使亏损也应进行的流通加工外,凡是成本过高、效益不好的流通加工都应看成不合理的。

二、流通加工合理化的方法

(一)流通加工与配送相结合

将流通加工设置在配送中心,不再单独设置加工的中间环节,将流通加工与中转流通巧妙地结合在一起,配送服务水平将会大大提高。

(二)流通加工与配套相结合

配套是指对使用上有联系的用品集合成套的供应给用户使用。在对配套要求较高的流通中,配套的主体来自各个生产单位。但是,完成配套有时无法全部依靠现有的生产单位。所以,进行适当的流通加工可以有效地促成配套,大大提高流通作为连接生产与消费的桥梁与纽带的能力。

(三)流通加工与合理运输相结合

流通加工能有效衔接干线运输与支线运输,促进两种运输形式的合理化。

(四)流通加工与合理商流相结合

通过流通加工,有效地促进销售,使商流合理化,也是流通加工合理化的考虑方向之一。

(五)流通加工与节约相结合

节约能源、节约设备、节约人力、节约消耗是流通加工合理化的重要考虑因素,也是目前我国设置流通加工时考虑其合理化的较普遍形式。

对于流通加工合理化的最终判断,是看其实现社会和企业利益,并且取得最优效益。流通企业更应该树立社会效益第一的观念,以实现产品生产的最终利益为原则,只有在生产流通过程中不断补充完善,才有生存的价值。如果只是追求企业局部的效益,不适当地进行加工,甚至与生产企业争利,这就违背了流通加工的初衷,其本身也不属于流通加工的范畴。

项目小结

流通加工在实现时间效用和场所效用这两个重要功能方面,确实不能与运输和保管相比,因而流通加工不是物流的主要功能要素。另外,流通加工的普遍性也不能与运输、保管相比,流通加工不是对所有物流活动都是必需的。但这绝不是说流通加工不重要,实际上它也是不可轻视的,它具有补充、完善、提高与增强的作用,能起到运输、保管等其他功能要素无法起到的作用。因此,流通加工的作用可以概括为:提高物流水平,促进流通向现代化发展。

项目八　流通加工

同步练习

一、判断题

1. 流通加工是一种低投入、高产出的加工方式。（　　）
2. 流通加工大多是简单加工,而不是复杂加工,因此流通加工对生产加工是一种辅助及补充。若进行复杂加工,流通加工可以取消或代替生产加工。（　　）
3. 流通加工只便于流通,不增加物流商品价值。（　　）
4. 改变商品装潢使商品增加附加价值,这就是流通加工的表现。（　　）
5. 流通加工就是为了消费(或再生产)所进行的加工,与直接为消费进行的加工从目的来讲是一样的,这与一般生产没有特殊之处。（　　）
6. 流通加工和一般的生产类型加工在加工方面并无显著区别。（　　）
7. 改变商品装潢使商品增加附加价值,这就是流通加工的表现。（　　）
8. 流通加工就是为了消费(或再生产)所进行的加工,与直接为消费进行的加工从目的来讲是一样的,这与一般生产没有特殊之处。（　　）
9. 流通加工和一般的生产类型加工在加工方面并无显著区别。（　　）
10. 流通加工大都是简单加工,不是复杂加工,因此流通加工对生产加工是一种辅助。（　　）
11. 流通加工是指物品从生产地到使用地的过程中,根据需要施加包装、分割、剂量分解、刷标志、装标签组装等简单作业的总称。（　　）
12. 流通加工与一般生产加工并无区别。（　　）

二、选择题

1. 关于流通加工的理解,正确的是(　　)。

A. 流通加工的对象是不进入流通过程的商品,不具有商品的属性,因此流通加工的对象不是最终产品,而是原材料、零配件、半成品。

B. 一般来讲,如果必须进行复杂加工才能形成人们所需的商品,那么,这种复杂加工应专设生产加工过程,而流通加工大多是简单加工,而不是复杂加工,因此流通加工可以是对生产加工的取消或代替。

C. 从价值观点看,生产加工的目的在于创造价值及使用价值,而流通加工的目的则在于完善其使用价值并在不作大改变的情况下提高价值。

D. 流通加工的组织者是从事流通工作的人,能密切结合流通的需要进行这种加工活动,从加工单位来看,流通加工与生产加工则都由生产企业完成。

2. 根据流通加工定义,下列属于流通加工的是(　　)。

A. 某工厂采购布匹、纽扣等材料,加工成时装并在市场上销售。

B. 某运输公司在冷藏车皮中保存水果,使之在运到目的地时更新鲜。

C. 杂货店将购时的西红柿按质量分成每斤1元和每斤2元两个档次销售。

D. 将马铃薯通过洗涤、破碎、筛理等工艺加工成淀粉。

3. 将钢板进行剪板、切裁;钢筋或圆钢裁制成毛坯;将木材加工成各种长度及大小的板材、方材等加工方式是（　　）加工。

　　A. 生产　　　　　　B. 来样　　　　　　C. 来料　　　　　　D. 流通

4. 下列流通加工的作用中,(　　)是正确的。

　　A 提高加工效率及设备利用率　　　　B 降低原材料利用率

　　C 进行深加工与精加工方便用户　　　D 延长产品的物流时间

5. 在超市对各类肉末、鸡翅、香肠等在上架之前进行加工,如清洗、贴条形码、包装等,是属于(　　)。

　　A. 冷冻加工　　　B. 分选加工　　　C. 精致加工　　　D. 分装加工

6. 我国常用的流通加工主要形式有:剪板加工、集中开木下料、燃料掺配加工、冷冻加工和(　　)等。

　　A. 产品加工　　　B. 精制加工　　　C. 配额加工　　　D. 库存加工

4. 下列流通加工的作用中,(　　)是正确的。

　　A 提高加工效率及设备利用率　　　　B 降低原材料利用率

　　C 进行深加工与精加工方便用户　　　D 延长产品的物流时间

7. 下面不符合绿色包装原则的是(　　)。

　　A. 简化包装,节约材料,既降低了成本,又减轻了环境污染。

　　B. 包装重复使用或回收再生,如多功能包装,这种包装用过之后,可以制成展销陈列架、储存柜等。

　　C. 开发可分解、降解的包装材料,如有的塑料包装品能够在被弃埋入土壤后,成为土壤中微生物的食物,在很短时间内化为腐殖质。

　　D. 使用塑料产品包装,降低成本,减少包装内容物分量。

8. 以下四个选项中,不属于实现流通加工的合理化的是(　　)。

　　A. 加工和配套结合　　　　　　B. 加工和配送分离

　　C. 加工和合理运输结合　　　　D. 加工和合理商流向结合

三、简答题

1. 请简述流通加工的类型。

2. 请简述流通加工的设备。

3. 流通加工有几种类型的划分方式,分别是什么?

4. 流通加工与生产加工的区别在于?

5. 不合理的流通加工形式有哪些?

6. 如何实现流通加工的合理化?

7. 请简述流通加工的作用。

8. 请简述流通加工的定义。

9. 简述流通加工对于企业的意义。

项目八　流通加工

四、案例分析

1. 安徽省前三步体育产业有限公司为了迎合青少年市场,设立了组合式鞋店试点。在试点店中摆放的不是做好了的鞋,而是做鞋用的半成品,款式花色多样。有多种鞋跟、鞋底,均为塑料制造的,鞋面的颜色以黑、白为主,搭带的颜色有10种,款式多样,顾客进来可任意挑选自己所喜欢的各个部位,交给职员当场进行组合,顾客也可根据自己的需要,自己DIY鞋子的款式和样式。只要10分钟,便可得到一双崭新的鞋。试点店生意火爆,销售量较去年同比增长30%。请问该案例反映了流通加工的什么作用?

2. 丽洁公司的主打产品是面粉,每年从加拿大进口小麦,散装船海运进港,装袋,用汽车运进工厂仓库内存放。每天加工面粉10吨,送到粮食批发市场。为防止受潮,采用双层塑料复合袋包装,50斤一袋,如果面粉超过一个月没卖掉,就低价处理给饲料厂。分析该物流过程,提出改进意见。

3. 幸福乐器厂生产各类中外弦乐器,每年采购长白山红松木,加工成提琴、吉他、胡琴等乐器,用人造革琴盒包装。到汽车运输公司雇车将乐器运输到乐器店,运输损坏率高。因为乐器的形状,运输工具的空间利用率低,致使运输费高昂。分析该物流过程,提出改进意见。

任务实训

实训项目一　流通加工调研活动

实训项目

超市、物流企业流通加工调研

实训目的

让学生能够真实地掌握流通加工的具体流程,了解流通加工的形式、商品进行流通加工后价值发生变化等,以此来分析流通加工在物流活动中所发挥的作用,同时了解流通加工过程中的操作规范,保证流通加工作业完整顺利的进行,总结生活中所涉及的流通加工活动。

实训内容

完成学校内部或周边实际的流通加工作业

实训组织

1. 以小组为单位进行实训活动。

2. 每小组组员首先总结在实践当中所需要注意的事项,确定调研企业,再进行实地调研。

实训步骤

学生以小组(2~4人)为单位,对生活中所涉及的流通加工活动进行调研(超市、物流公司等),了解流通加工的形式、商品进行流通加工后价值发生变化等,以此来分析流通加工在物流活动中所发挥的作用,并形成一份《流通加工在物流活动中的重要性分析》报告。

实训评价

3. 小组根据自己《流通加工在物流活动中的重要性分析》进行自我评价

4. 教师根据学生上交的《流通加工在物流活动中的重要性分析》进行实践评价。

实训项目二　流通加工作业模拟实训

实训项目

流通加工作业模拟实习。

实训目的

让学生能够真实地掌握流通加工的具体步骤,可以总结出流通加工需要注意的事项。在作业过程中,注意操作规范,保证流通加工作业完整顺利的进行,并根据实际情况进行总结,能够归纳出流通加工实践过程当中发现的不合理情况,并给出合理化建议。

实训内容

完成学校内部或周边实际的流通加工作业。

实训组织

1. 以小组为单位进行实训活动,首先通过课程的学习,总结出流通加工的流程,再进行流通加工的实践作业。

2. 每小组组员首先总结在实践当中所需要注意的事项,再决定进行实际的流通加工操作。

实训步骤

1. 观看流通加工设备使用视频。

对于有条件进行实操的学校,在进行设备实操视频观看之后可以带着学生进行实际操作,并结合实际加工出一些有用的产品,由学生讨论提出各类流通加工设备使用中的注意事项。

2. 学校周边常用到的流通加工设备实操。

(1)可采用小组讨论法、头脑风暴等方式讨论寻找到相关设备。

(2)除了金属、木材、玻璃之外,物流中常用到的材质还有纸张。

(3)数控激光切割机在打印店及有设计类实训室的学校都是必备品,属于流通加工设备中切割机的一种。

(4)学生发挥主观能动性,了解数控激光切割机的使用方法,并参观实物,同时强调安全管理。

(5)学生总结实训内容,给出合理化建议,上交实训报告。

实训评价

1. 小组根据自己实训情况,进行自我评价。

2. 教师根据学生上交的实训报告进行实践评价。

实训项目三　流通加工调研活动

实训项目

超市、物流企业流通加工调研。

实训目的

让学生能够真实的掌握流通加工的类型,区分流通加工的形式、目的等,以此来分析流通加工在物流活动中所发挥的作用,同时了解不同流通加工过程中所运用的设备及大致操作方法,从而保证流通加工作业完整顺利的进行,归纳流通加工的种类及常见的设备。

实训内容

完成学校内部或周边实际企业的流通加工作业调研。

实训组织

1. 以小组为单位进行实训活动。

2. 每小组组员首先总结在实践当中所需要注意的事项,再确定调研企业,总结流通加工的流程并判断类型。

实训步骤

学生以小组(2~4人)为单位,对生活中所涉及的流通加工活动进行调研(超市、物流公司等),了解流通加工的形式、归纳流通加工的流程,判断流通加工的类型并说明原因,以此来深入分析流通加工在物流活动中所发挥的具体作用,同时并观察在该流通加工过程中设备的使用情况,并形成一份《××企业流通加工类型及设备使用分析》报告。

实训评价

1. 小组根据自己《××企业流通加工类型及设备使用分析》进行自我评价。

2. 教师根据学生上交的《××企业流通加工类型及设备使用分析》进行实践评价。

项目九 物流信息

学习目标

知识目标

1. 掌握物流信息、物流信息系统和物流信息技术的相关概念
2. 理解物流信息的特点、物流信息系统的作用和物流信息技术的应用
3. 了解物流信息的分类、物流信息系统的特点和物流信息技术的主要类别
4. 理解物流信息新技术对物流行业的影响

技能目标

1. 能够根据在企业的经营中提炼出有用的物流信息
2. 能够熟练操作常见的物流信息系统
3. 能够掌握几种常见的物流信息技术的特点及应用

任务一 物流信息概述

导入案例

迅捷物流：跑在"信息网"上的物流

在信息化建设上，迅捷物流一直秉承务实、高效、诚信、严谨的经营理念，将物流管理作为发展战略的重要组成部分，对物流进行科学、合理的设计与管理，让迅捷物流以"低投入、低技术、低维护"等三低的方式享有跨国企业耗资百万才能建立的电子化系统，快速有效地提升自身的执行力和竞争力。

1. 依托集成平台简化业务流程

作为2010年安徽省"信息化与工业化融合示范企业"，迅捷物流为了谋求企业的长期发展，在信息化建设过程中不断尝试探索，建成了一套适应本企业快速发展的信息化网络。

迅捷物流实施了具有自身特色的物流信息集成平台。该平台包括实时交流协作的即时消息协同系统、异步交流协作的邮件消息协同系统、统一办公环境的信息门户协同系统和统一公文处理的公文协同系统。该协同办公平台实现了电子邮件、物流信息管理、客户关系管

理、对外文件上报接受、后勤业务和内部业务门户等功能。此外,迅捷物流采用微软 SharePoint Portal Server 建设全公司各部门信息化的统一工作平台,要求将公司内部各类业务集成到统一的门户中,经过统一的用户认证,对相关业务的使用权限进行处理,加快业务信息的流动和响应,提高业务的处理效率,处理过程透明化,达到提高业务处理效能的目的。

迅捷物流的电子数据中心还提供一套安全可靠的统一数据库和数据仓库系统,提供系统补丁管理、补丁分发、软件分发、资产管理、软件资产管理、硬件资产管理、报告生成、远程诊断的功能,提供基于事件的日志及性能指数自动监测服务器运行状态。

迅捷物流不仅在打造外在的专业化、正规化的形象上做足功夫,而且在完善公司管理分工的内部建设上也同样给足"马力"。迅捷物流建设了一种独特的由上而下、由下而上的门户系统,分别是个人门户、部门门户、市级门户,使得各门户层次分明,有利于分工协作,形成各司其职、各尽其能的良好工作环境。

2.迎接信息大潮助推物流提速

物流信息集成系统的建设由于涉及多种系统的整合,在技术上存在一定的风险,对于建成后的系统网络安全尤为重要,如果其中一个系统出现问题,可能连带出现其他的问题。为了解决可能的系统风险问题,迅捷物流对每一个系统都做好了应急措施,这些系统既能成为独立的子系统,也能成为集成系统中的一部分。

迅捷物流的信息集成系统包含网站建设、OA 办公管理、客户关系管理、进销存管理、分销管理、物流运输管理六大系统。各系统既可独立使用,也可联合运行,最大限度地发挥信息化的总体效益,并可根据企业的个性化需求而进行量身定制。

利用先进的信息技术,安徽迅捷物流有限公司及其下属分公司领导及员工使用统一的协同办公平台,领导可以快速地获取相关的工作信息,员工也可以高效地进行信息沟通交流,降低沟通成本,从而达到提高安徽迅捷物流有限公司的工作效率,创建良好的形象的最终目的。

曾经因为居高不下的物流成本以及"重生产轻物流"传统思想的束缚,物流业成为了一个烫手的山芋,物流业的发展始终缓慢前行。而今,"国八条"的出台为物流行业减负,大力支持物流业的发展。信息化建设大潮以不可阻挡之势汹涌而来,作为安徽省物流业的龙头企业,迅捷物流当抓住时机,提高信息化水平,将物流这块蛋糕做大。

问题:此案例中,你是如何理解物流信息的?它的作用是如何体现的?

任务目标

通过本项目的学习,项目团队应理解信息与数据的不同,掌握物流信息的定义;理解物流信息的特点和作用,了解物流信息的分类。

任务学习

一、认知信息

(一)信息的概念

广义地说,信息就是消息。一切存在都有信息。对人类而言,人的五官生来就是为了感受信息的,是信息的接收器,它们所感受到的一切都是信息。然而,大量的信息是我们的五官不能直接感受的,人类正通过各种手段、发明各种仪器来感知它们、发现它们。

信息论的创始人申农曾对信息的概念下了一个十分经典的定义:信息就是一种对不确定性的消除。事物的不确定性被消除得越彻底,信息量就越大。如果我们从信息与数据的关系方面来界定什么是信息,则信息可以被看作经过加工、解释以后的对人们有价值的数据。

虽然人们从不同的角度对信息的理解各有差异,但是总可以得出以下结论:信息是表现事物特征的一种普遍形式;信息是数据加工的结果;信息是系统有序的度量;信息是表现物质和能量在时间、空间上的不均匀分布;信息是数据的含义,数据是信息的载体;信息是帮助人们作出决策的知识。

因此,正确理解信息概念的内涵需要把握以下两点:信息在客观上是反映某一客观事物的现实情况的;信息在主观上是可以接受、利用的,并指导我们行动的。

例如,在一个仓库材料入库单上,有发货单位、名称、数量、单价、总价、日期、经手人等一系列数据。当这些数据以单个形式出现时,是毫无意义的,但如果将它们汇总(进行加工)以后就成了一张入库单,被赋予了一定的意义,成为反映入库业务的一笔账目,它们就不再是数据,而是一条信息了。根据这张入库单,我们就可以了解我们的仓库进了一批什么货,价值是多少,应当如何堆放等。

信息是由实体、属性、值所构成的三元组,即:信息=实体(属性1:值1;属性2:值2;…;属性n:值n)

又例如:载重5t的东风牌货车。

信息=货车(品牌:东风;吨位:5)

(二)信息与数据的关系

数据是人们用来反映客观事物的性质、属性以及相互关系的符号,包括任何字符、数字、图形、图像和声音等。

例如,"三辆货运汽车",其中,"三"表示了汽车的数量特征,"货运"反映了汽车的类型。我们在理解数据的内涵时,一定要注意可鉴别的数据信息。

数据与信息是密切相关的,但是数据不等同于信息,它们之间是有区别的。数据与信息的关系可以看成原料和成品之间的关系,数据是原材料,而信息是数据经过加工的结果。一一般来说,信息总是通过数据形式来表示,加载在数据之上并对数据的具体含义进行解释(如图 9-1 所示)。

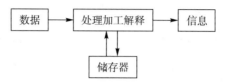

图 9-1　数据与信息的关系

(三)信息与决策的关系

信息为决策提供依据,但信息本身不能作出决策,决策最终依靠决策者的判断。不同的决策者在同样的信息面前会作出不同的判断,有时甚至会出现截然不同的结果。

信息与决策的关系还表现在不同的决策所需要的信息不同。

(四)信息的特点

其一,信息具有不灭性。信息不像物体和能量,物质是不灭的,能量也是不灭的,其形式可以转化,但信息的不灭性同它们不一样。如一个杯子被打碎了,构成杯子的陶瓷其原子、分子没有变,但已不成为一个杯子;又如我们可以把电能变成热能,但变成热能后电能已经没有了。而信息的不灭性是一条信息产生后,其载体可以变换,如一本书、一张光盘可以被毁掉,但信息本身并没有被消灭,所以,信息的不灭性是信息的一个明显的特点。

其二,信息可以廉价复制,可以广泛传播。信息的复制不像物体的复制,一条信息被复制成 100 万条信息费用十分低廉。尽管信息的创造可能需要很大的投入,但复制只需要载体的成本。因此,信息可以大量地被复制,广泛地传播。

其三,某些信息的价值有很强烈的时效性。一条信息在某一时刻价值非常高,但过了这一时刻可能一点价值也没有。例如,金融信息在需要知道的时候会非常有价值,但过了这一时刻,这一信息就会毫无价值。又如战争时的信息,敌方的信息在某一时刻有非常重要的价值,可以决定战争的胜负,但过了这一时刻,这一信息就变得毫无用处。所以说,相当一部分信息有非常强的时效性。

二、物流信息认知

(一)物流信息的概念

物流信息是对反映物流各种活动内容的知识、资料、图像、数据和文件的总称。物流信息是物流活动中各个环节生成的信息,通常是由贯穿于生产与消费的物流活动而产生的信息流,与物流过程中的运输、储存、装卸、包装等各种职能有机结合在一起,是整个物流活动顺利进行所不可缺少的要素之一。

物流信息包含的内容可从狭义和广义两方面来考察。

从狭义范围来看,物流信息是指与物流活动(如运输、保管、包装、流通加工等)有关的信息。在物流活动的管理与决策中,如运输工具的选择、运输路线的确定、每次运送批量的确定、在途货物的追踪、仓库的有效利用、最佳库存数量的确定、库存时间的确定、订单管理、提高顾客服务水平等,都需要详细和准确的物流信息,因为物流信息对运输管理、库存管理、订单管理、仓库作业管理等物流活动具有支持保证的功能。

从广义范围来看,物流信息不仅指与物流活动有关的信息,而且包含与其他流通活动有关的信息,如商品交易信息和市场信息等。商品交易信息是指与买卖双方的交易过程有关的信息,如销售和购买信息、订货和接受订货信息、发出货款和收到货款信息等。市场信息是指与市场活动有关的信息,如消费者的需求信息、竞争者或竞争性商品的信息、销售促进活动信息、交通通信等基础设施信息等。

广义的物流信息不仅起到连接整合从生产厂家、经过批发商和零售商、最后到消费者的整个供应链的作用,而且在应用现代信息技术(如 BC、RFID、EDI、EOS、POS、互联网、电子商务等)的基础上能实现整个供应链活动的效率化,具体说就是利用物流信息对供应链各个企业的计划、协调、顾客服务和控制活动进行更有效的管理。正是由于物流信息具有这些功能,物流信息在现代企业经营战略中占有越来越重要的地位。

(二)物流信息的特点

物流信息除了具备信息的一般特点外,还具有如下特点。

1. 信息量大

物流信息随着物流活动以及商品交易活动展开而大量发生。多品种少量生产和多频度小数量配送使库存、运输等物流活动的信息大量增加。零售商广泛使用销售时点系统(POS)读取销售时点的商品品种、价格、数量等即时销售信息,并对这些销售信息进行加工整理,通过电子数据交换(EDI)向相关企业传递。同时,为了使库存补充作业合理化,许多企业采用电子自动订货系统(EOS)。随着企业间合作倾向的增强和信息技术的发展,物流信息的信息量在今后将会越来越大。

2. 来源多样化

物流信息不仅包括企业内部的物流信息(如供应物流、生产物流、销售物流信息以及库存信息等),而且包括企业间的物流信息和与物流活动有关的基础设施的信息。在以供应链为主体的市场竞争环境下,供应链竞争优势的获得需要各参与企业之间相互协调合作,而为有效地实现这种合作,物流信息能否在标准化的基础上实现即时交换和共享,已成为决定因素之一。另外,物流系统与其他系统(如生产系统、供应系统、通信系统和交通运输系统等)密切相关,因此为高效率地完成物流活动,企业还必须大量收集、传送和处理物流系统外的相关信息,这就使得物流信息的来源呈现出多样化的态势。

3. 动态性强

动态性主要体现为物流信息的更新速度很快。多品种少量生产、多频度小批量配送与利用POS系统的即时销售使得各种作业活动频繁发生,从而要求物流信息不断更新,而且要求更新的速度越来越快。这对物流信息采集、处理与反馈的速度也提出了很高的要求,否则将直接导致企业效益的降低。例如,如果因为订货单不能及时地直接进入物流企业的需求数据库,从而导致物流企业需要花费几个小时或者几天才能将一个新的订货识别为实际的需求,其结果必然是在客观上影响物流企业经营决策的准确性。

4. 日趋标准化

标准化是行业发展和社会分工的前提和基础。同样,对供应链上的各企业的物流活动而言,要实现上下游企业之间的协调,根治物流活动中所存在的重复操作、准确性差、可靠性低等问题,提高整个供应链的运作效率,提升供应链整体的竞争力,关键就在于解决传统企业管理中的信息孤岛问题,在上下游企业之间建立起快速、及时和透明的信息传递与共享机制。而物流信息共享的基础就是物流信息标准化,即必须制订出不同物流系统之间信息交流与处理的标准协议或规则,作为跨系统、跨行业和跨地区的物流运作桥梁,以顺利实现不同地区之间、供应链系统之间以及企业之间的物流信息交流,最终达到物流系统集成和资源整合的目的。

(三)物流信息的作用

物流信息对整个物流系统起着融会贯通的作用,对物流活动起支持作用。物流系统内各子系统的相互衔接是通过信息予以沟通的,系统内基本资源的调度也是通过信息的传递来实现的。只有通过信息流的指导,物流各项活动才能保证灵活运转;物流系统也不再是各个独立活动的机构组合,而是有机的联系和密切的组合。

物流系统的优化、各个物流环节的优化所采用的办法和措施,如选用合适的设备、设计最合理路线、决定最佳库存储备等,都要切合系统实际,即都要依靠准确反映实际的物流信息,否则任何行动都不免带有盲目性。所以,物流信息对提高经济效益也起着非常重要的作用。

物流信息对物流现代化管理也很重要。物流现代化管理具有五个特征:供产销活动一体化、合理化;管理组织系统化;管理方法定量化;管理手段自动化;管理思想现代化。每一个特征都与信息息息相关。没有信息,就没有预测、计划、决策等,也就没有管理。在当前竞争日益激烈的市场经济环境中,准确、全面、可靠、及时地取得、使用、保持和传递信息,是任何系统、任何组织保持自身内在稳定性的最有效、最重要的措施。

(四)物流信息的分类

在处理物流信息和建立信息系统时,对物流信息进行分类是一项基础工作。物流信息有以下若干种。

1. 按信息领域分类

按信息产生的领域和作用的领域分类,物流信息可分为物流活动所产生的信息和提供物流使用的、其他信息源产生的信息两类。一般而言,在物流信息工作中,前一类是发布物流信息的主要信息源,不但可以指导下一个物流循环,也可作为经济领域的信息;后一类信息则是信息工作收集的对象,是其他经济领域、工业领域产生的对物流活动有作用的信息,主要用于指导物流。

2. 按信息的作用不同分类

(1)计划信息。计划信息指尚未实现的但已当作目标确认的一类信息,如物流量计划、仓库吞吐量计划、车皮计划、与物流活动有关的国民经济计划、工农业产品产量计划等,许多具体工作的预计、计划安排等,甚至是带有作业性质的如协议、合同、投资等信息。只要尚未进入具体业务操作的,都可归入计划信息之中。这种信息的特点是具有相对稳定性,信息更新速度较慢。计划信息对物流活动有非常重要的战略性指导意义,其原因在于,掌握了这个信息之后,物流活动便可进行本身的战略思考:如何在这种计划前提下规划自己战略的、长远的发展。计划信息往往是战略决策或大的业务决策不可缺少的依据。

(2)控制及作业信息。控制及作业信息指物流活动过程中发生的信息,具有很强的动态性,是掌握物流现实活动状况不可少的信息,如库存种类、库存量、在运量、运输工具状况、物价、运费、投资在建情况、港口发运情况等。这种信息的特点是动态性非常强,更新速度很快,信息的时效性很强,往往是此时非常有价值的信息,瞬间就变得一文不值。

(3)统计信息。统计信息指物流活动结束后,对整个物流活动作出的终结性、归纳性的信息。这种信息是一种恒定不变的信息,有很强的资料性,虽然新的统计结果不断出现,从而从总体来看具有动态性,但已产生的统计信息都是一个历史性的结论,是恒定不变的。诸如上一年度发生的物流量、物流种类、运输方式、运输工具使用量、装卸量以及与物流有关的工农业产品产量、内外贸数量等都属于这类信息。

(4)支持信息。支持信息指能对物流计划、业务、操作产生影响或有关文化、科技、产品、法律、教育、民俗等方面的信息,如物流技术的革新、物流人才需求等。这些信息不仅对物流战略发展有价值,而且对控制、操作起到指导、启发的作用,是可以从整体上提高物流水平的一类信息。

3. 按信息作用的管理层次不同分类

物流信息系统是把各种功能的物流活动整合在一起的纽带,整合化过程则建立在以下四个功能层次上:业务层、管理控制层、决策分析层和制定战略计划层。

第一层次是业务层,主要是处理日常交易行为的系统。它包括:记录订单的内容、安排存货、选择作业程序、装船过程控制、定价和开票以及解答顾客询问等。

第二层次是管理控制层,主要包括:成本控制、资产管理、顾客服务质量的衡量、生产率水平衡量以及管理质量衡量等。

第三层次是决策分析层,涉及存货水平和管理、网络/设施选址和配置、与第三方/外源的垂直一体化等。

第四层次是制定战略计划层,涉及企业的发展。它包括:企业战略联盟的形成、以利润为基础的顾客服务分析以及能力和机会的开发和提炼等。

4. 按信息的加工程度不同分类

物流空间广泛决定了信息发生源多且信息量大,以致人无法容纳、无法收集、无法洞察

项目九 物流信息

和区分有用信息或无效信息,为此必须对信息进行加工。按加工程度不同可将信息分成两类:原始信息和加工信息。

(1)原始信息。原始信息指未加工的信息,是信息工作的基础,也是最有权威性的凭证性信息。一旦有需要,原始信息中能找到真正的依据。原始信息是加工信息可靠性的保证。有时候,人们只重视加工信息而放弃原始信息,而一旦有争议、有疑问,无法用原始信息核证时,加工信息便毫无意义,所以,忽视原始信息也是不当的。

(2)加工信息。加工信息指对原始信息进行各种方式、各个层次处理之后的信息,是原始信息的提炼、简化和综合,可大大缩小信息量,并将信息梳理成规律性的东西,便于使用。加工信息需要各种加工手段,如分类、汇编、汇总、精选、制档、制表、制音像资料、制文献资料、制数据库等,同时还要制成各种指导使用的资料。

5. 按活动领域分类

物流各个分系统、各个不同功能要素领域,由于活动性质有区分,信息也有所不同。按这些活动领域分类,物流信息可分为运输信息、仓储信息、装卸信息等,甚至更细化分成集装箱信息、托盘交换信息、库存量信息、火车运输信息、汽车运输信息等。

按物流活动不同领域分类的信息是具体指导物流各个领域活动,使物流管理细化所必不可少的信息。

任务二 物流信息系统

导入案例

德邦快递信息系统分析

德邦快递成立于1996年,致力成为以客户为中心,覆盖快递、快运、整车、仓储与供应链、跨境等多元业务的综合性物流供应商。2018年1月16日,德邦快递在上海证券交易所挂牌上市,正式登陆A股资本市场,简称"德邦股份",股票代码为603056。截至2018年10月,德邦全国转运中心总面积达160万余平方米,网点有10000余家,覆盖全国96%的区县、94%的乡镇,网络覆盖率行业领先,为客户提供标准定价、一单到底的快递服务。目前,德邦正从国际快递、跨境电商、国际货代三大方向切入港澳台及国际市场,已开通港澳台地区以及美国、欧洲、日韩、东南亚、非洲等国家线路,全球员工人数超过14万名。

为适应社会及物流行业的迅猛发展,德邦快递也启用了"飞行2000航运系统""TIS系统""CRM系统""CTBS系统""GPS系统"和"金蝶EAS和HR系统"等专业的相关信息系统。

TIS系统主要是帮助企业实现了货物网上查询功能,为客户提供了货物跟踪调查,提升了企业的服务水平。CTBS系统是一个虚拟的数据平台,有良好的保密性能、兼容性和延展性,双重保护使用户更加放心。通过CTBS的集中部署,使得EAS的应用有了显著提高,把

CTBS部署在总部的IBM服务器上,使得虚拟平台对网络的要求大大降低,对操作环境和操作设备也降低了要求,这些都使得德邦对EAS系统的应用更加顺利。GPS系统对物流公司的自有车队进行有效快速的管理,德邦公司的车辆为自有车辆,数量达到9300多台,更加规范化。金蝶EAS—ERP物流信息系统完成了业务厅收货、货物归集、配在运输和送货上门的"门到门"式服务各个业务环节的信息化操作,在最大限度上利用企业的现有资源,这个系统方便了德邦快递企业内部的财务结算及人力资源测评,使得企业内部更加规范化和合理化,优化了企业的内部结构,建立了良好的企业文化。

一个物流企业只有紧跟当今发展趋势,优化企业自身结构,选择适合企业本身的信息系统或者信息技术才会赢得最后的胜利。

问题:德邦快递在自身发展的过程中都采用了哪些物流信息系统?这些物流信息系统在企业自身发展中分别起到了什么作用?

任务目标

通过本项目的学习,项目团队应掌握物流信息系统的概念,理解物流信息系统的功能和作用,熟悉常见的一些物流信息系统,并能够操作相关物流信息系统。

任务学习

一、物流信息系统概念

物流信息系统是通过对与物流相关信息的加工处理来达到对物流、资金流的有效控制和管理,并为企业提供信息分析和决策支持的人机系统。这个人机系统是以人为主体的系统,它对企业的各种数据和信息进行收集、传递、加工、保存,将有用的信息传递给使用者以辅助企业的全面管理。

物流信息系统的一般模型如图9-2所示。

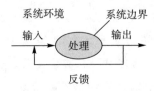

图9-2 物流信息系统的一般模型

对于开放系统而言,物流信息系统一般由以下几部分组成。

其一,系统环境。系统环境是为系统提供输入和输出的场所,环境与系统相互影响。

其二,系统边界。系统边界是系统与环境分开的界线,在此实现物质、能量和信息的交换。

其三,输入/输出。系统从外界环境接收的物质、能量和信息称为"系统的输入",系统经变换后产生的另一种形态的物质、能量和信息称为"系统的输出"。

其四，组成要素。组成要素是指完成特定功能而必不可少的工作单元。

其五，系统。系统是由相互联系、相互作用、相互依赖和相互制约的若干要素或部分组成的具有特定功能的有机整体。

其六，系统结构。系统结构是指系统内部各组成要素之间的关系。

其七，接口。接口是指子系统之间的信息交换。

实际上，物流信息系统是物流管理软件和信息网络结合的产物，小到一个具体的物流管理软件，大到利用覆盖全球的互联网将所有相关的合作伙伴、供应链成员连接在一起提供物流信息服务的系统，都叫作物流信息系统。对一个企业而言，物流信息系统不是独立存在的，而是企业信息系统的一部分，或者说是其中的子系统，即使对一个专门从事物流服务的企业也是如此。例如，一个企业的ERP系统，物流管理信息系统就是其中一个子系统。

二、物流信息系统的特点

尽管物流系统是企业经营管理系统的一部分，物流信息系统与企业其他的管理信息系统在基本面上没有太大的区别，如集成化加模块化、网络化加智能化的特征，但物流活动本身具有的时空上的特点决定了物流信息系统的特征。

（一）跨地域连接

在物流活动中，由于订货方和接受订货方一般不在同一场所，如处理订货信息的营业部门和承担货物出库的仓库一般在地理上是分离的，发货人和收货人不在同一个区域等，这种在场所上相分离的企业或人之间的信息传送需要借助于数据通讯手段来完成。在传统的物流系统中，信息需要通过信函、电话、传真等传统手段来实现传递，随着信息技术进步，现代电子数据交换技术可以实现异地间数据实时、无缝传递和处理。

（二）跨企业连接

物流信息系统不仅涉及企业内部的生产、销售、运输、仓储等部门，而且与供应商、业务委托企业、送货对象、销售客户等交易对象以及在物流活动上发生业务关系的仓储企业、运输企业和货代企业等众多的独立企业之间有着密切关系，物流信息系统可以将企业内外的相关信息实现资源共享。

（三）信息的实时传送和处理

物流信息系统一方面需要快速地将搜集到的大量形式各异的信息进行查询、分类、计算、储存，使之有序化、系统化、规范化，成为能综合反映某一特征的真实、可靠、适用而有使用价值的信息；另一方面，物流现场作业需要从物流信息系统获取信息，用以指导作业活动，即只有实时的信息传递，才能使信息系统和作业系统紧密结合，克服传统借助打印的纸质载体信息作业的低效作业模式。

三、物流信息系统的组成

物流信息系统根据不同企业的需要可以有不同层次、不同程度的应用和不同子系统的划分。例如,一些企业由于规模小、业务少,可能仅仅使用单机系统或单功能系统,而另一些企业可能就使用功能强大的多功能系统。一般来说,一个完整、典型的物流信息系统通常包括订单管理、采购管理、仓储管理、运输管理、财务管理以及决策管理等子系统。这些子系统之间并不是彼此孤立的,它们之间存在信息交换和共享,从而使物流信息系统成为一个一体化的系统。在实际中,信息系统会根据业务需要而侧重点各有不同。

(一)订单管理子系统

订单管理子系统(OMS)是物流信息系统的前端,管理所有与订单有关的信息和资料的处理。订单管理系统对客户下达的各种指令进行管理、查询、修改、打印等,同时将业务部门的处理信息反馈至客户。

订单管理子系统通常包括客户订单的接收、存货查询、存货分配、订单处理资料输出、订单异常变动处理、订单跟踪查询等各项作业内容。当接到客户的订单后,OMS与仓储管理系统相互交流,核查产品可得率(来自库存或来自生产),由此判断供应网络中产品的位置、可得数量和预计送货时间,一旦产品可得信息得到客户的首肯,就要进行客户信用审核,OMS将与企业财务系统相联系审核客户的状况和信用。在订单被接收后,OMS将产品分派到某订单下,指定生产地、扣减库存、在运输安排确定后准备发票。在OMS与运输管理系统的信息共享支持下,客户可以根据日期、订单号、订单类型、业务部门、客户信息、配送区域等条件对订单进行跟踪查询。

(二)采购管理子系统

采购管理子系统(PMS)管理所有与采购有关的信息和资料的处理。采购管理系统通常包括采购单管理、供应商管理、采购单到期提醒、采购单数据处理、采购变更处理以及周期报表生成等功能模块。

采购管理子系统的主要业务流程及功能:当收到一个采购请求以后,采购部门需要确定能够满足此需求的供应商;系统首先根据订单的物料清单查询库存量并查询数据库中相关的采购商,如果数据库中没有合意的供应商,则根据现实信息新建一个供应商信息;经过向供应商询价、核价等过程系统做出采购计划并制作采购单,等待供应商发货;系统根据采购单到期的日期提前提醒供应商,以保证物料能及时到货,如若订单取消,系统可作出采购单取消的管理;系统可在一定周期内,根据采购单的类别(紧急采购单或一般采购单),提供采购单周期的资料查询。

(三)仓库管理子系统

仓库管理子系统(WMS)是物流信息系统中重要的子系统之一,管理所有与仓库资源有关的信息及资料的处理,可以对不同地域、不同属性的仓库资源实现集中统一管理。

仓库管理子统的主要内容包括接收、入库、库存管理、订单处理和取货、运输准备。所有要素都出现在典型配送仓库的WMS内,但是在某些主要供长期储存或周转比较快的仓库中,有些内容可能缺失。

1. 接收

接收是WMS的入口或"登记处",即利用条码、无线射频等技术对入库货物进行系统登录,并通过产品编码检索内部产品文件获知重量、尺码、包装方式等信息,同时对货物进行验收。

2. 入库

入库的货物需要在仓库内进行短期储存。WMS记录仓库空间布局信息和仓储位信息。根据可用空间和货物存放规则,WMS进行库位分配。如果在同一次存货作业中,有多件货物要放到多个库位,WMS将指定存放顺序和路线来使作业时间最小化。随后,各仓储位的库存水平要变化,仓储位的记录要调整。

3. 库存管理

WMS对库存货物进行内部操作处理,检测仓库内各货位上的货量并进行盘点。如果库存水平低于控制水平,就会依据某些原则提出补货数量和补货时间的建议。补货请求将通过EDI系统或互联网传输给采购部门或直接送达供应商或工厂。有时WMS还需对货物进行包装处理和退货处理。

4. 订单处理和取货

按订单拣取所需货物即取货作业,由于该工作在物流活动中耗费人工最多,在仓库作业中所占费用最高。WMS的最大价值就在于可以降低取货成本、提高作业效率。WMS按照其内部规则,将订单货物分类(如按货物数量和所在仓位分组),进而将订单分解,进行货物调配,合理安排拣货顺序。此外,WMS还可以为作业人员安排合理的拣货任务,平衡作业人员的工作量,以缩短拣货时间。

5. 运输准备

订单货物的拣取常常取决于合并运输的安排,如相邻客户的订单在一起拣取,货物同时到达发货站台,卡车也会同一时间到达;还要考虑货物的体积和重量,以安排装上同部卡车、集装箱或铁路车厢的货物;再将来自不同仓位的同一订单货物汇集并按顺序装配,以最佳运输路径进行配送。

总之,WMS在仓库作业计划、库存水平管理、仓储空间利用和拣货路线等方面进行信息支持以辅助管理。同时,WMS还与订单管理子系统、运输管理子系统等物流信息子系统共享信息,从而实现一体化管理。

(四)运输管理子系统

运输管理子系统(TMS)主要侧重于企业内向和外向运输管理,是物流信息系统必不可少的组成部分。TMS的目标是帮助计划和控制企业的运输活动,包括运输方式的选择、装载优化、安排运输路线和时间、投诉处理、货物及车辆跟踪、运费结算等内容。

1. 运输方式的选择

由于运输的货物批量和运输方式各有不同,TMS可以将运输批量与运输服务成本和质量要求结合起来。TMS能够储存多种运输方式、服务费用、预计运输时间、可用方式和服务频率的数据,能够为每单货物提议最好的承运人。

2. 装载优化

TMS的一个重要功能就是将小批量货物合并成大批量,对拼货作业提出建议。TMS可以实时掌握运输批量、目的地和预计到达时间等信息。根据这些信息,利用内部决策规则,就可以决定经济批量,使车辆车型的使用和搭配达到最优,同时兼顾配送服务目标。

3. 安排运输路线和时间

如果企业拥有或租用车队,就需要认真管理以使得车队可以有效运作。订单管理系统提供订单信息,仓库管理系统提供订单处理信息,运输管理系统指派运货的车辆,并且建议卡车经停站点的顺序。TMS还考虑每个经停点的时间窗口,在经停点搭载运回的货物,为回程货作计划,满足驾驶员驾车时间和休息时间的规定,多个时段车队的利用率等因素。TMS还存有运输资源的基本信息,如车辆经停点、卡车类型、卡车数量和运力;经停点装卸次数;经停点的时间窗口限制和途中其他的一些限制条件的信息。在这样的信息支持下,TMS利用决策规则或本身的算法制订当前的运输计划。

4. 投诉处理

在运输过程中某些货物受到损坏是不可避免的,在掌握所运货物、货物价值、所使用的承运人、起点和终点、责任限额后,很多投诉可以自动进行处理或者尽量减少人的介入。

5. 货物及车辆跟踪

一旦货物转移到运输承运人的控制之下,就主要由信息技术来实现跟踪查询。条码、无线射频识别设备、全球定位系统和车载计算机都是信息系统的组成部分,可以实时获知货物及车辆所处位置。随后,来自TMS的货物跟踪信息就可以通过互联网或其他电子手段提供给收货人,甚至可以计算出预计到达时间。

6. 运费结算

TMS对运输子系统中发生的相关业务进行物流费用的结算记录,并将费用信息转至财务结算系统中的物流业务核算。

(五)财务管理子系统

财务管理子系统(FMS)可能包含于其他物流信息管理子系统中,也可以看成物流信息系统中的独立单元。财务管理子系统管理所有与物流费用有关的信息和资料,对企业发生的所有物流费用,包括运输费用、库存费用、行政费用、办公费用等费用计算。根据规范的合同文本、货币标准、收费标准自动生成结算凭证,为企业以及物流公司的自动结算提供完整的结算方案。

(六)决策支持子系统

决策支持子系统(DSS)能及时地掌握商流、物流、资金流和信息流所产生的信息并加以科学地利用。在运筹学模型的基础上,通过数据挖掘工具对历史资料进行多角度、立体的分析(如采购分析、库存分析、销售分析、财务分析、质量分析、人事结构分析等),实现对企业中的人力、物力、财力、客户、市场、信息等各种资源的综合管理,为企业管理、客户管理、市场管理、资金管理等提供科学决策的依据,从而提高管理层决策的准确性和合理性。

四、物流信息系统的作用

从本质来看,物流信息系统是利用信息技术,通过信息流,将各种物流活动与某个一体化过程连接在一起的通道。物流系统中的相互衔接是通过信息予以沟通的,基本资源的调度也是通过信息共享来实现的,因此,组织物流活动必须以信息为基础。为了使物流活动正常有序的进行,必有保证物流信息畅通。物流信息的网络化就是要将物流信息通过现代信息技术使其在企业内、企业间乃至全球达到共享的一种方式。

物流信息系统至少包括以下三个主要方面的作用。

(一)仓储管理

仓储管理系统管理存储业务的收发、分拣、摆放、补货、配送等,同时可以进行库存分析与财务系统集成。先进的系统还可以帮助实现"回收物流"的管理。

(二)加快供应的物流响应速度

建立物流信息系统可达到全局库存、订单和运输状态的共享和可见性,从而减少供应链中的需求订单信息畸变现象。

(三)物流融合

物流信息系统采用最优化理论,将企业物流上的各个环节综合考虑,制定全局优化的物流策略。

五、物流信息系统的分类

(一)按管理思想和内容划分

1. 以第三方物流为核心的物流管理信息系统

第三方物流企业是指由独立于商品的供应方和需求方以外的第三方提供物流服务的企业。根据经营重点不同,第三方物流企业可以进一步细分为仓储型物流企业、运输型物流企业、配送型物流企业、流通加工型物流企业和综合型物流企业等。

2. 以企业资源计划为核心的物流管理信息系统

以制造企业为应用背景的企业资源计划可以实现对企业人员、资金、设备、物料等资源的综合管理和优化。以企业资源计划为核心的物流管理信息系统，其功能围绕资源计划展开，包括计划的制定、执行、跟踪和控制等。

3. 以客户关系管理为核心的物流管理信息系统

客户关系管理（Customer Relationship Management，CRM）关注销售、营销、客户服务和支持等方面的业务，强调与客户需求的互动和提高客户价值、客户忠诚度等。以客户关系管理为核心的物流管理信息系统，其功能围绕客户生命周期展开，满足客户售前、售中、售后各阶段的物流服务需求和信息需求，并对客户价值和客户忠诚度等进行评价。

4. 以供应链管理为核心的物流管理信息系统

供应链管理（Supply Chain Management，SCM）强调将供应商、制造商、分销商、零售商等结为供应链伙伴进行一体化运作，以供应链的竞争优势弥补单个企业的竞争劣势。以供应链管理为核心的物流管理信息系统，其功能围绕供应链上的业务协同展开，包括供需信息传递、业务单据交换等。

另外，物流信息系统还有以财务管理为核心的物流管理信息系统、以信息服务为核心的物流管理信息系统、以绩效管理为核心的物流管理信息系统等。

（二）按系统的结构划分

1. 单功能系统

单功能系统指只能完成一种职能的系统，如财务系统、合同管理系统、物资分配系统等。

2. 多功能系统

多功能系统指能够完成一级物资部门或一个企业物资部门所包括的全部职能，如仓库管理系统、经有管理决策系统等。

（三）按照系统功能的性质划分

1. 操作型系统

操作型系统指为管理者处理日常业务的系统。它主要是进行数据处理，如记账、汇总、统计、打印报表等。

2. 决策型系统

决策型系统指在处理日常业务的基础，运用现代化管理方法，进一步加上计算，为管理人员或领导者提供决策方案或定量的依据。通常这类系统为辅助决策系统或决策支持系统。

项目九 物流信息

(四)按照系统所采用的设备和技术划分

1. 单机系统

单机系统只使用一台计算机,这台机器可以只有一个终端,也可以有多个终端。对数据采用分批处理方式。如果采用分时处理方式,那就必须配音多个终端。

2. 网络系统

网络系统使用多台计算机,相互间以通信网联系起来,实行资源共享(包括硬件、软件和数据等)的分布式结构。网络是计算机技术和通讯技术相结合的产物。根据网络所连接地区的不同,可以分为远程网络和局部网络两种。物流网络中使用最普遍、最有实用意义是微型机的局部网络。

任务三 物流信息技术及其应用

条码与 RFID 之争

某衬衫公司的销售额每年以近 30% 的速度增长。随着企业规模不断扩大,企业的管理面临许多危机,其中服装的生产和销售环节最为迫切,需要一种具有输入速度快、信息大、准确度高、成本低、可靠性强等特点的技术,以优化企业的信息管理,支撑采购、生产、销售等环节。公司经理正为使用条码技术还是 RFID 技术左右为难。

1. 发展中遇到的问题

很明显,服装行业的竞争已到了"白热化"的程度,而市场竞争对服装的款式面料以及颜色都提出了很高的要求。传统方式下由几个人设计定样、大批量下订单生产、大面积推向市场的做法已无生存之地。如何及时了解不同地区的流行趋势,如何利用信息渠道,保证数据传递的准确与真实,几乎是所有具有自己品牌的服装企业都在努力解决的问题。

该公司在全国有近 30 个销售分公司,并在全国大商场几乎都设有专柜,同时还有专卖店近百家、销售商 1500 多个。随着服装品种和数量的不断增加,公司管理出现了以下问题:

商品销售货款从商店到办事处再到总公司不能及时回笼,财务账与实务账不能同步生成,物流与资金流分离,导致内部投资和信用风险;服装在生产、销售等渠道的各个环节丢失、损坏,找不到责任人;由于商品在各个地区销售的价格不同,导致商品串货现象;服装销售淡季回收货物不能及时、准确、完整地到位,致使回收的货物混乱。

以上问题已经严重影响了公司生产、销售、经营和决策。如何运用现代信息技术为企业"强身健体",用信息技术支持企业的决策,已经成为企业需要全力解决的技改项目。目前,企业的 ERP 系统正在积极地建设中。

2. 如何抉择

经过与物流工程师的研究,公司总经理了解了条码技术与 RFID 的各自特点,这为选择实施哪一种技术奠定了基础。

(1)条码技术。

条码可以应用到供应链或 ERP 的全过程。物流工程师们为公司勾画了使用条码技术后的景象。

①到货经过扫描以后直接采集该物料的数据,自动完成到货与采购订单核对的过程,改进了 ERP 使用的效能和实施的难度。

②条码技术同时可以支持直送工位的供货方式,大大节省从采购到货至存储的过程时间,降低库房面积、物料搬运作业和其他物料处理的成本,是采用精益生产方式的企业增加库存周转所必不可少的措施。

③条码标签的数据经过解码以后还有助于提高原材料批次的跟踪水平,方便查找出物料的来源和去处,可以极大地提高跟踪响应速度、降低质量成本和有助于挽回企业的信誉。

条码和 ERP 集成的系统可以降低 30% 的处理成本,提高物流流转速度,并改善库存、在制品或产成品的跟踪。

(2)RFID 技术。

在论证过程中,几乎所有的物流工程师都同意:在企业应用中,最有前途的自动识别和数据采集技术是射频识别 RFID 技术。大家也都清楚应用 RFID 需要大规模的基础设施建设,如阅读器可以与手持终端放在一起,也可以是固定式的,安装在某个位置上,如工厂的入口、到货库房的大门、货架或生产线上。

如果建设了 RFID 所需的基础设施,RFID 标签的信息通过无线电频率收发的优势显露无遗。RFID 在对象和读卜器之间不需要条码所必需的可视联系,从而可以在无人照管的情况下完成识别和信息存储过程。RFID 可以穿过包装物、运输容器和金属之外的多种材料读出。

物流工程师们认为 RFID 除具有对标签上的条码和文字的补充外,RFID 与 ERP 或 SCM 集成的优势有:对在制品和原材料提供实时的跟踪;动态地更新或改写在包装或标签上的信息,不需要人工介入或不必在可视环境下完成对产品信息的扫描;减少供应链交接的信息传递和采集,可以暂时脱离 ERP/SCM 数据库获取或读出信息。

在实际的操作中,可以利用 RFID 技术提供实时定位系统用来跟踪成品的位置。在每一辆离开生产线的成品上贴上 RFID 标签,可以很容易地从最后测试到装载运输的移动过程中跟踪每一个产品。

看来在功能与应用上,RFID 似乎都强于条码技术,但是建设 RFID 的成本高,尤其是公司处在一个劳动密集型低附加值的行业中。对于公司目前的管理水平是否能够适应这样一种新技术,公司也没有多少信心。

但是,即使使用条码技术,公司现在由生产到销售流程也需要改变,而条码使用后产品对市场的响应速度及原材料和产成品库存的竞争力水平也不是很确定。无论怎样,激烈竞争的市场要求公司总经理尽快作出决定。

项目九 物流信息

问题：条码技术、RF技术各自的特点有哪些？请帮助公司作出选择决定？

任务目标

通过本项目的学习，项目团队应掌握物流信息技术的概念，了解物流信息技术的作用和种类，掌握物流信息技术的应用场所，理解新技术对物流行业的影响。

任务学习

一、信息技术概念

在信息化飞速发展的社会经济大环境下，信息技术以其科技优势和广阔的发展前景，对物流行业的影响也在不断地深化。在信息技术的支持与改造下，新兴物流企业飞速发展，同时传统物流企业的竞争力也得以增强。因此，现代信息技术是一股不可抗拒的力量，加速了物流企业经营方式和管理方式的变革，从客观上讲，在信息社会中任何一个物流企业都无法避开这种变革。

信息技术（Information Technology，IT）是指能拓展人的信息处理能力的技术。通过信息技术的运用，可以替代或辅助人们完成对信息的检测、识别、变换、存储、传递、计算、提取、控制和利用。从历史上看，每一次科技的重大进步都会为人类社会带来意义深远的剧变。从现实中看，这一点对作为现代高科技的结晶——信息技术也同样适用。

信息技术能够延长或扩展我们的信息功能，通常所说的信息技术是一个集合，它主要由信息的采集、信息的处理和信息的传输技术构成。

信息技术是企业信息化的物质技术基础，其内容可以用"3A""3C"和"3D"来表示。"3A"即工厂自动化（Factory Automation）、办公自动化（Office Automation）和家庭自动化（House Automation）；"3C"即通信（Communication）、计算机（Computer）和控制（Control）的结合；"3D"就是数字传输（Digital Transmission）、数字交换（Digital Switching）和数字通信（Digital Processing）三结合的网络化数字通信。

二、物流信息技术概念

物流信息技术（Logistics Information Technology，LIT）是指运用于物流各环节中的信息技术，是建立在计算机、网络通信技术平台上的各种IT技术应用，包括硬件技术和软件技术，是物流现代化的重要标志。物流信息技术是物流技术中发展最快的领域，从数据采集的条形码系统，到办公自动化系统中的微型计算机、互联网、各种终端设备等硬件以及计算机软件都在日新月异地发展。同时，随着物流信息技术的不断发展，在物流管理领域中也产生了一系列新的物流理念和物流经营的方式，推进了物流的变革。

从供应链管理的视角来看，现代物流活动已不是单个生产部门、销售部门或企业的活动，而是包括供应商、批发商、零售商等有关的关联企业在内的整个供应链组织的共同活动。

具体来说,通过企业计划的连接、信息的共享、在库风险的共同承担等机能的整合,供应链包含了流通过程中的所有企业,从而使传统的物流管理上升到现代供应链管理的层面。所有市场参与者追求提高流通生产全过程效率,产需双方在时空上实现了前所未有的紧密结合,并导致企业管理思想的飞跃。物流信息技术的应用已成为核心要素之一,没有高度发达的物流信息技术的支撑,现代供应链管理的思想是无法在企业的经营中得以实现的。

物流信息技术通过切入物流企业的业务流程来实现对物流企业各生产要素(车辆、仓库、驾驶员等)进行合理组合与高效利用,降低经营成本,直接产生明显的经营效益。它有效地把各种零散数据变为商业智慧,赋予了物流企业新型的生产要素信息,大大提高了物流企业的业务预测和管理能力。通过"点、线、面"的立体式综合管理,物流企业实现了内部一体化和外部供应链的统一管理,有效地帮助物流企业提高服务质素,提升物流企业的整体效益。

据国外统计,物流信息技术的应用可为传统的物流运输企业带来以下实效:降低空载率15%～20%;提高对在途车辆的监控能力,有效保障货物安全;网上货运信息发布及网上下单可增加商业机会20%～30%;无时空限制的客户查询功能,有效满足客户对货物在运情况的跟踪监控,可提高业务量40%;对各种资源的合理综合利用,可减少运营成本15%～30%。

物流信息技术的应用为传统物流仓储企业带来的实效表现在:配载能力可提高20%～30%;库存和发货准确率可超过99%;数据输入误差减少,库存和短缺损耗减少,可超过降低劳动力成本约50%,提高生产力30%～40%,提高仓库空间利用率20%。

因此,物流信息在现代企业的经营战略中占有越来越重要的地位,构建以各种现代信息技术为基础的物流信息系统,面向供应链上下游企业提供迅速、及时、准确、全面的物流信息已成为现代企业获得竞争优势的必要条件。

三、物流信息技术的主要类别

根据物流的功能以及特点,物流信息技术主要包括计算机网络技术、数据库技术、物流自动跟踪技术、电子数据交换、地理信息系统和全球卫星定位系统等。在这些信息技术的支撑下,以移动通信、资源管理、监控调度管理、自动化仓库管理、业务管理、客户服务管理、财务管理等多种业务集成的一体化现代物流信息系统就形成了。

(一)计算机网络技术

计算机网络技术是计算机技术与通信技术相结合的产物。它能够把不同地理位置上的计算机通过通信线路连接起来,实现数据通信和资源共享。计算机网络使物流数据的采集、传输、处理等分散化,这正好符合物流网络中网点分散化的特征,尤其是因特网迅速发展,大大促进了物流系统信息网络的建设,提高了物流业务信息化程度,加快了物流反应速度。

(二)数据库技术

数据库技术是将信息系统中大量的数据按一定的结构组织起来,具备存储、维护、查询的功能。物流系统的数据库建成一个物流系统或供应链的公共数据平台,为数据采集、数据更新和数据交换提供方便。

(三)物流数据自动识别技术

物流管理中最基本一项工作就是物流数据的采集,条码技术和射频技术是实现信息自动采集和输入的重要技术。

1. 条码技术

条码是由一组粗细不同、若干个黑色的"条"和白色的"空"的单元所组成。其中,黑色条对光的反射率低而白色的空对光的反射率高,再加上条与空的宽度不同,从而使扫描光线产生不同的反射接收效果,在光电转换设备上转换成不同的电脉冲,形成了可以传输的电子信息。

条码是一种数据载体,它在信息传输过程中起着重要作用,如果条码出问题,物品信息的通讯将被中断。因此,企业必须对条码质量进行有效控制,确保条码符号在供应链上能够被正确识读,而条码检测是实现此目标的一个有效工具。条码检测的目标就是要核查条码符号是否能起到其应有的作用。

条码技术是实现 POS 系统、EDI、电子商务、供应链管理的技术基础,是物流管理现代化的重要技术手段。条码技术包括条码的编码技术、条码标识符号的设计、快速识别技术和计算机管理技术,它是实现计算机管理和电子数据交换必不可少的前端采集技术。

条码技术还在向广度和深度发展。各国还在研究和开发包容大量信息的二维条码新技术以及相应的扫描设备。现在,世界各国重视发展与条码技术相关的磁卡、光卡、智能 IC 卡技术。

条码技术的特点主要有以下几个方面。

(1)简单。条码符号制作容易,扫描操作简单易行。

(2)信息采集速度快。普通计算机键盘录入信息的速度是 200 字符/分钟,而利用条码扫描的录入信息的速度是键盘录入的 20 倍。

(3)采集信息量大。利用条码扫描依次可以采集几十位字符的信息,而且可以通过选择不同码制的条码增加字符密度,使采集的信息量成倍增加。

(4)可靠性强。键盘录入数据,误码率为三百分之一,利用光学字符识别技术,误码率约为万分之一,而采用条码扫描录入方式,误码率仅为百万分之一,首读率可逾98%。

(5)灵活、使用。条码符号作为一种识别手段可以单独使用,也可以和有关设备组成识别系统实现自动化识别,还可以和其他控制设备联系起来实现整个系统的自动化管理。同时,在没有自动识别设备时,条码也可以实现手工键盘输入。

(6)自由度大。识别装置与条码标签相对位置的自由度要比光学字符识别(OCR)大得多。

(7)设备结构简单、成本低。条码符号识别设备的结构简单,容易操作,无须专门训练。与其他自动化技术相比,推广应用条码技术所需费用较低。

2. 射频识别技术

射频识别(Radio Frequency Identification,RFID)技术指利用无线射频方式在阅读器和射频卡之间进行非接触双向数据传输,以达到目标识别和数据交换的目的。最基本的 RFID 系统由三部分组成:射频卡、阅读器和天线。

从概念上来讲,RFID 类似于条码扫描,对于条码技术而言,它是将已编码的条形码附着于目标物并使用专用的扫描读写器利用光信号将信息由条形磁传送到扫描读写器;而 RFID 则使用专用的 RFID 读写器及专门的可附着于目标物的 RFID 标签,利用频率信号将信息由 RFID 标签传送至 RFID 读写器。

从结构上讲 RFID 是一种简单的无线系统,只有两个基本器件,该系统用于控制、检测和跟踪物体。系统由一个询问器和很多应答器组成。

(1)RFID 的基本结构。

①应答器。应答器由天线、耦合元件及芯片组成,一般都是用标签作为应答器,每个标签具有唯一的电子编码,附着在物体上标识目标对象。

②阅读器。阅读器由天线、耦合元件、芯片组成,读取(有时还可以写入)标签信息的设备,可设计为手持式 RFID 读写器(如 C5000W)或固定式读写器。

③应用软件系统。应用软件系统主要是把收集的数据进一步处理,并为人们所使用。

RFID 的基本工作流程是:阅读器通过发射天线发送一定频率的射频信号,当射频卡进入发射天线工作区域时产生感应电流,射频卡获得能量被激活;射频卡将自身编码等信息通过卡内置发送天线发送出去;系统接收天线接收到从射频卡发送来的载波信号,经天线调节器传送到阅读器,阅读器对接收的信号进行解调和解码然后送到后台主系统进行相关处理;主系统根据逻辑运算判断该卡的合法性,针对不同的设定作出相应的处理和控制,发出指令信号控制执行机构动作。

(2)RFID 技术中所衍生的产品。

①无源 RFID 产品。它是发展最早,也是发展最成熟、市场应用最广的产品。例如,公交卡、食堂餐卡、银行卡、宾馆门禁卡、二代身份证等。它在我们的日常生活中随处可见,属于近距离接触式识别类。其产品的主要工作频率有低频 125KHZ、高频 13.56MHZ、超高频 433MHZ、超高频 915MHZ。

②有源 RFID 产品。它是这几年慢慢发展起来的,其远距离自动识别的特性,决定了其巨大的应用空间和市场潜质。在远距离自动识别领域,如智能监狱,智能医院,智能停车场,智能交通,智慧城市,智慧地球及物联网等领域有重大应用。有源 RFID 属于远距离自动识别类,产品主要工作频率有超高频 433MHZ,微波 2.45GHZ 和 5.8GMHZ。

③半有源 RFID 产品。它结合了有源 RFID 产品及无源 RFID 产品的优势,在低频 125KHZ 频率的触发下,让微波 2.45G 发挥优势。半有源 RFID 技术,也可以叫作低频激活触发技术,利用低频近距离精确定位,微波远距离识别和上传数据,来解决单纯的有源 RFID 和无源 RFID 没有办法实现的功能。简单地说,它就是近距离激活定位,远距离识别及上传数据。

半有源RFID是一项易于操控、简单实用且特别适合用于自动化控制的灵活性应用技术,识别工作无须人工干预,它既可支持只读工作模式也可支持读写工作模式,且无需接触或瞄准;可在各种恶劣环境下自由工作,短距离射频产品不怕油渍、灰尘污染等恶劣的环境,可以替代条码,例如用在工厂的流水线上跟踪物体;长距射频产品多用于交通上,识别距离可达几十米,如自动收费或识别车辆身份等。

(3) RFID的系统优势。

①读取方便快捷。数据的读取无需光源,甚至可以透过外包装来进行。有效识别距离更大,采用自带电池的主动标签时,有效识别距离可达到30米以上。

②识别速度快。标签一进入磁场,解读器就可以即时读取其中的信息,而且能够同时处理多个标签,实现批量识别。

③数据容量大。数据容量最大的二维条形码(PDF417),最多也只能存储2725个数字,若包含字母,存储量则会更少,而RFID标签则可以根据用户的需要扩充。

④使用寿命长,应用范围广。其无线电通信方式,使其可以应用于粉尘、油污等高污染环境和放射性环境,而且其封闭式包装使得其寿命大大超过印刷的条形码。

⑤标签数据可动态更改。利用编程器可以向写入数据,从而赋予RFID标签交互式便携数据文件的功能,而且写入时间相比打印条形码更少。

⑥更好的安全性。RFID数据不仅可以嵌入或附着在不同形状、类型的产品上,而且可以为标签数据的读写设置密码保护,从而具有更高的安全性。

⑦动态实时通信。标签以与每秒50~100次的频率与解读器进行通信,所以只要RFID标签所附着的物体出现在解读器的有效识别范围内,就可以对其位置进行动态的追踪和监控。

(四)物流自动跟踪技术

物流活动经常处于运动的和非常分散的状态,因此全球定位系统(GPS)和地理信息系统(GIS)技术能够将物品移动的空间数据进行有效的管理。

1. GPS技术

全球定位系统(Global Positioning System,GPS)的含义是利用导航卫星进行测时和测距,以构成全球定位系统。GPS的定位原理是GPS导航仪接收信号以测量无线电信号的传输时间来量测距离,以距离来判定卫星在太空中的位置。

(1) GPS全球卫星定位系统由以下三部分组成。

①空间部分:由24颗工作卫星组成,均匀分布在6个轨道面上,提供了在时间上连续的全球导航能力。GPS卫星产生两组电码,另一组称为C/A码,一组称为P码;P码为精确码,C/A码为粗码,主要开放给民间使用。

②地面控制部分:地面监控系统由1个主控站,5个全球监测站和3个注入站组成。监测站将数据传送到主控站,主控站收集跟踪数据,计算出卫星的轨道和时钟参数,然后将结果送到注入站,注入站再把导航数据及主控站指令注入卫星。

③用户设备部分:GPS接收机。它的主要功能是能够捕获到待测卫星,并跟踪这些卫星

的运行。当接收机捕获到数据,接收机中的微处理机进行定位计算,计算出用户所在地理位置经纬度、高度、速度、时间等信息。

(2) 利用GPS监控可以实现以下功能。

① 跟踪定位。监控中心能全天候24小时监控所有被控车辆的实时位置、行驶方向、行驶速度,以便最及时地掌握车辆的状况。

② 轨迹回放。监控中心能随时回放近60天的自定义时段车辆历史行程、轨迹记录(根据情况,可选配轨迹DVD刻录服务)。

③ 报警(报告)。

a. 超速报警:车辆行驶速度超出监控中心预设的速度时,及时上报监控中心。

b. 区域报警(电子围栏):监控中心设定区域范围,车辆超出或驶入预设的区域会向监控调度中心给出相应的报警。

c. 停车报告:调度中心可对车辆的历史停车记录以文字形式生成报表,其中描述车辆的停车地点、时间和开车时间等信息,并可对其进行打印。

④ 地图制作功能。根据查看需要,客户可以添加修改自定义地图线路,以更好地服务企业运行。

⑤ 里程统计。系统利用GPRS车载终端的行驶记录功能和GIS地理系统原理对车辆进行行驶里程统计,并可生成报表且可打印。

⑥ 车辆信息管理。监控中心可作为方便易用的管理平台,提供了车辆、驾驶人员、车辆图片等信息的设定,以方便调度人员的工作。

⑦ 短信通知功能。监控中心能将被控车辆的各种报警或状态信息在必要时发送到管理者手机上,以便随时随地掌握车辆重要状态信息。

⑧ 车辆远程控制。监控中心可随时对车辆进行远程断油断电,锁车功能。

⑨ 车载电话。车载电话可以像普通手机一样拨打电话,调度中心可对此电话进行远程权限设置,即呼入限制、呼出限制、只能呼叫指定的若干电话号码。

⑩ 油耗检测。实时监控车辆的油耗变化,并生成历史时段油量变化报表或油量曲线图,进而直观反映出油量的正常消耗与非正常消耗及加油数量不足等现象,达到油耗高水平管理,杜绝不良事件的发生。(需搭配油量传感器)。

⑪ 车辆调度。调度人员确定调度车辆或者在地图上画定调度范围,GPS系统自动向车辆或者画定范围内的所有车辆发出调度命令,被调度车辆及时回应调度中心,以确定调度命令的执行情况。GPS系统还可对每辆车成功调度次数进行月统计。

(3) GPS的主要特点如下:全天候,全球覆盖,三维定速定时高精度,快速省时效率高,应用广泛功能多。

2. GIS技术

地理信息系统(Geographic Information System 或 Geo-Information system, GIS)是指直接或间接与地球上的空间位置有关的信息。GIS的定义为:一种能把图形管理系统和数据管理系统有机地结合起来,对各种空间数据进行收集、存储、分析和可视化表达的信息处理与管理系统。

地理信息系统由硬件、软件、数据、人员和方法五部分组成。

(1)硬件。硬件主要包括计算机和网络设备,存储设备,数据输入、显示和输出的外围设备等。

(2)软件。软件主要包括操作系统软件、数据库管理软件、系统开发软件、GIS软件等。

(3)数据。数据是 GIS 的重要内容,也是 GIS 系统的灵魂和生命。

(4)人。人是 GIS 系统的能动部分。人员的技术水平和组织管理能力是决定 GIS 系统建设成败的重要因素。

(5)方法。方法指系统采用何种技术路线。

地理信息系统(GIS)与全球定位系统(GPS)、遥感系统(RS)合称"3S 系统"。

(五)物流 EDI 技术

根据联合国标准化组织的定义,电子数据交换(Electronic Data Interchange,EDI)技术是指将商业或行政事务处理,按照一个公认的标准,形成结构化的事务处理或信息数据结构,从计算机到计算机的数据传输。EDI 是参与国际贸易竞争的重要手段。

一个 EDI 信息包括一个多数据元素的字符串,每个元素代表一个单一的事实,比如价格和商品模型号等,相互间由分隔符隔开。整个字符串被称为数据段。一个或多个数据段由头和尾限制定义为一个交易集,此交易集就是 EDI 传输单元(等同于一个信息)。一个交易集通常由包含在一个特定商业文档或模式中的内容组成。当交换 EDI 传输时即被视为交易伙伴。

1. EDI 系统的组成部分

EDI 系统的组成部分:硬件设备;增值通信网络及网络软件;报文格式标准;应用系统界面与标准报文格式之间相互转换的软件;用户的应用系统。

EDI 中心的主要功能是:电子数据交换、传输数据的存证、报文标准格式转换、安全保密、提供信息查询、提供技术咨询服务、提供昼夜 24 小时不间断服务、提供信息增值服务等。

2. EDI 的主要优点

(1)迅速准确。在国际、国内贸易活动中,EDI 业务以电子文件交换取代传统的纸面贸易文件(如定单、发货票、发票),双方使用统一的国际标准格式编制文件资料,利用电子方式将贸易资料准确迅速地由一方传递到另一方。EDI 是发达国家普遍采用的"无纸贸易手段",也是世贸组织成员国将来必须使用和推广的标准贸易方式。

(2)方便高效。EDI 业务可以将原材料采购与生产制造、订货与库存、市场需求与销售以及金融、保险、运输、海关等业务有机结合起来,集先进技术与科学管理为一体,极大地提高了工作效率,为实现金关工程奠定了基础。EDI 系统中每个环节都建立了责任的概念,每个环节上的信息出入都有明确的签收、证实的要求,以便于为责任的审计、跟踪、检测提供可靠的保证。EDI 的安全保密系统广泛应用了密码加密技术,以提供防止流量分析、防止假冒、防止否认等安全服务。

EDI 系统减少了许多重复劳动,提高了工作效率。如果没有 EDI 系统,即使是高度计算机化的公司,也需要经常将外来的资料重新输入本公司的电脑。调查表明,从一部电脑输出的资料有多达 70% 的数据需要再输入其他的电脑,既费时又容易出错。EDI 使贸易双方能够以更迅速有效的方式进行贸易,大大简化了订货或存货的过程,使双方能及时地充分利用各自的人力和物力资源。例如,美国 DEC 公司应用了 EDI 后,使存货期由 5 天缩短为 3 天。通过 EDI 可以改善贸易双方的关系,厂商可以准确地估计日后商品的寻求量,货运代理商可以简化大量的出口文书工作,商户可以提高存货的效率,大大提高他们的竞争能力。

(3)降低成本。EDI 系统规范了信息处理程序,信息传递过程中无需人工干预,在提高了信息可靠性的同时,大大降低了成本。香港对 EDI 的效益做过统计,使用 EDI 可提高商业文件传送速度 81%,降低文件成本 44%,减少错漏造成的商业损失 41%,降低文件处理成本 38%。

(4)降低了纸张的消费。根据联合国组织的一次调查,进行一次进出口贸易,双方约需交换近 200 份文件和表格,因纸张、打印等差错引起的总开销大约为货物价格的 7%。据统计,美国通用汽车公司采用 EDI 系统后,每生产一辆汽车可节约成本 250 美元,按每年生成 500 万辆计算,可以产生 12.5 亿美元的经济效益。

四、新技术及其对物流行业的影响

随着技术的日益发展,物流行业也受到这些新技术的影响,下文介绍一下比较先进的一些新技术及其对物流行业的影响。

(一)物联网技术

1. 物联网技术概况

物联网是一个基于互联网、传统电信网等信息承载体,让所有能够被独立寻址的普通物理对象实现互联互通的网络。简单来说,物联网是连接物品的网络。

物联网的网络结构可分为三个层次:一是传感网络,即以 RFID、传感器、二维码等为主实现"物"的识别;二是传输网络,即通过现有的"三网"(互联网、广电网、通信网),来实现数据的传输和计算;三是应用网络,即输入输出控制终端,如智能家电的控制器。与物联网网络结构层次相对应主要需要以下四项主要的技术支持:RFID 识别技术、泛在传感技术、纳米嵌入技术和智能运算技术。

RFID 识别技术和泛在传感技术主要是搜集物体信息,是物联网信息采集的主要源头;纳米嵌入技术主要是实现信息采集的广泛化;传感器得到信息后需要进行语义的理解、判断和决策,这需要智能运算技术来完成。

2. 物联网技术在物流领域的应用及发展趋势

随着物联网自身的发展,物联网在智能物流领域中应用的范围也在不断扩展,下面简单介绍四个方面。

(1)供应链管理方面。目前,越来越多的企业将供应链管理作为提高经济效益的一个重要部分,而鉴于物联网强大的信息采集和共享的特性,物联网将减缓供应链的"牛鞭效应"。

供应链管理中,通过RFID、红外视频等感知技术可以实时获取物品当前的状态,然后通过物联网的网络层将信息传达给销售商、生产商以及原料供应商,使供应链上的各个环节具备信息快速获取的能力,增加其可供处理的时间。这种供应链的智能物流信息化管理会提高客户需求预测的准确度,促使供应链上下游企业的密切合作,实现整体效益的提高。

(2)智能物流配送中心方面。配送中心可以利用物联网中的RFID等技术,根据需要将电子标签贴在货物、托盘或者周转箱上面,通过物品信息的实时记录、处理,再结合物联网的智能处理系统,实现货物出入库、盘点、配送的一体化管理。

例如,贴有RFID标签的货物通过入库口时,读写器将自动读取货物信息,并将信息通过网络传送到数据库与订单进行对比,清点无误便可入库,系统的信息库随之更新。在配送过程中,智能软件系统根据客户需求自动安排货物出库计划,出库过程与入库相似。在平时的盘点过程中,用固定或者手持读写器进行自动扫描,大大提高了工作效率。

当然,将物联网中的智能终端设备,如智能码垛机器人、无人搬运小车等与操作软件相结合,可以进一步提高智能物流中心的智能化程度。

(3)可视化管理方面。目前,物联网的GPS/GIS技术、RFID技术、传感器网络技术在智能物流中已展开初步应用,以便实时了解关注对象的位置与状态,力图建立可视化的智能系统。

例如,现在的智能物流运输系统积极应用物联网技术,已经在某种程度上实现可视化。通过在运输路线上布置一些网络节点,当装有相应标签或传感器等设备的货车经过时,便可获知其运输的路线、时间、货物等相关信息,使后台管理者实现可视化管理。

当然,这种技术也可落实在企业内部生产线、汽车食品温度实时监控等场合,以增强整个智能物流过程的透明度。

(4)可追溯管理方面。应用物联网建立可追溯的智能系统,主要是为了实现智能物流过程的质量管理和责任追究的功能。例如,将物联网中的视频技术镶嵌在生产系统中,不仅能够实时监控产品的制造过程,而且可以事后进行查询。目前,主要是在食品安全、药品安全等领域运用物联网实施可追溯管理。通过产品追溯体系,产品质量、效率等方面可以实现智能物流保障。

随着物联网概念的引入、技术的提升、政策的支持,未来物联网将给中国的物流业带来革命性的变化,中国的物流业将迎来智慧物流蓬勃发展的时代。未来物联网在物流业的应用中将体现出以下五大趋势:

第一,统一标准,共享物流的物联信息。建立统一的标准是物联网发展的趋势,更是物流行业应用市场的需求。虽然在物联网时代,很多物联网局部应用是闭环的和独立的,没有必要实现全部物品互联到一个统一的网络体系,但是在物联网基础层面,统一的标准平台是必需的,局部的物联网系统、物联局域网等都可以在统一的标准体系上建立。中国编码中心的专家认为,统一的物联网基础(编码)体系是物联网运行的前提,只有在统一的体系基础上建立的物联网才真正能做到互联互通、信息共享和智慧应用。

第二,互联互通,融入社会物联网。物联网是聚合型的系统创新,必将带来跨系统、跨行业的网络建设与应用。随着标签与传感器网络的普及,物与物的互联互通将给企业的物流系统、生产系统、采购系统与销售系统的智能融合打下基础,网络的融合必将产生智慧生产与智慧供应链的融合。由于社会物联网体系的开放,物流行业局部的物联网应用会很快融入社会物联网。

第三,多种技术在物流领域集成应用。目前,在物流业应用较多的感知手段主要是RFID和GPS技术,今后随着物联网技术的发展,传感技术、蓝牙、视频技术、M2M技术等多种技术也将逐步集成应用于现代物流领域,用于现代物流作业中的各种感知与操作。

第四,物流领域将不断涌现出新模式。物联网是聚合、集成的创新理念,物联网带来的智慧物流革命将会涌现出许多创新的模式。

第五,"物"有智慧,实现智慧物流变革。目前,德国弗朗恩霍夫物流研究院正在研究真正物流中的"物"本身具有智能的智慧物流体系,即让物流中的"物"自己知道要到哪里去,应该存放在什么位置等。

3. 物联网在应用中存在的主要问题

将物联网应用到智能物流领域当中确实给企业带来了很多积极效应,但是,不得不承认物联网的应用还处于初级阶段。因此,物联网在智能物流领域的应用当中不免出现一些问题。

(1)标准不统一,影响物联网的推进。现有各行各业的管理信息系统中,对物品的编码结构形式各异,对构建互联互通的物联网带来了很大的障碍。

(2)技术还不成熟,影响物联网的规模。卫星定位技术和网络传输技术相对已较为成熟,商业化程度比较高,但RFID和传感器技术作为物联网技术核心,尚未全面进入产业化。国内的RFID技术仍以低频为主,高频RFID刚进入产业化初期,应用解决方案等还需要进一步完善。

(3)潜在的安全问题使得物联网普及受质疑。当今信息化需要信息的开放,而安全性要求信息的独立,因此需要做到信息化和安全性的统筹兼顾。

(二)云计算技术

1. 云计算的含义

云计算(Cloud Computing)是一种基于互联网的计算方式,通过这种方式,共享的软硬件资源和信息可以按需求提供给计算机和其他设备。云计算可以为用户提供安全、快捷的网络计算服务。云计算是一种新型的计算方法,目前这种计算方法还在起步阶段。

2. 云计算的特点

(1)规模大。由于数据、软件等都在云中心,云计算为用户提供一些基础性的服务。使用云计算的企业有很多家,云计算的规模是非常广的。谷歌云已经有了100多万台云计算服务器,其他大公司像微软、雅虎、IBM,也都有几十万台服务器。云计算给企业提供各种各样处理问题的方法。

(2)可靠性高。我们通常把数据保存在电脑硬盘里,但是这样一旦出现问题就会导致资料的消失,给我们带来极大的不便。但是,如果把数据保存在云端里就不会出现这样的情况。云计算采用的数据保存方法是非常先进的,可以保证用户的数据不受到损害,给用户带来非常方便的体验。

(3)共享数据。我们在生活中的一些资料、信息,特别是照片和视频的储存量很大。这些资料储存在不同的地方,有时候我们寻找会很不方便,但是当我们使用云计算的时候,云计算可以将这些资料以共享的模式交给我们,即只要我们有权限,就可以使用任何电子设备上网查看资料,还能随时随地拍照、拍视频上传,再也不用担心找不到资料。

(4)价格低。在云时代到来的时候,基本上所有软件都把数据存在了云端内,所以我们主要用浏览器查看数据,这无疑降低了工作的成本。云的构成极其低廉,可以为企业节约一大笔成本,同时极大地提高效率。最成功的例子就是谷歌为云计算设计的 Android 操作系统,免费提供给用户,使智能手机的价格大幅下降。

3. 云计算在物流行业的应用

(1)对物流行业的资源进行整理。我国的物流行业还处于初级阶段,总体来说发展情况一般,物流市场也处于比较混乱的状态,许多物流企业没有一个物流系统管理的标准,这导致物流工作效率低。总体来说,这是没有进行信息共享的缘故。现在利用云计算这个功能,物流企业系统信息可以进行整合。加强企业对物流信息系统的利用,可以在一定程度上提高企业的效率。例如,通过云计算将客户的信息进行统计,制定物流运行线路,对工作人员的业绩考核都可以用云计算来完成,同时,云计算还能分析当前地区用户的物流喜好和物流需求,物流公司可以根据云计算得出的结论设计特殊的物流配送路线,提高物流配送的效率,从而节约成本。同时采用云计算的方法来整合资源,可以减少人员的支出,消减人员,降低设备的支出,同时可以减少对软件的投资,极大地削减了成本。

(2)为物流公司提供一个互相交流与数据共享的平台。物流行业的涉及面比较广,物流公司之间或与国外物流公司交流中构建完善的信息网络是非常重要的,云计算为公司之间提供了一个相当方便的云交流平台,同一个公司内都可以通过云交流实现信息共享,实现共赢。云计算平台可以实现物流企业的全程电子化,客户只需要上网便可以查询到自己想要的信息,从而提高效率,节省时间。云计算有利于加强用户的体验,抓住用户心理,扩大服务范围。

(3)为物流企业提供储存服务。这是云计算对物流企业帮助最大的一点,物流企业平时业务中产生的信息量比较大,如果采用传统的储存方式,占地面积大,维护成本和人力成本高,需要更多地在软件、硬件设施上进行投入,久而久之维护成本也相应提高。但是,如果采用云储存服务,首先在数据安全上得到了保障,同时云储存系统可以提供备份和恢复的功能,彻底解决物流企业的后顾之忧。云计算服务还可以将资料分享给下属公司,节省一大笔传输资料的费用,同时也能避免资料在传输过程中的损坏。云计算还能为企业提供监视系统,通过远程服务器来控制企业的工作,随时随地进行物流信息的查询,监测企业的运行状况。

(4)为快递提供信息和方案。在快递行业中云物流主要体现在信息的流通方面,云功能可以将海量的快递订单将进行分类,将分好类的快递订单反馈给物流信息管理系统,由云计算提供最优的接受方案,对物流整个运输体系进行总结,提高公司效率,降低成本。

(三)大数据

在这个信息爆炸的时代,物流企业每天都会涌现出海量的数据,特别是全程物流,包括运输、仓储、搬运、配送、包装和再加工等环节,每个环节中的信息流量都十分巨大,物流企业很难对这些数据进行及时、准确的处理。随着大数据时代的到来,大数据技术能够通过构建数据中心,挖掘出隐藏在数据背后的信息价值,从而为企业提供有益的帮助,为企业带来利润。

1. 大数据的概念及其在物流企业应用的优势

大数据(Big Data)指无法在一定时间范围内用常规软件工具进行捕捉、管理和处理的数据集合。

面对海量数据,物流企业在不断加大投入的同时,不该仅仅把大数据看作一种数据挖掘、数据分析的信息技术,而应该把大数据看作一项战略资源,充分发挥大数据给物流企业带来的发展优势。其具体优势体现如下。

(1)信息对接,掌握企业运作信息。在信息化时代,网购呈现出一种不断增长的趋势,规模已经达到空前巨大的地步,这给物流带来了沉重的负担,对每一个节点的信息需求也越来越多。每一个环节产生的数据都是海量的,过去传统数据收集、分析处理方式已经不能满足物流企业对每一个节点的信息需求,这就需要通过大数据把信息对接起来,将每个节点的数据收集并且整合,通过数据中心分析、处理,将数据转化为有价值的信息,从而掌握物流企业的整体运作情况。

(2)提供依据,帮助物流企业作出正确的决策。传统的根据市场调研和个人经验来进行决策已经不能适应这个数据化的时代,只有真实的、海量的数据才能真正反映市场的需求变化。通过对市场数据的收集、分析处理,物流企业可以了解到具体的业务运作情况,能够清楚地判断出哪些业务带来的利润率高、增长速度较快等,把主要精力放在真正能够给企业带来高额利润的业务上,避免无端的浪费。同时,通过对数据的实时掌控,物流企业还可以随时对业务进行调整,确保每个业务都可以带来赢利,从而实现高效的运营。

(3)培养客户粘性,避免客户流失。网购人群的急剧膨胀,使得他们越来越重视物流服务的体验,希望物流企业能够提供最好的服务,甚至掌控物流业务运作过程中商品配送的所有信息。这就需要物流企业以数据中心为支撑,通过数据挖掘和分析,合理地运用这些分析成果,进一步巩固和客户之间的关系,增加客户的信赖,培养客户的黏性,避免客户流失。

(4)数据加工从而实现数据增值。在物流企业运营的每个环节中,只有一小部分结构化数据是可以直接分析利用的,绝大部分非结构化数据只有转化为结构化数据才能储存分析。这就造成了并不是所有的数据都是准确的、有效的,很大一部分数据都是延迟、无效,甚至是错误的。物流企业的数据中心必须要对这些数据进行加工,从而筛选出有价值的信息,实现数据的增值。

2. 大数据在物流企业中的具体应用

物流企业正一步一步地进入数据化发展的阶段，物流企业间的竞争逐渐演变成数据间的竞争。大数据能够让物流企业能够有的放矢，甚至可以做到为每一个客户量身定制符合他们自身需求的服务，从而颠覆整个物流业的运作模式。目前，大数据在物流企业中的应用主要包括以下几个方面。

（1）市场预测。商品进入市场后，并不会一直保持最高的销量，而是随着消费者行为和需求的变化而不断变化的。在过去，我们总是习惯于通过采用调查问卷和以往经验来寻找客户的来源。而当调查结果总结出来时，结果往往已经是过时的了，延迟、错误的调查结果只会让管理者对市场需求作出错误的估计。而大数据能够帮助企业完全勾勒出其客户的行为和需求信息，通过真实而有效的数据反映市场的需求变化，从而对产品进入市场后的各个阶段作出预测，进而合理控制物流企业库存和安排运输方案。

（2）物流中心的选址。物流中心选址要求物流企业在充分考虑到自身的经营特点、商品特点和交通状况等因素的基础上，使配送成本和匿定成本等之和达到最小。这一问题可以利用大数据中分类树方法来解决。

（3）优化配送线路。配送线路的优化是一个典型的非线性规划问题，它一直影响着物流企业的配送效率和配送成本。物流企业运用大数据来分析商品的特性和规格、客户的不同需求（时间和金钱）等问题，从而用最快的速度对影响配送计划的因素作出反映（比如选择哪种运输方案、哪种运输线路等），制定最合理的配送线路。企业还可以通过配送过程中实时产生的数据，快速地分析出配送路线的交通状况，对事故多发路段作出提前预警。精确分析配送整个过程的信息，使物流的配送管理智能化，提高物流企业的信息化水平和可预见性。

（4）仓库储位优化。合理安排商品储存位置对于仓库利用率和搬运分拣的效率有着极为重要的意义。对于商品数量多、出货频率快的物流中心，储位优化就意味着工作效率和效益。哪些货物放在一起可以提高分拣率，哪些货物储存的时间较短，都可以通过大数据的关联模式法来分析。

3. 物流企业应用大数据存在的问题

物流企业信息系统中拥有数万亿字节的用户信息、商家信息以及业务运营信息，数据已经成为业务活动的副产品。尽管大数据的应用意味着大机遇，拥有着巨大的商业价值，但应用的过程也面临着数据质量、管理政策、资金投入等诸多方面的挑战。只有解决这些基础性的挑战问题，才能充分利用这个大机遇，让大数据为物流企业创造价值。

（1）大数据的质量和实效性难以把握。大数据的来源有很多，数据结构随着数据源的不同而不尽相同，物流企业要想从多个数据源及时获取高质量的数据并进行有效整合数据，是一个巨大的挑战。在数据收集的阶段，由于数据的变化较快，有效期很短，单一的数据结构难以满足物流企业对数据的需要，如果物流企业没有实时的收集所需的数据，那么收集到的数据很可能是无效的、过期的数据，在一定程度上影响数据的质量。因此，物流企业应该重视大数据收集的质量问题，建立专门的数据库和专门的数据仓储设备来储存数据，保证数据的质量和有效性。同时,数据库管理员应该根据数据的结构设计数据存储和使用标准,以方便数据的快速读取和利用。

(2)物流企业高层管理者对大数据技术缺乏高度的重视和支持。只有得到了物流企业高层管理者的重视,一系列跟大数据有关的应用及发展规划才能有望得到推动,大数据的价值才能在物流的运营过程中真正地挖掘出来。然而,大数据在中国还处于不成熟的阶段,再加上大数据本身的多样性和复杂性,大数据的质量无法得到有效、全面的保证,许多物流企业高层管理人员还没有意识到大数据挖掘技术、大数据分析技术给企业带来的商业价值到底有多大,对大数据的认识还没有真正提升到企业发展的战略高度。因此,物流企业高层管理者应当加强对大数据的认识,清楚大数据在信息时代的真正价值所在,建设完善的数据中心和完善的数据质量保证制度,带领企业迎接这场没有硝烟的大数据战争。

(3)数据中心亟须专业的数据管理人员。专业数据管理人员的配备才是保证大数据质量的关键,由于大数据本身的多样性、复杂性增加了大数据在处理和管理上的难度,现在物流企业亟须专业的既懂得数据挖掘、数据分析技术,又熟悉物流企业运营的复合型技术人才即首席数据官(Chief Data Officer,CDO)。因此,在大数据环境下,物流企业想要充分利用这一机遇就必须加大对这样的新型管理人才的招聘。

(4)将非结构化的数据转化为结构化的数据是一项巨大的挑战。数据有着结构化数据和非结构化数据之分,结构化数据是指储存在数据库里,只能用二维表结构来表达的数据;而非结构化数据是指包括所有格式的文本、图片、办公文档、各类报表 html、xml、图像和音频/视频信息等。在物流企业的运营过程中,非结构化数据只有先转化为结构化的数据才能够存储,因此,引进先进的数据转化技术是物流企业数据质量的保证。

(5)数据开放与隐私的平衡亦是一大难题。在信息时代,用户的各种行为需求都是可以被记录的,甚至习惯、爱好等个人信息都会被记录在数据库里,这些数据的泄漏必然会给客户带来一些不必要的骚扰。因此,面对激烈的物流企业间的竞争,推动数据全面开放、应用和共享的同时,物流企业内部必须完善保护客户隐私的规章制度,同时国家也应逐步加强隐私立法。

总之,大数据已经渗透到物流企业的各个环节,引起物流企业普遍关注的同时已经给它们带来了高额效益。但是,面对大数据这一机遇,物流企业的高层管理者仍需给予高度的重视和支持,正视企业应用大数据时存在的问题。

(四)人工智能

人工智能(Artificial Intelligence,AI)是研究、开发用于模拟、延伸和扩展人的智能的理论、方法、技术及应用系统的一门新的技术科学。

目前,很多先进的现代物流系统已经具备了信息化、数字化、网络化、集成化、智能化、柔性化、敏捷化、可视化、自动化等先进技术特征。很多物流系统和网络也采用了最新的红外、激光、无线、编码、认址、自动识别、定位、无接触供电、光纤、大数据、传感器、RFID、无线传感网络、卫星定位等高新技术,这种集光、机、电、信息等技术于一体的新技术在物流系统的集成应用,就是智能技术在物流业应用的具体体现。

人工智能在物流企业的具体应用主要体现在以下几个方面。

1. 在仓储环节

对于企业仓库选址的优化问题,人工智能技术能够根据现实环境的种种约束条件,如顾客、供应商和生产商的地理位置、运输经济性、劳动力可获得性、建筑成本、税收制度等,进行充分优化与学习,从而给出接近最优解决方案的选址模式。人工智能能够减少人为因素的干预,使选址更为精准,降低企业成本,提高企业的利润。

2. 在库存管理方面

人工智能在降低消费者等待时间的同时使得物流相关功能分离开来,令物流运作更为有效。人工智能技术最广为人知的一个应用就是通过分析大量历史数据,从中学习总结相应的知识,建立相关模型对以往的数据进行解释并预测未来的数据。库存管理的方法是人工智能技术应用较早的领域之一,通过分析历史消费数据,动态调整库存水平,保持企业存货的有序流通,在提升消费者满意度的同时,不增加企业盲目生产的成本浪费,使得企业始终能够提供高质量的生产服务。早在两年前,DHL已经成功在荷兰进行了智能眼镜应用试验,实现业务中视线采集数据,员工通过智能眼镜扫描仓库中的条码图形以加快采集速度和减少错误。统计数据表明,AR为物流提供的增值,在采集数据过程中效率提高了25%。

3. 在运输路径规划方面

智能机器人的投递分拣、智能快递柜的广泛使用都大大提高了物流系统的效率,大大降低了行业对人力的依赖。随着无人驾驶等技术的成熟,未来的运输将更加快捷和高效。通过实时跟踪交通信息以及调整运输路径,物流配送的时间精度将逐步提高。而无人监控的智能投递系统也将大大减少包装物的使用,从而更加环保。

物流的信息化建设需要加大基础设施投入,智慧物流发展的前提条件是互联网基础设施的广泛投入。传统物流企业信息化往往采用由内而外的发展,信息内部化和"孤岛问题"凸显。而云计算、大数据、物联网、智能终端等互联网基础设施的投入,帮助企业直接接入互联网,可以促进信息的广泛流动,实现更广范围的信息分享和使用,从而降低信息处理成本。

不管怎样,制造行业的全新时代已经来临。"工业4.0"和《中国制造2025》提到要打造数字化工厂、智能工厂,只有实现了物流体系的信息化、数据化和智能化,才能称得上是数字化工厂和智能工厂。因此,建设高度信息化、数据化和智能化的物流体系成为制造企业升级发展的必然选择。

对这些新技术的发展,人们可能会很难理解这些新技术的具体关系,下面简单对这些新技术之间的相互关系作介绍。

大数据和云计算的关系就像一枚硬币的正反面一样密不可分。大数据必然无法用单台的计算机进行处理,必须采用分布式架构。数据的特色在于对海量数据进行分布式数据挖掘,但它必须依托云计算的分布式处理、分布式数据库和云存储、虚拟化技术。

随着云时代的来临,人们对大数据的关注度也越来越高,大数据通常用来形容一个公司创造的大量非结构化数据和半结构化数据。大数据分析常和云计算联系到一起,因为实时

的大型数据集分析需要像 Map Reduce 一样的框架来向数十、数百或甚至数千的电脑分配工作。

大数据需要特殊的技术以有效地处理大量的数据。适用于大数据的技术,包括大规模的并行处理数据库、数据挖掘、分布式文件系统、分布式数据可、云计算平台、互联网和可扩展的存储系统。

物联网是通过收集大数据,传输信息给云计算平台处理,再通过人工智能提取云计算平台存储的数据来正常运行。

项目小结

本项目主要介绍了物流信息的概念、特点、作用和分类,物流信息系统的概念、特点、组成和作用;物流信息技术的相关知识,并着重介绍了新技术对物流行业的影响。

信息可以被看作经过加工、解释以后的对人们有价值的数据,数据与信息是密切相关的,但是数据不等同于信息。物流信息是指反映物流各种活动内容的知识、资料、图像、数据和文件的总称。物流信息是物流活动中各个环节生成的信息,通常将由贯穿于生产与消费的物流活动而产生的信息流,与物流过程中的运输、储存、装卸、包装等各种职能有机结合在一起,是整个物流活动顺利进行所不可或缺的要素之一。物流信息除具备信息的一般特点外,还具有信息量大、来源多样化、动态性强、日趋标准化等特点。

物流信息系统是通过加工处理与物流相关信息,从而对物流、资金流进行有效控制和管理,并为企业提供信息分析和决策支持的人机系统。这个人机系统是以人为主体的系统,它对企业的各种数据和信息进行收集、传递、加工、保存,将有用的信息传递给使用者以辅助企业的全面管理。它具有跨地域连接、跨企业连接、信息实时传递和处理等特点。它通常包括订单管理、采购管理、仓储管理、运输管理、财务管理以及决策管理等子系统。这些子系统之间并不是彼此孤立的,子系统之间存在信息交换和共享。

物流信息技术(Logistics Iinformation Technology,LIT)是指运用于物流各环节中的信息技术,是建立在计算机、网络通信技术平台上的各种 IT 技术应用,包括硬件技术和软件技术,是物流现代化的重要标志。物流信息技术主要包括计算机网络技术、数据库技术、物流自动跟踪技术、电子数据交换、地理信息系统和全球卫星定位系统等。在这些信息技术的支撑下,以移动通信、资源管理、监控调度管理、自动化仓库管理、业务管理、客户服务管理、财务管理等多种业务集成的一体化现代物流信息系统形成了。

新技术主要包括物联网技术、云计算技术、大数据、人工智能,也会对物流行业造成一定的影响。

同步练习

一、单项选择题

1. 以下对信息的理解错误的是( )。
A. 信息是数据加工的结果
B. 信息是帮助人们做出决策的知识
C. 信息是系统有序的度量
D. 信息反映客观事物的性质、属性以及相互关系的符号

2. 物流信息的特点不包括( )。
A. 信息量大　　　B. 来源多样化　　　C. 动态性强　　　D. 日趋同质化

3. 对物流信息系统的理解错误的是( )。
A. 为企业提供信息分析和决策支持　　B. 以机器为主体的人机交互系统
C. 辅助企业进行全面管理　　　　　　D. 企业信息系统的一部分

4. 物流信息系统的主要作用不包括( )。
A. 仓储管理　　　　　　　　　　　　B. 提高物流响应速度
C. 优化物流策略　　　　　　　　　　D. 提高装卸搬运效率

5. 组成 RFID 系统最基本的部分不包括( )。
A. 射频卡　　　B. 阅读器　　　C. 天线　　　D. 磁条

二、判断题

1. 物流信息对整个物流系统起着融会贯通的作用,对物流活动起主导作用。( )
2. 按活动领域分类,物流信息可以分为原始信息和加工信息。( )
3. 运输管理子系统(TMS)主要侧重于企业内外向运输管理,是物流信息系统重要的组成部分。( )
4. 在物流信息技术的支撑下,形成了多种业务集成的一体化现代物流信息系统。( )
5. 大数据、物联网、云计算等都属于新技术,都对物流行业未来的发展造成了一定的影响。( )

三、简答题

1. 物流信息的特点及物流信息的作用?
2. 物流信息系统的组成及主要作用?
3. 物流信息技术的主要应用领域?
4. 新的信息技术对物流行业产生什么样的影响?

四、案例分析

中海北方物流有限公司信息系统

1. 中海北方物流有限公司概况

中海北方物流有限公司是中海集团物流有限公司所属的八大区域物流公司之一。公司注册资金为5000万元人民币，公司包括50个配送网点。其业务涵盖物流策划与咨询、企业整体物流管理、海运、空运、码头、集装箱场站、铁路班列运输、集卡运输、仓储配送等。

2. 中海北方物流信息系统简介

中海北方物流公司的物流信息系统是以 Intranet/Extranet/Internet 为运行平台的，以客户为中心的、以提高物流效率为目的的，集物流作业管理、物流行政管理、物流决策管理于一体的大型综合物流管理信息系统，有仓储管理系统、配送管理系统、运输管理系统、采购管理系统、结算管理系统、合同管理系统、客户关系管理系统、数据交换系统等子系统组成。

3. 中海北方物流信息系统的特点

（1）全过程的物流信息采集和处理。

系统实现了全球采购、运输、仓储、配送、包装、流通加工、装卸搬运、转运、报关、报检、分拣、结算等全过程的信息采集、储存、处理、统计和查询，使信息流通达物流作业和管理的每个环节。

（2）生产物料配送的零库存JIT管理。

系统支持零库存生产企业的JIT（即时）和ECS（高效）物料配送作业，同时满足多供应商对单一生产厂家和多供应商对多生产厂家的配送模式。是唯一能支持精确配送的信息系统。

（3）系统实现了仓库的数字化、条码化和局部智能化管理。

（4）基于GPS/GIS技术的车辆调度管理。

系统对不同类型的车辆实行统一管理和调度，利用GPS/GIS/GSM技术实现最佳线路管理。

（5）基于WEB方式的客户服务。

系统建立在INTRANET/EXTRANET的网络拓扑结构下，实现内网和外网的各自独立运作而又以宽带网络连接。通过WEB可以为全球客户提供实时在线查询、下单和结算。

（6）基于EDI方式的海关通关管理。

系统自动生成符合国际EAFACT标准的EDI单证，可以和深圳海关、商检的EDI系统直接连接，实现联网通关报验和报检。

4. 中海北方物流信息系统实施的效果

通过实施这套基于 Internet/Intranet 的物流信息系统，中海北方物流公司可以高效率、低成本的提供下列服务：

（1）综合物流服务。

在数码仓库网络和数码配送体系的基础上，从事专业物流业务，包括为客户提供全过程物流解决方案，组织全国性及区域性的仓储、配送、加工、分销、国际货运代理、信息等综合物流服务,为客户选择合理的运输及配送方式,以最低的物流成本提供最佳的物流服务。

(2)销售增值服务。

充分利用数码仓库和数码配送体系的服务优势,整合销售资源、分行业建立生产商直销系统,消除销售环节的不合理现象,为大型生产企业提供销售增值服务。

以网上交易为手段,进行资源整合、提供物流支持,全面发展电子商务业务,利用先进的互联网技术帮助企业提高其经营效率、降低经营成本、提高客户的满意度,使买卖双方获得更多的贸易机会,在提高市场的运作效率的基础上发展销售增值服务。

(3)采购增值服务。

面向采购环节,积极挖掘市场,以企业采购、政府采购工程为服务对象,提供适应现代采购业务需要的物流支持和相关服务。

(4)信息系统增值服务。

这部分增值服务可分为两部分。

一是信息增值服务。充分利用信息系统建设所产生的货物流量、流向及价格等信息资源,进行市场客户化工作,为客户提供实时的信息发布与查询,向社会各界提供有偿的市场信息服务。

二是物流软件增值服务。依托于数码仓库应用系统和数码配送应用系统平台,面向企业客户提供从专家咨询、系统规划、网络集成、软件的客户化、用户培训、数据准备、系统交付到系统维护的、一整套的全面 ASP(应用服务提供商)服务,最终协助用户实现成功的物流、商流和资金流的管理。

思考题

1.物流信息系统对物流企业的发展有何作用?
2.在安徽省物流企业使用的物流信息系统有哪些,各自的特点是什么?

任务实训

实训项目　调研合肥市一家物流企业信息化情况

实训目的

调研物流企业的物流信息化情况,并认识到物流信息系统在物流企业经营过程中的重要性。

实训内容

制定调研计划,然后调研物流企业的信息化进程及所使用的物流信息系统,并对其进行详细的介绍。

实训任务

1.撰写物流调查报告,完成调研目的和内容。
2.调研物流信息采集中常用的几种方法。
3.记录企业的规模和信息化程度。
4.对企业采用的物流信息系统和物流信息技术的情况进行调研。

实训准备

1.确定调研内容。围绕企业物流信息化建设,调研该企业物流信息化的现状,物流信息技术在物流企业中的应用情况,物流信息采集常用的方法。

2.制定调查计划。围绕调查目标,明确调查主题,确定调查对象、地点、时间、方式以及要收集的相关资料。

3.调查以小组为单位,根据班级情况,每组5~7人,设一名组长;学生代号调查工具,如笔记本和笔等,如果条件允许可以带上相机和录音笔。

4.调查之前,进行相关资料的收集并做好知识准备。

实训步骤

1.制作调研提纲。

2.跟公司发出调研提纲,请调研公司提出意见。

3.与公司协商调研的时间和程序。

4.小组成员明确分工,去公司实地调研。

5.撰写调研报告。

实训评价

提交调研提纲、调研报告和PPT,并回答下列问题,教师根据所提交内容的完整性、汇报时的表达能力。团队合作精神和回答问题的情况进行打分。

1.简述企业物流信息化建设的过程。

2.简述企业物流信息技术的应用情况。

项目十 第三方物流

学习目标

知识目标

1. 了解第三方物流的概念及其产生原因
2. 理解和掌握第三方物流的特征
3. 理解第三方物流管理的含义及内容
4. 掌握第三方物流管理优势

技能目标

1. 学会辨别第三方物流企业的类型
2. 能够编制出第三方物流管理工作流程

任务一 第三方物流概述

导入案例

安徽省徽商物流有限公司是由原安徽省商业储运公司和原徽商物流公司整体改制重组而成的现代物流企业,是安徽省最大的流通企业——徽商集团旗下的全资子公司。公司在省内主要城市合肥、芜湖、蚌埠等地拥有徽商同济物流、徽商工贸、芜湖物资公司等多家子公司和运营网点,自有与管理各类仓库面积达 30 万平方米,其中自有仓库面积 10 万平方米,同 TCL、海信、张裕、安徽电信器材、安徽省薄钢科技有限公司、浙江纳爱斯集团等众多知名企业长期合作。

该第三方物流公司的主要经营范围包括:货物仓储,国内、国际货物运输代理,物流信息咨询、配载服务等。总站项目占地面积 20 万平方米,功能板块中包含:综合商务楼、物流信息交易中心、集成配送中心、多功能仓储中心、码头及陆域作业配套、生活办公综合配套、信息化系统、物流设施设备等。

任务目标

通过本项目的学习,项目团队应掌握第三方物流的基本知识,学会辨别第三方物流企业的类型,能够分析出第三方物流的利润来源及发展趋势。

任务学习

一、第三方物流的内涵

(一)第三方物流的定义

我国国家标准《物流术语》对第三方物流的定义为:独立于供需双方,为客户提供专项或全面的物流系统设计以及系统运营的物流服务模式。第三方是卖方、买方之外的独立一方,既非发货方也非收货方,而是专门从事货物传递工作的一方。第三方物流是定位于服务的物流业态,它以物流作为服务和经营手段,其目的在于获取某种利益。

与第一方物流、第二方物流不同,第三方物流是物流领域专业分工的产物,现已成为国民经济中一个能够独立运行的有特点的重要产业。从第三方物流在国民经济中的定位看,它是与第一方物流和第二方联结并为之服务的社会物流那一部分独立成"业"的产物。第一方和第二方物流的主体是生产企业,而第三方物流以物流作为服务经营手段并获取某种利益,它的定位是生产性服务业,可提供的服务包括运输、仓储、码头装卸、库存管理、包装以及货运代理在内的诸多业务。表10-1为各方物流的概念解释。

表10-1 各方物流的概念

名词	解释
第一方物流	需求方为采购而进行的物流,如赴产地采购、自行运回商品。
第二方物流	供应方为了提供商品而进行的物流,如供应商送货上门。
第三方物流	由物流的供应方和需求方之外的第三方所进行的物流。
第四方物流	提供各种物流信息咨询服务的企业,提供各层次物流人才培训服务的企业。
第五方物流	为其余四方提供信息支持,为供应链物流系统优化、供应链资本运作等提供全程物流解决方案服务。

(二)第三方物流产生的原因

第三方物流的概念在我国古代的某些小说和文章中已经有所涉及,如"鸿雁传书""使者传书""镖局送宝"等说法或多或少都有此意。后来,随着邮政的出现,这样的事情便成为常态。从性质来看,邮政所从事的工作就是一种第三方物流。随着信息技术的发展和经济全球化趋势,越来越多的产品在世界范围内流通、生产、销售和消费,物流活动日益庞大和复杂;同时,为参与世界性竞争,企业必须确立核心竞争力,加强供应链管理,降低物流成本,把不属于核心业务的物流活动外包出去,于是专门提供货物传递服务的物流企业应运而生。

尽管由第三方作为责任方的物流早已存在,但直到现代社会才成为一种产业。第三方物流业是现代发达市场经济的产物。

(三)第三方物流的特点

1. 关系契约化

第三方物流是通过契约形式来规范物流经营者与物流消费者之间关系的。物流经营者根据契约规定的要求,提供多功能直至全方位一体化物流服务,并以契约来管理所有提供的物流服务活动及其过程。并且,第三方物流发展物流联盟也是通过契约的形式来明确各物流联盟参加者之间权责利相互关系的。

2. 服务个性化

首先,不同的物流消费者存在不同的物流服务要求,第三方物流需要根据不同物流消费者在企业形象、业务流程、产品特征、顾客需求特征、竞争需要等方面的不同要求,提供针对性强的个性化物流服务和增值服务。其次,从事第三方物流的物流经营者也因为市场竞争、物流资源、物流能力的影响需要形成核心业务,不断强化所提供物流服务的个性化和特色化,以增强物流市场竞争能力。

3. 功能专业化

第三方物流提供的是专业的物流服务。从物流设计、物流操作过程、物流技术工具、物流设施到物流管理必须体现专门化和专业水平,这既是物流消费者的需要,也是第三方物流自身发展的基本要求。

4. 管理系统化

第三方物流应具有系统的物流功能,这是第三方物流产生和发展的基本要求。第三方物流只有建立现代管理系统才能满足运行和发展的基本要求。

5. 信息网络化

信息技术是第三方物流发展的基础。物流服务过程中,信息技术发展实现了信息实时共享,促进了物流管理的科学化、极大地提高了物流效率和物流效益。

(四)第三方物流的类别及其利润源泉

1. 第三方物流的类别

第三方物流的类别可从资产角度和服务对象角度进行划分。

(1)从资产角度即按照是否拥有物流资产进行划分,第三方物流可分为资产型第三方物流和管理型第三方物流。

①资产型第三方物流。资产型第三方物流企业拥有进行物流运作的资产,这里的资产不仅指具有实物物流功能的资产,如各种运输工具、设备乃至某些配套设施、可以进行流通加工的场地、作坊、车间等,还包括信息资产,如信息系统硬件、软件、网络及相关人才等。第三方物流企业可能拥有这些资产,也可能通过租赁而获得,这些资产只有在公共物流平台上

进行运作,才能为第三方物流所用。

②管理型第三方物流。管理型第三方物流基本上不保有或者很少保有在公共物流平台上进行物流运作的资产,但拥有可用的社会资源,特别是管理能力很强,能够在需要时综合调动和使用这些资源,从而基于此进行物流运作并为用户提供服务。管理型第三方物流是以本身的管理、信息、人才等优势作为第三方物流的核心竞争力,从而满足用户的物流需求,通过收取费用的方式来抵消自身所付出的资源使用费用并取得第三方物流企业应得的收益。

(2)从服务对象角度进行划分,第三方物流可分为一般的第三方物流和特殊产品的第三方物流。

①一般的第三方物流。一般的第三方物流普遍面向社会提供物流服务,对物流对象及委托人没有特殊的规定和要求,可以被社会广泛采用,但所提供的服务是贴近广大民众和小型、个体、一般企业需求的简单服务,比较容易运作,属于较低水平的服务。

②特殊产品的第三方物流。特殊产品的第三方物流仅针对有特殊要求的产品,如生物、植物、化肥、金属材料、机械装备等,提供有针对性的第三方物流服务。这些特殊要求包括保质期限、环境条件、品种规格、形状重量、生存状态等。通常这些特殊产品的物流需要一些特殊手段,专业性很强,一般的第三方物流不具备这样的能力。专用的第三方物流需要通过大量的投资来创造这种专业能力,需要付出很高的代价,因此针对特殊产品很少采用一般的第三方物流来完成,而是由第一方物流、第二方物流利用自身专业手段进行,只有如此才能保证专业手段的连续性,完成特殊产品的物流。

2. 第三方物流的利润源泉

为客户和自己创造价值是第三方物流发展的推动力。第三方物流要不断使客户在物流业务上获利,还要使自己获利,因此其必须通过专业化的物流运作、信息化的物流管理、现代化的物流设施、高效的物流作业及规模化的物流量来创造利润。

(1)获取专业化分工利益。随着生产的社会化程度越来越高,专业化分工却越来越细,物流从生产、贸易等部门分离出来后,为生产经营企业提供专业化的物流服,可以使生产经营企业集中主业,从而提升市场竞争力,降低成本,获取更多利润。为获取这额外的利润,生产经营企业会将物流业务外包给物流企业,同时让出部分利润,这就构成了第三方物流企业的第一个利润源泉。

(2)获取规模经济收益。第三方物流企业只有达到较大规模才能获取由于集合签约而降低交易费用、集中储存而降低平均库存、组合运输来降低运输费用及减少返程空载而提高运输工具使用效率等所带来的规模经济效益。因而,第三方物流企业通过提供综合服务、集中储存、规模采购等多种途径获取利润。

(3)获取增值服务收益。第三方物流服务给客户带来的不仅仅是作业的改进和成本的降低,而且在许多环节上都具有保值、增值的功能,因此它可以通过为客户提供包装服务、装卸搬运服务、储存保管服务、流通加工服务及信息服务等增值服务获取企业利润来源。

二、第三方物流的作用

(一)提高服务水平

第三方物流能够与生产经营企业实行有效的合作,为其提供适时的物流方案、仓储战略、库存战略、市场开发战略和市场营销战略,实现信息资源和数据资源共享,为生产经营企业提供更优质的服务。同时,第三方物流可以准确了解客户的订货周期、订货量等信息,更好地满足消费者的需求,降低缺货概率,与营销有效配合,提供更加专业化的物流服务。

(二)提供集成运输模式

通过提供集成运输模式,供应链的小批量库存补充变得更为经济。因为在某些情况下,小批量的货物运输显然是不经济的。多品种小批量生产的供应链环境必须小批量采购、小批量运输,这就提高了货物的运输频率,运输频率的增加就要增加运输费用。第三方物流系统是一种为大多数企业提高运输服务的实体,它为多条供应链提供运输服务。比如,当多家供应商彼此位置相邻时,就可以采用混装运输的办法,把各家供应商的货物以此装在同一辆货车上,实现小批量交货的经济性,这就是第三方物流系统提供联合运输的好处。实践表明,通过发展第三方物流降低物流成本的空间很大,经济效益明显。例如,在德国,通过第三方物流,物流成本可以下降到商品总成本的10%。因此,第三方物流不仅可以提供更专业的服务,还可以实现规模经济所带来的低成本和高效率。

(三)促进社会经济可持续发展

发展第三方物流可以大大提高运输效率、减少车流量,从而减少运输能源消耗、减轻环境污染,促进社会经济的可持续发展。例如,在物流业发达的德国,通过发展第三方物流,运输效率提高80%,车流量减少60%。由此可以看出,发展第三方物流,社会经济效益显著。

总之,采用第三方物流系统可以使企业降低成本,更加集中于核心业务的发展,改进服务质量,快速进入国际市场,获得信息咨询和物流经验,减少风险等。

三、第三方物流的发展趋势

(一)更新发展理念,激发企业活力

市场上现有的第三方物流企业多数是从国有仓储、运输企业转型而来,带有计划经济的遗迹,不能适应国际市场竞争。因此,最先应该做到的就是要更新思想理念,打破原有的体制观念的约束,主动探索现代的商业运作方式,加快从思想领域的改革,激发企业活力,向现代物流业转化。第三方物流企业与相关企业的合作应该是互利互惠的关系,它的主要利润来源于现代物流企业的科学管理以及新价值的创造,这关系参与全球化的物流企业的市场竞争力。

(二)结合电商模式,提升第三方物流服务

在电商模式可持续发展背景下,第三方物流在未来发展过程中应结合电商模式发展特点,开发网仓、可视化配送、新型O2O等物流平台,提供优质的第三方物流服务。

1. 构建网仓

在电商模式下,第三方物流在提供仓储服务过程中,应摒弃传统由拣选人员拿着订单挑选货物包装发货的模式,而应利用互联网技术建立网仓。然后,在仓储协调过程中,通过网络平台,对货物和运力间关系进行调整,从而达到高效性仓储管理效果。此外,在网仓平台建立的基础上,也应以"互联网+物流"为导向,研发电商仓储服务的新技术,构建一体化仓储服务平台,完成仓储物流管理工作,达到最佳的物流服务效果。

2. 可视化配送

可视化配送是指允许客户利用手机,对快递物流信息进行实时查看。同时,在客户下单后,为其提供可视化地图,让客户通过手机软件即可了解到物流车辆位置、配送时间等内容,及时了解快递配送情况。与传统配送方式相比,可视化配送更突出了"以人为本"的服务理念。构建可视化配送服务板块可以更好地迎合电商模式发展趋势,并为客户提供人性化服务项目,提高客户对物流系统的参与度。

3. 构建新型O2O平台

电商模式的推广引发了物流运输中信息不对称现象,因此,第三方物流在发展中应注重构建新型O2O平台,即全国配送中心网络系统,实时共享货运车位置、物流区位置等信息,以此提高物流工作效率,实现各个配送中心信息的互通、共享,并实现货运车与物流区间的无缝衔接,达到高效性物流服务状态。

(三)强化增值服务,发展战略同盟关系

第三方物流的物流需求会推动物流服务的增值,既拥有大量物流设施、健全网络,又具有强大全程物流设计能力的混合型公司发展空间最大,只有这些企业能把信息技术和实施能力融为一体,提供"一站到位"的整体物流解决方案。因此,中国物流企业在提供基本物流服务的同时,要根据市场需求,不断细分市场,拓展业务范围,以客户增效为己任,发展增值物流服务,广泛开展加工、配送、货代等业务,甚至还提供包括物流策略和流程解决方案、搭建信息平台等服务,用专业化服务满足个性化需求,提高服务质量,以服务求效益。物流公司要通过提供全方位服务的方式,与大客户加强业务联系,增强相互依赖性,发展战略伙伴关系。

(四)重视物流人才培养,实施人才战略

企业的竞争归根到底是人才的竞争,只有物流从业人员的素质不断提高,不断学习与应用先进技术、方法,才能构建适合中国国情的第三方物流业。

项目十 第三方物流

任务二 第三方物流管理与优势

导入案例

上海全方物流有限公司位于上海市松江区,为了在与其他第三方物流企业的激烈竞争中脱颖而出,该公司采取了多种措施,主要在战略层面和管理层面上。

1. 战略层面的措施

在战略层面上确定公司的终极目标为发展成为集快速运输、配送、保管、流通加工、结算、物流信息处理及为客户提供物流方案和为客户提供物流培训等诸多功能于一体的一个真正现代化的第三方物流企业。

2. 管理层面的措施

运用现代企业组织和管理方式,对运输、仓储、装卸、加工、配送、信息等物流环节进行一体化经营,组织客户的产品从生产地到消费地之间整个供应链的物流服务。企业不仅要提供快速、准确的物流信息,高效地为物流作业提供实时有效的支持,还要提高其管理水平。

任务目标

通过本项目的学习,项目团队应掌握第三方物流管理的基本知识,能够制定出第三方物流管理的工作流程。

任务学习

一、第三方物流管理

(一)第三方物流管理的特征

第三方物流管理是物流行业中新型的"物流外包"管理模式,主要是对物流行业中各种优秀的专业化资源进行整合,以达到降低物流成本、提高效率的根本目的。它的基本特征如下。

1. 第三方物流管理是第三方物流企业与生产经营企业的战略联盟

第三方物流企业在服务内容上,不仅仅是为生产经营企业提供一次性的运输或配送服务,而且是一种具有长期契约性质的综合物流服务,最终保证生产经营企业物流体系的高效运作和不断优化供应链管理。第三方物理管理更加注重生产经营企业物流体系的整体运作效率与效益,供应链的管理与不断优化是其核心服务内容,其业务触及生产经营企业销售计划、库存管理、订货计划、生产计划等整个经营过程。

2. 第三方物流企业是生产经营企业的战略投资人，也是风险承担者

第三方物流企业是以投资人的身份为生产经营企业服务的，是一种长期投资，这种投资的收益很大程度上取决于生产经营企业业务量的增长，这就形成了双方利益一体化的基础。同时，第三方物流企业为了适应生产经营企业的需要，会自行投资或合资为生产经营企业建造现代化的专用仓库、个性化的信息系统及特种运输设备等。这种投资少则几百万，多则上亿，直接为生产经营企业节约了大量的建设费用，而这种投资的风险必然也由第三方物流企业承担。

3. 利益一体化是第三方物流管理的利润基础

与传统的运输服务相比，第三方物流企业的利润来源不是来自于运费、仓储费用等直接收入，不是以生产经营企业的成本性支出为代价的，而是来源于与生产经营企业一起在物流领域创造的新价值。第三方物流为生产经营企业节约的物流成本越多，利润率就越高，这与传统的经营方式有本质不同。

4. 第三方物流管理是建立在现代电子信息技术基础上的电子物流

第三方物流管理是利用电子化的手段，尤其是利用互联网技术来完成物流全过程的组织、协调、控制和管理，实现从网络前端到最终端客户的所有中间过程服务，各种软件技术与物流服务的融合应用是其最显著的特点。

通过运用客户关系管（CRM）、商业智能（BI）、计算机电话集成（CTI）、地理信息系统（GIS）、全球定位系统（GPS）、电子数据交换（EDI）、抗干扰技术（EFT）、无线射频识别技术（RFID）等先进信息技术手段以及配送优化调度、动态监控、智能交通、仓储优化配置等物流管理技术和物流模式，第三方物流管理信息系统可以为生产经营企业建立敏捷的供应链系统提供强大的技术支持。

（二）第三方物流管理的基本业务

1. 第三方物流运输管理

第三方物流企业运输服务管理就是对整个运输过程的各个环节——运输计划、发运、接运、中转等活动中的人力、运力、财力和运输设备进行合理组织、统一使用、调节平衡、监督执行的过程，以求用同样的劳动消耗，创造更多的运输价值，取得最好的经济效益。其特点是专业化、系统化及信息化。运输管理的内容包括运输决策、运输过程管理、运输结算管理。

2. 第三方物流仓储管理

物流企业仓储管理是单一的仓库服务，而第三方物流企业仓储管理包含更多的服务，比如运输服务、配送服务也涵盖其中，它比一般的物流企业仓储管理要更加专业和全面，属于供应链中的必须环节。

3. 第三方物流装卸搬运管理

在实际操作中，装卸和搬运是密不可分的。第三方物流装卸搬运管理工作在于装卸搬运的合理化，减少环节、集中作业、集散分工、协调兼顾、标准通用，实行集装箱化，通过管理，周全考虑,提高装卸搬运的灵活性。

4. 第三方物流加工管理

第三方物流流通加工管理是通过计划管理、生产管理、成本管理以及销售管理,以此达到流通加工合理化、节约成本、提高流通加工效率的目的。

5. 第三方物流费用管理

第三方物流费用管理主要是对人工费用、作业消耗、物品损耗、利息支出及管理费用进行合理控制,改进企业的物流管理水平,调整产品价格,为社会节约大量财富。

6. 第三方物流项目管理

客户服务的监控、成本和生产效率的监控、公共和合同仓库的监控、运输的监控、存货的监控均属于第三方物流项目管理的范畴。

(三)第三方物流管理业务基本流程

一个成功的第三方物流管理企业必须对货物流动的所有环节进行控制,并确定物流企业的经营模式。

1. 运输管理的业务流程

运输管理的第一步就是进行接单管理,明确货物明细信息之后根据运输计划安排通过一定的运输方式进行货物发运,这一环节对整个运输作业过程中的时间、数量、质量、费用等运输经济效果起着决定性作用。若从起运地到收获地之间不能一次到达,须经过二次运输,这就要经过中转运输。经过运输到站后,必须严格交接,点验货物,划清责任,保证货物发运工作质量。最后一环节就是进行签收回单管理,客户签收之后,第三方物流企业要进行相关单证的管理,如装箱单、关单、联运提单及海运提单等单据的管理。运输管理的业务流程如图10-1所示。

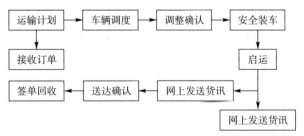

图 10-1 运输管理的业务流程图

2. 仓储管理的业务流程

第三方物流中的仓库功能已经从单纯的物资存储保管发展到具有担负物资的接收、分类、计量、包装、分拣、配送、存盘等多种功能。仓储管理的业务流程主要有入库管理、在库管理及出库管理。物资入库业务是仓储业务的起点,包括物资接运、物资验收和物资入库三个业务管理阶段;物资保管业务流程主要是物资分类保管规划及物资盘点;物资出库业务流程主要包括物资出库业务的内容和程序及物资代运业务。仓储管理的业务流程如图10-2所示。

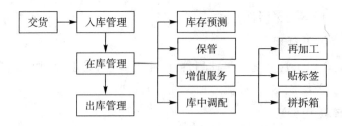

图 10-2 仓储管理的业务流程图

二、第三方物流管理优势

第三方物流是建立在供需双方基础之上,其所提供的服务独立于第一方物流、第二方物流之外,属于专业化物流。它的服务对象包括众多企业,并主要以合同为导向,可提供物流方案设计、订单处理、运输管理等30多种物流服务,综合性较强。同时,第三方物流通常站在投资者的角度为客户服务,与客户建立战略同盟关系,注重追求长期的利益。这些特征使得第三方物流管理具有明显的优越性,具体表现如下。

(一)有利于企业集中主业,优化资源配置

由于任何企业的资源都是有限的,很难成为在业务上面面俱到的专家。为此,企业应把自己的主要资源集中于擅长的主业,将有限的人力、财务集中于核心业务,发展基本技术,而把物流等辅助功能留给物流公司。

(二)有利于减少库存,降低物流成本

企业不能承担原料和库存的无限拉长,尤其是高价值的部件要及时送往装配点以保证库存的最小量。第三方物流企业通过信息系统使物流信息快速传输和信息共享,使物流活动中的物流作业、物流配送实现准时制,从而使企业可以实现按订单生产,使订单采购以外的库存量降到零,从而降低仓储成本,改善企业的现金流量,实现成本优势,降低企业物流成本。

(三)有利于减少固定资产投资,加速资本周转

第三方物流企业为了满足客户需求会建立仓库,购买或租赁大批运输工具。企业使用第三方物流公司,不仅可以减少物流设施的投资,取回之前在物流活动中固定资产投资的投入,还解放了仓库和运输方面的资金占用,加速了资金周转。

(四)有利于提升企业形象

第三方物流的提供者与顾客不是竞争对手,而是战略伙伴。第三方物流提供者为顾客着想,通过全球性的信息网络使顾客的供应链管理完全透明化,顾客随时可通过网络了解供应链的情况。第三方物流的提供者是物流专家,他们利用完备的设施和训练有素的员工对

整个供应链实现完全的控制,减少物流的复杂性。他们通过遍布全球的运送网络和服务提供者(分承包方)大大缩短了交货期,帮助顾客改进服务,树立自己的品牌形象,通过"量体裁衣"式的设计,制定出以顾客为导向、低成本高效率的物流方案,为企业在竞争中取胜创造有利条件。

项目小结

第三方物流已经不再是与第一方物流、第二方物流平行的那种物流运行方式了,而是一个在国民经济体系中能够独立运行的有特点的产业。随着需求量越来越大,企业数量和规模急剧增加,第三方物流在国民经济中不再是一般的产业,而是重要产业,并成为一种产业体制。

第三方物流基本业务管理包括第三方物流的运输管理、仓储管理、装卸搬运管理、物流加工管理、费用管理、项目管理及监控等。随着信息技术和供应链管理的不断发展并在物流业得到广泛运用,通过物联网、云计算等现代信息技术,货物运输过程实现自动化运作和高效化管理,物流行业的服务水平提高,成本、自然资源和市场资源的消耗降低,从而实现智能物流。第三方物流已经成为国际物流业发展的趋势、社会化分工和现代物流发展的方向。

同步练习

一、单项选择题

1. 第三方物流的作用主要体现在(　　)等方面。
   A. 改变管理模式　　　　　　　B. 集中主业
   C. 资源利用效率高　　　　　　D. 提高服务水平

2. 第三方物流类别可以从(　　)等角度进行划分。
   A. 资产角度　　B. 仓储角度　　C. 服务对象角度　　D. 市场供需角度

3. 第三方物流仓储管理包括(　　)等业务。
   A. 运输管理　　B. 仓储管理　　C. 配送管理　　　　D. 装运搬卸管理

二、填空题

1. 第三方物流利益来源主要有_____。
2. 第三方物流管理基本业务有_____。
3. 仓储管理的业务流程主要有_____。

三、简答题

1. 第三方物流未来发展趋势体现在哪些方面?
2. 第三方物流管理包括哪些业务?
3. 第三方物流管理的优势有哪些?

四、案例分析

乾龙物流集团是华南城集团旗下现代综合性物流企业,总部设立在深圳。2013年3月19日,合肥乾龙物流有限公司成立并投入运营。乾龙物流集团依托华南城平台优势,在全国8大区域,拥有65万平方米建成园区、117万平方米在建园区和143万平方米待开发的土地;在15大核心城市,拟建一流的现代综合体物流园区。该公司利用自身全国性的仓库网络布局和运作团队,集运输业、仓储业、货代业、信息业及供应链金融为一体,打造出以园区营运平台为基础,以仓储服务平台为核心,以集运配送平台为主体的三大业务平台,满足和支持多样化的配送渠道,助力客户区域市场发展,为客户提供物流综合性的仓储解决方案。

为了促进电子商务行业更好、更快地发展,公司斥巨资打造了全国首个物流与电子商务协同发展的产业园,主要包含商务办公、产品展示、仓储物流、会议中心、生活配套、技术交流、人才培训七个部分,利用电子商务推动传统企业的转型升级和协同发展,帮助企业实现商务电子化,提供产业链一站式服务。凭借数字化的电商供应链管理系统和物联手段,企业可以精准控制采购、仓储、发货、送达各个环节,并提供库存同步、全程透明、预警式的仓储配送外包业务,为电商企业提供智能化的仓储后端解决方案,有效地推动传统企业的转型升级和协同发展。其优势在于:

1. 简单高效的作业流程

乾龙物流集团采用智能化的订单处理方式,依托浙江网仓科技有限公司自主研发的网仓2号管理系统,全程自动化、数字化、无纸化作业,全程电子看板管理,利用多层防错设计以及多次系统检测,配合PDA及自主研发的配套硬件、流水线设施,确保作业流程准确高效。

2. 可靠灵活的IT系统

乾龙物流集团全程采用先进的智能条码/RFID自动识别技术,利用数据采集设备,快速、准确地进行全程跟踪管理,从入库通知、检验、盘点、上架、拣选、包装,到出库等环节,每一步都提供详尽准确的数据,让客户能实时掌握货物的动态变化情况,并自动按客户、按时间点生成结算账单,大幅提升仓储作业效率。

3. 精益求精的现场管理方案

乾龙物流集团利用动态储位,提供货位优化管理,保证库存商品的合理布局和仓库空间的合理运用。同时,按多种策略(如存储要求、先进先出、路径最优等)对收货、质检、上架、拣选、包装、发货、盘库等仓库现场作业过程进行最佳作业指导和监控,减少上架、拣货等作业的不必要浪费,减少人员执行差错,提高作业效率和准确率,充分提升以服务、精确、效率等为仓库核心的竞争力,最大限度地降低仓库管理成本。

4. 准确快速的物料周转管理

乾龙物流集团对实物的进出、移转进行实时跟踪监控,及时记录实物的移动信息,强调物流和信息流的同步,提高库存信息的实时性和准确性。同时,结合网仓2代WMS系统中全球首创的电商生产排程功能,解决电商需求波动引起的人、机、资源的浪费问题。

5.订单错误率、库存错误率达万分级

乾龙物流集团及时对库内商品实施不影响发货的动态盘点,全程电子看板管理,多层防错设计以及多次系统检测,对仓库现场作业各环节进行指导和监控,对产品由供应商到客户终端进行全方位信息跟踪。通过使用无线手持终端、电子看板、PC、微博,公司实现与企业、消费者、内部员工保持高度的信息同步,减少人员执行差错,将发货差错率控制在万分之一。

经过前期的努力,公司已在公共仓储、物流货运市场、物流信息平台、电子商务物流服务等方面累积了实际操作经验,致力将自身打造成国内领先的全供应链综合物流服务商。

思考题

1.乾龙物流集团提供了哪些第三方物流管理业务?具有哪些优势?
2.乾龙物流集团能够为客户提供哪些增值服务?

任务实训

实训项目　第三方物流企业服务优化实训

实训资料

物流服务质量是客户对物流服务过程的一种"感知",是物流服务活动满足客户需求的程度。客户满意度是对物流服务质量的总体评价指标,可以用它来衡量物流服务质量水平。中国物流企业经过20多年的发展,已经取得了很大进步,但总体上与现代物流发展的要求和发达国家相比,我国物流企业物流服务质量和水平还存在着很大差距,主要表现在:物流服务方式和手段比较原始和单一,对物流需求不能准确把握;现代信息技术应用水平落后,导致信息不能及时、正确地传递;物流服务不规范,物流服务规定落实不到位,承诺过高而不能履行;很少有企业能提供综合性、全过程、集成化的现代物流服务,不能形成完整的物流供应链,等等。如何规范物流服务标准,提供高水平的物流服务是当前物流企业普遍面临的问题。学生通过网络查找相关企业案例,并对案例进行物流服务水平提升策略的分析。

实训组织

1.以小组为单位进行实训活动,每组3~4人。
2.每小组进行成员任务分工,包括PPT主讲人、编写PPT人员、资料收集人员等。

实训步骤

1.小组成员自行组织调研,收集资料。
2.将收集到的资料进行整理,小组成员之间进行交流,挖掘物流服务参差不齐的原因。
3.小组成员经过探讨几分析,提出针对性的优化策略。
4.训练结束后,每小组以PPT形式在课堂进行分享。

实训考核

教师对各组训练完成情况进行点评。

表 10-2 物流服务优化评分表

考评人		被考评人	
考评地点		考评时间	
考评内容		物流服务优化	
考评标准	具体内容	分值	实际得分
	调研资料充实	20	
	问题分析透彻	15	
	原因挖掘有深度	15	
	提出的措施切实可行	30	
	在训练过程中体现了团队合作和职业素养	20	
合 计		100	

项目十一 企业物流

学习目标

知识目标

1. 掌握企业物流的内涵
2. 能分析不同类型企业物流的特点
3. 认识到物流管理在企业中的重要性
4. 了解采购在企业中的地位及主要采购模式
5. 了解供应物流的内容及其模式
6. 掌握如何进行生产物流的计划与控制
7. 了解如何使销售物流合理化
8. 了解回收物流和废弃物物流的基本流程

技能目标

1. 能够认识到物流管埋在企业中的重要性
2. 能够准确地说出主要采购模式及供应物流模式
3. 具备进行生产物流的计划与控制能力
4. 能够具有回收物流和废弃物物流处理能力

任务一 企业物流概述

导入案例

"美的"的零库存实践

在家电企业"美的"中流传着一句话:宁可少卖,不多留库存。这句话体现了"美的"控制库存的决心。由于没有资金和仓库占用,零库存是库存管理的理想状态。"美的"也一直在追求最大限度的零库存。

库存一般有分公司库存、在途库存、经销商库存等几种,如何提高库存管理的准确率,是美的一直努力解决的问题。自2002年开始,"美的"开始导入供应商管理库存(VMI)。"美的"作为供应链里面的"链主",如何在自身与供应商之间处理好库存管理显得非常重要。目前,"美的"各种型号产品的零配件加起来一共有 3 万多种,居于"美的"产业链上游且较为稳定的供应商共有 300 多家。在"美的"需要用到这些零配件的时候,就会通知供应商,然后进行资金划拨、取货等工作。这时,零配件的产权才由供应商转移到"美的"手上。在此之前,所有的库存成本都由供应商承担。也就是说,在零配件的交易之前,"美的"一直把库存转嫁给供应商。

问题:此案例中,你们觉得"美的"公司是如何通过企业物流管理来降低物流成本的?

任务目标

通过本项目的学习,项目团队应了解企业物流和企业物流管理的概念和分类;掌握企业物流管理的一般原则。

任务学习

一、企业物流的内涵

企业物流是指在企业生产经营过程中,物品从原材料供应,经过生产加工,到产成品销售以及伴随生产消费过程所产生的废旧物资的回收和再利用的完整循环活动。

企业物流可理解为围绕企业经营的物流活动,企业是具体的、微观物流活动的典型领域。

从系统论角度分析,企业物流是一个受外界环境影响的具有输入—转换—输出功能的自适应体系,如图 11-1 所示。由此可见,物流已渗透到企业各项经营活动之中。对于生产类型的企业来讲,企业物流是原材料、燃料、人力、资本等投入,经过制造或加工使之转换为产品或服务;对于服务型企业来讲,则是将设备、人力、管理和运营转换为对用户的服务。物流活动便是伴随着企业的投入—转换—产出而发生的。相对于投入的是企业外供应或企业外输入物流,相对于转换的是企业内生产物流或企业内转换物流,相对于产出的是企业外销售物流或企业外服务物流。

图 11-1 物流渗透到企业各项经营活动中

二、企业物流的分类

企业物流按企业业务性质不同可分为生产企业物流和流通企业物流。

（一）生产企业物流

生产企业物流是以购进生产所需原材料、设备为起点，经过劳动加工，形成新的产品，然后供应给社会需要部门为止的全过程。这个过程要经过原材料及设备的采购供应阶段、生产阶段和销售阶段。由此生产企业物流可分为供应物流、生产物流、销售物流、回收物流和废弃物物流。供应物流是指企业为组织生产所需的各种物资供应而进行的物流活动，包括组织物料生产者送达本企业的企业外部物流和本企业仓库将物资送达生产线的企业内部物流。生产物流是指企业按生产流程的要求，组织和安排物资在各生产环节之间进行的内部物流。销售物流是指企业为实现产品销售，组织产品送达用户或市场供应点的外部物流。回收物流是指不合格物品的返修、退货以及周转使用的包装容器从需方返回到供方所形成的物品实体流动。废弃物物流是将经济活动中失去原有使用价值的物品，根据实际需要进行收集、分类、加工、包装、搬运、储存等，并分送到专门处理场所时所形成的物品实体流动。

（二）流通企业物流

流通企业物流是指从事商品流通的企业的物流，包括批发企业、零售企业的物流活动。

1. 批发企业的物流

批发企业的物流是指以批发据点为核心，由批发经营活动所派生的物流活动。这一物流活动对于批发的投入是组织大量物流活动的流入，产出是组织相同总量物流对象的流出。在批发据点中的转换是包装形态及包装批量的转换。

2. 零售企业的物流

零售企业物流是以零售商店据点为核心，以实现零售销售为主体的物流活动。过去，在卖方市场，由于货源有限，商品的供应权力主要在供货商。而今，在买方市场情况下，产品的同质化导致零售商的权力不断增加。由于供货商的物流管理水平参差不齐，完全依赖供货商来经营零售业物流，有可能给零售商带来商品供应问题，比如商品不能及时送达，商品存在残次品等问题，这些都将直接导致零售商因缺货或退货等而造成销售损失。为避免此类问题的出现，零售商越来越重视商品采购系统及供应系统的管理，以保证及时交货。

三、企业物流管理

（一）企业物流管理的概念

企业物流管理是指在社会再生产过程中，根据物流的规律，应用管理的基本原理和科学方法，对企业物流活动进行计划、组织、指挥、协调、控制和监督，使各项物流活动实现最佳的协调与配合，以降低物流成本，提高物流效率和经济效益。

企业物流管理作为企业管理的一部分，通过使物流功能达到最佳组合，在保证物流服务水平的前提下，实现物流成本最低化，这是现代企业物流管理的根本任务。

在企业管理中，企业的基本竞争战略有成本领先战略、差异化战略和目标聚集战略。近年来,随着竞争的加剧,企业日益重视物流管理,在认识到物流作为企业"第三利润源"的基础上,进一步把物流提高到了企业战略层次,以增强企业竞争力。从纯粹为降低企业内部的物流成本管理,到为了提高企业收益而加强内部物流管理,以通过向顾客提供满意的服务来带动销售收入的增长。

(二)企业物流管理的内容

从职能上看,企业物流管理内容主要包括物流计划管理、物流质量管理、物流技术管理和物流经济管理等。

物流计划管理是指对物质生产、分配、交换、流通整个过程的计划管理,也就是在物流大系统计划管理的约束下,对物流过程中的每个环节都要进行科学的计划管理。具体体现在物流系统内各种计划的编制、执行、修正及监督的全过程。物流计划管理是物流管理工作的首要职能。

物流质量管理包括物流服务质量、物流工作质量、物流工程质量等的管理。物流质量的提高意味着物流管理水平的提高,意味着企业竞争能力的提高。因此,物流质量管理是物流管理工作的中心问题。

物流技术管理包括物流硬技术和物流软技术的管理。对物流硬技术进行管理,即是对物流基础设施和物流设备的管理。如物流设施的规划、建设、维修、运用,物流设备的购置、安装、使用、维修和更新,设备利用率的提高,日常工具的管理等。对物流软技术进行管理,主要是物流各种专业技术的开发、推广和引进,物流作业流程的制定,技术情报和技术文件的管理,物流技术人员的培训等。物流技术管理是物流管理工作的依托。

物流经济管理包括物流费用的计算和控制,物流劳务价格的确定和管理,物流活动的经济核算、分析等。成本费用管理是物流经济管理的核心。

(三)企业物流管理的一般原则

企业物流管理的指导思想是保证企业物流合理化的实现。所谓物流合理化,就是对物流设备配置和物流活动组织进行调整改进,实现物流系统整体优化的过程。合理化是投入和产出比的合理化,即以尽可能低的物流成本,获得可以接受的物流服务,或以可以接受的物流成本,达到尽可能高的服务水平。

具体来说,企业物流管理包括以下五大原则。

1. 服务原则

物流作为流通的一部分,是"桥梁",是"纽带",联结着生产与再生产、生产与消费过程,因此要求有很强的服务性。物流系统采取的送货、配送等形式,就是其服务性的表现。近年来出现的"准时供货方式""柔性供货方式"等,也是其服务性的表现。

2. 快速、及时原则

及时性是服务性的延伸,也是流通对物流提出的要求。快速、及时既是一个传统目标,更是一个现代目标。随着社会生产的发展、竞争的加剧,这一要求愈加强烈。

3. 节约原则

节约是经济领域的重要规律,在物流领域中除时间的节约外,由于物流过程中的消耗大多不增加商品的使用价值,因此,以节约来降低投入是提高相对产出的重要手段。

4. 规模化原则

以物流规模作为物流管理的原则,以此来追求规模效益。生产领域的规模生产早已为社会所承认。但物流系统比生产系统的稳定性差,难以形成标准的规模化模式。在物流领域以分散或集中等不同方式建立物流系统,研究物流集约化的程度,就是规模优化这一目标的体现。

5. 库存调节原则

库存调节原则既是服务性的延伸,也是宏观调控的要求。当然,也涉及物流系统本身的效益。在物流领域中,正确确定库存方式、库存数量、库存结构、仓库分布就是这一目标的体现。

任务二　采购与供应物流

导入案例

海尔集团采取的采购策略是利用全球化网络集中购买。以规模优势降低采购成本,同时精简供应商队伍。据统计,海尔的全球供应商数量由原先的2336家降至840家,其中国际化供应商的比例达到了71%,目前"世界500强"企业中有44家是海尔的供应商。

对于供应商管理方面,海尔采取的是SBD模式。海尔有很多产品的设计方案直接交给厂商来做,很多零部件是由供应商提供今后两个月市场的产品预测并将待开发的产品形成图纸,这样一来,供应商就真正成为了海尔的设计部和工厂,加快了产品开发速度。许多供应商的厂房和海尔的仓库之间甚至不需要汽车运输,工厂的叉车直接开到海尔的仓库,大大节约了物流方面的成本。

问题:本案例海尔集团的采购与供应管理有哪些方面值得借鉴和学习?

任务目标

通过本项目的学习,项目团队应理解采购与供应管理的内涵,能够比较传统采购与现代采购的区别,掌握准时采购的基本思想,了解电子采购的优点及供应物流对企业生产的影响。

任务学习

一、概述

每一家企业,不管是生产企业、批发企业还是零售企业,都必须从外部供应商手中购买原材料、获得服务,取得物料供应以支持自己企业的运作。人们曾认为这种从外部获取输入支持的过程是毫无必要的(至少与公司其他活动相比),因而购买行为被看作一种事务性的或是低层次的管理活动,其责任仅仅是处理和执行企业其他部门所制定的订单,其作用只是从外部供应商那里以尽可能低的价格获得所需的资源。这种观点从20世纪80年代开始发生了变化。供应链管理思想注重采购方和销售方之间的关系,将企业采购活动提升到更高的战略水平。尽管很多人实际上将"采购"和"购买"相互混用,但是"采购"一词还是成功地将自身这个具有战略意义的术语与传统意义上的"购买"区别开来。

对于大多数企业来说,购买商品和服务是一项最大的开支,采购的重要性日趋明显。与采购成本相关联的就是对外包运作的加强。在过去20年中,许多厂家都把工作重点放在外包运作上,其结果是,许多企业的采购总额迅速增加。现今,企业不仅从外部购买原材料和基本供应件,而且购买具有高附加值的、复杂的加工元件。企业通过外包将产品生产的部分职能交由供应商完成,自己集中精力于核心竞争力的运作。这意味着企业要在如何与供应商协调而进行有效的管理方面花更多的精力,建立和协调好与供应商的关系已成为实行有效的采购战略时企业亟待解决的主要问题。

二、企业采购职能的演变

企业对采购的日益重视使采购逐渐成为企业的一个主要职能,并且确立了采购在企业供应链管理中的新地位。传统的采购运作是指与供应商进行对抗性的、以交易为重点的谈判,现在则转变为确保企业从供应商处取得足够的支持,从而更好地完成其生产和营销的战略。其中,企业尤其关注的是确保供给、实现最低库存、提高质量以及供应商的发展。

(一)持续供给

原材料或元器件的短缺会导致工厂停工待料,不仅使企业运营成本增加,而且会进一步导致企业无法按时向客户交付产品,从而给企业带来巨大损失。因此采购的中心任务是要确保原材料、零部件的持续供给。

(二)库存投入最小化

过去,为了减少由原材料短缺造成的停工,企业都采取维持较高水平库存的方法来预防潜在的供应中断。而维持高水平库存的成本相当高,并导致资金被大量占用。现代采购理论的目标之一就是在保持供给持续性的前提下尽可能地减少库存。这需要企业对过剩库存成本和由此可能引发的生产停工所造成的损失进行平衡。当然,理想的情况是,在原材料即将进入生产流程时,所需的原材料恰好送到,即所谓的"及时"。

(三)提高质量

采购对企业产品质量起着关键作用。毫无疑问,产成品和服务的质量取决于生产中所使用的原材料和零部件的质量。如果使用了质量较差的原材料和部件,则最终产品也将无法符合客户的质量要求。

通过采购提高质量对于降低企业成本具有颇为实际的意义。如果劣质原材料是产品质量低劣的原因,那么在生产过程中废品和返工所造成的成本就会大大增加。如果客户在收到产品后发现产品存在质量问题,则保修、维修、产品更换所带来的费用就会相应大幅增加。因此,在向供应商采购时,企业必须不断地强调质量问题,确保以最优惠的价格满足客户的需求。

(四)供应商的发展

成功的采购取决于正确地确定供应商,分析供应商的实际运作能力,选择那些不断提高质量的供应商并与之合作。首先,与那些能够推动企业发展的供应商建立良好的供给关系是至关重要的。接下来,企业就要与这些供应商建立密切的业务联系,共享资源和信息,获得更佳收益。例如,制造商若与供应商实施生产时间表的共享,则供应商就能够按照生产计划更好地满足制造商的交付需求。

三、准时采购

(一)准时采购的基本思想

准时采购也叫 JIT(Just In Time)采购,是一种先进的采购模式。它的基本思想是:在恰当的时间、恰当的地点,以恰当的数量、恰当的质量提供恰当的物品。其目标是实现生产过程的几个"零"化管理:零缺陷、零库存、零交货期、零故障、零(无)纸文书、零废料、零事故、零人力资源浪费。它是从准时生产发展而来的,是为了消除库存和不必要的浪费而进行的持续性改进。要准时化生产必须有准时的供应,因此准时采购是准时化生产管理模式的必然要求。

准时采购包括供应商的支持与合作以及制造过程、货物运输系统等一系列的内容。准时采购不但可以减少库存,还可以加快库存周转速度、缩短提前期、提高购物质量、获得满意交货效果等。

(二)准时采购的特点及实施要点

准时采购和传统的采购方法在质量控制、供需关系、供应商的数目、交货期的管理等方面有许多不同,其中关于供应商的选择(数量与关系)、质量控制是其核心内容(见表 11-1)。

从表 11-1 可以看出,准时采购和传统采购模式有着显著的差别。企业要实施准时采购,需注意以下三点:选择最佳供应商并对供应商进行有效管理是准时采购成功的基石;供应商与用户的紧密合作是准时采购成功的钥匙;卓有成效的采购过程质量控制是准时采购成功的保证。

表 11-1　准时采购与传统采购的比较

项目	准时采购	传统采购
采购批量	小批量、送货频率高	大批量、送货频率低
供应商选择	采用较少供应商,关系稳定,质量较稳定	采用较多供应商,协调关系,质量较不稳定
供应商评价	合同履行能力,生产设计能力,产品研发能力等	合同履行能力
工作检查	逐渐减少,最后消除	收货、点货、质量验收
信息交流	快速、可靠	一般要求

准时采购采用订单驱动的方式。订单驱动使供应与需求双方都围绕订单运作,实现准时化、同步化运作。要实现同步化运作,采购方式就必须是并行的,当采购部门产生一个订单时,供应商即开始着手物品的准备工作。与此同时,采购部门编制详细采购计划,制造部门也进行生产的准备工作,当采购部门把详细的采购单提供给供应商时,供应商就能很快地将物资在较短的时间内交给用户。

同时,准时采购对企业的采购管理提出了新的挑战,企业需要改变传统"为库存采购"的管理模式,提高市场响应能力,增加与供应商的信息联系和相互之间的合作,建立新的合作模式。

四、电子商务采购

科学技术特别是信息技术的发展对许多企业的采购活动产生了巨大的影响。采购的许多日常工作在以前是通过手工劳动的方式完成的,不断出现由于人为失误而造成效率低下的情况。将信息技术引入采购领域对于加快运作处理速度、减少失误、降低成本具有极大的意义。

企业间进行直接传输的数据有多种类型,包括购买需求、购买订单、订单确认、订单状态及信息的跟踪和查询。最初,企业使用电子数据交换(Electronic Data Interchange,EDI)与主要客户联结。EDI 可以使两家或两家以上公司能够得到更为准时、准确的信息。EDI 促进了数据的标准化,使信息的传递更准确和及时,由于订货—交货周期的缩短,库存也大大减少。

但是电子数据交换技术费用高,并且需要特殊的技术才能实现。而因特网的普及,解决了与 EDI 有关的投资和技术问题,打开了更多使用电子商务采购的大门。如今,电子商务更多用于搜寻供应商和产品信息。也有一些企业开发了自己的在线采购系统,这样一来,买方可以利用电子方式方便地查询该企业的存货、协商价格、发出订单、检查订单状况、签发发票和接受付款等。

(一)电子商务采购的优点

电子采购的一个优点是降低了采购运营成本。书面工作的减少与文件处理、整理、保管相关工作成本的降低,都是电子商务采购成本节约的主要方面。

电子商务采购带来的书面工作量减少还体现在电子资金转账方面。采用电子方式向供应商支付支票,减少了支票的制作、邮寄、整理和保存成本。

减少采购时间意味着提高劳动生产率,因为采购人员在每份订单上花费的时间减少了,这样在一定时间内就能处理更多的订单。同样道理,使用电子商务系统的买方能够提高顾客服务代表的劳动生产率。购买者的许多问题可以获得在线回答,节省买卖双方的时间。

电子商务信息的实时性使销售者可以获得最新的需求信息,并据此调整其生产或采购行为以满足当前的需求。这一实时信息同样可以使买方建立起一个控制体系,以根据需要的质量调整购买质量,并且监控所支付费用的情况。

电子采购利用更少的资源完成一定水平的采购而提高了效率。点一下鼠标,采购人员就可以在全世界范围内搜寻某一产品或服务的供应商。再点一下鼠标,就可以通过电子搜索引擎查证相关的信息。所有的搜寻工作在办公室就可以完成,无须打电话、调用人员或使用企业外部资源。

电子商务提高效率的一个重要因素是增进了信息交流。买方可以从供应商那里获得诸如生产线、价格和产品等方面的信息。卖方也可以从买方那里得到一些关于产品、设计图、技术规格和采购要求等方面的建议。同样,卖方可以通过沟通订单情况、对订单履行中因缺货或运输引起的任何延迟向买方提供事先通知来改善客户服务。因此,电子商务使卖方能够获得实时性的信息以更准确地预测需求。

(二)电子商务采购的缺点

电子商务也有一些不足之处。最令人关注的是利用因特网进行采购的安全性问题。其中首要问题是通过因特网传输或储存在供应商电脑系统中的信用卡账号有可能遭受电脑黑客的袭击。其次是买卖双方缺乏面对面的沟通。电子商务交易减少了买卖双方建立起紧密关系的可能性,这一点可以通过一致努力发展和加强与供应商之间的个人沟通加以弥补。再次是技术问题,更具体地说,就是在标准协议、系统可靠性及技术方面存在不足。还有就是在某种程度上人们不愿意把时间和资金用于学习新技术上。一般来说,随着新兴技术或改进技术的发展以及工商业界对电子商务应用的需求,这些问题在日益减少。

五、供应物流

供应物流是企业为保证本身生产的节奏,不断组织原材料、零部件、燃料、辅助材料的供应活动。这种活动对企业的正常、高效生产起着重大作用。企业供应物流不仅是一个保证供应的过程,还应从最低成本、最少消耗、最大保证等方面来组织供应。企业在供应物流领域的竞争关键在于如何降低这一物流过程的成本,同时达到用户(在企业中是下一道工序或下一个生产部门)满意的服务水平。

(一)供应物流过程

供应物流过程因不同企业、不同供应环节和不同的供应链而有所区别,从而使企业的供应物流出现了许多不同模式。尽管不同的模式在某些环节具有不同的特点,但是供应物流的基本流程是相同的,其过程有以下几个环节。

1. 取得资源

取得资源是完成所有供应活动的前提条件。取得什么样的资源,是核心生产过程提出来的,同时也要按照供应物流可以承受的技术条件和成本条件辅助这一决策。

2. 组织到厂物流

所取得的资源必须经过物流才能到达企业。这是企业外部的物流过程,往往要反复运用装卸、搬运、储存、运输等物流活动才能使取得的资源到达企业的门口。

3. 组织厂内物流

如果企业外物流到达企业的"门",便以"门"作为企业内外的划分界限,例如以企业的仓库为外部物流终点,便以仓库作为划分企业内、外物流的界限。这种从"门"和仓库开始继续到达车间或生产线的物流过程,称为供应物流的企业内物流。

传统的企业供应物流都是以企业仓库为调节企业内外物流的一个结点。因此,企业的供应仓库在工业化时代是一个非常重要的设施。

(二)供应物流模式

企业的供应物流有三种组织方式:第一种是委托社会销售企业代理供应物流方式,第二种是委托第三方物流企业代理供应物流方式,第三种是企业自供物流方式。

这三种方式都有低层次和高层次的服务模式,其中供应链方式、零库存供应方式、准时供应方式、虚拟仓库供应方式等都值得关注。

(三)供应物流服务

供应物流领域新的服务方式主要有下列两种。

1. 准时供应方式

在买方市场环境下,供应物流活动的主导者是买方。购买者(用户)有极强的主动性,用户企业可以按照最理想方式选择供应物流,而供应物流的承担者,作为提供服务的一方,只有提供最优的服务才能被用户所接受。从用户企业一方来看,准时供应方式是一种比较理想的方式。

准时供应方式是按照用户的要求,在计划的时间内或者在用户随时提出的时间内,实现用户所要求供应的方式。准时供应方式大多是双方事先约定供应的时间,互相确认时间计划,因而有利于双方做供应物流和接货的组织准备工作。

2. 零库存供应方式

在买方市场环境下,由于产品供大于求,买方有主导权,就可以设计出各个领域的零库存。这个零库存的前提条件是有充足的社会供应保障。当然,现代的管理方法和科学技术手段是不可缺少的。

项目十一　企业物流

任务三　生产物流

导入案例

"看板"方式管理方法

日本汽车生产商以往都是从各自独立的公司那里获得零部件,而单个企业内部的纵向联系不够紧密。因此为了彻底解决这个问题,丰田公司在相互信任和尊重的基础上,同它们的零部件供应商建立了牢固的协作关系。这种关系主要依靠交叉管理、相互融资、技术转移和规定作业区来维系,所以,"看板"和"及时供应"等管理方法能在供应商中得到采用。生产流水线的合理安排减少了运输费用,在运输中造成的损失减少到最低,并大幅度降低了必要的库存。在"看板"制度下,很多部件一直要等到下一道工序进行前几个小时才生产出来,免去这些库存也就暴露了以往人员过多、人员不足及机器效率低等问题,并加以纠正。以上这些管理上的变革产生的效果是惊人的。

问题:在此案例中,你认为"看板管理"是如何在生产物流中发挥作用的?

任务目标

通过本项目的学习,项目团队应理解生产物流的概念及影响因素,掌握生产物流计划和控制方法,尤其是 JIT 生产方式,深刻理解 MRP 原理及 QR 思想。

任务学习

一、概述

生产物流是指原材料、燃料、外购件投入生产后,经过下料、发料、运送到各个加工点和储存点,以在制品的形态,从一个生产单位流入另一个生产单位,按照规定的生产工艺进行加工、储存的全部生产过程。生产物流的形式和规模取决于生产的类型、规模、方式和生产的专业化、协作化程度。

(一)影响生产物流的主要因素

不同生产过程形成了不同的生产物流系统,生产物流的构成与下列因素有关。

1. 生产工艺

不同的生产工艺,不同的加工设备,对生产物流有不同的要求和限制,是影响生产物流构成的最基本因素。

2. 生产类型

不同的生产类型,产品品种、结构的复杂程度、加工设备不尽相同,会影响生产物流的构成与比例关系。

3. 生产规模

生产规模指单位时间内的产品产量。规模大,物流量就大;规模小,物流量就小。规模不同,相应的物流设施、设备就不同,组织管理也不同。

4. 专业化与协作化水平

社会生产力的高速发展与全球经济一体化,使企业的专业化与协作化水平不断提高。与此相适应,企业内部的生产趋于简化,物料流程缩短。例如,过去由企业生产的毛坯、零件、部件等,现在可以由企业的合作伙伴来提供。这些变化必然影响生产物流的构成与管理。

(二) 管理组织生产物流的基本条件

生产物流与其他物流明显的区别是它与生产过程密切联系在一起,只有合理组织生产物流过程,企业生产才能正常进行。在企业生产物流组织过程中,应特别注意以下几个方面。

1. 物流过程的连续性

生产是一个工序接一个工序往下进行的,要求物料能够顺畅、最快、最省地走完各个工序,直至成为产品。任何工序的不正常停工,工序间的物料混乱等问题都会造成物流的阻塞,影响整个企业生产的进行。

2. 物流过程的平行性

一般企业通常生产多种产品,每种产品又包含着多种零部件。在组织生产时,将这些零部件安排在各个车间的各个工序上生产,要求各个支流平行流动,如果任何一个支流发生延迟或停顿,整个物流都会受到影响。

3. 物流过程的节奏性

物流过程的节奏性是指产品在生产过程各个阶段,都能有节奏、均衡地进行,即在相同的时间内完成大致相同的工作量。时紧时慢必然造成设备或人员的浪费。

4. 物流过程的比例性

产品的零部件组成是固定的,考虑到各个工序内的质量合格率,以及装卸搬运过程中可能造成的损失,零部件数量必然在各个工序间有一定的比例关系,形成了物流过程的比例性。当然这种比例关系,随着生产工艺的变化、设备水平和操作水平的提高也会发生变化。

5. 物流过程的适应性

企业的生产组织正在向多品种、少批量的管理模式发展,这要求生产过程具有较强的应变性,即可以在较短的时间内,由生产一种产品迅速变化为生产另一种产品。因此物流过程应同时具备相应的应变性。

二、生产物流的类型

通常情况下,企业生产的产量越大,产品的品种数越少,生产的专业化程度就越高,而物流过程的稳定性和重复性也越大。所以,生产物流类型与决定生产类型的产品产量、品种和专业化程度有内在联系。因此,划分生产物流类型与划分生产类型可以看成一个问题的两个方面。

(一)从物料流向的角度分类

根据物料在生产工艺过程中流动的特点,生产物流分为项目型生产物流、连续型生产物流、离散型生产物流三种类型。

1. 项目型生产物流

项目型生产物流是固定式生产中的物流凝固,即当生产系统需要的物料进入生产场地后,几乎处于停止的凝固状态,或者说在生产过程中物料流动性不强。可分两种状态:一种是物料进入生产场地后就被凝固在场地中,和生产场地一起形成最终产品,如住宅、厂房、公路、铁路、机场、大坝等;另一种是在物料流入生产场地后,滞留很长时间后形成最终产品再流出,如大型水电设备、冶金设备、轮船、飞机等。其管理的重点是按照项目的生命周期对每阶段所需的物料在质量、费用及时间进度等方面进行严格的计划和控制。

2. 连续型生产物流

连续型生产物流是在流程式生产中物料均匀、连续地流动,不能中断。其特点是:生产出的产品和使用的设备、工艺流程都是固定且标准化的,工序之间几乎没有在制品储存。其管理的重点是保证连续供应物料和确保每一生产环节的正常运行。由于工艺相对稳定,有条件采用自动化装置实现对生产过程的实时监控。

3. 离散型生产物流

离散型生产物流是在加工装配式生产中,产品生产的投入要素由许多可分离的零部件构成,各个零部件的加工过程彼此独立。其特点是:制成的零件通过部件装配和总装配最后成为产品,整个产品的生产工艺是离散的,各个生产环节之间要求有一定的在制品储备。管理的重点是在保证及时供料、零件、部件的加工质量的基础上,准确控制零部件的生产进度,缩短生命周期,既要减少在制品积压,又要保证生产的成套性。

(二)从物料流经的区域和功能角度分类

从该角度,生产过程中的物流细分为两部分:工厂间物流和工序间物流。

1. 工厂间物流

工厂间物流是指在大型企业各专业厂间的物流或独立工厂与材料、配件供应厂之间的物流。其内容包括:各工厂内原材料、零部件储存,加工过程中的通用部件集中储存,集中向生产工厂输送材料、燃料,产成品的集中储存和搬运等。

为了合理规划生产过程中的工厂间物流,从管理角度考虑,重点是进行企业内部供应链管理,合理布局生产单位,确定合理的协作计划,运用信息技术建立数据库,实现信息共享。

2. 工序间物流

工序间物流也称工位间物流、车间物流,指生产过程中车间内部和车间、仓库之间各个

工序、工位上的物流。其内容包括：接受原材料、零部件后的储存，加工过程中的在制品储存，成品出厂前的储存，仓库向生产车间运送材料、零部件的搬运，各种物料在车间、工序之间的搬运。

为了尽量压缩工序间物流在生产过程中的时间，从管理的角度考虑，重点是进行仓库合理布局，确定合理的库存量，配置设备与人员，建立搬运作业流程、储存制度，确定适当的搬运路线，正确选定储存、搬运项目的信息搜集、汇总、统计、使用方法，实现"适时、适量、高效、低耗"的生产目标。

由于工序间物流实际上主要与两种物流状态——储存和移动有关，所以对于储存与搬运这两个物流环节而言，先要讲究合理性原则，然后才是具体形式的选择。

三、企业生产物流的计划与控制

对生产物流进行计划就是根据计划期内规定的生产产品的品种、数量、期限，具体安排物料在各工艺阶段的生产进度，并使各环节的在制品的结构、数量和时间相协调。对生产物流进行控制主要体现在物流(量)进度控制和在制品管理两方面。常见的有以下几种方式：

(一)准时生产方式

准时(Just In Time，简称 JIT)生产模式近年来引起了各领域的广泛关注。该模式一般表现为准时生产、准时采购和准时配送。一般来说，制造系统中的物流方向是从零件到组装再到部装，而 JIT 却主张从反方向来看，即从装配到组装再到零件。当后一道工序需要运行时，才到前一工序去拿所需的坯件或零部件，同时下达下一时间段的需求量。这就是 JIT 的基本思想——适时、适量、适度(主要指质量)生产。

JIT 的运作目标就是按照时间阶段规划运作行为，力求让满足生产或装配运作所采购的原材料和元器件在需要的时候能够即时到货。在理想的情况下，由于降低了库存，甚至不需要库存，原材料和在制品的库存量能达到最小。JIT 运作的关键在于对部件和原材料的需求是根据生产计划来确定的。根据生产的成品数量就能确定需求。按照生产计划，元器件和原材料实现了准时到货，满足了生产的需求，减少了物料的处理运作，实现了库存的最小化。

JIT 运作的内涵非常丰富。显然，选择品质优良、服务质量稳定的供应商是十分必要的，因为他们提供的物料将会被直接做成产品。物流运作优良可以消除(至少是降低)对缓冲库原材料的库存储备。JIT 运作经常要求递送小批量的采购原材料，因此有时需要对企业的进货运输模式进行调整。要使 JIT 运作行之有效，生产商的采购部门和供应商之间必须做到协调一致，密切沟通。

(二)物料需求计划

物料需求计划(Material Requirement Planning，简称 MRP)是建立在生产与库存管理基础上的。其理论基础是分层式产品结构、物料的独立需求和相关需求以及提前期的概念。

当企业的最终产品需求确定后,对零部件的从属需求可根据产品与零部件之间的技术关系求出。

MRP 按照基于产品结构的物料需求组织生产,根据产品完工日期和产品结构规定生产计划。即根据产品结构的层次从属关系,以产品零件为计划对象,以完工日期为计划基准倒排计划,按各种零件和部件的生产周期反推出它们的生产与投入时间和数量,按提前期长短区别各物料下达的优先级,从而保证在生产需要时所有物料都能配套齐备,不到需要的时刻不过早积压,达到减少库存量和减少资金占用的目的。

(三)快速反应

快速反应(Quick Response,简称 QR)是企业面对多品种、小批量的买方市场,在用户提出需求时,能以最快速度调动资源要素,及时提供所需产品或服务。其目的是减少原材料到销售点的时间和整个供应链上的库存,重点是对客户需求作出快速反应。

作为 QR 的基础的是准确把握销售动向。其方法是运用销售时点系统(POS)的订单管理功能,及时掌握每一种商品的销售情况和库存状况,同时对于在零售阶段获得的销售信息与上、下游企业共享。也就是说,下游零售阶段的销售动向要及时准确地反映在生产计划上。

QR 有效运行的条件有:要改变传统的经营运作模式,适应消费需求多样化和个性化的特点,制造企业要建立起多品种、小批量柔性生产体系;同一个供应链的上、下游企业间要建立起战略伙伴关系,实现信息共享和利益共享;要开发利用现代信息手段,实现信息的实时传递和处理,从技术上保证信息共享的实现。

任务四　销售物流

导入案例

据悉,目前佳能(中国)的经销体系分为三层,第一层是一级总代理,之后是二级代理、经销商,最后是最终用户。而佳能(中国)下一步的动作则是准备把一级代理取消,通过二级代理、经销商服务于用户,此后二级代理也要逐步被取消,最后通过自己的渠道直接服务于最终用户。

直销带来的利益谁都想享受,但这种直销方式的实现却并不是轻而易举的,比如物流体系能否提供足够的支持就是一个新的最大考验,也就是说,渠道扁平对配送能力的要求会比原先提高。针对这方面问题,目前佳能(中国)成立了专门的物流部门,目标是在订单下达 3 天以内将货物送到目的地。

问题:分析分案例中完善的物流体系对销售的意义。

任务目标

通过本项目的学习，项目团队应理解企业销售物流的内涵，掌握企业销售物流的流程，能准确说出实现销售物流合理化的方法。

任务学习

一、企业销售物流的内涵

销售物流是指企业在销售过程中，将产品实体转给用户的物流活动，是产品从生产地到客户的时间和空间的转移，以实现企业销售利润为目的。销售物流是包装、运输、储存等诸环节的统一。

销售物流是生产企业赖以生存和发展的条件，又是企业本身必须从事的重要活动，是联结生产企业和消费者的桥梁。对于生产企业来讲，物流是企业的第三利润源，降低销售物流成本是企业降低成本的重要手段。企业一方面依靠销售物流将产品不断运至消费者和客户，另一方面通过降低销售过程中的物流成本，间接或直接增加企业利润。

销售物流以满足客户需求为出发点，从而实现销售和完成售后服务，因此销售物流具有很强的服务性。销售物流的所有活动及环节都是为了实现销售利润，物流本身所实现的时间价值、空间价值及加工价值在销售过程中处于从属地位。

销售物流的服务性要求销售物流要以客户为中心，树立"客户第一"的观念；要求销售物流必须快速、及时，这不仅是客户和消费者的要求，也是企业发展的要求。销售物流的时间越短、速度越快，资本所发挥的效益就越大。在销售物流中，还需强调节约原则和规模化原则。一般来讲，物流的价值主要是规模价值。此外，销售物流通过商品的库存对消费者和客户需求起到保证作用。在销售过程中，正确确定库存量，减少库存费用就是这一目标的体现。

二、企业销售物流的流程

企业制造过程的结束意味着销售工作的开始。对于按照订单进行生产的企业而言，销售过程中，不存在产成品的在库储存问题，也就是说，产成品可以直接进入市场流通领域，进行实际销售；而对于按照产品的需求制订计划，进行生产的企业，产成品进入流通领域以前多数会经过短暂的在库储存阶段，再根据企业销售部门收到的产品订单和产品运输时所选择的运输方式等来决定产品的运输、包装。产品的外包装工作结束后，企业就可以将产成品放入企业所建立或选择的销售渠道中进行实物的流转了。图11-2中用不同形式的箭头表示了三种企业可以选择的销售渠道：配送中心→批发商→零售商→消费者；配送中心→零售商→消费者；配送中心→消费者。

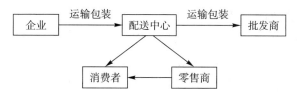

图 11-2　企业销售物流流程图

销售物流中的基本作业环节主要包括以下方面。

1. 产品储存

销售物流的基础是可供商品量,可供商品量的形成途径有:一是零库存下的即时生产。二是一定数量的库存。就目前大多数企业而言,有一定数量的库存是企业的首选。其原因包括:其一,维持较高供货服务水平,就必须保有一定的库存,因为任何企业的生产经营活动都存在多种不确定因素和需求的波动,影响企业经营活动的稳定性和持续性。因此,企业大多通过保持一定量的库存来避免不确定因素带来的经营风险。其二,对于需求呈明显周期性或季节性变化的商品,企业为保证生产的持续性和供给的稳定性,也要保持必要的库存。

2. 运输包装

运输包装主要是在产品的运输过程中起到保护作用,避免运输、搬运活动造成产品的毁损。企业可以选择在生产过程对产品进行销售包装,而将产品的运输包装推迟到销售阶段,在决定运输方式后再进行产品的运输包装,这样企业就可以依据产品配送过程中的运输方式、运输工具等来决定运输包装选用的材料和尺寸。这样不但可以更好地发挥运输包装对产品的保护作用,而且可以通过选择不同的包装材料实现产品包装成本的节省,也可通过与运输工具一致的标准化包装来提高运输工具的利用率。

3. 产品发送

产品发送以供给方和需求方之间的运输活动为主,是企业销售物流的主要环节。产品发送工作涉及产品的销售渠道、运输方式、运输路线和运输工具等的选择问题等。因此,企业在进行销售物流的管理过程中需要进行大量的决策工作,通过对各方面因素进行综合考虑作出对企业经营最有利的、最低成本的选择。

4. 信息处理

企业销售物流中的信息处理主要是指产品销售过程中对客户订单的处理。订单处理过程是从客户发出订货请求开始到客户收到所订货物为止的一个完整过程。在这个过程中进行的有关订单的诸多活动都是订单处理活动,包括订单准备、订单传输、订单录入、订单履行、订单跟踪等。

三、销售物流合理化

传统的销售物流是以工厂为出发点,采取有效措施,将产品送到消费者手中。从市场营销观点来看,销售物流应先从市场着手,企业除了要考虑消费者对产品及服务水平的要求,还必须了解其竞争对手所提供的服务水平,然后设法赶超竞争对手。

许多企业把销售物流的最终目标确定为以最短的时间、最少的成本把适当的商品送达客户手中,但在实际工作中很难达到上述目标,因为没有任何一种销售物流体系能够既最大限度地满足客户的需求,又最大限度地减少销售物流成本,同时又使客户完全满意。例如,如果客户要求及时不定量供货,那么销售企业就要准备充足的库存,但这样会导致库存上升,库存费用增加;同时,及时不定量的随时供货又使运输费用增加,从而使企业在销售过程中的物流成本增加。若要使销售物流成本降低,则必须选择低运费的运输方式和低库存,但这样会导致送货间隔期长,增加缺货风险,而顾客的满意度也会降低。因此,在销售物流过程中,应做好如下几方面工作,以实现销售物流合理化。

(一)正确处理好销售物流的职能成本与系统成本的矛盾

为了实现销售活动,仓储、运输、包装等各职能部门所投入的成本称为职能成本。系统成本则是整个销售物流活动过程中各职能成本的总和。不少企业往往认为自己的物流系统已达到高效率水平,因为库存、仓储和运输各部门经营良好,并且都能把各自成本降至低水平。然而,如果仅能降低个别职能部门的成本,而各部门之间不能互相协调,那么总系统成本也不一定最低,这就存在着各职能部门的成本与系统总成本的矛盾。企业销售物流系统的各职能部门具有高度的相关性,企业应从整个物流系统的成本考虑来制订物流决策,而不能仅考虑降低个别职能部门的成本。

(二)制订系统方案,进行综合物流成本控制

1. 直销方案的综合物流费用分析

把商品直接销售到客户手中,这种销售物流方案一般会耗费较高的物流成本,通常直销的货物数量不会很大而且运输频率较高,因此运送成本较高。但是这种直销一般是针对急需的客户而采用的,一旦延误,很有可能会失去客户。如果失去销售机会所损失的收益大于物流成本,则企业还是应采取直销方案。

2. 中转运输方案的综合物流费用分析

如果企业经计算发现,将成品大批量运至销售地区仓库或中转仓库,再从那里根据订单送货给每一位客户的费用少于直接将货物送至客户,则可采用经中转再送货的方案。增建或租赁中转仓库的评价标准是增建或租赁仓库所节约的物流费用与因之而增加顾客惠顾的收益大于增建或租赁仓库所投入的成本。

3. 配送方案的费用分析

配送价格是到户价格,与出厂价相比,其构成中增加了部分物流成本,因而价格略高于出厂价。与市场价相比,其构成中也增加了市场到客户这一段运输的成本,因而价格也略高于或等于市场价。但是客户若将以往的核算改成到户价格的核算,就可以发现,配送价格更优越。配送方案可以使企业、配送中心、客户三方分享规模化物流所节约的成本,因此,配送中心的代理送货将逐渐成为合理资源配置的一种方案。

项目十一　企业物流

（三）销售物流统一管理

在销售物流过程中,仓储、运输、包装决策应该是互相协调的。不少企业将物流运营权分割到几个协调性差的部门,从而导致控制权过于分散,还会使各职能部门产生冲突。如运输部门只求运费最低,宁愿选用运费少的运输方式大批量运输,库存部门为了尽可能保持低库存水平而减少进货次数,包装部门则希望使用便宜的包装材料。各部门都从自己的局部利益出发,会使整个系统的全局利益受损。因此,企业应将销售物流活动统一管理,协调各职能部门的决策,这对于节约企业的物流投入是非常有利的。

任务五　回收和废弃物物流

导入案例

美国钢铁企业的废弃物与回收物流

据统计,美国企业一年生产8700万吨原钢,其成品价值约为270亿美元。在生产这些钢的同时,大约产生了2800万吨的废物和剩余产物(例如渣、炉泥、灰尘等)。每年处理这些废物的费用大约在2.5亿~5亿美元之间,这些废物中可回收利用成分价值在5亿美元左右。这样一来,钢铁厂的废物处理具有10亿美元的商业价值,甚至还会有所提高。

如果钢铁企业产生的废弃物没有得到妥善处理,就会造成日益严重的环境问题。若对高炉渣和炼钢炉渣等废物的进行有效利用,则会带来巨大的商业价值。

要提高炼钢废弃物的回收利用率,可以从两个方面进行:一方面,从源头上减少污染物的产生,即采用先进的生产工艺,以降低污染物的排放,这是清洁生产的观点;另一方面,对产生的废弃物进行回收利用。

其中废钢—电炉炼钢法以回收废钢为原料在电弧炉内熔化。熔化后的钢水在钢包内进行精炼,再经过连铸和轧制成型。最初该方法只能生产低级产品,现在它占钢铁市场的分量越来越重。目前美国40%以上的钢是用这种方法炼成的。该法去除了焦化、高炉炼铁两大工艺环节,节省了能源,大大减少了废弃物的产生量。美国环境保护局的测试表明,使用废钢代替铁矿石炼钢时,总能耗降低近2/3,空气污染排放物可减少86%。

问题:此案例中,你认为做好回收物流能给企业带来哪些益处?

任务目标

通过本项目的学习,项目团队应认识废旧物资回收的意义,了解企业废弃物的处理方式,掌握企业废弃物物流的合理化的措施。

任务学习

由于社会对物流管理的日益重视及人们环保意识的增强,绿色物流的概念正逐渐被人们所认识,而与绿色物流密切相关的生产中的回收和废弃物物流也逐渐受到社会各界的重视。

一、企业回收物流

企业在生产经营过程中会产生很多废旧物资,如报废的成品、半成品,加工产生的边角余料,冶炼中产生的钢渣、炉底,更新报废的机械设备、工具和各种包装废弃物等。按照唯物辩证法的观点,废与不废是相对的,只要被人们发现和利用后,任何一种物资资料都可以变成有用的资源。随着社会生产力的提高和科学技术的发展,物资回收利用的经济效益日益显著,如何变废为宝,将废旧物资进行回收,减少生产经济活动过程中的资源消耗已成为全世界范围内人们关注的焦点。

(一)企业废旧物资的产生

在企业生产经营中,不可避免地会产生一些废旧物资。这些废旧物资产生的原因很多,主要可归纳为以下几点。

一是生产过程中产生的废旧物资,包括报废的成品、半成品,加工产生的边角废料、钢渣,生产中损坏报废的设备以及由于设计变动或产品更新换代而不再使用的呆滞物料等。

二是流通过程中产生的废弃物资,包括各种原材料和设备的包装物、在流通中因长期使用而损坏的设备工具、产品更新过程中因标识改变而废弃的物资、在保管过程中因储存时间过长而丧失部分或全部使用价值的物料。

三是因精神损耗产生的废旧物资。精神损耗是指由于生产率提高、技术进步而造成某些物资继续使用不经济的现象。尤其是机电产品,更新换代很快,老的产品只能作为废旧物资被淘汰。

四是企业返品,即由于产品出厂经储存、运输等环节损坏及消费需求变化等原因而退回企业的产品。

(二)企业废旧物资回收的意义

企业对废旧物资进行回收利用是利国利民的大事,它不仅可以减少生产过程中的资源消耗、弥补自然资源的不足,而且可以降低成本、提高经济效益。其意义主要有以下方面。

1. 使社会资源量相对增加

社会资源总是有限的,回收利用废旧物资就相当于利用社会的潜在资源,从而可以在一定程度上缓解资源的紧张状况。例如:利用1吨废钢铁,可炼出好钢900千克,节约铁矿石2吨,石灰石600千克,优质煤1吨;利用1吨废杂铜,可提炼电解铜860千克,节约铜矿石160吨。炼钢要经过采矿、炼铁、炼钢等这样一个复杂的过程方能成材,如果用废钢代替生铁炼钢,不仅可以节约找矿、采矿、炼铁等一系列生产耗费的支出,而且冶炼的钢材质量要比以生铁作为原料的更好。

2. 节约各种能源

用废钢铁炼钢比用铁矿石炼钢可节约用煤75%，节约用水40%，节约矿石消耗95%；用1吨废纸可造新纸800千克，可节煤500千克，可节电500千瓦。总之，利用废旧物料既可以节约开采资源的能源消耗，又可以节约物料生产过程中的能源消耗。

3. 减少废旧物资对环境的污染破坏

在我国，由于"三废"污染每年所造成的经济损失超过500亿元，通过回收利用废旧物料可以大大减少废旧物资对环境的污染。

4. 节约时间并加快工业发展速度

利用废钢铁炼钢可以节约铁矿石、石灰石等原材料的生产时间和运输时间，从而提高生产的效率。

（三）废旧物资回收物流的组织

与一般物流相比，废旧物资的回收物流具有分散性、缓慢性、混杂性和逆向性等特点。如何组织好生产企业废旧物资的回收物流工作是放在企业物流管理人员面前的一个重要任务。原则上讲，企业可以从以下三个方面入手改进企业废旧物资的回收物流工作。

一是编制废旧物资回收计划。编制计划时要突出重点，抓住一般，首先考虑对国民经济有重要影响作用的紧缺物资的回收项目，同时考虑生产、技术、经济、资源因素。

二是建立健全物资回收管理机构。物资回收管理机构是完成废旧物资回收任务的组织形式，应本着精简统一的原则，组建物资回收网络。

三是制定废旧物资回收的技术、经济政策。这些政策是开展物资回收利用的重要依据。

二、企业废弃物物流

废弃物是指企业生产中不断产生的基本上或完全失去使用价值，无法再重新利用的最终排放物。当然，废弃物的概念不是绝对的，只是在现有技术和经济水平条件下暂时无法利用的物资。

（一）废弃物的几种处理方式

1. 废弃物掩埋

大多数企业将最终废弃物运进、倒入政府规定的规划地区内原有的废弃坑塘或人工挖掘出的深坑，表面用土掩埋。该处理方式适用于对地下水无毒害的固体垃圾。

2. 垃圾焚烧

垃圾焚烧即在一定地区用高温焚毁垃圾。这种方式只适用于有机物含量高的垃圾或经过分类处理后有机物集中的垃圾。

3. 垃圾堆放

在远离城市地区的沟、坑、塘、谷中，选择合适位置直接倒垃圾，也是一种物流方式。这种方式物流距离较远,但垃圾无需再处理,通过自然净化作用,垃圾逐渐沉降风化。该处理方式的处置成本低。

4. 净化处理加工

该处理方式指对垃圾(废水、废物)进行净化处理,以减少对环境的危害,如废水的净化处理。

(二)企业废弃物物流的合理化

企业废弃物物流的合理化必须从能源、资源及生态环境保护的战略高度进行综合考虑,形成一个将废弃物的所有发生源包括在内的广泛的物流系统。这一系统实际包括三个方面:一是尽可能减少废弃物的排放量;二是对废弃物排放前进行预处理,以减少对环境的污染;三是废弃物的最终排放处理。

1. 生产过程中产生的废弃物的物流合理化

为了做到对企业废弃物的合理处理,实现废弃物物流的合理化,企业可采取以下做法。

(1)建立一个对废弃物收集、处理的管理体系,要求企业对产生的废弃物进行系统管理,把废弃物的最终排放量控制在最小的限度之内。

(2)在设计研制产品时就要考虑到废弃物的收集及无害化处理的问题。

(3)每个生产工序都要"变废为宝"。

(4)尽可能将企业产生的废弃物在厂内进行合理化处理。

2. 产品进入流通、消费领域产生的废弃物物流的合理化

为了树立良好的企业形象,企业还应关注产品进入流通、消费领域所产生的废弃物的物流合理化。

(1)遵守政府有关规章制度,鼓励消费者支持产品废弃物的收集和处理工作,如采取以旧换新购物等方式。

(2)将产品包装废弃物纳入企业的回收系统,不再将其作为城市垃圾而废弃,减轻环境压力。企业可采取在消费者购买产品时对可回收废弃物收取押金或在送货上门时顺便带回废弃物等方式。

(3)增强企业职工的环保意识,改变价值观念,注意本企业产品在流通、消费中产生的废弃物的流向,积极参与物流合理化的活动。

3. 企业排放废弃物物流的合理化

企业要使最终排放废弃物物流合理化,应做到以下几点。

(1)建立一个能被居民和职工接受,并符合当地商品流通环境的收集系统。

(2)通过有效收集和搬运废弃物,努力做到节约运输量。

(3)在焚烧废弃物的处理中,尽可能防止二次污染。

(4)对于最终填埋的废弃物,要尽可能减少它的数量和体积,使之无害化,保护处理场地周围的环境。

(5)在处理最终废弃物的过程中,尽可能采取变换处理,把不能回收的部分转换成其他用途,如用焚烧废弃物转化的热能来制取蒸气、暖气、热水等。

项目十一　企业物流

项目小结

企业物流是指企业内部的物品实体流动。它从企业角度研究与之有关的物流活动,是具体的、微观的物流活动的典型领域。企业物流又可分为以下不同典型的具体物流活动:企业供应物流、企业生产物流、企业销售物流、企业回收物流、企业废弃物物流等。本章讲述了企业物流的内涵,不同类型企业物流的特点,讨论了采购和供应物流在企业中的地位及主要采购模式,重点说明了如何进行生产物流的计划与控制,同时讨论了如何使销售物流合理化及回收物流和废弃物物流的基本流程。

同步练习

一、判断题

1. 物流已渗透到企业各项经营活动之中。　　　　　　　　　　　　　　(　　)
2. 准时采购可以实现真正的零库存,真正消除库存。　　　　　　　　　(　　)
3. 电子采购的有很多优点,但唯一的缺点就是安全性问题。　　　　　　(　　)
4. 通常情况下,企业生产的产量越大,产品的种类数越少,物流过程的稳定性也越大。(　　)
5. JIT生产的基本思想是实时、适量、适度(主要指质量)生产。　　　　(　　)
6. 销售过程中,不存在产成品的在库储存问题。　　　　　　　　　　　(　　)

二、单项选择题

1. 企业物流管理是以(　　)为出发点。
   A. 增加利润　　　B. 获取市场　　　C. 客户满意　　　D. 销售额
2. 通过物流活动有效组织和协调,能够对企业的成本降低和差异性产生影响,从而形成(　　)。
   A. 竞争优势　　　B. 降低成本　　　C. 规模经济　　　D. 范围经济
3. 企业之间的物资、信息和资金流动是指(　　)。
   A. 全球物流　　　B. 设施物流　　　C. 企业物流　　　D. 供应链物流
4. 制定物流战略计划是注重(　　)的企业物流规划。
   A. 短期　　　　　B. 中期　　　　　C. 中长期　　　　D. 长期
5. 供应商管理最主要的两个方面是(　　)和供应商的关系管理。
   A. 供应商的选择　　　　　　　　　B. 供应数量
   C. 供应质量　　　　　　　　　　　D. 供应渠道
6. (　　)的基本思想是:在恰当的时间、恰当的地点、恰当的数量、恰当的质量提供恰当的物品。
   A. 及时采购　　　B. 随机采购　　　C. 准时制采购　　D. 瞬时采购
7. (　　)是企业物料管理的核心。
   A. 运输管理　　　B. 物资管理　　　C. 仓库管理　　　D. 库存管理

8. 一个企业生产过程实质也是一个（　　）的过程。
   A. 流通　　　　　B. 商流　　　　　C. 资金流　　　　　D. 物流

9. 使原材料和零部件物流与产品物流连接起来的是（　　）。
   A. MRP　　　　　B. DRP　　　　　C. ERP　　　　　D. LRP

10. 销售物流服务有四个要素，即（　　）、可靠性、通讯和方便性。
    A. 空间　　　　　B. 地点　　　　　C. 时间　　　　　D. 数量

11. （　　）指物资从产品消费点到产品来源点的物理性流动过程的计划、实施和控制。
    A. 逆向物流　　　B. 正向物流　　　C. 销售物流　　　D. 生产物流

12. 在生产物流的计划与控制中，计划的对象是（　　）。
    A. 库存　　　　　B. 物料　　　　　C. 零件　　　　　D. 最终产品

三、简答

1. 什么是企业物流？不同类型的企业其物流有何异同？
2. 采购在企业中的地位如何？
3. 和传统采购相比，现代采购有何特点？
4. 什么是准时采购？和传统采购相比有何不同？
5. 企业在实施准时生产时应注意些什么？
6. 销售物流的服务性表现在哪些地方？

四、案例分析

广州珠江啤酒股份有限公司的物流系统

广州珠江啤酒股份有限公司（以下简称珠啤）是由广州珠江啤酒集团有限公司以与啤酒业务相关的经营性资产出资，与国内外其他五家企业共同发起设立，经广州市政府批准于2002年12月成立的大型国有控股啤酒生产企业（广州珠江啤酒集团有限公司拥有60％股份）。

广州珠江啤酒集团有限公司于1985年建成投产，是一家以啤酒业为主体，以啤酒配套和相关产业为辅助的大型现代化啤酒企业，是"全国500强"企业之一，是广州市国有资产授权经营企业集团，拥有国家级技术中心。珠江啤酒是全国三大啤酒品牌之一，单一品牌销量居全国同行第二位，在中国啤酒行业中享有"南有珠江"的美誉。

目前珠啤产品有"珠江啤酒""珠江纯生""珠江金小麦""珠江金麦""珠江雪堡"等，年酒液生产超过120万吨，其中由珠啤广州总部灌装的成品超过70万吨。

珠啤在从化、梅州、阳江、新丰、海丰、汕头、湛江、东莞等地建设了分装公司，将珠啤广州生产的部分酒液通过专用槽车运往当地分装、销售。珠啤在河北石家庄还有一家分公司，拥有完整的生产线。

1. 原材料供应和库存管理

生产啤酒的主要原材料是大麦（麦芽）、大米和酒花，珠啤对不同原材料的供应实施了不同的管理。

大麦（麦芽）和大米等粮食是啤酒制造中的主要原料，其中又以大麦为主，大麦需要按照一定标准制成麦芽并烘干之后才能够进入生产程序。按照珠啤159公斤每吨标准浓度啤酒的粮食消耗估算,珠啤每年需要的粮食约在20万吨上下,数量惊人。珠啤有自己的麦芽厂,但是年生产能力只有1.2万吨左右,无法满足需求,大部分麦芽是由粮食供应商直接提供的。

随着珠啤生产规模的不断扩大,粮食储运给企业带来了越来越大的压力,如何在保证有效供应的情况下减少粮食对库存的占用,成为珠啤储运部门的一大课题。从2004年全面完成ERP系统的升级之后,珠啤充分利用信息系统实现了粮食原料的零库存管理,即通过与粮食供应商建立稳定的合作关系,以密集的多批次、小批量供应代替集中的大批量供应,大大减少企业粮食库存。据介绍,珠啤生产厂区的常备粮食通常只够供应1~2天的生产,公司储运部按照生产的情况实时向与珠啤签订长期合同的粮食供应商发出送货指令,粮食供应商会按照约定时间和数量将粮食运送到厂区。虽然小批量密集送货对供应商和储运部门都带来很大考验,加班卸货、验货成为家常便饭,但是珠啤因此节约的仓储管理费用远大于加班耗费。

2.ERP系统的建设和管理

珠啤的ERP系统的建设被称为是国内啤酒产业中的第一个"吃螃蟹者"。1999年,经过1998年在中国啤酒市场的大规模征战之后,珠啤发现一些"怪象":珠啤产销量在高速增长,经济效益却严重下滑;投资规模扩大了,投资回报率却在下降;企业规模不断扩大,但是因为管理水平滞后,企业利润从1997年的9000万元锐减到1998年的3500万元。迫于内外压力,当时的珠啤急需改善管理方式,而在国内处于萌芽阶段ERP系统在此时引起了珠啤的注意。当年8月,经过仔细的选型、对比之后,珠江啤酒和Oracle正式签约,实施国内首个基于OPM(Oracle Process Manufacturing)的ERP项目。

2002年11月26日,为珠啤量身定做的瓶箱销售模块和主生产计划模块同时上线,与标准模块集成,实现了公司内部信息的共享。

ERP系统通过对企业生产所需的所有物资及产成品以同一编码、定置存放等手段进行标准化、规范化管理,严格记录从原料进入仓库到产品发出的整个过程中物资在各个阶段的投入量、消耗量、属性变化等状况,为所有部门提供统一的生产信息,以便进行生产控制、成本核算、财务结算乃至企业的宏观管理等工作。

ERP系统的建设不仅带来了管理方式的改善,也对提高珠啤生产效率和经营效益作出了很大贡献。

3.销售物流

目前珠啤的销售大体可以分成两部分:一部分是通过经销商分销,这是主体;另外公司也对广州一些酒楼直接配货。珠啤已经在逐步减少并将最终取消直接销售,将市场全部交给经销商。

除了为数不多的直接配货,目前珠啤的销售物流主要由经销商负责,而经销商又往往会雇用物流企业。在厂区可以看到除了挂着"厂内"牌号的拖车和叉车,就是喷有"××运输公司""××物流公司"字样的各种运输车辆。经销商按照要求回收的箱瓶也是这些车辆送回来的。目前珠啤正在考虑建立自己的物流公司,为客户提供物流服务,将产业链条延伸到物流领域。

4. 回收物流

按照珠啤储运部陈经理的说法:目前啤酒行业的竞争就是"争市场"加上"争瓶箱"。可见作为主要包装材料的瓶箱的供应及回收在啤酒生产中的地位之重要。

据介绍,回收使用一个啤酒瓶的成本是四角多钱,而投入一个新瓶的成本则是大约八角钱,相差很大,厂家当然更加眷顾前者,于是就造成了啤酒产业规模越来越大,瓶箱资源却越来越紧张的现象。

在储运过程中,瓶箱的重量与酒液的重量是相当的,因此对于瓶箱回收的管理也是关系生产成本的环节。

由经销商经手回收瓶箱是啤酒瓶箱回收的主要形式。啤酒厂家一般会根据经销商的销售规模提供一定数量的箱瓶,但是在日常的交易中则要求保持动态的平衡,印每次交易都要全部或者按照一定比例回收一定的瓶箱。珠啤对塑料箱包装的产品一般要求回收全部箱瓶,纸箱包装的产品则是按照实际情况给定回收比例。同时珠啤还通过专业的物资回收公司回收市面上的瓶子。

回收的瓶箱堆垒在珠啤的露天货场中。由销商回收的瓶箱一般分装齐整,可以直接进入生产线,由物资回收公司提供的回收瓶箱则要经过人工的分拣、装箱之后再送入生产线,进行消毒、清洗、灌装、贴标。

实训项目 ××企业物流一体化方案设计

任务目的

通过本次课程设计,加深对物流管理学习中的基本概念、原理认识与理解,熟悉物流网络设计程序和掌握设计方法;通过课程设计理解物流管理如何在企业中发挥作用,以达到全面系统地学习、巩固理论知识,加深实践体验的学习要求。

任务介绍

每组同学确定一个具体的企业作为目标企业,通过对该企业相关数据的收集、分析以及对相关资料的查询,建立相应的信息库和数据资料库,并用物流管理的专业理论知识去完成该企业物流一体化过程中的相应任务,包括客户关系管理、生产计划与控制、采购管理、物流配送管理、库存管理等模块,设计一套符合企业发展的完整的物流管理方案并进行系统分析,绘制相应的系统流程图和模块图。

具体操作步骤可参见下图。

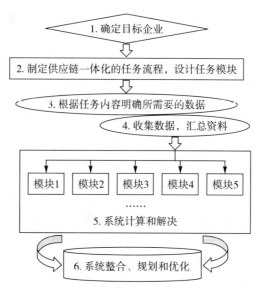

1. 在不同的行业(第三方物流企业、汽车制造业、家电制造业、服装制造业、快销品业等)中选一个企业作为目标企业,了解该企业的背景,包括企业的名称、类型、经营范围和性质等。

2. 从宏观上了解物流一体化的实质和核心内容,理解物流一体化的流程,制定物流一体化的任务流程,并根据制定的任务流程来对物流一体化的设计任务进行分解,并建立相应任务模块,即明确物流一体化设计的操作步骤。具体地,在该层面上的思路可以分解到:物流一体化需要做哪些具体的工作?其工作流程是怎样的?每一部分的工作需要完成哪些任务?

3. 在明确了物流一体化具体需要完成的任务后,进一步分析完成这些任务模块分别需要哪些数据和资料,并对这些需要的东西进行统计和总结。

4. 根据所确定的具体企业资料以及行业背景去寻找、设计出需要的具体数据和信息。(数据和信息可以从官方或企业公布的资料中得到,也可以从二手的途径例如关于该企业的分析评论文章中所引用的数据得到,甚至可以根据企业的背景和所在行业的特点在一个合理的范围内假设得到。不管以何种方式得到数据,都要求该数据在理论和逻辑上是合理的,并要求对数据来源进行标注。)

5. 根据确定的任务模块,结合所建立的数据库去一步一步完成设计任务。

6. 对设计进行整体的整合和规划,甚至是优化。

任务要求

1. 方案设计内容应当包括以下几点。

(1)××企业物流方案设计的指导思想、经营战略、物流运作模式、区域物流中心或配送中心数量和规模的确定、物流库存管理等具体实施方案。

(2)明确物流物流过程涉及的不同经营主体。根据所给资料,结合所学的相关知识,为该企业设计出科学、高效的物流管理运作方案的基本流程(涉及不同企业、部门、人员及其作业内容要点)。

(3)用物流管理理论及方法对该企业现有的物流过程进行重新整合优化,使企业尽早突破影响物流管理战略规划实施及未来深层次发展的瓶颈。

(4)分析物流管理可能给××企业带来的效益,通过本次物流管理方案的规划设计与实施,企业能最终达到运用全新的物流管理思想重新整合现有资源,培养和提升自身核心竞争力的目的。

2.材料要求。

(1)方案应满足以下条件。

①理论联系实际,所规划的方案需有针对性(目标明确,方案科学可行,能够解决实际问题);

②采用可行的物流运作模式设计角度(例如:企业自营物流模式、第三方物流模式、1+3模式或咨询机构模式等);

③着重体现物流管理体系的战略与战术构思;

④应包含完整的物流组织设计和物流技术设计(组织机构优化及可行的技术方案);

⑤在规划设计中,若需要更多的理论知识及背景资料,除重点参考推荐资料外可登录到相关网站查询,有关设计条件不足的部分可自行假设。

(2)提交小组成员分工表,装订于方案首页。

(3)提交任务书为纸质稿件,并准备电子稿。

(4)本设计在一周内完成。

项目十二 供应链管理

学习目标

知识目标

1. 掌握供应链的概念、特征、分类及结构
2. 熟悉供应链设计的内容、原则、步骤和策略
3. 掌握供应链管理的概念、内容及涉及的问题
4. 掌握 QR 和 ECR 两种供应链管理方法

技能目标

1. 能够运用供应链管理思想进行案例分析
2. 学会供应链的组织设计与构建
3. 能够运用 QR 和 ECR 策略进行供应链管理

任务一 供应链概述

导入案例

当下,每家每户都有一些家用电器,比如电视机、空调、冰箱等。但你们考虑过这些与你的生活紧密相关的商品是怎样一步一步生产出来并来到你的家里的吗?要回答这个问题,就不能不谈到供应链了。正如大家所知,一个普通的家用电器是由各种元器件构成的,而这些元器件基本上是由钢材、塑料、玻璃等材料经过非常复杂的生产工艺制造出来的。比如:一台普通的彩电,参与生产和流通的企业可能就有几百家,甚至上千家。这些上下游企业就构成了我们所说的供应链。那么,什么是供应链呢?

任务目标

通过本项目的学习,项目团队应了解供应链的产生与发展,掌握供应链的基本概念,熟悉供应链的结构、特征,理解供应链的各种分类,能够认清供应链管理与传统管理模式的区别。

任务学习

一、供应链的产生与发展

(一) 供应链的产生

供应链(Supply Chain)最早来源于彼得·德鲁克提出的"经济链",而后经由迈克尔·波特发展成为"价值链",最终演变为"供应链"。那什么是供应链呢?它是指核心企业通过对信息流、物流、资金流的控制,从采购原材料开始,包括制成中间产品及最终产品,最后由销售网络把产品送到消费者手中的功能网链结构。一条完整的供应链应包括供应商(原材料供应商或零配件供应商)、制造商(加工厂或装配厂)、分销商(代理商或批发商)、零售商(大卖场、百货商店、超市、专卖店、便利店和杂货店)以及消费者。

(二) 供应链的发展阶段

1. 传统企业内部供应链阶段

在该阶段,供应链是制造企业中的一个内部过程,即企业把从外部采购的原材料和零部件,通过生产转换和销售等活动传递到零售商和用户。它只考虑企业的内部操作,注重企业自身的资源利用,供应链就是通过计划、获得、存储、分销、服务等这样一些活动而在顾客和供应商之间形成的一种衔接,从而让企业满足顾客的需求。

2. 单一供应链阶段

在该阶段,供应链的概念只与企业的采购、供应管理相关联,供应链上的各个企业独立运作。企业与供应链上的其他成员企业的联系较少,企业之间容易产生目标冲突。

3. 链式结构双向供应链阶段

在该阶段,供应链中不同企业通过制造、组装、分销、零售等过程将原材料转换成产品,再到最终用户。美国的史迪文斯(Stevens)认为:"通过增值过程和分销渠道控制从供应商的供应商到用户的用户的流就是供应链,它始于供应的源点,结束于消费的终点。"伊文斯(Evens)认为:"供应链管理是通过前馈的信息流和反馈的物料流及信息流,将供应商、制造商、分销商、零售商,直到最终用户连成一个整体的模式。"以上这些定义都注意了供应链的完整性,强调战略伙伴关系,强调企业与其他企业的联系,是更大范围、更为系统的概念。

4. 网状结构供应链阶段

在该阶段,供应链是一个以核心企业为中心的双向树状网络结构。如核心企业与供应商、供应商的供应商及一切上游企业的关系,与用户、用户的用户及一切下游企业的关系。哈理森(Harrison)将供应链定义为:"供应链是执行采购原材料、将他们转换为中间产品和成品、并且将成品销售到用户的功能网链。"中华人民共和国国家标准(GB/T 18354—2001)物流术语中将供应链的概念定义为:"生产及流通过程中,涉及将产品或服务提供给最终用户活动的上游与下游企业,所形成的网络结构。"本书采用的定义是马士华等学者给出的,即"供应链是围绕核心企业的,通过对物流、信息流和资金流的控制,从采购原材料开始,制成中间产品以及最终产品,最后由销售网络把产品送到将供应商、制造商、分销商、零售商直到最终用户连成一个整体的功能网络"。该定义更加注重围绕供应链核心企业的网链关系。

二、供应链的结构模型与特征

(一)供应链的结构模型

根据供应链的定义,供应链的结构可以用图 12-1 来表示。

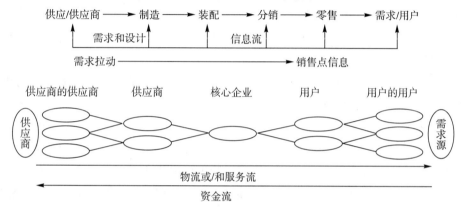

图 12-1　供应链总体结构模型

从图 12-1 可以看出,供应链由所有加盟的节点企业组成,其中一般有一个核心企业(可以是产品制造企业,也可以是大型零售企业,如美国的沃尔玛)。节点企业在需求信息的驱动下和信息共享的基础上,通过供应链的职能分工与合作(生产、分销、零售等),以资金流、物流/服务流为媒介,实现整个供应链的不断增值。

1. 物流

物流指物品和服务流向客户。供应链中物流的典型观点之一:供应链中物料的流动由最初的资源通过一系列的转换过程流向配送系统,直至最终客户。

2. 信息流

信息流指订单、设计、需求、供应等信息在供应链中双向流动。供应链中的物流从原材料至产成品到最终客户的运动仅仅是一个方向;供应链中的信息流需要在供应商和客户之间双向的流动;供应链中的信息流是双向的,一是从客户到供应商的需求信息流,另一是与需求信息流相反的从供应商到客户的供应信息流。

3. 资金流

资金流指物品和服务的支付从客户流向供应商。财务是业务运作的生命,没有资金流,企业将无法运转。购买供应品、支付员工薪金、为产品做广告和维护设备设施及维持服务等都离不开资金流。

（二）供应链的特征

供应链是一个网链结构，由围绕核心企业的供应商、供应商的供应商和用户、用户的用户组成。一个企业是一个节点，节点企业和节点企业之间存在一种需求与供应关系。供应链主要具有以下特征：

一是全局性。供应链中的绩效应当是全局的，即所考虑的成本是供应链成本，而不是局部范围、局部功能的成本，体现的利益是整体利益及利益共赢，而不是局部利益或某一方的利益。

二是复杂性。因为供应链往往由多个多类型甚至多国企业构成，所以供应链结构模式比一般单个企业的结构模式更复杂。

三是动态性。因企业战略和市场需求变化，供应链中的节点企业需要动态的更新，这就使得供应链具有明显的动态性。

四是交叉性。节点企业可以是这个供应链中的成员，同时又是另一个供应链的成员，众多的供应链形成交叉结构，增加了协调管理的难度。

五是增值性。供应链不仅是连接供应商到用户的物流链，也是一条价值增值链。物品在供应链上因加工、运输、储存等功能过程而增加其时间价值和空间价值。供应链应当体现出客户价值增值链功能，应当从客户角度规划设计供应链物流、信息流、价值增值过程。

六是面向用户需求。供应链的形成、存在、重构都基于一定的市场需求，并且在供应链的运作过程中，用户的需求是供应链中信息流、产品服务流、资金流运作的驱动源。

其中，供应链系统的全局性决定了供应链目标的一致性。企业与企业间所有相关联活动都应是供应链的一部分，因而，共赢是一条基本原则。

三、供应链的类型

供应链产生和发展的历史虽然短暂，但由于它在企业经营中的重要地位和作用以及它对提升企业竞争力的明显优势，其发展速度很快。从不同的角度出发，按不同的标准，供应链可划分为不同的类型。

（一）按照供应链管理对象划分

根据供应链管理的研究对象及其范围，供应链可以分为三种类型。

1. 企业供应链

它以某个企业为核心，以该企业的产品为主导，形成包括该企业的供应商、供应商的供应商以及一切向前的关系，和用户、用户的用户及一切向后的关系。这个核心企业在整个供应链中具有明显的主导地位和作用，对整个供应链的建立和组织起关键作用。

2. 产品供应链

它以某一特定产品或项目为中心、由特定产品或项目需求所拉动的、包括与此相关的所有经济活动的供应链。产品供应链上的企业联系紧密，相互依存。供应链的效率取决于相关企业的密切合作，因此，基于信息技术的系统化管理是提高供应链运作效率的关键。

3. 基于供应链合作伙伴关系的供应链

供应链合作伙伴关系主要是针对这些职能成员间的合作进行管理。基于供应链合作伙伴关系的供应链一般通过契约协调双方或多方间的利益，实现物流、信息流、资金流的流动与交换。

上述三种供应链管理对象的区分意义是彼此相关的，在一些方面是相互重叠的，这对于考察供应链和研究不同的供应链管理方法是有帮助的。

（二）按照供应链网络结构划分

1. V型供应链

V型供应链是最基础的供应链网状结构。这种供应链以大批量物料为基础，企业将物料加工转换为中间产品提供给其他企业作为原材料。生产中间产品的企业往往客户要多于供应商并呈发散状。例如，原料经过中间产品的生产和转换成为工业原材料。如石油企业、化工企业、造纸企业和纺织企业等生产种类繁多的产品，满足众多下游客户的需求，从而形成了V型供应链。

2. A型供应链

当核心企业为供应网络上的最终用户服务时，它的业务在本质上是由订单和客户驱动的。在制造、组装和总装时，A型供应链会遇到一个与V型供应链相反的问题，即为了满足相对少数的客户需求和客户订单，需要从大量的供应商手中采购大量的物料。这是一种典型的会聚性的供应链网。这种供应链要加强供应商和制造商之间的密切合作，共同控制库存量。

3. T型供应链

T型供应链介于上述两种模式之间。T型供应链上的企业通常根据订单确定通用件，从与自己相似的供应商那里采购大量的物料，通过制造标准化来降低订单的复杂程度，为大量终端客户和合作伙伴提供构件和套件。如医药保健品行业、电子产品行业和食品行业等行业通常采用该供应链，为总装配提供零部件的公司也同样如此。

（三）按照供应链驱动力的来源划分

按照供应链驱动力的来源，供应链可以分为推动式供应链和拉动式供应链。

1. 推动式供应链

推动式供应链的运作以产品为中心，以生产制造商为驱动原点，通过尽量提高生产率，降低单件产品成本来获得利润。通常，生产企业根据自己的 MRP－II/ERP 计划来安排购买原材料，生产产品，并将产品经过各种渠道，如分销商、批发商、零售商一直推至客户。在这种供应链上生产商对整个供应链起主导作用，是供应链上的核心或关键成员，而其他环节如流通领域的企业则处于被动的地位，这种供应链方式的运作和实施相对较为容易。然而，由于生产商在供应链上远离客户，对客户的需求远不如流通领域的零售商和分销商了解得清楚,这种供应链上企业之间的集成度较低,反应速度慢,在缺乏对客户需求了解的情况下生产出的产品往往是无法满足客户需求的。

同时,由于无法掌握供应链下游,特别是最末端的客户需求,一旦下游有微小的需求变化,反应到上游时,这种变化将被逐级放大,这种效应被称为"牛鞭效应"。为了减少"牛鞭效应"的影响,供应链上的每个节点都必须采取提高安全库存量的办法,通过储备较多的库存来应付需求变动,因此,整个供应链上的库存较高,响应客户需求变化较慢。传统的供应链管理大多属于推动式的供应链管理,其结构原理如图 12-2 所示。

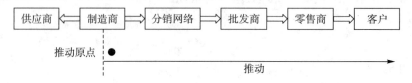

图 12-2 推动式供应链

2. 拉动式供应链

拉动式供应链管理是以顾客为中心,通过对市场和客户的实际需求以及对客户需求的预测来拉动产品的生产和服务。因此,这种供应链的运作方式和管理被称为拉动式的供应链管理。这种运作和管理需要整个供应链能够更快地跟踪、甚至超前于客户和市场的需求,从而提高整个供应链上的产品和资金流通的效率,减少流通过程中不必要的浪费,降低成本,提高市场的适应力,特别是对下游的流通和零售行业,更是要求供应链上的成员间有更强的信息共享、协同、响应和适应能力。例如,目前发达国家采用协同计划、预测和补货(CPFR)策略和系统来实现对供应链下游成员需求拉动的快速响应,使信息获取更及时,信息集成和共享度更高,数据交换更迅速,缓冲库存量及整个供应链上的库存总量更低,获利能力更强等。拉动式供应链虽然整体绩效表现出色,但对供应链上企业的管理要求和信息化程度要求较高,对整个供应链的集成和协同运作的技术和基础设施的质量要求也较高。

以计算机公司为例,其对计算机市场的预测和计算机的订单是企业一切业务活动的拉动点,生产装配、采购等的计划安排和运作都是以此为依据和基础进行的,这种典型的面向订单的生产运作可以明显地减少库存积压和个性化和特殊配置需求,并加快资金周转。然而,这种供应链的运作和实施相对较难,其结构原理如图 12-3 所示。

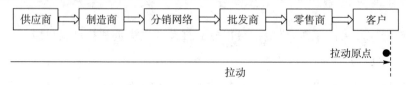

图 12-3 拉动式供应链

但在一个企业内部,对于有些业务流程来说,有时推动式和拉动式方式共存。如戴尔计算机公司的 PC 生产线,既有推动式运作又有拉动式运作,其 PC 装配的起点就是推和拉的分界线,在装配之前的所有流程都是推动式流程,而装配和其后的所有流程是拉动式流程。这种推拉共存的运作对制定有关供应链设计的战略决策非常有用。例如,供应链管理中的延迟生产策略就很好地体现了这一点。通过对产品设计流程进行改进,推和拉的边界尽可能后延,有效地解决大规模生产与大规模个性定制之间的矛盾,在充分利用规模经济的同时实现大批量客户化生产。

(四)其他划分

供应链还可以根据不同的标准划分为以下几种类型。

1. 稳定的供应链和动态的供应链

根据供应链存在的稳定性划分,供应链可分为稳定的供应链和动态的供应链。基于相对稳定、单一的市场需求而组成的供应链稳定性较强,而基于相对频繁变化、复杂的需求而组成的供应链动态性较强。在实际管理运作中,需要根据不断变化的需求,相应地改变供应链的组成。

2. 平衡的供应链和倾斜的供应链

根据供应链容量与用户需求的关系,供应链可划分为平衡的供应链和倾斜的供应链。一个供应链具有一定的、相对稳定的设备容量和生产能力(所有节点企业能力的综合,包括供应商、制造商、运输商、分销商、零售商等),但用户需求处于不断变化的过程中。当供应链的容量能满足用户需求时,供应链处于平衡状态;而当市场变化加剧造成供应链成本增加、库存增加、浪费增加等现象时,企业不是在最优状态下运作,供应链则处于倾斜状态。如图12-4 所示。

图 12-4　平衡的供应链和倾斜的供应链

3. 有效性供应链和反应性供应链

根据供应链的功能模式(物理功能和市场中介功能),供应链可划分为两种:有效性供应链(Efficient Supply Chain)和反应性供应链(Responsive Supply Chain)。有效性供应链主要体现为供应链的物理功能,即以最低的成本将原材料转化成零部件、半成品、产品以及在供应链中的运输等;反应性供应链主要体现为供应链市场中介的功能,即把产品分配到满足用户需求的市场,对未预知的需求作出快速反应等。

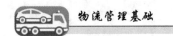

任务二 供应链的设计

导入案例

一家生产健康产品的"美国500强"跨国公司,其亚太地区总部坐落在新加坡。该公司与2015年相比,其亚太地区销售额增长了2.5倍。其在亚太地区有良好的市场增长潜力,特别是中国和印度市场。

但是目前供应链网络体系还不完善,仓库和服务中心比较分散,除新加坡本地的仓库外,亚太其他地区共有11个仓库,仓库的设置基本是从国家区域的角度考虑的,各仓库之间没有协同效应,供应链控制能力也较弱。而且其所售商品属于监管严格的健康产品,因此在不同地区要遵守当地的法规,必须进行包装转换和标签说明的更换,这对整体物流服务品质提出了较高的要求。目前的运作任务基本外包给不同的第三方物流公司,其基本服务品质也参差不齐。该公司是GC联盟的全球客户,该公司也希望对亚太地区供应链网络结构进行重新评估与优化,以适应业务不断增长的需要,那么应如何对整个供应链网络进行设计呢?

任务目标

通过本任务的学习,项目团队应掌握供应链设计的内容,理解供应链设计遵循的原则,掌握供应链设计的步骤,熟悉供应链设计的策略。

任务学习

一、供应链设计的内容

为了提高供应链管理的绩效,除了必须有一个高效的运行机制外,建立一个高效精简的供应链,也是极为重要的一环。虽说供应链的构成不是一成不变的,但是在实际经营中,不可能像改变办公室的桌子那样随意改变供应链上的节点企业。因此,供应链设计是影响供应链管理绩效的重要环节。

在了解供应链的设计内容之前,有必要首先对以下问题作简要的说明。

(一)供应链设计与物流系统设计

物流系统是供应链的物流通道,是供应链管理的重要内容。物流系统设计是指原材料和外购件所经历的采购入厂、存储、投料、加工制造、装配、包装、运输、分销、零售等一系列物流过程的设计。物流系统设计也称通道设计(Channel Designing),是供应链系统设计中最主要的工作之一。设计一个结构合理的物流通道对于降低库存、减少成本、缩短提前期、实施JIT生产与供销、提高供应链的整体运作效率都是很重要的。但供应链设计却不等同于物流系统设计,(集成化)供应链设计是企业模型的设计,它从更广泛的思维空间——企业整体角度去勾画企业蓝图,是扩展的企业模型。它既包括物流系统,还包括信息、组织、价值流和相应的服务体系建设。在供应链的设计(建设)中,创新性的管理思维和观念极为重要,要把供应链的整体思维观融入供应链的构思和建设中,企业之间只有并行设计才能实现并行的运作模式,这是供应链设计中最为重要的一环。

(二)供应链设计与环境因素的考虑

一个设计精良的供应链在实际运行中并不一定能按照预想的那样,甚至无法达到设想的要求。主观设想与实际效果有差距,并不一定是因为设计或构想得不完美,而是环境因素在起作用。因此设计一个供应链,一方面要考虑供应链的运行环境(地区、政治、文化、经济等因素),同时应考虑未来环境的变化对实施供应链的影响。因此,我们要用发展的、变化的眼光来设计供应链,无论是信息系统的构建还是物流通道设计都应具有较高的柔性,以提高供应链对环境的适应能力。

(三)供应链设计与企业再造工程

从企业的角度来看,供应链的设计属于企业的改造问题,供应链所涉及的内容任何企业或多或少都在进行。供应链的设计或重构不是要推翻现有的企业模型,而是要从管理思想革新的角度,以创新的观念武装企业(比如动态联盟与虚拟企业、精细生产),这种基于系统进化的企业再造思想是符合人类演进式的思维逻辑的,尽管 BPR 教父哈默和钱贝一再强调其彻底的、剧变式的企业重构思想,但实践证明,实施 BPR 的企业最终还是走向改良道路,所谓无源之水,无本之木的企业再造是不存在的。因此实施供应链的设计与重建需要新的观念、新的思维和新的手段,这是实施供应链管理所要明确的。

(四)供应链设计与先进制造模式的关系

供应链设计既是从管理新思维的角度去改造企业,也是先进制造模式的客观要求。如果没有全球制造、虚拟制造这些先进的制造模式的出现,集成化供应链的管理思想是很难得以实现的。正是先进制造模式的资源配置沿着劳动密集——设备密集——信息密集——知识密集的方向发展才使得企业的组织模式和管理模式发生相应的变化,从制造技术的技术集成演变为组织和信息等相关资源的集成。供应链管理适应了这种趋势,因此,供应链的设计应把握这种内在的联系,使供应链管理成为适应先进制造模式发展的先进管理思想。

供应链的设计内容主要包括:供应链成员及合作伙伴选择、设计网络结构及设计供应链基本规则等。

1. 供应链成员及合作伙伴选择

一个供应链是由多个供应链组成的。供应链成员包括为满足客户需求从原产地到消费地的供应商或客户直接或间接相互作用的所有公司和组织。这样的供应链非常复杂。因此,关于供应链成员及合作伙伴选择是供应链管理的重点。

2. 网络结构设计

供应链网络结构主要是由供应链长远、网络结构变量和供应链间工序连接方式三方面组成。为了使非常复杂的网络更易于设计和合理分配资源，有必要从整体出发进行网络结构设计。

3. 供应链运行基本规则

供应链节点企业之间的合作是以信任为基础的。信任关系的建立和维系除了各个节点企业的真诚和行为之外，必须有一个共同平台，即供应链运行的基本规则，其主要内容包括：协调机制、信息开放与交互方式、生产物流的设计规划与控制体系、库存的总体布局、资金结算方式、争议解决机制等。

二、供应链设计的原则

供应链的设计过程应遵循一些基本的原则，以保证供应链的设计和重建能满足供应链管理思想得以实施和贯彻的要求。下面从宏观和微观两个方面来讨论。

（一）从宏观角度来把握供应链设计应遵循的原则

1. 自顶向下和自底向上相结合的设计原则

系统建模设计方法有两种，即自顶向下和自底向上的方法。自顶向下的方法是从全局走向局部的方法，自底向上的方法是从局部走向全局的方法。自上而下是系统分解的过程，而自下而上则是一种集成的过程。在设计一个供应链系统时，往往先由主管高层作出战略规划与决策，而规划与决策的依据来自市场需求和企业发展规划，然后由下层部门实施决策，因此供应链的设计是自顶向下和自底向上的综合。

2. 简洁性原则

简洁性是供应链设计的一个重要原则。为了使供应链具有灵活快速响应市场的能力，供应链的每个节点都应是简洁的、具有活力的、能实现业务流程的快速组合。比如，供应商的选择应以少而精的原则，通过和少数的供应商建立战略伙伴关系，减少采购成本，推动实施 JIT 采购法和准时生产。生产系统的设计更应以精细思想（Lean Thinking）为指导，努力实现从精细的制造模式到精细的供应链这一目标。

3. 集优原则（互补性原则）

供应链上各个节点的选择应遵循强强联合的原则，以达到实现资源外用的目的。每个企业只集中精力致力于各自核心的业务，就像一个独立的制造单元（独立制造岛），这些所谓的单元化企业具有自我组织、自我优化、面向目标、动态运行和充满活力的特点，能够实现供应链业务的快速重组。

4. 协调性原则

供应链业绩好坏取决于供应链合作伙伴关系是否和谐，因此建立战略伙伴关系的合作企业关系模型是实现供应链最佳效能的保证。席西民教授认为和谐是描述系统形成了充分发挥系统成员和子系统的能动性、创造性及系统与环境的总体协调性。只有和谐而协调的系统才能发挥最佳的效能。

5. 动态性(不确定性)原则

不确定性在供应链中随处可见,许多学者在研究供应链运作效率时都提到不确定性。不确定性的存在会导致需求信息的扭曲。因此要预见各种不确定因素对供应链运作的影响,减少信息传递过程中的信息延迟和失真。降低安全库存总是和服务水平的提高相矛盾。增加透明性,减少不必要的中间环节,提高预测的精度和时效性对降低不确定性的影响都是极为重要的。

6. 创新性原则

创新设计是系统设计的重要原则,没有创新性思维,就不可能有创新的管理模式,因此在供应链的设计过程中,创新性是很重要的一个原则。要产生一个创新的系统,就要敢于突破各种陈旧思维的束缚,用新的角度、新的视野审视原有的管理模式和体系,大胆地进行创新设计。进行创新设计,要注意几点:一是创新必须在企业总体目标和战略的指导下进行,并与战略目标保持一致;二是要从市场需求的角度出发,综合运用企业的能力和优势;三是发挥企业各类人员的创造性,集思广益,并与其他企业共同协作,发挥供应链整体优势;四是建立科学的供应链和项目评价体系及组织管理系统,进行技术经济分析和可行性论证。

7. 战略性原则

供应链的建模应有战略性观点,通过战略的观点考虑减少不确定影响。从供应链的战略管理的角度考虑,我们认为供应链建模的战略性原则还体现在供应链发展的长远规划性和预见性,供应链的系统结构发展应和企业的战略规划应保持一致,并在企业战略指导下进行。

(二)从微观管理的角度把握供应链设计应遵循的具体原则

1. 总成本最小原则

成本管理是供应链管理的重要内容。供应链成本管理常出现效益悖反问题,即各种活动的成本的变化模式常常表现出相互冲突的特征。解决冲突的办法是平衡各项成本使其整体最优,供应链管理就是要进行总成本分析,判断哪些因素具有相关性,从而使总成本最小。

2. 多样化原则

供应链设计的一条基本原则就是对不同的产品、不同的客户提供不同的服务。这要求企业将适当的商品在恰当的时间、恰当的地点传递给恰当的客户。这也就意味着企业要在同一产品系列内采用多种分拨战略,比如在库存管理中,区分出销售速度不一样的产品,将销售最快的产品放在位于最前列的基层仓库,依次摆放产品。

3. 推迟原则

推迟原则就是在分拨过程中将运输的时间和最终产品的加工时间都推迟到收到客户订单之后。这一思想避免了企业根据预测在需求没有实际产生的时候运输产品以及根据对最终产品形式的预测生产不同形式的产品。

4. 合并原则

在战略规划中,将小批量合并成大批量具有明显的经济效益。但是同时要平衡由于运输时间延长而可能造成的客户服务水平下降与成本节约之间的利害关系。通常当运量较小时,合并最有用。

5. 标准化原则

标准化原则的提出解决了满足市场多样化产品需求与降低供应链成本之间的问题。如生产中的标准化可以通过可替换的零配件、模块化的产品和给同样的产品贴加不同的品牌标签而实现。这样可以有效地控制供应链渠道中必须处理的零部件、供给品和原材料的种类。服装制造商不必去存储众多客户需要的确切号码的服装,而是通过改动标准尺寸的产品来满足消费者的要求。

三、供应链设计的步骤

在遵循供应链设计的原则下,构建供应链设计步骤模型,如图 12-5 所示。其具体设计步骤如下:

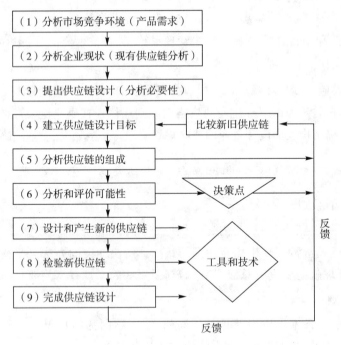

图 12-5 供应链设计步骤模型

第一步是分析市场竞争环境。目的在于找到针对哪些产品市场开发供应链才有效。为此,必须知道现在的产品需求是什么,产品的类型和特征是什么。分析市场特征的过程要向卖主、用户和竞争者进行调查,提出诸如用户想要什么,用户在市场中的分量有多大之类的问题,以确认用户的需求和因卖主、用户、竞争者产生的压力。这一步骤是每一产品按重要性排列市场特征。同时对于市场的不确定性进行分析和评价。

第二步是总结、分析企业现状。这一步骤主要分析企业供需管理的现状(如果企业已经有供应链管理则分析供应链的现状)。这一步骤不在于评价供应链设计策略的重要性和合适性,而是着重于研究供应链开发的方向,分析企业存在的问题及总结影响供应链设计的阻力因素。

第三步是针对存在的问题提出供应链设计项目,分析其必要性。这一步骤围绕着供应链"可靠性"和"经济性"两大核心要求,提出供应链设计的目标。这些目标首先包括提高服务水平和降低库存投资的目标之间的平衡及降低成本、保障质量、提高效率、提高客户满意度等目标。

第四步是基于产品的供应链设计策略提出供应链设计的目标。主要目标在于获得高用户服务水平和低库存投资、低单位成本两个目标之间的平衡(这两个目标往往有冲突),还应包括以下目标:进入新市场;开发新产品;开发新分销渠道;改善售后服务水平;提高用户满意程度;降低成本;通过降低库存提高工作效率等目标。

第五步是分析供应链的组成,提出组成供应链的基本框架。要注意制造工厂、设备、工艺和供应商、制造商、分销商、零售商及用户的选择及其定位,以及确定选择与评价的标准。

第六步是分析和评价供应链设计的技术可能性(DFM)。这不仅是某种策略或改善技术的推荐清单,也是开发和实现供应链管理的第一步。它在可行性分析的基础上,结合本企业的实际情况为开发供应链提出技术选择建议和支持。这也是一个决策的过程,如果认为方案可行,就进行下面的设计;如果不可行,就要重新进行设计。

第七步是设计供应链,主要解决以下问题:供应链的成员组成(供应商、设备、工厂、分销中心的选择与定位、计划与控制);原材料的来源问题(包括供应商、流量、价格、运输等问题);生产设计(需求预测、生产什么产品、生产能力、供应给哪些分销中心、价格、生产计划、生产作业计划和跟踪控制、库存管理等问题);分销任务与能力设计(产品服务于那些市场、运输、价格等问题);信息管理系统设计;物流管理系统设计等。在供应链设计中,要广泛地应用到许多工具和技术,包括:归纳法、流程图、模拟和设计软件等。

第八步是检验供应链。供应链设计完成以后,应通过一定的方法、技术进行测试检验或试运行。如果无法运行,返回第四步重新进行设计;如果没有问题,就可实施供应链管理了。

第九步实施供应链。供应链实施过程中需要核心企业的协调,控制和信息系统的支持,整个供应链应成为一个整体。

四、供应链构建应考虑的问题

(一)客户优先

客户是供应链中唯一真正资金流入点,任何供应链都只有唯一的一个收入来源——客户。因此,供应链的设计首先要遵循客户优先的原则。客户服务由客户开始,也以客户终止,客户最能感受到供应链中复杂的相互影响的全部效应。供应链的设计必须具有高度柔性和快速反应能力,能够满足客户现实需求和潜在需求。

（二）定位明确

供应链由供应商、制造商、分销商、零售商、物流配送商及消费者组成。一条富于竞争力的供应链要求组成供应链的各成员都具有较强的竞争力，不管每个成员为整个供应链做什么，都应该是专业化的，而专业化就是优势。在供应链中总会有从属地位的企业。任何企业都不可能包揽供应链所有环节，每个企业必须明确自己在供应链中的地位优势，根据自己的优势来制定相关的发展战略。

（三）防范风险

由于受到自然和非自然的影响，供应链的运作实际上也存在不确定性及风险。例如，供应链的库存控制。保持库存的道理是显而易见的，库存是对抗不确定性的一项措施。要为客户服务，就必须维持足够的安全库存，这样即使上游过程出现问题，也不至于影响客户服务。因此，在供应链的结构设计中应对风险因素进行度量和说明，了解各种不确定性因素对系统范围所产生的影响，并制定响应的防范措施。

任务三　供应链管理概述

导入案例

近年来，苹果公司的成就举世瞩目，这家创建于1976年的公司，成功推出iPod、iPhone、iPad系列产品，改变了人们的生活方式。苹果公司在2016年"世界500强"企业排行榜中排名第九，在2018年《财富》"美国500强"企业排行榜中位列第四。

苹果公司成功的秘密究竟是什么？一直以来，中国企业都慨叹：那是因为苹果公司拥有乔布斯，一个深谙商业哲学和引导消费者需求的天才。中国之所以没有出现苹果公司这样的企业，是因为不可能存在另一个乔布斯。这种观点有其合理性：领袖人物是无法复制的。

然而，苹果公司成功实际上应归因于两点：一是革命性的创新产品，二是卓越的供应链管理。现代企业的竞争其实也是供应链之间的竞争。在IT产业的微利环境下，苹果公司能够独占业界70%的利润，除了创新的产品设计之外，隐藏在幕后而未被人们广泛认知的是其能够通过供应链管理实现优秀的软硬件集成，为消费者提供超乎想象的体验。业界公认，苹果公司产品并非是将概念性的技术变成现实，而是将现实中已经存在的技术进行集合。苹果公司能够将这些优秀的单个技术集成起来，渗透到手机上游所有元器件的开发、生产和制造的过程中，始终领先竞争对手。在Gartner"2017全球最佳供应链管理25强排行榜"中，苹果公司依旧力压群雄，再次排名第一，以庞大的物流体系建设闻名的亚马逊则屈居第二。

作为一个供应链领域的后来者，苹果公司在短短几年内发展出了令竞争对手羡慕不已的全球化供应链。其中，许多前瞻性的战略思维和大胆的做法都值得正在建设全球化供应链的中国企业借鉴。

项目十二 供应链管理

任务目标

通过本项目的学习,项目团队应掌握供应链管理的内涵、内容,熟悉供应链管理的目标;了解供应链管理中涉及的主要问题;能够运用供应链管理思想进行案例分析。

任务学习

一、供应链管理的内涵

供应链管理超越传统的企业管理理念,突破单个企业的界限去研究处于供应链上的不同企业的管理问题,是一种新型的管理理念和管理模式。它以现代信息技术为支撑,依附电子数据交换(EDI)、电子资金传送(EFT)等现代管理技术,采用包括制造资源计划及精细生产等新的生产模式,实现了供应链管理信息的集成、技术的集成、组织的集成等,从而使整个供应链形成了一个扩展企业。扩展企业包括供应商、生产商和分销商,扩展企业的出现使供应链各节点企业表现为一种"共赢"(Win—Win)的关系,也使企业之间的竞争转化为供应链与供应链之间的竞争。

对供应链管理(Supply Chain Management,SCM)目前还没有一个统一的定义。世界各国、各相关组织和相关人士对供应链的理解也各不相同。总的来说,供应链管理有以下内涵:

(一)供应链管理是一种集成的管理思想和方法

供应链管理执行供应链中从供应商到最终用户的物流的计划与控制等职能。供应链管理的范围包括从最初的原材料直到最终产品到达顾客手中的全过程,管理对象是在此过程中所有与物资流动及信息流动有关的活动和相互之间的关系。对于一个企业内部来说,后勤管理包括:运入后勤,即负责货物从供应者运达公司的过程;内部后勤,即负责货物在公司内部的转移;运出后勤,即负责货物从公司运送到客户的过程。供应链系统的功能是将顾客所需的产品在规定的时间按照规定的数量和规定的质量送到正确的地点,并且使总成本最小。

(二)供应链管理是一种管理策略

供应链管理主张把不同企业集成起来以增加供应链的效率,注重企业之间的合作,把供应链上的各个企业作为一个不可分割的整体,使供应链上各个企业分担采购、分销和销售的职能,成为一个协调发展的有机体。它把供应商、制造商、分销商、零售商、中间服务商等在一条供应链上的所有企业联系起来进行优化,使生产资料以最快的速度通过生产、分销环节变成增值的产品到达消费者手中。这不仅可以降低成本,减少社会库存和浪费,而且可以使社会资源得到优化配置。

(三)供应链管理是一种战略管理

供应链管理的实际应用是以一个共同目标(即实现供应链整体效率)为核心的组织管

理。最初，供应链管理被认为是一种关于加快物品和信息在供应通道中流动的运作管理活动。这种活动可以优化业务环节，并能使其和供应链中的伙伴的活动保持同步，以在整个供应链中降低成本，提高生产率。然而，这仅是供应链管理概念所涵盖的一部分，供应链管理还应加入至关重要的战略方面的内容。

因此所谓供应链管理，就是跨越企业边界的集成管理，它具有供应链中从供应商到最终用户的物流计划和控制等职能。它要求供应链上节点企业改善和发展与上下游企业的关系，整合、优化供应链的物流、信息流、资金流，使产品能以恰当的数量，在恰当的时间，送到恰当的地点，实现在满足顾客要求的同时系统成本最小。供应链管理能把供应商、生产商、经销商、零售商紧密联结在一起，并进行组织协调、优化管理，使企业之间形成良好的合作关系，使产品、信息的流通渠道最短，从而使消费者需求信息沿供应链逆向准确、迅速地反馈到生产厂商。生产厂商据此对产品的增加、减少、改进等作出正确的决策，保证供求良好的结合，大大提高整个链的竞争能力。

二、供应链管理的内容和目标

（一）供应链管理的内容

供应链管理应把重点放在以下几个方面。

1. 供应链战略管理

供应链管理本身属于企业战略层面的问题，因此，在选择和参与供应链时，必须从企业发展战略的高度考虑问题。它涉及企业经营思想，在企业经营思想指导下的企业文化发展战略、组织战略、技术开发与应用战略、绩效管理战略等以及这些战略的具体实施。供应链运作方式、为参与供应链联盟而必需的信息支持系统、技术开发与应用以及绩效管理等都必须符合企业经营战略。

2. 信息管理

信息及信息处理质量和速度是企业在供应链中获益的关键，也是实现供应链整体效益的关键。因此，信息管理是供应链管理的重要方面之一。信息管理的基础是构建信息平台，实现供应链信息共享，通过 ERP 和 VMI 等系统应用，将供求信息及时、准确传递到相关的节点企业，从技术上实现与供应链其他成员的集成化和一体化。

3. 客户管理

客户管理是供应链管理的起点。供应链源于客户需求，也终于客户需求，因此供应链管理是以满足客户需求为核心来运作的。通过客户管理，详细地掌握客户信息，从而预先控制，在最大限度节约资源的同时，为客户提供优质的服务。

4. 库存管理

供应链管理就是利用先进的信息技术，收集供应链各方以及市场需求方面的信息，减小需求预测的误差，用实时、准确的信息控制物流，减少甚至取消实物库存（实现库存的"虚拟化"），从而降低库存的持有风险。

5. 关系管理

通过协调供应链各节点企业，改变传统企业间交易时的"单向有利"意识，节点企业在协调合作关系基础上进行交易，从而有效地降低供应链整体的交易成本，实现供应链的全局最优化，使供应链上的节点企业增加收益，进而达到双赢的效果。

6. 风险管理

信息不对称、信息扭曲、市场不确定性以及其他政治、经济、法律等因素会导致供应链上的节点企业存在运作风险，必须采取一定的措施尽可能地规避这些风险。例如，通过提高信息透明度和共享性、优化合同模式、建立监督控制机制，在供应链节点企业间合作的各个方面、各个阶段建立有效的激励机制，促使节点企业间的诚意合作。

供应链管理涉及以下四个主要领域：供应（Supply）、生产作业（Schedule Plan）、物流（Logistics）、需求（Demand）。如图12-6所示，供应链管理是以同步化、集成化生产计划为指导，以各种技术为支持，尤其以Internet/Intranet为依托，围绕供应、生产作业、物流（主要指制造过程）、需求来实施的。供应链管理的目标在于提高客户服务水平和降低总的交易成本，并且寻求两个目标之间的平衡。

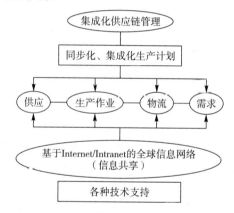

图12-6 供应链管理涉及的领域

（二）供应链管理的目标

密歇根大学唐纳德 J. 鲍尔索克斯等人在《供应链物流管理》中指出，供应链管理的目标是获得总成本最小化、客户服务最优化、库存最小化、总周期最短化、物流质量最优化。有效的供应链管理能调和这些目标之间的冲突，最终实现供应链绩效最大化。

1. 总成本最低化

采购成本、运输成本、库存成本、制造成本以及供应链物流的其他成本费用都是相互联系的。因此，为了实现有效的供应链管理，必须将供应链中各成员企业作为一个有机整体来考虑，并使实体供应物流、制造装配物流与实体分销物流之间达到高度均衡。从这一意义出发，总成本最低化目标并不是指运输费用或库存成本，或其他任何单项活动的成本最小，而是整个供应链运作与管理的所有成本的总和达到最低。

2. 客户服务最优化

在激烈的市场竞争时代，当许多企业都能在价格、特色和质量等方面提供相类似的产品时，差异化的客户服务能带给企业独特的竞争优势。纵观当前的每一个行业，消费者都有广泛而多样化的选择余地。企业提供的客户服务水平直接影响它的市场份额、物流总成本，并且最终影响其整体利润。供应链管理的实施目标之一就是通过上下游企业协调一致的运作，保证达到客户的价值最大化。

3. 总库存最小化

传统的管理思想认为，库存是维系生产与销售的必要措施，因而企业与其上下游企业之间的活动只是实现了库存的转移，社会库存总量并未减少。按照JIT（Just-in-Time）管理思想，库存是不确定性的产物，任何库存都是浪费。因此，在实现供应链管理目标的同时，要使整个供应链的库存控制在最低的程度。"零库存"反映的即是这一目标的理想状态。

总库存最小化目标的达成有赖于实现对整个供应链的库存水平与库存变化的最优控制，而不只是单个成员企业库存水平的最低。

4. 总周期最短化

在当今的市场竞争中，时间已成为竞争成功最重要的要素之一。当今的市场竞争不再是单个企业之间的竞争，而是供应链与供应链之间的竞争。从某种意义上讲，供应链之间的竞争实质上是时间的竞争，即必须实现快速有效的反应，最大限度地缩短从客户发出订单到获取满意交货的总周期。

5. 物流质量最优化

企业产品或服务质量的好坏直接关系到企业的成败。同样，供应链企业服务质量的好坏直接关系到供应链的存亡。如果产品或服务存在质量缺陷，就意味着所有成本的付出将不会得到任何价值补偿，供应链管理下的所有物流业务活动都会变为非增值活动，从而导致整个供应链的价值无法实现。因此，达到与保持服务质量的水平，也是供应链管理的重要目标。而这一目标的实现，必须从原材料、零部件供应的零缺陷开始，直至供应链管理全过程、全方位质量的最优化。

就传统的管理思想而言，上述目标之间呈现出互斥性，即客户服务水平的提高、总周期的缩短、交货品质的改善必然以库存、成本的增加为前提，因而无法同时达到最优。如果运用集成化管理思想，从系统的观点出发，改进服务、缩短时间、提高品质与减少库存、降低成本是可以兼得的。因为只要供应链的基本工作流程得到改进，就能够提高工作效率、消除重复与浪费、缩减员工数量、减少客户抱怨、提高客户忠诚度、降低库存总水平、减少总成本支出。

三、供应链管理涉及的主要问题

在全球化的今天，供应链上、中、下游厂商散布于世界各地，由接单到完成交货成为一件充满不确定性的事情。在此环境之下，供应链管理面临的主要问题如下。

（一）涟漪效果（Ripple Effect）

由接单到交货之间的流程，是由许多活动互相联结和配合才能完成的，称为"订单履行流程"（OFP）。而期间所经历的订单处理、生产前置时间、生产组装时间、配销运送时间等的总合，称为OFP的周期。涟漪效果指的是供应链上某一个活动的延误，将造成整个供应链OFP周期时间与效率的延误，如同湖面上丢入一颗小石头泛起一圈圈的涟漪，扩散到整个湖面。涟漪效果会产生如停工待料、囤货或缺货、无法准时交货、降低顾客满意度等问题。

（二）牛鞭效应（Bullwhip Effect）

牛鞭效应是指在供应链中，下游的订单产生变异时，愈往中、上游走，其订单数量的变异性愈大的现象。例如，顾客小幅更改订货项目，零售商所下的订单变动幅度会大于顾客，批发商、配销商下的订单变动幅度又会更大。牛鞭效应产生的原因可能为订单、价格变动（如预期市场价格变动而导致订量变动）、前置时间变动（如订单更改后所需待料时间变动）、需求预测及批次订购的不准确等。

任务四　供应链管理的方法

导入案例

沃尔玛在使用QR之前，整个服装供应链系统的总损失每年可达25亿美元，其中2/3的损失来自于零售商或制造商对服装的降价处理及在零售时的缺货。进一步的调查发现，消费者离开商店而不购买的主要原因是找不到合适尺寸和颜色的商品。

沃尔玛公司1986年开始在物流管理中建立QR系统，主要功能是进行订货业务和付款通知业务。通过电子数据交换系统发出订货明细清单和受理付款通知，沃尔玛提高了订货速度和准确性，节约了相关事务的作业成本。沃尔玛通过自身的QR实践，大大推动了供应链管理中各种运作体系的标准化，倡导并与其他商家一起建立了VICS委员会（Voluntary Inter-Industry Communications Standard Committee），制定了行业统一的EDI标准和商品识别标准，即EDI的ANSIX12标准和UPC商品条码。沃尔玛基于行业统一标准设计出pos数据的输送格式，通过EDI系统向供应商传送pos数据。供应商基于沃尔玛传送过来的pos信息，可及时了解沃尔玛的商品销售情况、把握商品的需求动向，并及时调整生产计划和材料采购计划。由于沃尔玛的先驱性活动，不仅使美国服装产业的恶劣环境得到改善，削减了贸易赤字，也大大推动了QR在美国的发展，成为现代企业管理变革的主要趋势之一。

任务目标

通过本项目的学习,项目团队应了解 QR 和 ECR 的产生背景;掌握 QR 和 ECR 的基本概念;通过对 QR 和 ECR 相关知识的了解,能够运用合适的方法进行供应链管理。

任务学习

一、QR

(一) QR 的概念

QR 是由美国纺织与服装行业发展起来的一项供应链管理策略。20 世纪 80 年代初,国外进口服装占据美国市场的 40%,对本地纺织服装企业形成了严重威胁。面对这种情况,企业的最初反应是,一方面寻找法律保护,要求政府和国会采取措施阻止纺织品的大量进口;另一方面,加大现代化设备投资,提高企业的生产率。但效果并不好。因此他们开始寻找新的方法。

1984 年,美国服装、纺织以及化纤行业的先驱们成立了一个委员会,该委员会委托零售业咨询公司 Kurt Salmon Associates 开展提高竞争力的调查,结果发现,纺织产业个环节的企业都十分注重提高各自的经营效率,但是供应链整体的效率却并不高。于是纤维、纺织、服装以及零售业开始寻找那些在供应链上导致高成本的活动,结果发现,供应链的长度是影响其高效运作的主要原因。为此,Kurt Salmon Associates 公司建议零售业者和纺织服装生产厂家合作,共享信息资源,建立一个快速供应系统(Quick Response,QR)来实现销售额增长。这项研究导致了快速反应策略的应用和发展。

快速反应(Quick response,简称 QR)是供应链成员企业之间建立战略合作伙伴关系,利用 EDI 等信息技术进行信息交换与信息共享,用高频率小数量配送方式补充商品,以实现缩短交货周期,减少库存,提高顾客服务水平和企业竞争力为目的的一种供应链管理策略。

(二) 实施 QR 的条件

现代化的信息技术为快速反应的实施提供了技术保证,但仅有技术上的支持是不够的。要想使快速反应成功实施还必须具备其他一些条件。

1. 改变传统的经营方式,改革企业的经营意识

要成功地实施 QR 策略,企业必须改变只依靠独自的力量来提高经营效率的传统经营意识,要树立通过与供应链各方建立合作伙伴关系,努力利用各方资源来提高经营效率的现代经营意识,明确垂直型快速反应系统内各个企业之间的分工协作范围和形式,消除重复作业,建立有效的分工协作框架,保证整个供应链的协调行动,共同利用各方资源。由于零售店铺是垂直型快速反应系统的起始点。所以,应着重明确零售商在垂直型 QR 系统中的主导作用。

2. 开发和应用现代信息处理技术

现代信息技术包括商品物流条形码技术、电子订货系统（EOS）、POS数据读取系统、EDI系统、预先发货通知（ASN）技术、电子资金支付系统（EFT）、供应商管理库存（VMI）和连续补充计划（CRP）等。

3. 与供应链相关各方建立战略伙伴关系

积极寻找和发现战略合作伙伴关系。在共同的战略目标基础上，与合作伙伴分工协作，尽可能减少作业人员和简化事务性作业，将销售信息、库存信息、生产信息和成本信息等与合作伙伴交流经验，与合作伙伴一起发现问题、分析和解决问题。

（三）QR的实施步骤

1. 条形码和EDI

零售商首先必须安装条形码（UPC码）、POS扫描和EDI等技术设备，以加快POS机收款速度、获得更准确的销售数据并使信息沟通更加流畅。POS扫描用于数据输入和数据采集，即在收款检查时用光学方式阅读条形码，获取信息。

2. 固定周期补货

自动补货是指基本商品销售预测的自动化。自动补货使用基于过去和目前销售数据及其可能变化的软件进行定期预测，同时考虑目前的存货情况和其他一些因素，以确定订货量。自动补货是由零售商、批发商在仓库或店内进行的。QR的自动补货要求供应商更快更频繁地运输新订购的商品，以保证店铺不缺货，从而提高销售额。

3. 先进的补货联盟

成立先进的补货联盟是为了保证补货业务的流畅。零售商和消费品制造商联合起来检查销售数据，制定关于未来需求的计划和预测，在保证有货和减少缺货的情况下降低库存水平。还可以进一步由消费品制造商管理零售商的存货和补货，以加快库存周转速度，提高投资毛利率。

4. 零售空间管理

这是指根据每个店铺的需求模式来规定其经营商品的花色品种和补货业务。一般来说，对于花色品种、数量、店内陈列及培训或激励售货员等决策，消费品制造商也可以参与甚至制定决策。

5. 联合产品开发

联合产品开发的重点不再是一般商品和季节商品，而是生命周期很短的商品。厂商和零售商联合开发新产品，其关系的密切超过了购买与销售和业务关系，缩短从新产品概念到新产品上市的时间，而且经常在店内对新产品进行试销。

6. 快速反应的集成

通过重新设计业务流程，将前五步的工作和公司的整体业务集成起来，以支持公司的整体战略。在最后一步，零售商和消费品制造商重新设计其整个组织、绩效评估系统、业务流程和信息系统,设计的重点围绕着消费者而不是传统的公司职能,要求集成信息技术。

(四)QR 的实施策略

1. 滚动预测策略

公司市场部门每个月根据市场状况及公司的实际销售状况及历史记录对将来一段时间的销售情况进行预测。这种预测是每月更新的,预测的范围可以是未来三个月或者六个月。公司根据预测安排生产计划。

2. 供应商管理库存策略

供应商管理库存是指供货方代替用户(需求方)管理库存。库存的管理职能转由供应商负责,是以掌握零售商销售资料和库存量作为市场需求预测和库存补货的解决办法,经由销售资料得到消费需求信息,供应商可以更有效地计划生产、减少反馈环节、更快速地反映市场变化和消费的需求,行使对库存的控制权。供应商管理库存策略的优点是:提供更好的客户服务、增加公司的竞争力、提供更精确的预测、降低营运成本、计划生产进度、降低库存量与库存维持成本、有效地配送等。

3. 安全库存策略

在供应链上设置必要的安全库存能够有助于解决因信息集成发展而产生的阶段性问题,但不能完全消除供应链上不确定性。一是缩短货物交付期。货物交付期越短,货物交付期期间市场需求量的标准差就越小,在这一期间进行的供应链市场需求预测就越准确,供应链上的供给不确定性也就越小,从而在整个供应链上需要的必备的安全库存也会越少。因此,为了有效地消除供应链上的不确定性,就应该努力缩短供应链上的货物交付期。二是最大限度地减小需求不确定性。即以供应链系统集成的思想加强供应链上各节点企业的战略联盟关系。这是消除供应链上不确定性的又一有效方法。

二、ECR

(一)ECR 的概念

有效客户反应简称为 ECR(Efficient Consumer Response)。它是 1992 年从美国的食品杂货业发展起来的一种供应链管理战略。这是一种分销商与供应商为消除系统中不必要的成本和费用并给客户带来更大效益而进行密切合作的一种供应链管理战略。ECR 是一种观念,不是一种新技术,是一个生产厂家、批发商和零售商等供应链组成各方相互协调和合作,更好、更快并以更低的成本满足消费者需要为目的的供应链管理系统,如图 12-7 所示。

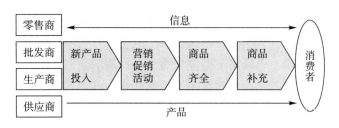

图 12-7　ECR 和供应链过程

目前,ECR 的推广对象主要以快速移转消费产品(FMCG)以及食品杂货(Grocery)为主,而其实施重点包括需求面的品类管理改善、供给面的物流配送方式的改进等,未来,我们期望 ECR 概念能够推广到其他产业体系。

(二)ECR 的核心原则

1. 以消费者为中心

一切从消费者利益出发,了解顾客的构成情况,了解他们的需求和对商店、商品的意见,改进服务,增加顾客价值,从而增加顾客对商店和品类的忠诚度,得到顾客的认可。

2. 以数据为基础

零售业经营上万种商品,面对着广大消费者,需要各种复杂的经营活动,只有充分利用经营数据,才能分析不同消费者的不同需求,对不同商品的经营情况,做出正确经营活动的决策,提高供应链效率。

3. 应用信息化工具

因为"商业快速响应"是一个观念,而非信息技术,依据这种观念,整合目前已有的各种信息化工具,以达到快速响应的效果。列举部分应用技术工具如下:

(1)CRP(Continuous Replenishment Program)自动补货系统。

(2)VMI(Vendor Managed Inventory)供货商管理库存系统。

(3)ABC(Activity Based Costing)作业基础成本分析。

(4)Scorecard 评量表。

4. 与业务伙伴有效协作

从流通行业的链条来看,没有任何一个独立的企业能完全满足消费者需求。供应链的各方(零售商、制造商、分销商、第三方物流等)只有紧密合作,才能高效地满足消费者需求。业务伙伴的协作关系不只是在供应链上,还体现在一起了解和满足消费者的需求和品类管理上。

5. 整体系统推进

为消费者提供优质服务涉及企业的各个业务流程和各个部门,如门店、总部各职能部门、仓库、运输、供应商等。要综合考虑各个因素,如销量、利润、成本、库存、缺货、效率等。要真正实现高效消费者响应,必须在企业中整体系统地推进,只有这样才能取得实效。

(三)实施 ECR 的基本步骤

第一步,寻找合作伙伴——拜访下游零售商之高层决策主管。

第二步,确定合作对象——获得高层决策主管之合作共识。

第三步,双方各组成——公司内部之 QR/ECR 小组。小组负责人——由高层决策主管亲自或授权他人担任,负责小组之运作;小组成员——由各部门主管参与,如信息应用、物流配送、品类管理、业务或采购等相关部门。

第四步,双方合作计划提供以下几点作为参考:品类管理(Category Management);自动补货系统(Continuous Replenishment Program);接驳式转运(Cross Docking);利用评量表(Scorecard)作联合评量 QR/ECR 成熟度;电子数据交换(Electronic Data Interchange);电子转账(Electronic Fund Transfer)。

第五步,拟定合作计划与时程:合作产品项目,初期以较少品类作示范;计划实施阶段表;双方合作人员。

第六步,不定期召开会议、进度报告。

第七步,合作计划成果报告:销售业绩;运作成本;缺货率;库存天数;库存量;库存回转率。

第八步,扩大推广至其他合作产品。

第九步,扩大推广至其他合作伙伴。

(四)ECR 的主要策略

其一,计算机辅助订货(CAO)。CAO 的作用是将有关产品转移、影响需求的外在因素、实际库存、产品接受和可接受安全库存等信息进行集成的订单准备工作;

其二,连续补库程序(CRP)。CRP 根据客户信息,自行决定补货数量,采取频繁交货、缩短提前期等办法降低共同成本;

其三,接力运输。仓库和配送中心作为转运场。到货应预先通知,具有自动识别与数据自动采集设备,具备交货接收的自动确认能力;

其四,产品、价格和促销数据库是无纸信息系统实施的基础,应面向供应链所有信息结点,有校准措施。

也就是说,ECR 的主要目的是降低供应链各环节的成本,和一些文献中所提及的快速反应战略(QR)有所不同,后者的目标是对客户的需求做出快速反应。

二、QR 与 ECR 的比较

(一)QR 和 ECR 的共同点

1. 共同的外部环境

QR 和 ECR 都受到了两种外部环境的影响。一是经济增长速度的放慢加剧了竞争,因为零售商必须生存并保持客户的忠诚度。二是零售商和供应商之间的交易平衡发生了变化。由于通信技术的发展及向传统领域之外的扩张,零售商变得越来越向全国化甚至是国际化方向发展,交易平衡的中心已偏向零售商。

2. 都需要调整供应商与批发商的关系

供应商和零售商或批发商的关系非常恶劣,相互之间不信任,两方都各自追求自己的目标。因而必须调整相互之间的关系,消除隔阂,才能真正实现供应链的整体增值。

3. 共同的威胁

对于零售商来说,威胁主要来自采用新的低成本进货渠道的大型综合超市、廉价店、存储俱乐部和折扣店等。这些新的竞争者把精力集中在每日低价、绝对的净价采购和快速的库存周转等策略上。对于供应商来说,压力来自品牌商品的快速增长,这些商品威胁了他们的市场份额。

4. 共同的目标

上述威胁迫使零售商和供应商必须采取行动。供应商和零售商各自为战,按照各环节自己的业绩测量标准是有效率的,但是从整个供应链来说,他们的效率都非常低。必须集中在一个共同的目标上,以最低的总成本向消费者提供他们真正想要的商品,这样才能实现整个系统的高效率。

5. 共同的战略

QR 和 ECR 都重视供应链的核心业务,对业务进行重新设计,以消除资源的浪费。这些业务包括补货、品种管理、产品开发和促销等。当然,QR 和 ECR 针对总战略的各个具体部分,侧重点可能会有所差异。

6. 共同的错误

供应商和零售商都常常错误地认为,QR 和 ECR 是技术方面的战略。虽然技术在战略的实施中扮演重要的角色,但是它本身并不能保证战略的完全实现。只有信息在整个系统中快速之准确和及时地流动,再加上营销、商品购销、店内经营和后勤等方面的有效运作,零售商和制造商才能获得成功。

(二)QR 与 ECR 的区别

1. 产生的时间不同

QR 的最初目的是提高零售业中的一般商品和纺织品的设计、制造和流通效率。QR 的成功引起了其他行业零售商的注意。1993 年 1 月,食品和超市行业的零售商也提出了 ECR。由于很多供应商既为普通店铺服务又为超市服务,所以 ECR 的推广速度比 QR 快。

2. 应用的行业不同

QR 适合销售普通商品的零售店铺,而 ECR 主要应用于食品行业。

3. 关注的重点不同

对于运用 ECR 策略的食品业来说,关注的重点是效率和成本。对于运用 QR 策略的普通零售店铺来说，重点是补货和订货的速度，目的是最大程度地消除缺货。

同步练习

一、单项选择题

1. 供应链的上游部分是指（　　）。
   A. 原材料供应商　　　　　　B. 先于最终制造的部分
   C. 流通企业　　　　　　　　D. 制造企业
2. 供应链最早来源于彼得.德鲁克提出的（　　）。
   A. 经济链　　B. 价值链　　C. 采购供应　　D. 合作
3. 拉动式供应链管理的理念是（　　）。
   A. 以制造商为中心　　　　　B. 以零售商为中心
   C. 以顾客为中心　　　　　　D. 以供应商中心
4. 根据供应链容量与用户需求的关系可以将供应链划分为（　　）。
   A. 稳定的供应链和动态的供应链
   B. 平衡的供应链和倾斜的供应链
   C. 有效性供应链和反应性供应链
   D. 拉动式供应链与推动式供应链
5. 供应链网状结构中最基础的结构是指（　　）。
   A. V 型供应链　　B. A 型供应链　　C. T 型供应链　　D. L 型供应链

二、判断题

1. 价值链就是供应链。（　　）
2. 供应链管理的目标就是获取最大利润。（　　）
3. 供应链管理是指利用计算机网络技术全面规划供应链中的商流、物流、信息流、资金流等，并进行计划、组织、协调与控制。（　　）
4. 供应链设计既是从管理新思维的角度去改造企业，也是先进制造模式的客观要求和推动的结果。（　　）
5. 供应链管理涉及以下三个主要领域：供应（Supply）、生产作业（Schedule Plan）、物流（Logistics）。（　　）

三、简答题

1. 什么是供应链？它的特点是什么？
2. 什么是供应链管理？它的目标是什么？
3. 供应链设计的原则是什么？
4. 简述成功实施快速响应（QR）策略需要具备哪些条件？
5. 试分析比较快速反应策略与有效客户响应策略的异同点。

项目十二 供应链管理

四、案例分析

沃尔玛公司供应链管理案例

"让顾客满意"是沃尔玛公司的首要目标,顾客满意是保证未来成功与成长的最好投资,这是沃尔玛数十年如一日坚持的经营理念。为此,沃尔玛为顾客提供"高品质服务"和"无条件退款"的承诺绝非一句漂亮的口号。在美国只要是从沃尔玛购买的商品,无需任何理由,甚至没有收据沃尔玛都无条件受理退款。沃尔玛每周都有对顾客期望和反映的调查,管理人员根据计算机信息收集信息,以及通过直接调查收集到的顾客期望即时更新商品的组合,组织采购,改进商品陈列,营造舒适的购物环境。

沃尔玛能够做到及时将消费者的意见反馈给厂商,并帮助厂商对产品进行改进和完善。过去,商业零售企业只是作为中间人,将商品从生产厂商传递到消费者手里,反过来再将消费者的意见通过电话或书面形式反馈到厂商那里。看起来沃尔玛并没有独到之处,但是结果却差异很大。原因在于沃尔玛能够参与到上游厂商的生产计划和控制中去。因此能够将消费者的意见迅速反映到生产中,而不是简单地充当"二传手"或者"传声筒"。

沃尔玛还有一个非常好的系统,供应商们可以直接进入沃尔玛的系统,这叫作零售链接。任何一个供应商都可以进入这个系统当中来了解他们的产品卖得怎么样。他们可以随时知道这种商品卖了多少,数据还会持续更新。供货商们可以在沃尔玛公司的每一个门店当中及时了解到有关情况。

另外,沃尔玛不仅仅是等待上游厂商供货、组织配送,也直接参与到上游厂商的生产计划中去,与上游厂商共同商讨和指定产品计划、供货周期,甚至帮助上游厂商进行新产品研发和质量控制方面的工作。这就意味着沃尔玛总是能够最早得到市场上最希望看到的商品,当别的零售商正在等待供货商的产品目录或者商谈合同时,沃尔玛的货架上已经开始热销这款产品了。

随着公司的不断发展壮大,配送中心的数量也不断增加。现在沃尔玛的配送中心,分别服务于美国 18 个州约 2500 间商场,配送中心约占第 10 万平方米。整个公司 85% 的销售商品由这些配送中心供应,而其竞争对手只有约 50%~65% 的商品集中配送。如今,沃尔玛在美国拥有 100% 的物流系统,配送中心已是其中一小部分,沃尔玛完整的物流系统不仅包括配送中心,还有更为复杂的资料输入采购系统、自动补货系统等。

供应链的协调运行是建立在各个环节主体间高质量的信息传递与共享的基础上。沃尔玛投资 4 亿美元发射了一颗商用卫星,实现了全球联网。沃尔玛在全球 4000 多家门店通过全球网络可在 1 小时之内对每种商品的库存、上架、销售量全部盘点一遍,所以在沃尔玛的门店,不会发生缺货情况。20 世纪 80 年代末,沃尔玛开始利用电子数据交换系统(EDI)与供应商建立了自动订货系统,该系统又称为无纸贸易系统,通过网络系统,向供应商提供商业文件、发出采购指令,获取数据和装运清单等,供应商也能及时准确把握其产品的销售情况。沃尔玛还利用更先进的快速反应系统代替采购指令,真正实现了自动订货。该系统利用条码扫描和卫星通信,与供应商每日交换商品销售、运输和订货信息。凭借先进的电子信息手段,沃尔玛做到了商店的销售与配送保持同步,配送中心与供应商运转一致。

沃尔玛的成功既可以说是优秀的商业模式与先进的信息技术应用的有机结合，也可以说是沃尔玛对自身的商业零售企业身份的超越。

通过以上对沃尔玛的分析研究可以发现，沃尔玛给人们留下印象最深刻的，是它的一整套先进、高效的物流和供应链管理系统。沃尔玛在全球各地的配送中心、连锁店、仓储库房和货物运输车辆以及合作伙伴如供应商等，都被这一系统集中、有效地管理和优化，形成了一个灵活、高效的产品生产、配送和销售网络。为此，沃尔玛甚至不惜重金，专门购置物流卫星来保证这一网络的信息传递。沃尔玛的成功经验可能对我国相当多的企业有点"望洋兴叹"的感觉，且不说沃尔玛拥有自己的卫星和遍布全球的大型服务器，仅仅是沃尔玛的每一台货物运输车辆上都拥有卫星移动计算机系统这一点，我国企业就难以效仿。同样，维持这一庞大网络的IT投入和升级管理费用也并不是多数企业可以承担的。即使企业有能力去开发这套网络系统，但投入成本大，周期长，开发出的系统缺乏集成性和扩展性，很难与原有的ERP系统集成。

第三方供应链电子商务平台应运而生，供应链电子商务能够助互联网服务平台，实现供应链交易过程的全程电子化，彻底变革传统的上下游商业协同模式。从投入与产出的角度上说，完全是低成本高投入，并且能与企业内部管理的ERP系统高度集成，提升企业对上下游的管控能力，打造协同高效的供应链。

思考题

1. 请总结沃尔玛供应链管理的成功之处？
2. 信息共享在沃尔玛的供应链管理中起了什么作用？沃尔玛为强化供应链信息管理采取了哪些措施？其效果怎样？
3. 根据案例背景，试以物流与信息流关系，请绘制沃尔玛80年以前与80年以后的供应链流程图？

实训项目　供应链设计实训

学习资料

以供应链设计的内容、供应链设计的原则和基本步骤为理论指导，以某种产品（服装、食品等）为素材模拟设计一个供应链。

实训组织

1. 熟悉并掌握有关供应链设计的理论知识。
2. 调研当地某生产型企业供应链现状，了解并编制其物料产品供应流程。
3. 根据调研企业供应链的设计标准，确定供应链各环节功能，应用正确的功能工具，结合所学知识设计供应链。
4. 对比分析理论设计的供应链与企业实际供应链的差异，分析其合理性与不足。

实训步骤

1. 有组织地进行活动，将班级学生分成多个小组，在每组内安排组员进行企业客户服务需求、库存、运输、设施、信息方面的调查、采访、询问与记录。

2.记录完成后,各组将组员记录的资料汇总分析,设计出相应的供应链,并进行验证和评价。

3.根据设计出供应链框架,分组讨论供应链理论设计的差异及提出改进优化意见。

实训考核

1.每小组上交供应链设计方案。根据供应链设计的内容、原则、步骤,评价设计是否合理。

2.由其他小组对本小组的设计方案进行评价。

3.结合供应链理论设计的合理性与其他小组的评价进行综合评价。

项目十三 物流标准化

学习目标

知识目标

1. 了解和掌握物流标准化的概念、特点、原则及分类
2. 掌握物流标准化的主要内容和方法
3. 了解和掌握物流标准化体系的概念、现有基础及物流标准化体系的建立

技能目标

1. 能针对某一具体案例给出自己对于标准及标准化的理解
2. 能够针对某一物流企业的特点设定具体的标准化措施

任务一 物流标准化概述

导入案例

"海尔"是世界白色家电第一品牌、中国最具价值品牌之一。海尔集团发现在整个生产过程中,最受制约的就是仓储,就是原材料和零部件的仓储和配送。为解决这一问题,海尔集团在青岛海尔信息产业园里面建了一座机械化的立体库,在黄岛开发区建了一座全自动的立体库。立体库有9168个标准托盘位,托盘是1200毫米×1000毫米;每天进出的托盘达到1200个,实际能力是1600个。海尔集团要求所有的分供方按照照标准化的模式送货,所有的送货工具都是标准化的托盘,标准的周转箱。不采用纸箱是因为产品的零部件容易压坏,上线的时候还要倒箱,多次倒箱增加了人工拣选,保证不了产品的质量。现在采用统一的产品包装,从分供方的厂里到海尔集团的生产线整个过程不用倒箱。对车间也是一样,以往车间的效果也是脏、乱、差,使用标准箱之后,全部是叉车作业标准化。立体库对两方都产生了有利的作用,对分供方有利,对海尔集团内部的整个物流进程的推进也起到了重要的作用。

项目十三　物流标准化

任务目标

通过本项目的学习,项目团队应理解物流标准化的概念;了解物流标准化的特点;掌握物流标准化的分类和方法;了解物流标准化的现状以及在物流系统中的地位和作用。

任务学习

一、物流标准化的概念

(一)标准化的概念

标准是对重复性事物和概念所作的统一规定,它以科学、技术和实践经验的综合成果为基础,经有关方面协商一致,由主管机构批准,以特定的形式发布,作为共同遵守的准则和依据。

标准化是在经济、技术、科学及管理等社会实践中,对产品、工作、工程、服务等普遍的活动制定、发布和实施统一的标准的过程。

(二)物流标准化的概念

物流标准化是指以物流系统为对象,围绕运输、储存装卸、包装以及物流信息处理等物流活动制定、发布和实施有关技术和工作方面的标准,并按照技术标准和工作标准的配合性要求,统一整个物流系统的标准的过程。

物流标准化包括以下几个方面的含义。

第一,物流标准化是以制定标准、贯彻标准并随着发展的需要而修订标准的活动过程,是一个不断循环、螺旋式上升的过程。

第二,物流标准是物流标准化活动的产物。从物流系统的整体出发,制定其各子系统的设施、设备、专用工具等的技术标准,以及业务工作标准。

第三,物流标准化的效果只有通过在社会实践中实施标准,才能表现出来。

以上三个方面是分别从不同的物流层次上考虑将物流实现标准化。要实现物流系统与其他相关系统的沟通和交流,在物流系统和其他系统之间建立通用的标准,首先要在物流系统内部建立物流系统自身的标准,而整个物流系统的标准的建立又必然包括物流各个子系统的标准。因此,物流要实现最终的标准化必然要实现以上三个方面的标准化。

二、物流标准化的特点

物流标准化的主要特点有以下几方面。

1. 物流标准化系统属于二次系统,或称后标准化系统

由于物流及物流管理思想诞生较晚,组成物流大系统的各个分系统没有归入物流系统之前,早已分别实现了本系统的标准化,并且经多年的应用,不断发展和巩固已很难改变。在推行物流标准化时,必须以此为依据按物流系统所提出的要求重建新的标准化系统,这就必然要从适应及协调角度建立新的物流标准化系统,而不可能全部创新。

2. 物流标准化要求体现科学性、民主性和经济性

物流标准化必须非常突出地体现这"三性"。科学性的要求是要体现现代科技成果,以科学实验为基础,在物流中,则还要求与物流的现代化(包括现代技术及管理)相适应,要求能将现代科技成果联结成物流大系统。否则,尽管各种具体的硬技术标准化水平颇高,十分先进,但不能与系统协调。民主性指标难的制订应采用协商一致的办法,广泛考虑各种现实条件,广泛听取意见,使标准更具权威性,易于贯彻执行。经济性是标准化主要目的之一,也是标准生命力如何的决定因素,物流过程不像深加工那样引起产品的大幅度增值,即使通过流通加工等方式,增值也是有限的。所以,物流费用多开支一分,就要影响到一分效益,但是,物流过程又必须大量投入消耗,如果不注重标准的经济性,片面强调反映现代科技水平,片面顺从物流习惯及现状,引起物流成本的增加,自然会使标准失去生命力。

3. 物流标准化具有非常强的国际性

改革开放以来的事实表明,对外贸易和交流对我国经济的发展作用越来越大,而所有的对外贸易又最终靠国际物流来完成。因此,我国的物流标准化从运输工具、包装、装卸搬运工具、流通加工等都要与国际物流标准相一致,积极采用国际标准,完善国内标准体系,提高运输效率,缩短交货期限,保证物流质量。有利于促进对外贸易,降低成本,增加外汇收入。

4. 物流系统的标准化涉及面更为广泛,对象多样化

和一般标准化系统不同,物流系统的标准化涉及面更为广泛,其对象也不像一般标准化系统那样单一,而是包括了机电、建筑、工具、工作方法等许多种类。虽然处于一个大系统中,但缺乏共性,从而造成标准种类繁多,标准内容复杂,也给标准的统一性及配合性带来很大困难。

尽管物流标准化存在着许多困难,但物流标准化必然推动物流业的发展和世界经济的进步,因而意义重大。

三、物流标准化的原则

(一)市场导向原则

"行政需求"转向"市场需求",有需求的标准才有价值。

政府从宏观管理出发:制定管理类标准。

企业从技术角度出发:制定技术类标准。

客户从物流服务要求出发:制定规范物流企业与客户之间的业务往来关系标准。

(二)一致性与协调性原则

根据各地物流信息化现状和企业需求制定一套完整、科学、可操作性强的物流信息标准

项目十三 物流标准化

化推进计划,通过各行业、各部门的相互配合与协调,推动各地物流信息化的进程。

(三)科学发展原则

物流标准化是一项系统性的基础性工作,要做好这项工作,就必须坚持科学发展的原则,把基础打牢打实,用动态的、不断发展的观点指导物流标准化的进程。在这个过程中,要注意做好三个方面的工作:

一是物流信息标准化体系与进程应与我国物流标准化体系和进程相适应;

二是要结合各省、自治区、直辖市的实际需求;

三是要吸取中国香港、东南亚以及欧美等国家物流信息标准化的经验和创新。

(四)推进企业创新原则

物流标准化不是为了限制或制约企业正常的生产经营活动,而是要通过标准的实施积极促进企业在规范发展中不断进行提升和创新。从根本上说,是为了推进物流企业在经济全球化、在我国积极融入国际市场经济的大背景下,在一个基础准则平台上,充分发挥自己的优势和特点,通过公平竞争不断成长和壮大。

因此除强制推广一些涉及安全、环保、产业衔接、基础信息、基础管理与技术、服务质量与规定、消费者权益保护等方面的标准外,还应鼓励企业制定和完善企业标准,如企业物流规划、物流企业服务模式、服务功能等方面的标准以及物流作业规程及物流设备等标准。

四、物流标准化的分类

根据物流系统的构成要素及功能,物流标准大致可分为三大类。

(一)物流系统间配合应有的统一标准

物流作为一个整体系统,其间的配合应有统一的标准。统一性是制定其他物流标准应遵循的、全国统一的标准,是制定物流标准必须遵循的技术基础与方法指南。这些标准主要有:专业计量单位标准;物流基础模数尺寸标准;物流建筑基础模数尺寸;集装模数尺寸;物流专业名词标准;物流核算、统计标准等。

1. 专业计量单位标准

物流标准是建立在一般标准化基础之上的专业标准化系统,除国家规定的统一计量标准外,物流系统还要有自身独特的专业计量标准。

2. 物流基础模数尺寸标准

基础模数尺寸是指标准化的共同单位尺寸或系统各标准尺寸的最小公约尺寸。以基础模数尺寸为依据,选取其整数倍为规定的尺寸标准,这样,可以大大减少尺寸的复杂性,使物流系统各个环节协调配合,并成为系列化的基础。

3. 集装基础模数尺寸

集装基础模数尺寸是最小的集装尺寸,它是在物流基础模数尺寸基础上,按倍数推导出来的各种集装设备的基础尺寸。

4. 物流建筑基础模数尺寸

物流建筑基础模数尺寸主要指物流系统中各种建筑物所使用的基础模数。

5. 物流专业术语标准

物流专业术语标准包括物流专业名词的统一化、专业名词的统一编码以及术语的统一解释等。

6. 物流核算、统计的标准化

物流核算、统计的规范化是建立系统情报网、对系统进行统一管理的重要前提条件,也是对系统进行宏观控制与微观监测的必备前提。这一标准化包含下述内容:

确定共同的、能反映系统及各环节状况的最少核算项目;确定能用以对系统进行分析并可为情报系统收集储存的最少的统计项目;制定核算、统计的具体方法,确定共同的核算统计计量单位;确定核算、统计的管理、发布及储存规范等。

7. 标志、图示和识别标准

物流中的物品、工具、机具都是在不断运动中,因此,识别和区分便十分重要,对于物流中的物流对象,需要既有易于识别的又易于区分的标识,有时需要自动识别,这就可以用复杂的条形码来代替用肉眼识别的标识。标识、条形码的标准化便成为物流系统中重要的标准化内容。

(二)子系统中的技术标准

大的物流系统又分为许多子系统,子系统中也要制定一定的技术标准,主要有:运输车船标准;作业车辆(指叉车、台车、手车等)标准;传输机具(如起重机、传送机、提升机等)标准;仓库技术标准;站场技术标准;包装、托盘、集装箱标准;货架、储罐标准等。

1. 运输车船标准

货物及集装的装运,与固定设施的衔接等角度制定的车厢、船舱尺寸标准,载重能力标准,运输环境条件标准等。此外,从物流系统与社会之关系角度出发,制定的噪音等级标准、废气排放标准等。

2. 作业车辆标准

对象是物流设施内部使用的各种作业车辆,如叉车、台车、手车等。包括尺寸、运行方式、作业范围、作业重量、作业速度等方面的技术标准。

3. 传输机具标准

传输机具标准包括水平、垂直输送的各种机械式、气动式起重机、传送机、提升机的尺寸、传输能力等技术标准。

4. 仓库技术标准

它包括仓库尺寸、建筑面积、有效面积、通道比例、单位储存能力、总吞吐能力、温湿度等技术标准。

5. 站台技术标准

它包括站台高度、作业能力等技术标准。

6. 包装、托盘、集装箱标准

它包括包装、托盘、集装箱系列尺寸标准,包装物强度标准,包装、托盘、集装箱荷重标准以及各种集装、包装材料、材质标准等。

7. 货架、储罐标准

它包括货架净空间、载重能力、储罐容积尺寸标准等。

(三)工作标准及作业规范

工作标准是指对各项工作制定的统一要求及规范化规定,其内容很多,如各岗位的职责及权限范围;完成各项任务的程序和方法以及与相关岗位的协调、信息传递方式,工作人员的考核与奖罚方法;物流设施、建筑的检查验收规范;吊钩、索具使用、放置规定;货车和配送车辆运行时刻表、运行速度限制以及异常情况的处理方法等。

物流作业规范是指在物流作业过程中,物流设备运行标准,作业程序、作业要求等标准,这是实现作业规范化、效率化以及保证作业质量的标准。

五、物流标准化发展现状

(一)我国物流标准化存在的问题

目前,我国物流业已建立了一批物流标识标准体系,如《中国物流标准化体系规范》。同时《物流术语》《商品条码》《物流单元格条码》等一些重要的国家标准已投入实施。这些标准的实施对于规范我国当前物流业发展中的基本概念、促进物流业迅速发展并与国际接轨起到了重要作用。尽管近几年来,我国的标准化工作取得了一定的进展,但由于诸多原因,目前我国的标准化状况仍不容乐观,存在着诸多问题。

1. 在物流标准的制定方面存在的问题

(1)物流标准化基础薄弱。物流业在我国起步较晚,物流及物流管理思想还没有得到广泛的传播和应用,组成物流大系统的各个分系统现已实现了各自系统本身的标准化,在人的物流系统标准化内容上形成了条块分割、部门分割;现在物流标准化的市场基础比较薄弱,在物流的基础设施、管理体制、管理水平、管理人才等诸多方面存在明显的不足;对"物流"的内涵与外延缺乏明确认识,物流之间标准没有办法统一,导致跨区域性、多式联运物流效率下降。

(2)物流信息标准化工作落后。随着互联网、物联网的快速发展,物流将进入4.0时代,也就是智慧物流时代,即实现智能化、透明化、标准化、集约化。但物流信息化标准体系尚未完善,信息交换及共享存在障碍。物流信息化标准涉及物流信息技术、服务、编码、安全和管理等方面的标准化、统一化,而物流运营过程中的信息衔接及交换也有赖于信息化标准的支持,智慧物流国家标准尚不健全,信息共享不畅,降低了行业管理和运行效率。

2. 在物流标准的推广和执行方面存在的问题

(1)体制不够健全,运营机制有待完善。物流管理涉及发展与改革委员会、交通部、工信部等众多行政管理部门,物流业务涉及商务、交通、信息技术等众多行业领域。当前物流行业存在多头管理、条块分割、信息孤岛等现象,行业资源浪费较为严重。相关的物流标准化工作并不是整体的而是被分散在了不同的部门和行业,这使物流标准化的管理缺乏系统和有效的衔接,导致了物流标准化管理的协调配套性差、各类运输装备标准不兼容、物流器具标准不配套、物流基础设施不规范等问题,如果这些问题不能得到彻底的解决,将使标准的应用和推广存在严重的障碍。

(2)国内标准与国际标准接轨较难。由于受到计划经济体制的影响,以前在制定物流相关标准的过程中我们较少考虑到与国际标准相一致的问题。这使我国的各种标准同国际标准不能很好地兼容与衔接。随着经济全球化的发展和我国物流国际化程度的加深,这严重影响了我国的物流效率。以托盘的标准化为例,在我国托盘现在还没有形成统一的标准化,于是欧美标准、日韩标准都纳入了企业的考虑范围甚至还有一些企业干脆自己定标准,这些不统一的"标准"严重影响了物流系统的运作效率。

(3)我国物流标准化人才匮乏。当前国内物流人才缺口在30万～50万人,人才供需的结构性矛盾明显,兼有物流管理、计算机技术、网络通信技术等相关知识并熟悉物流标准化的高端复合人才"一人难求"。现在我国物流行业的从业人员有很多都不是物流专业人才,而是从相关的行业转行过来的。而在物流标准化领域,我国不仅缺乏既懂业务又懂技术的战略型人才,也缺乏中低端人才。高等院校输出人才的数量和质量难以满足企业发展的真实需求,行业人才供需结构性矛盾突出。由此可见,物流标准化人才资源在我国是非常贫乏的。

(二)提高物流标准化的措施

我国物流标准化的发展必须要坚持四大方向,发展物流标准化是为了满足四大需求即是满足统一国内物流概念的需求,满足提高物流效率的需求,满足国内物流与国际接轨的需求,满足规范物流公司的需求。为了满足这些需求,应做到以下几点。

1. 加强物流市场的培育

产业的自身发展是标准化普及的依赖,而其真正的动力正是市场本身,由此可见,建设物流企业和建设物流标准具有共同的目标,政府应以优惠政策鼓励企业参与物流标准化建设,鼓励和催促行业中各企业参照国际先进物流标准,努力打破"三分割"和地方保护主义,统筹规划,整合物流资源,从整个经贸发展的角度来规划物流产业的网络布局,使行业内各个企业在物资流通活动中得到统一与协调。

2. 注重与国际标准的接轨,加强对国外先进物流标准的引进

在物流标准化的建设中,不能一味引进国际先进的物流标准,也要立足国内的实际情况,引进符合国情对我国标准化建设有利标准。由于我国物流标准化起步较晚,在建立物流标准过程中,要充分借鉴发达国家的成熟经验和先进技术,站在巨人的肩膀上去发展,积极引进对我们有帮助优秀的技术,抛却我国那些迂腐的对现代物流有阻碍的硬性标准,这是保证我国物流标准化科学合理,快速发展的有效途径和方法。

3. 重视物流标准化人才的培养

随着我国物流国际化程度的不断加深,国际贸易也日益频繁,国际竞争更加激烈,这时专业的物流人才就显得尤为重要。物流专业人才培养应与行业发展同步,完善人才服务的市场机制,促进人才的合理流动与优化配置。目前,我国物流标准化人才奇缺,这将直接影响我国物流业的发展。因此,积极培养现代物流人才就变得更加迫切与重要,而关于现代物流理念的宣传和推广则需要有关部门的大力支持和实施,只有让那些漠视物流和物流管理的人转变观念,认识到物流的重要性才能为物流标准化的人才培养扫清思想障碍创造社会环境。同时,我们还可以积极借鉴国外物流专业人才的培养机制,加大物流标准化人才引进力度,引进国外物流人才,建立起人才激励机制,培养一批熟悉物流业务、具有跨学科综合能力的物流管理人才和专业技术人才,只有这样才能更好地发展物流标准化。

4. 加强科研机构的联系与协作

由于我国各个研究所的研究成果仅仅在一个地区传播,因此国家要加强此方面管理加强各个科研机构的联系,加强交流最后使各个成果得以传播,使我国物流标准化更加完善,我国经济更加繁荣。

六、物流标准化的作用

只有实现了物流标准化,才能在国际经济一体化的条件下有效地实施物流系统的科学管理,加快物流系统建设,促进物流系统与国际系统和其他系统的衔接,有效地降低物流费用,提高物流系统的经济效益和社会效益。物流标准化的重要性具体体现在以下几点。

1. 物流标准化是实现物流管理现代化的重要手段和必要条件

物料从厂商的原料供应,产品生产,经市场流通到消费环节。再到回收再生,是一个综合的大系统。由于社会分工日益细化,物流系统的高度社会化显得更加重要。为了实现整个物流系统的高度统一,提高物流系统管理水平,必须在物流系统的各个环节制定标准,并严格贯彻执行。在我国,以往同一物品在生产领域和流通领域的名称和计算方法互不统一,影响了我国的物资流通,国家标准《全国工农业产品(商品、物资)分类与代码》的发布,使全国物品名称及其标识代码有了统一依据和标准,有利于建立全国性的经济联系,为物流系统的信息交换提供了便利条件。

2. 物流标准化是物流产品的质量保证

物流活动的根本任务是将工厂生产的合格产品保质保量并及时地送到用户手中。物流标准化对运输、保管、配送、包装、装卸等各个子系统都制定了相应标准,形成了物流质量保证体系,只要严格执行这些标准,就能将合格的物品送到用户手中。

3. 物流标准化是降低物流成本、提高物流效益的有效措施

物流的高度标准化可以加快物流过程中运输、装卸的速度,降低保管费用,减少中间损失,提高工作效率,因而可获得直接或间接的物流效益,否则就会造成经济损失。我国铁路与公路在使用集装箱统一标准之前,运输转换时要"倒箱",全国"倒箱"数量很高,为此损失巨大。

4. 物流标准化是我国物流企业进军国际物流市场的通行证

物流标准化已是全球物流企业提高国际竞争力的有力武器。我国物流企业在物流标准化方面仍十分落后,面临加入WTO带来的物流国际化挑战,实现物流标准的国际化已成为我国物流企业开展国际竞争的必备条件。

5. 物流标准化是消除贸易壁垒、促进国际贸易发展的重要保障

在国际经济交往中,各国或地区标准不一是重要的技术贸易壁垒,严重影响国家进出口贸易的发展。因此,要使国际贸易更快发展,必须在运输、保管、配送、包装、装卸、信息,甚至资金结算等方面采用国际标准,实现国际物流标准统一化。

任务二 物流标准化的主要内容与方法

导入案例

现代物流的突出特点是一体化运作、网络化经营。只有把上下游各个环节打通,才能真正称得上是现代物流。而要实现各个环节高效衔接,有效的途径是作业单元的标准化及一以贯之。随着经济全球化进程的加快和我国物流业的迅速发展,物流标准化建设滞后的问题日益凸显,以托盘为例,托盘"牵一发而动全身",在运输、仓储、装卸搬运、配送等物流环节中起着衔接贯通的关键作用。推进托盘标准化,对提高物流作业效率、降低物流成本至关重要。在国务院办公厅转发的《物流业降本增效专项行动方案(2016—2018年)》中明确推广1200毫米×1000毫米标准托盘的实施。这是首次以国务院层面文件统一托盘标准,具有重要意义。目前,托盘规格国家标准有两个:一个是1200毫米×1000毫米,一个是1100毫米×1100毫米,但一个国家最好一个标准,否则不同规格的托盘难以实现循环共用,也难以统一货车车厢、产品包装等系列标准,所以国家标准明确优先推荐1200毫米×1000毫米这一规格托盘。另外,在交通运输部等18部门联合印发的《关于进一步鼓励开展多式联运工作的通知》中,再次重申了优先推广使用1200毫米×1000毫米标准托盘。

任务目标

通过本项目的学习,项目团队应掌握物流标准化的主要内容和方法;能够合理运用物流标准化的方法解决企业物流成本过高、物流效率低下等问题。

项目十三　物流标准化

任务学习

一、物流标准化涉及的内容

（一）物流设施标准化

1. 物流设施设备基础标准

基础标准是整个分标准体系的基础部分，它主要包括物流设施设备的原则、主要术语、分类、图示符号等。

2. 物流设施

物流设施大致分为四类。

（1）物流中心是一种现代物流设施，具有多样化的特点，根据主要功能的不同侧重于配送、中转、集货等。因此标准的效用范围不能太窄，以免造成多方面的限制。应该以通用的，评定性，事关人身、货物安全的标准为主。

（2）仓库的形式多种多样，为使体系表更加明确，层次清晰，根据仓库的特点和不同的要求，分为平面库、立体仓库、专业仓库。

（3）货运站场按照形态和运作条件的不同划分为：公路货运站场、铁路货运站场、码头、集装箱站场。

（4）对于与各种设施密切相关的配套设施，其中许多是各个物流节点的接口部分，它们的标准化是非常必要的。

3. 集装化器具

现代物流的特征之一是物料的集装单元化，集装单元化程度的高低是判断一个国家现代物流是否发达的重要标志之一。而标准化是集装单元化的关键。从集装化术语的使用，集装工具的尺寸、强度、重量、实验方法等，都需要标准化，以便进行国内和国际的流通和交换。标准化是实现集装器具通用化所必需的。不同形式的集装化之间，其标准应相互适应，相互配合。

例如，商品包装的标准必须与托盘的标准协调，而托盘的标准又必须与集装箱、汽车车厢和库房的柱网相适应。从集装单元使用的频繁程度上，主要有下面几种类型，它们也构成了集装单元化器具标准，分为托盘标准、集装箱标准、周转箱标准、其他集装器具四个部分。

4. 物流设备

物流设备的种类繁多，一种设备常出现在物流的多个环节中。叉车、堆垛机均属于装卸搬运设备。在此，我们分为：运输车辆、储存设备、装卸搬运设备、工业包装设备、分拣设备、配套设备。物流设备标准的效用范围主要为部分设备的尺寸，如货车车厢；性能要求，如冷藏车的制冷性能；稳定性试验，如叉车的稳定性等。而不对具体的单体设备做过多的关于参数性、部件性的要求。

(二)物流作业标准化

物流作业标准化包装标准化,装卸、搬运标准化,运输作业标准化存储标准化等。

(三)物流信息标准化

1. 物流信息基础标准

物流信息基础标准主要指物流信息术语标准。

2. 物流信息应用标准

物流信息应用标准包括:物流信息分类与编码标准、物流信息采集标准、物流数据结果标准、物流信息交换标准、物流信息系统及相关标准。

3. 物流信息管理标准

物流信息管理标准将以 EPC 系统管理标准为核心,建立包括 EPC 系统准入制度、EPC 注册登记制度、EPC 数据管理与维护制度、EPC 系统一致性测试方法和 EPC 系统安全体系等。

4. 物流信息服务标准

物流信息服务标准主要包括物流信息企业服务标准和从业人员服务标准。

二、物流标准化方法

(一)物流标准化的形式

标准化的形式是标准化内容的表现形态。标准化有多种形式,每种形式都表现不同的标准化内容。在标准化形式中运用较多的有简化、统一化、系列化、通用化和组合化。

1. 简化

简化是指在一定范围内缩减物流标准化对象的类型数目,使之在一定时间内满足一般需要。如果对产品生产的多样化趋势不加限制地任其发展,就会出现多余、无用和低功能产品品种,造成社会资源和生产力的极大浪费。

2. 统一化

统一化是指把同类事物的若干表现形式归并为一种或限定在一个范围内。统一化的目的是消除混乱。物流标准化要求对各种编码、符号、代号、标志、名称、单位、包装运输中机具的品种规格系列和使用特性等实现统一。

3. 系列化

系列化是指按照用途和结构把同类型产品归并在一起,使产品品种典型化;又把同类型的产品的主要参数、尺寸,按优先数理论合理分级,以协调同类产品和配套产品及包装之间的关系。系列化是使某一类产品的系统结构、功能标准化形成最佳形式。系列化是改善物流、促进物流技术发展最为明智而有效的方法。比如按 ISO 标准制造的集装箱系列可广泛适用于各类货物,大大提高了运输能力,还为计算船舶载运量、港口码头吞吐量和公路与桥梁的载荷能力等提供了依据。

4. 通用化

通用化是指在互相独立的系统中,选择与确定具有功能互换性或尺寸互换性的子系统或功能单元的标准化形式,互换性是通用化的前提。通用程度越高,对市场的适应性越强。

5. 组合化

组合化是按照标准化原则,设计制造若干组通用性较强的单元,再根据需要进行合拼的标准化形式。对于物品编码系统和相应的计算机程序同样可通过组合化使之更加合理。

（二）物流标准化的方法

从世界范围来看,物流体系的标准化,各个国家都还处于初始阶段,在这一阶段,标准化的重点在于通过制定标准规格尺寸来实现全物流系统的贯通,取得提高物流效率的初步成果。这里介绍标准化的一些方法,主要是初步的规格化的方法及做法。

1. 确定物流的基础模数尺寸

物流标准中的工作标准和作业标准一般属于个别企业按照一定的规范要求制定的。作为统一的物流标准主要是指技术标准,通过制定标准规格尺寸来实现物流系统各个环节的顺畅衔接。

物流基础模数尺寸的作用和建筑模数尺寸的作用大体是相同的,其考虑的基点主要是简单化。基础模数尺寸一旦确定,设备的制造、设施的建设、物流系统中各环节的配合协调、物流系统与其他系统的配合就有所依据。目前国际标准化组织（ISO）中央秘书处及欧洲各国已基本认定600mm×400mm为基础模数尺寸,我国应当研究这个问题为以后的发展做好准备。

如何确定基础模数尺寸呢？这大体可说明如下：由于物流标准化系统较之其他标准化系统建立较晚,所以,确定基础模数尺寸主要考虑了目前对物流系统影响最大而又最难改变的事物,即输送设备。采取"逆推法",由输送设备的尺寸来推算最佳的基础模数。当然,在确定基础模数尺寸时也考虑到了现在已通行的包装模数和已使用的集装设备,并从行为科学的角度研究了人及社会的影响。从其与人的关系看,基础模数尺寸是适合人体操作的高限尺寸。

2. 确定物流模数

物流模数即集装基础模数尺寸。前面已提到,物流标准化的基点应建立在集装的基础上,所以,在基础模数尺寸之上,还要确定集装的基础模数尺寸（即最小的集装尺寸）。在《关于加快我国包装产业转型发展的指导意见》中,明确了推广600mm×400mm产品包装基础模数,有助于形成包装规格与托盘衔接互动的局面；在协调工信部、交通运输部等部门修订发布了强制性国家标准《汽车、挂车及汽车列车外廓尺寸、轴荷及质量限值》（GB1589—2016）,调整货车辆外廓尺寸为2550mm,适应带托盘运输。

集装基础模数尺寸可以从600mm×400mm按倍数系列推导出来,也可以在满足

600mm×400mm 的基础模数的前提下,从卡车或大型集装箱的分割系列推导出来。日本在确定物流模数尺寸时,就是采用后一种方法,以卡车(早已大量生产并实现了标准化)的车厢宽度为确定物流模数的起点,推导出集装基础模数尺寸。

3. 以分割及组合的方法确定系列尺寸

物流模数作为物流系统各环节的标准化的核心,是形成系列化的基础。依据物流模数进一步确定有关系列的大小及尺寸,再从中选择全部或部分,确定为定型的生产制造尺寸,这就完成了某一环节的标准系列。

由物流模数体系,如构成图 13-1 所示关系,可以确定各环节系列尺寸。

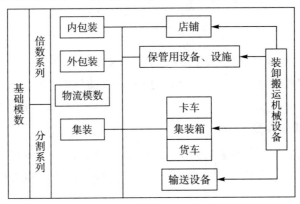

图 13-1 系列尺寸推导关系

任务三 物流标准体系

导入案例

中铁快运作为现代物流企业,国内网络遍及全国各大中城市,目前已形成连锁服务网络,实行"门到门""户到户"服务,同时通过铁海、铁空联运可办理与部分国家间的国际快件运输业务。中铁快运要求企业在快件货物的服务上,即从发送作业开始,经转运作业、干线运输作业、区域分拨作业直到最后的到达作业,整个业务节点和流程过程中所产生的相关单证(如托运单、运单、交接单等)能够在信息标志上始终保持一致性,从而便于计算机信息系统的自动识别和处理,提高作业效率和管理效率。但现实中,由于一些运输信息标识、城市地理信息标志等应用标准不太统一,致使企业在一些业务环节上衔接度和协调性较差,造成了一些无谓的浪费。例如,如何处理与海关、民航、商检等信息系统的接口标准问题。我国在这方面还没有形成各个系统统一的信息标准体系。当前,我国物流企业急需国家完善一些基础标准,并尽量实现各行业标准的协调统一。

项目十三 物流标准化

任务目标

通过本项目的学习,项目团队应掌握物流标准化体系的概念;了解物流标准化体系的现在基础;掌握企业物流标准体系的构成,能够针对某一具体企业设计出物流标准体系结构。

任务学习

一、物流标准化体系概述

物流标准化体系是指在物流标准化活动范围内,各类标准按其内在联系形成科学的有机整体。物流标准化体系包含以下几方面含义。

第一,物流标准体系的覆盖面是物流标准化活动的全部范围,即物流标准体系包括了物流过程所需要的全部标准,确定物流标准的对象是建立物流标准体系的要点。总的说来,只要属于物流活动范围,与技术、管理有关的重复性事务和概念,都可以作为物流标准的对象,纳入物流标准体系。

第二,物流标准体系的组成是各类标准。"各类"的一层意思是指物流标准体系包括不同级别的标准,亦即国家标准、行业标准、地方标准和企业标准;另一层意思是物流标准体系包括技术标准、管理标准和工作标准。

第三,从全国商业物流系统来看,物流标准体系内的标准,既包括现有标准,也包括应有和预计发展的标准,并随着物流技术的发展不断更新和充实。可以说,物流标准化体系是物流标准化工作的蓝图。

第四,物流标准化体系内的各类标准都有一定的服务对象,起不同的作用。它们之间相互依存、相互关联,联成一体发挥整体的功能。建立标准体系是一项系统工程,应运用系统工程的思想、方法、工具来研究和处理这些标准之间的关系,按一定科学规律使之形成一个有机的整体。

二、中国物流标准化的现有基础

近些年,中国国民经济与对外贸易的发展为中国物流标准化的发展提供了良好的机遇,国内的专业化物流公司和商业企业配送中心渐成气候,一些大型制造企业也在物流配送方面有所动作。随着物流产业基础市场的发育,我国的物流标准化工作开始启动,并取得了一系列成绩。具体表现在以下几个方面。

第一,制定了一系列物流或与物流有关的标准。据粗略统计,在我国现已制定颁布的物流或与物流有关的标准已有近千个。在包装标准方面,我国已全面制定了包装术语、包装尺寸、包装标志、运输包装件基本试验、包装技术、包装材料、包装材料试验方法、包装容器、包装容器试验方法、产品包装、运输、贮存与标志等方面的标准;在物流机械与设施方面,我国制定了起重机械、输送机械、仓储设备、装卸机械、自动化物流装置以及托盘、集装箱等方面的标准。

从系统性的角度来看,已不仅仅是单纯制定技术标准,有关物流行业的通用标准、工作标准和管理标准也已开始制定。从标准层次性的角度来看,制定的与物流有关的标准不只有企业标准和地方、行业标准,也有不少的国家标准,其中有一部分标准还采用了国际标准或国外先进标准。从部门的角度来看,中国与物流关系比较密切的一些部门,如铁道部、交通部、机械工业部、冶金部、贸易部等均制定了一系列与物流有关的标准,特别是制定了许多作为国家标准系列中比较欠缺的作业标准和管理标准。

第二,建立了与物流有关的标准化组织、机构。中国已经建立了一套以国家技术监督局为首的全国性的标准化研究管理机构体系,而这中间有许多机构和组织从事着与物流有关的标准化工作。据悉,国家质量技术监督局即将成立全国供应链过程管理与控制标准化技术委员会(SCM-CHINA),秘书处设在中国物品编码中心。

第三,积极参与国际物流标准化活动。中国参加了国际标准化组织 ISO 和国际电工委员会 IEC 与物流有关的各技术委员会与技术处,并明确了各自的技术归口单位。

此外,还参加了国际铁路联盟 UIS 和社会主义国家铁路合作组织 OSJD 等两大国际铁路的权威机构。

第四,积极采用国际物流标准。在包装、标志、运输、贮存方面的近百个国家标准中,已采用国际标准的约占 30%;公路水路运输方面的国标中,已采用国际标准的约占 5%;在铁路方面的国标中,已采用国际标准的约占 20%;在车辆方面的国标中,已采用国际标准的约占 30%。此外,在商品条形码、企事业单位和社团代码、物流作业标志等方面也相应采用了一些国际标准。

第五,积极开展物流标准化的研究工作。在加入 WTO 的今天,中国物流国际化是必然的趋势,如何实现我国物流系统与国际物流大系统顺利接轨,关键在于物流标准化。至此,物流标准化工作被提到了前所未有的高度上来,全国不少相关科研院所、高等院校的科研机构,都投入到了这项研究工作当中。

三、物流标准体系的建立

企业标准体系主要包括技术标准体系、管理标准体系和工作标准体系(图 13-2 所示)。物流企业在建立其企业标准体系时,也应建立这三方面的标准体系。这三方面的标准中可包括企业自己定义的标准体系,而推荐的做法是应尽可能多的采用国家标准或国际标准。

(一)物流技术标准体系

按照国家标准 GB/T 15497—2003《企业标准体系技术标准体系》的规定,"标准化良好行业试点确认工作评分表"的各项评分细则,将物流技术标准体系进行了如下划分:物流技术标准包括技术基础标准,设计技术标准,产品标准,采购标准,工艺标准,设备、基础设施和工艺装备技术标准,测量、检验、试验方法及设备技术标准,包装、搬运、贮存、标志技术标准,安装、交付技术标准,服务技术标准,能源技术标准,安全技术标准,职业健康技术标准,环境技术标准、信息技术标准等(如图 13-3 所示)。

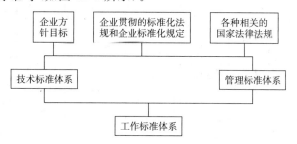

图 13-2　企业标准体系总体架构

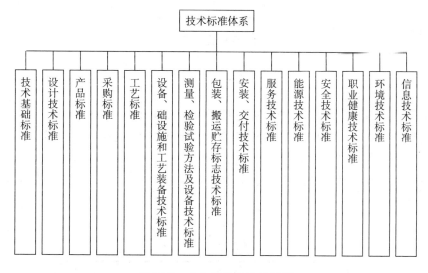

图 13-3　企业技术标准体系表

（二）物流企业管理标准体系

按照国家标准 GB/T 15498—2003《企业标准体系管理标准和工作标准体系》的规定,管理标准体系包括企业所执行的国家标准、行业标准、地方标准和本企业制定的管理标准。管理标准共分为:经营综合管理标准;设计、开发与创新管理标准;采购管理标准;质量管理标准;设备与基础设施管理标准;测量、检验、试验管理标准;包装、搬运、贮存管理标准;安装、交付管理标准;服务管理标准;能源管理标准;安全管理标准;职业健康管理标准;环境管理标准;信息管理标准;体系评价管理标准;标准化管理标准;管理基础标准;物流规划标准(如图 13-4 所示)。

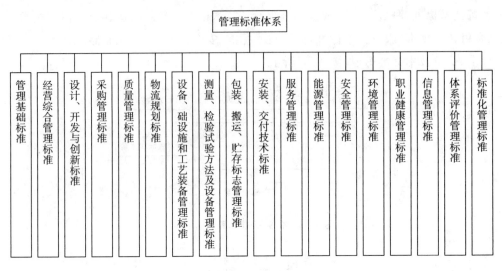

图 13-4 企业管理标准体系

(三)工作标准体系

工作标准体系表由决策层工作标准、管理层工作标准、操作人员工作标准构成。工作标准中规定各岗位的职责、权限、人员资格、工作内容要求、检查与考核办法等方面(如图 13-5 所示)。

工作标准项目的明细表可根据各公司的实际情况对每个岗位上的工作人员进行工作标准的规定。

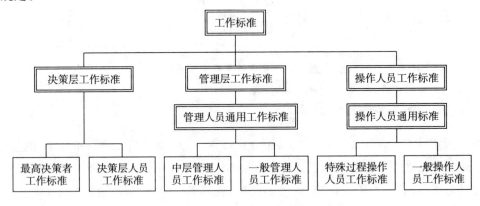

图 13-5 工作标准体系

同步练习

一、单项选择题

1. 对工作的内容方法、程序和质量要求所制定的标准称为(　　)。
   A. 作业标准　　　B. 基础标准　　　C. 技术标准　　　D. 工作标准

项目十三　物流标准化

2. 国际标准化组织(ISO)认定的物流基础模数尺寸是(　　)。
A. 600mm×400mm　　　　　　B. 1200mm×800mm
C. 1100mm×1100mm　　　　　D. 1200mm×1000mm

3. 属于基础标准的是(　　)。
A. 作业标准　　　　　　　　　B. 物流基础模数尺寸标准
C. 信息标准　　　　　　　　　D. 包装标准

4. (　　)是制定其他物流标准应遵循的、全国统一的标准,是制定物流标准必须遵循的技术基础与方法指南。
A. 基础标准　　　　　　　　　B. 分系统技术标准
C. 工作标准　　　　　　　　　D. 作业规范

5. (　　)是指在互相独立的系统中,选择和确定具有功能互换性或尺寸互换性的子系统或者功能单元的标准化形式。
A. 简化　　　　B. 统一化　　　　C. 系列化　　　　D. 通用化

二、判断题

1. 物流标准化是指以物流系统为对象,围绕运输、储存、装卸、包装以及物流信息处理等物流活动制度、发布和实施有关技术和工作方面的标准,并按照技术标准和工作标准的配合性要求,统一整个物流系统的标准的过程。(　　)
2. 在物流标准化形式中运用较多的是简化、统一化、系列化、通用化和组合化。(　　)
3. 物流标准化是物流产品的质量保证。(　　)
4. 物流模数尺寸即是物流基础模数尺寸。(　　)
5. 物流信息标准体系框架可以分为:物流信息基础标准、物流信息应用标准、物流信息管理标准、物流信息服务标准和物流信息安全标准。(　　)

三、简答题

1. 何谓物流标准化?它的具体含义是什么?
2. 物流标准化系统有何特点?
3. 确定物流标准化有哪些具体方法?
4. 物流标准化的作用表现在哪些方面?

四、案例分析

上海百大配送有限公司的物流配送标准化管理的实践

上海百大配送有限公司是上市公司昆百大控股的云南百大投资有限公司在物流配送业投资的一个全国性的配送网络(以下简称上海百大配送),经过近五年的运作,已建成包括上海、北京、南京和昆明四城市四种商业模式的从事第三方物流末段服务的专业公司,获得了上海创股和北京联办等投资机构的注资,形成了自己的标准化业务和管理流程,实现了整体盈利,为今后的配送网络复制和扩张打下了基础,并开始与"阳光网达"等中游物流企业进行企业标准对接。

上海百大配送的标准化内容包括:机构设置及管理制度、程度的标准化;业务流程的标准化;业务开发的标准化;客户开发及维护的标准化;数据库建设的标准化(包括数据采集、分析、提供等);与供应商、银行、终端消费者接口的标准化;属地公司及配送站建设的标准化等。

上海百大本着的标准化管理经历了三个阶段的探索和实践:

1. 第一阶段:基于 ISO9002:1994 标准建立并实施的标准化管理

为配合上海百大配送的战略发展需要,该公司在昆明和上海成立了专业的第三方物流配送公司,经过一年多的运作,积累了一定的经营和管理经验,并确立了在全国范围内成立同类的第三方物流配送公司、形成全国直投网络的战略目标,新公司的建立和运作需要有一套规范化、标准化的管理手册作指导;随着昆明和上海两公司物流配送业务量的增长,对运作及管理规范化、标准化的需求促使该公司实施标准化管理。

实施标准化管理的过程中,主要采取了以下措施:按照 ISO9002:1994 建立质量体系;根据公司行政、财务管理需要,按照 ISO9002:1994 的理念建立行政财务管理体系;将质量管理体系与行政财务管理体系有机融合,形成一套完整的公司管理手册(以下称"管理手册 V1.0");在已成立的公司逐步实施"管理手册 V1.0",并以引指导新公司的建立和运作。

上海百大配送所属的昆明公司在标准建立之初,即承担了配合设计并试验标准化管理体系及"管理手册 V1.0"的任务,标准化管理体系的建立及实施,规范了公司的运作和管理,使公司的业务运作及行政财务进入有序状态,提升了公司的服务质量,增强了竞争力,使该公司成为昆明地区物流配送行业的明星企业。随后,公司在"管理手册 V1.0"的指导下在南京、北京相继成立了第三方物流配送公司。

2. 第二阶段:根据实际运作情况,总结并提炼不同类型物品的物流配送运作过程规范化的标准化管理。

上海百大配送在昆明、上海、南京四城市分别成立第三方物流末段配送公司,经过几年的运作,尽管四城市公司经营重点不同,但单一物品的物流配送业务流程已较成熟,而且同类物品的配送在不同地区、不同公司的业务流程与管理基本一致。在此基础上进行了标准化管理的升级。

上海百大配送综合所属四个物流企业的实际运作经验,总结不同物品、不同服务的业务流程,自下而上地收集各环节、各岗位操作指导,并按部门及功能块制订切实可行的管理制度及控制标准,形成了"管理手册 V2.0"。"管理手册 V2.0"建立并实施后,公司内各部门及功能块控制点清晰,管理目标明确,减轻了中层管理人员的管理难度;各岗位人员严格按照操作指导及标准工作。为公司提升业务量及增加新的配送服务奠定了基础;各地区公司在开展新业务时,依据"管理手册 V2.0"已建立同类业务的业务流程、操作指导及管理控制标准实施业务的开发、运作及管理,大大加快了各公司业务的拓展。

3. 第三阶段:对有共性的不同物品的物流配送过作过程一体化的标准化运作及管理的探索,并增加对客户、用户及合作者的接口标准化内容。

随着上海百大配送在四个城市的运作日趋成熟,各城市公司在物流配送实际运作中都不同程度地实现了不同物品、不同服务过程的资源共享及综合利用(包括人力资源、信息资源、基础设施资源、工作环境资源、供方资源、合作者资源、银行及财务资源等)。因此,上海百大配送总结公司在不同物品物流配送实际运作中的搭载经验,探索及总结公司关联单位、客户、用户及合作者的业务标准化接口,对实际运作经验进行分析,掌握搭载规律,制订运作及管理标准,在"管理手册 V1.0"及"管理手册 V2.0"基础上,随着业务种类、合作伙伴和合作方式的不断增加,采用 ISO9001:2000 及 ISO9004:2000 标准建立管理体系及标准,形成"管理手册 V2.1"及后续同级版本。

思考题

1. 根据上海百大物流标准化的探索经历,分析物流标准化的作用?
2. 上海百大物流标准化的探索经历,有什么地方值得其他企业借鉴的?

实训项目　物流标准化体系的编制

学习资料

了解标准与标准化的概念;掌握物流标准化的分类;掌握企业物流标准化体系的建设。针对某一物流企业的特点编制物流标准化体系

实训组织

1. 熟悉并掌握有关物流标准化的理论知识。
2. 调研当地某物流企业标准化实施情况,了解并编制现有的物流标准化体系。
3. 结合所学理论知识,分析该企业物流标准化建设的合理性与不足。
4. 针对物流企业的特点,编制合理的物流标准化体系。

实训步骤

1. 每组组员进行合理分工与合作,针对某一具体的物流企业,做好该企业的物流标准化相关资料的搜集工作。
2. 各组将组员搜集的资料汇总分析,编制企业现有的物流标准化体系,并进行验证和评价。
3. 分组讨论企业物流标准化体系的合理性与不足,提出改进优化意见。
4. 各小组结合物流企业的具体情况,编制合理的物流标准化体系。

实训考核

1. 每组针对具体物流企业的特点,编制合理的物流标准化体系,进行汇报。
2. 根据组内成员的讨论表现进行评价。

项目十四　绿色物流

学习目标

知识目标

1. 理解绿色物流的内涵和特征
2. 掌握绿色物流的理论基础
3. 掌握物流各要素对环境的影响

技能目标

1. 会根据企业实际情况分析并构建绿色物流系统
2. 树立绿色物流管理的理念

任务一　绿色物流概述

导入案例

地下物流技术在人口相对集中、国土狭小的日本得到了广泛的关注。2000年日本将地下物流技术列为未来10年日本政府重点研发的高新技术领域之一，主要致力于研究开通物流专用隧道并实现网络化，建立集散中心，形成地下物流系统。

日本建设厅的公共设施研究院对东京的地下物流系统进行了20多年的研究，研究内容涉及东京地区地下物流系统的交通模拟、经济环境因素的作用分析以及地下物流系统的构建方式等诸多方面。拟建系统地下通道总长度达到201千米，设有106个仓储设施，通过这些设施可以将地下物流系统与地上物流系统连接起来。系统建成之后能承担整个东京地区将近36%的货运，地面车辆运行速度提高30%左右；运输网络分析结果显示每天将会有超过32万辆的车辆使用该系统，成本效益分析预计系统每年的总收益能达到12亿日元，其中包括降低车辆运行成本、行驶时间和事故发生率以及减少二氧化碳和氮化物的排放量带来的综合效益。

项目十四　绿色物流

任务目标

通过本项目的学习,项目团队应理解绿色物流的内涵;明确实施绿色物流的相关行为主体,并能够根据企业的具体情况,分析企业构建绿色物流所要达到的目标。

任务学习

一、绿色物流的内涵

1987年,国际环境与开发委员会发表了名为《我们共有的未来》的研究报告。报告指出,为了实现长期、持续、稳定的发展,必须采取各种措施来维护我们的自然环境。环境共生型物流就是要改变原来经济发展与物流、消费生活与物流的单向作用关系,在抑制物流对环境造成危害的同时,形成一种能促进经济发展和人类健康发展的物流系统,即成为绿色物流、循环型物流。

（一）绿色物流的概念

绿色物流是近几年提出的一个新概念,目前还没有完全成熟的定义。但是在国际上,绿色物流已作为继绿色制造、绿色消费之后的又一个新的绿色热点,受到广泛的关注。由A. M. 布鲁尔、K. J. 巴顿和 D. A. 亨舍尔合著的《供应链管理和物流手册》书中提出"绿色物流（Green Logistics）"一词,代表着与环境相协调的高效运输配送系统。

随着我国加入WTO,国际贸易日益增多,国内企业不仅面临同类国际企业的产品质量竞争,还将面临有关的环境贸易壁垒。国内少数企业及学者已经在绿色生产、绿色包装、绿色流通等方面进行了有意义的探索,认为绿色物流是指在运输、储存、包装、装卸、流通加工等物流活动中,采用先进的物流技术、物流设施,最大限度地降低对环境的污染,提高资源的利用率的物流。

中华人民共和国国家标准《物流术语(GB/T 18354－2001)》中规定,绿色物流是指在物流过程中抑制物流对环境造成危害的同时,实现对物流环境的净化,使物流资源得到最充分利用。

从绿色物流的活动范围看,绿色物流包括物流作业环节和物流管理全过程的绿色化。从物流作业环节看,绿色物流包括绿色运输、绿色包装、绿色流通加工等。从物流管理过程看,绿色物流需从环境保护和节约资源的目标出发,改进物流体系,既要考虑正向物流环节的绿色化,又要考虑供应链上的逆向物流体系。它具体包括：精益物流;物流作业环节绿色化;物流管理全过程的绿色化;逆向物流。

（二）绿色物流的最终目标

绿色物流的最终目标是可持续发展,实现该目标的准则是经济利益、社会利益和环境利益的统一。

一般的物流活动主要是为了实现企业的盈利,满足顾客需求,扩大市场占有率等,这些目标最终均是为了实现某一主体的经济利益。而绿色物流除上述经济利益的目标之外,还追求节约资源、保护环境这一既具经济属性、又具社会属性的目标。尽管从宏观角度和长远的利益看,节约资源、保护环境与经济利益的目标是一致的,但对某一特定时期、某一特定的经济主体而言却是矛盾的。按照绿色物流的最终目标,企业无论是在战略管理还是战术管理中,都必须从促进经济可持续发展这个基本原则出发,在创造商品的时间效益和空间效益,满足消费者需求的同时,注重按生态环境的要求,保持自然生态平衡和保护自然资源,为子孙后代留下生存和发展的空间。

（三）绿色物流的行为主体

绿色物流的行为主体不仅包括专业的物流企业,还包括产品供应链上的制造企业和分销企业,同时还包括不同级别的政府和物流行政主管部门等。

产品生命周期的每一阶段,都不同程度地存在着环境问题。专业物流企业对运输、包装、仓储等物流作业的绿色化负有责任和义务。供应链上的制造企业既要设计绿色产品,还应该与供应链上其他企业协同起来,从节约资源、保护环境的目标出发,改变传统的物流体制,制定绿色物流战略和策略。因为绿色物流战略是联结绿色制造和绿色消费之间的纽带,也是使企业获得持续的竞争优势的战略武器。另外,各级政府和物流行政主管部门在推广和实施绿色物流战略中具有不可替代的作用。由于物流的跨地区和跨行业特性,绿色物流的实施不是仅靠某个企业或在某个地区就能完成的,它需要政府的法规约束和政策支持。例如,制定统一的物流器具标准,限制运输工具的环境污染指标,规定产品报废后的回收处理责任等。

（四）绿色物流的理论基础

正如其他绿色运动有其理论支撑一样,绿色物流管理也有其理论基础。

1. 可持续发展理论

可持续发展理论的内容包括以下方面:第一,生态持续。生态持续要求改变单纯追求经济增长、忽视生态环境保护的传统发展方式,切实保持整个生命保障系统的完整性,保持生物多样化,保护人类赖以生存的大气、淡水、海洋、土地、森林等自然资源不受污染和肆意侵害,积极治理和恢复已遭到破坏和污染的环境。第二,经济持续。经济持续要求通过产业结构调整和开发应用高新技术,转变经济增长方式,改善质量,优化配置,节约能源,降低消耗,增加效益,实行清洁生产和文明消费,减少有害废弃物的流出和排放,使经济和发展既能满足当代人需要,又不致对后代人构成危害。第三,社会持续。社会持续要求以提高人类生活质量为目的,积极促进社会向文明、公正、安全、健康的方向发展。为此,必须控制人口数量、提高人口质量;合理调节社会分配关系,消除贫富不均和两极分化;大力发展教育、文化、卫生事业,提高全体人民的科学文化素质和健康水平;建立和完善社会保障体系,保持社会政治稳定。由此可见,将可持续发展既不是单指经济发展或社会发展,也不是单指生态持续,而是生态——经济——社会三维复合系统的可持续。在这个可持续经济、可持续生态和可持续社会组成的三维复合系统中,是以生态可持续为基础、经济可持续为主导、社会可持续为根本的可持续发展。将可持续发展应用于现代物流活动中,就是要求从环境保护的角度对现代物流进行研究,形成一种与环境共生的综合物流系统,改变原来经济发展与物流之间的单向作用关系,抑制物流对环境造成危害,同时形成一种能促进经济和消费生活健康发展的现代物流系统。

2. 生态经济学理论

生态经济学理论是指研究再生产过程中经济系统与生态系统之间的物流循环、能量循环和价值增值规律及其应用的科学。物流是社会再生产过程中的重要一环,物流过程中不仅有物质循环利用、能源转化,而且有价值的实现。因此,物流涉及了经济与生态环境两大系统,理所当然地架起经济效益和生态环境效益之间彼此联系的桥梁。经济效益涉及目前和局部的更密切相关的利益,而环境效益则关系更宏观和长远的利益。经济效益和环境效益是对立统一的。后者是前者的自然基础和物质源泉,而前者是后者的经济表现形式。绿色物流以经济学的一般原理为指导,以生态学为基础,对物流中的经济行为、经济关系及规律与生态系统之间的相互关系进行研究,以谋求在生态平衡、经济合理、技术先进条件下的生态与经济的最佳结合以及协调发展。

3. 生态伦理学理论

人类所面临的生态危机,迫使人们不得不反思自己的行为,不得不忍受人类对于生态环境的道德责任。这就促使了生态伦理学的产生和发展。生态伦理学是从道德角度研究人与自然关系的交叉学科,它根据生态学提示的自然与人相互作用的规律性,以道德为手段,从整体上协调人与自然环境的关系。生态伦理迫使人们对物流中的环境问题进行深刻反思,从而产生了一种强烈的责任心和义务感。为了子孙后代的切身利益,为了人类更健康和安全地生存与发展,人类应当维护生态平衡。

二、绿色物流的特征

绿色物流除了具有一般物流所具有的特征外,还具有学科交叉性、多目标性、多层次性、时域性和地域性等特征。

1. 学科交叉性

绿色物流是物流管理与环境科学、生态经济学的交叉。由于物流与环境之间的密切关系,在研究社会物流与企业物流时必须考虑环境问题和资源问题;由于生态系统与经济系统之间的相互作用和相互影响,生态系统也必然会对经济系统的子系统——物流系统产生作用和影响。因此,必须结合环境科学和生态经济学的理论、方法进行物流系统的管理、控制和决策,这也正是绿色物流的研究方法。学科的交叉性,使得绿色物流的研究方法复杂、研究内容十分广泛。

2. 多目标性

绿色物流的多目标性体现在企业的物流活动就是要顺应可持续发展的战略目标要求,

注重对生态环境的保护和对资源的节约,注重经济与生态的协调发展,追求企业经济效益、消费者利益、社会效益与生态环境效益四个目标的统一。系统论告诉我们,绿色物流的多目标之间通常是相互矛盾、相互制约的,一个目标的增长将以另一个或几个目标的下降为代价,如何取得多目标之间平衡?这正是绿色物流要解决的问题。从可持续发展理论看,生态环境效益的保证将是企业经济效益、消费有利益和社会效益得以持久保证的关键所在。

3. 多层次性

绿色物流的多层次性体现在以下几个方面。

(1)从绿色物流的管理和控制主体看,可分为社会决策层、企业管理层和作业管理层等三个层次的绿色物流活动,或者说是宏观层、中观层和微观层。其中,社会决策层的主要职能是通过政策、法规的手段传播绿色理念;企业层的任务则是从战略高度与供应链上的其他企业协同,共同规划和控制企业的绿色物流系统,建立有利于资源再利用的循环物流系统;作业层主要是指物流作业环节的绿色化,如运输的绿色化、包装的绿色化、流通加工的绿色化等。

(2)从系统的观点看,绿色物流系统是由多个单元(或子系统)构成的,如绿色运输子系统、绿色仓储子系统、绿色包装子系统等。这些子系统又可按空间或时间特性划分成更低层次的子系统,每个子系统都具有层次结构,不同层次的物流子系统通过相互作用,构成一个有机整体,实现绿色物流系统的整体目标。

(3)绿色物流系统还是另一个更大系统的子系统,这就是绿色物流系统赖以生存发展的外部环境,包括法律法规、政治、文化环境、资源条件、环境资源政策等,它们对绿色物流的实施将起到约束作用或推动作用。

4. 时域性和地域性

绿色物流的时域特性指的是绿色物流管理活动贯穿于产品的生命周期全过程,包括从原材料供应,生产内部物流,产成品的分销、包装、运输,直至报废、回收的整个过程。

绿色物流的地域特性体现在两个方面。一是由于经济的全球化和信息化,物流活动早已突破地域限制,呈现出跨地区、跨国界的发展趋势。相应地,对物流活动绿色化的管理也具有跨地区、跨国界的特性。二是绿色物流管理策略的实施需要供应链上所有企业的参与和响应。跨地域、跨时域的特性也说明了绿色物流系统是一个动态的系统。

任务二 物流系统对环境的影响

导入案例

船舶运输是贝克啤酒出口业务的最重要运输方式。贝克啤酒厂毗邻不来梅港,是其采取海运的最大优势。凭借全自动化设备,标准集装箱可在8分钟内灌满啤酒,15分钟内完成一切发运手续。每年,贝克啤酒通过海运方式发往美国一地的啤酒就达9000TEU(为货柜容量的计算基础)。之所以选择铁路运输和海运方式,贝克啤酒解释为两个字:环保。欧洲乃至世界范围陆运运输的堵塞和污染日益严重,贝克啤酒选择环保的运输方式不仅节约了运输成本,还为自己贴上了环保的标签。

任务目标

通过本项目的学习,项目团队应掌握物流活动:运输、装卸搬运、仓储等对环境产生的影响,能够准确识别出企业的具体物流活动对环境的影响,形成在物流管理工作全过程中减少环境污染的意识。

任务学习

物流系统由各种功能要素所组成,对物流系统的环境影响分析,主要是对这些功能要素的环境影响进行分析。

组成物流系统的各个功能要素对环境的影响各不相同。首先,各要素对环境产生影响的种类不同。例如,运输对环境的影响主要表现在燃烧汽油或柴油而排出的污染性气体,以及发动机产生的噪声,而包装对环境的影响则主要表现在采用非降解型包装材料造成的废弃物污染。其次,各要素对环境的影响程度不同。由于作业过程的差异,有的要素对环境造成比较严重的影响,有的要素对环境的影响微乎其微。根据前人的研究成果和经验结论,在物流系统的各功能要素中,运输对环境的影响是最严重最广泛的,其次是装卸搬运和包装,而储存、流通加工、信息处理的影响则较为轻微。

一、运输对环境的影响

1. 运输污染源

运输是物流系统中最主要、最基本的功能要素,运输工具的燃油消耗和燃油产生的污染,是物流系统造成资源消耗和环境污染的主要方面。这些污染包括以下几方面。

运输工具在行驶中发出的噪声;运输工具排放的尾气;装载设备的清扫、清洗产生的废渣与废水;运输工具行驶中由路面或运输物产生的扬尘;运输有毒有害物质的沿途事故性泄漏以及普通货物的沿途抛洒。

其中,废气、噪声、废渣、废水、扬尘为货物运输固有的污染种类,有毒有害物质的泄漏属于货物运输的事故性污染。

2. 运输管理变革造成的环境影响

物流管理活动的变革,如集中库存和即时配送制的兴起,也改变着运输的环境影响。

(1)不合理的货运网点及配送中心布局,导致货物迂回运输,增加了车辆燃油消耗,加剧了废气污染和噪音污染,过多的在途车辆增加了对城市道路面积的渴求,加剧了城市交通的阻塞;运输过程中出现的事故也可能对环境造成污染,如海轮运输原油过程中原油的泄漏会造成海水的污染和海内生物的死亡。

(2)集中库存虽然能有效地降低企业的物流费用,但产生了较多的一次运输,从而增加了燃料消耗和对道路面积的需求。

(3)JIT强调无库存经营,从环境角度看,JIT配送适合于近距离的输送。如果企业与用户之间距离较远,要实施JIT就必须大量利用公路网,使货运从铁路转移到公路,增加了燃油消耗,带来了空气污染和噪声污染等,使环境遭到破坏。

二、装卸搬运对环境的影响

装卸搬运的目的是使物品在水平或垂直方向上发生短距离的位移,视物品的重量和形式不同,需要使用不同的装卸搬运机械。装卸搬运机械主要是在企业(包括码头、货场、矿山和商业货仓等)内部进行油料装卸、运输、升降、堆垛和储存的机械设备,包括起重机械、输送机、装卸机械、搬运车辆和仓储设备等。一般说来,起重机械用于升降和搬运,但搬运距离较短,它的机构作间歇式运动;输送机可连续输送物料,搬运路线一般固定不变,大多用来输送散状物料;装卸机械能自行取物并装卸物料,搬运车辆可灵活安排搬运路线,运输距离较长,可在室内或室外作业,具有行驶车轮;仓储设备是在仓库中完成堆、取、储存物料的装置,包括料仓装置、高架仓库和给料机等。随着工业的发展,许多机械具有多种功能和用途,其中使用最广泛的主要是叉车。叉车是搬运车辆,可用以装卸,也可起升重物。

装卸搬运过程对环境的影响主要表现在:装运工具在作业过程中产生噪声污染;如果由燃料驱动,装卸搬运机械的运转将产生;搬运工具行驶中由路面或搬运物产生的扬尘;装卸搬运不当,商品体的损坏,造成资源浪费和废弃,废弃物还有可能对环境造成污染,如化学液体商品的破漏,造成水体污染、土壤污染等。

三、仓储对环境的影响

仓储在物流系统中具有中转、储藏和管理的作用,储存的主要设施是仓库、货场。

仓储对环境的影响主要表现在:进行物流作业时,发出的噪声污染;储存中的所有商品都可能因物流作业不当,对周边环境造成空气、土壤、水体等的污染,尤其在易燃、易爆、化学危险品的储存过程中,如果储存不当还可能造成爆炸或泄漏,产生破坏性的环境污染;储存养护时的一些化学方法,如喷洒杀虫剂,会对周边生态环境造成污染。

四、包装对环境的影响

包装具有保持商品品质、美化商品、提高商品价值的作用。当今大部分商品的包装材料和包装方式,不仅造成资源的极大浪费,还严重污染环境,主要表现如下。

其一,过度包装增加了商品的重量、体积,对运输能力、储存能力的需求更高。相当一部分工业品特别是消费品的包装都是一次性使用,且越来越复杂。这些包装材料不仅消耗了大量的自然资源,废弃的包装材料还是城市垃圾的重要组成部分,处理这些废弃物要花费大量人力、物力和财力,造成资源的浪费,不利于可持续发展,同时也无益于生态经济效益。

其二,不少包装材料是不可降解的,它们长期留在自然界中,会对自然环境造成严重影响。目前市场上流行的塑料袋、玻璃瓶、易拉罐等包装品种,使用后会给自然界留下长久的污染物。

注意:包装材料产生的污染是包装的固有污染,包装作业产生的噪声、扬尘属于非固有污染。

五、流通加工对环境的影响

流通加工是指为完善商品的使用价值和提高物流服务水平,对物流过程中的商品进行的简单的加工活动。流通加工具有较强的生产性,是生产领域的活动在物流过程中的延续。

各种流通加工活动均会对环境造成负面影响,表现为加工中资源的浪费或过度消耗。加工产生的废气、废水和废物对环境和人体构成的危害。具体的环境影响类型和程度由流通加工的方式直接决定,采用清洁生产方式可以很好地解决流通加工的环境影响问题。

六、信息处理对环境的影响

信息处理是通过收集与物流活动相关的信息,使物流活动低成本、高效率地进行。随着计算机的普及和企业内部信息系统的建设,信息处理功能要素中也出现了环境问题,比如,机房里计算机设备的密集布设产生的辐射可能危及员工的健康,错误的信息也会给环境带来不利的影响,如错误的订货信息会使工作无效,造成资源和人力的极大浪费。

任务三　绿色物流的管理

导入案例

合肥市规划通过建设"一环五射"综合物流通道,实现与京津冀协同发展区、中原城市群等国家战略发展区域深度对接,打造全国性综合物流枢纽和物流创新发展示范城市。其中,"一环"结合城市主干路网构成和主要铁路、公路通道走线,打造服务城市内外中转连接的主物流通道,围绕绕城高速,形成合肥市环状物流带。"五射"主要包括连接环状物流带及主城区,集成公路、铁路、内河水运、航空等多种交通方式,面向淮南及蚌埠(徐州)、六安、铜陵(安庆)、芜湖和滁州(南京)等五个方向的放射状综合物流通道。届时,合肥市2A级物流企业达到60家,社会物流总费用与GDP的比率降低1.5%。

未来,合肥市将形成由分拨中心、配送中心、配送站及服务点等构成的物流网络体系,推进物流业服务升级。合肥市将支持绿色循环物流发展,包括实施新能源车辆技术改造工程,鼓励应用电动等新能源运输配送车;发展家电及再生资源回收物流,提高资源再生及循环利用水平;采用绿色仓储技术和节能装备,提倡采用环保材料进行简单包装、重复利用与回收利用。

任务目标

通过本项目的学习，项目团队应了解绿色物流体系的构成；掌握绿色物流管理方法；理解精益物流管理思想和实施条件，能够根据地区、企业实际情况进行绿色物流管理，实现绿色化。

任务学习

一、绿色物流系统的构成

一般物流系统的运行需要大量的人力、财力、物力、信息投入，通过各项物流功能要素，在实现物流效益、服务、信息的同时，还会产生环境污染。为了使物流系统在社会经济大系统中可持续发展，需要降低物流系统的物质消耗、减少环境污染。于是，实现物流系统的绿色管理是十分必要的。

根据绿色物流的定义，绿色物流系统的实现也分为两个层次。

1. 微观绿色物流系统

微观绿色物流系统的实现需要从组织和过程两个方面来保障，其系统结构如图14-1所示。

图 14-1　绿色物流系统微观结构

在微观层次的绿色物流系统中，物流组织建立全面的环境管理体系，确保系统中所有环境行为都遵守特定的规范，系统的环境影响日益减少，呈现出良性循环的趋势。物流过程采用先进的绿色技术，诸如绿色包装、绿色运输，确保物流活动的环境排放和能源消耗不断降低，同时以生命周期评价方法从整体上测度改善情况，监控系统的整体优化效果。在企业物流方面，李益强等人在《面向产品全生命周期的企业绿色物流研究》一文中指出："面向产品全生命周期的企业绿色物流是指企业在产品全生命周期的各个环节包括运输、储存、包装、装卸和流通加工等物流活动中，采用先进的物流技术、物流设施，最大限度地降低对环境的污染，提高资源利用率，改善人类赖以生存和发展的环境，主要指科学的物流设计、管理和实施，合理的商品运输方案，无害包装的选用，包装物的回收复用，优化资源利用的流通加工等。"

2. 宏观绿色物流系统

在宏观层次,绿色物流系统体现 4R 原则:减量化(Reduce)、可再用(Reuse)、可回收(Reclaim)、再循环(Recycle),真正实现以有效的物质循环为基础的物流活动与环境、经济、社会共同发展,使社会发展过程中的废物量达到最少,并实现废物资源化与无害化处理。

一般物流系统通常在垃圾收集环节才进行物品的回收。绿色物流系统则在每两类物流环节之间就进行物品的回收、重用,整个物流循环系统由无数个小的循环系统组成,在完成一次大的物流循环之前,每个小循环系统已经工作了无数次,确保物流系统中的物质能得到最大限度的利用。

根据物流的服务对象,由供应物流、生产物流、销售物流、回收物流及废弃物物流组成了一个闭环位于系统的中央,保障这个闭环正常运转的外部条件包括绿色物流技术、物流环境影响评价标准和物流企业审核制度。

二、绿色物流体系的管理

构建绿色物流体系首先应加强绿色物流教育,树立现代绿色物流的全新观念。当代绿色物流不仅要树立服务观念,更应自始至终贯彻绿色理念。

(一)绿色正向物流体系的管理

1. 绿色供应商的选择

由于政府对企业环境行为的严格管制以及供应商的成本绩效和运行状况对企业经济活动构成直接影响,因此在绿色供应物流中,有必要增加供应商选择和评价的环境指标,即要对供应商的环境绩效进行考察。例如:潜在供应商是否曾经因为环境污染问题而被政府罚款?潜在供应商是否存在因为违反环境规章而被关闭的危险?供应商供应的部件采用绿色包装了吗?供应商通过 ISO 14000 环境管理体系认证了吗?

2. 废弃物料的处理

企业正向物流废弃物料的来源主要有两个:一是生产过程中未能形成合格产品而不具有使用价值的物料,如产品加工过程中产生的废品、废件,钢铁厂产生的钢渣,机械厂的切削加工形成的碎屑等;二是流通过程中产生的废弃物,如被捆包的物品解捆后产生的废弃的木箱、编织袋、纸箱、捆绳等。由于垃圾堆场的日益减少,厂商寻找减少废弃物料的方法就显得越发重要。一方面厂商要加强进料和用料的运筹安排,另一方面在产品的设计阶段就要考虑资源可得性和回收性能,减少生产中的废弃物料的产生。

3. 产品的设计、包装和标识

绿色物流建设应该起自于产品设计阶段,以产品生命周期分析等技术提高产品整个生命周期环境绩效,在推动绿色物流建设上发挥先锋作用。包装是绿色物流管理中的一个重要方面,如白色塑料的污染已经引起社会的广泛关注,过度包装造成了资源浪费。因此再生性包装由于容易回收的特点得到越来越广泛的使用,可以重复使用的集装箱也是绿色包装的例子。另外,通过标签标识产品的化学组成也十分重要,通过标识产品原料特别是可塑零件会有利于回收、处理工作顺利进展。

4. 绿色运输管理

企业如果没有采取绿色运输,会加大经济成本和社会环境成本,影响企业经济运行和社会形象。企业绿色运输的主要措施如下。

(1)开展共同配送。共同配送(Joint Distribution)指由多个企业联合组织实施的配送活动。几个中小型配送中心联合起来,分工合作对某一地区客户进行配送,它主要是指对某一地区的客户所需要物品数量较少而使用车辆不满载、配送车辆利用率不高等情况。共同配送可以分为以货主为主体的共同配送和以物流企业为主体的共同配送两种类型。从货主的角度来说,通过共同配送可以提高物流效率。如中小批发者,如果各自配送难以满足零售商多批次、小批量的配送要求。而采取共同配送,送货者可以实现少量配送,收货方可以进行统一验货,从而达到提高物流服务水平的目的;从物流企业角度来说,特别是一些中小物流企业,由于受资金、人才、管理等方面制约,运量少、效率低、使用车辆多、独自承揽业务,在物流合理化及效率上受限制。如果彼此合作,采用共同配送,则筹集资金、大宗货物,通过信息网络提高车辆使用率等问题均可得到较好的解决。因此,共同配送可以最大限度地提高人员、物资、资金、时间等资源的利用效率,取得最大化的经济效益。同时,可以去除多余的交错运输,并取得缓解交通,保护环境等社会效益。

(2)采取复合一贯制运输方式。复合一贯制运输是指吸取铁路、汽车、船舶、飞机等基本运输方式的长处,把它们有机地结合起来,实行多环节、多区段、多种运输工具相互衔接进行商品运输的一种方式。这种运输方式以集装箱作为连接各种工具的通用媒介,起到促进复合直达运输的作用。为此,要求装载工具及包装尺寸都要做到标准化。由于全程采用集装箱等包装形式,可以减少包装支出,降低运输过程中的货损、货差。复合一贯制运输方式的优势还表现在:它克服了单个运输方式固有的缺陷,从而在整体上保证了运输过程的最优化和效率化;另一方面,从物流渠道看,它有效地解决了由于地理、气候、基础设施建设等各种市场环境差异造成的商品在产销空间、时间上的分离,促进了产销之间紧密结合以及企业生产经营的有效运转。

(3)大力发展第三方物流。第三方物流(Third Party Logistics)是由供方与需方以外的物流企业提供物流服务的业务方式。发展第三方物流,由这些专门从事物流业务的企业为供方或需方提供物流服务,可以从更高的角度、更广泛地考虑物流合理化问题,简化配送环节,进行合理运输,有利于在更广泛的范围内对物流资源进行合理利用和配置,可以避免自有物流带来的资金占用、运输效率低、配送环节烦琐、企业负担加重、城市污染加剧等问题。

(4)评价运输者的环境绩效。由专门运输企业使用专门运输工具负责危险品的运输,并制定应急保护措施。企业如果没有采取绿色运输方式,将会加大经济成本和社会环境成本,影响企业正常经济运行和社会形象。

5. 绿色包装管理

绿色包装是指采用节约资源、保护环境的包装。生产部门在采用尽量简化的、可降解材料制成的包装,在流通过程中应采取措施实现包装的合理化与现代化。

(1)包装模数化。确定包装基础尺寸的标准,即包装模数化。包装模数标准确定以后,各种进入流通领域的产品便需要按模数规定的尺寸包装。包装模数化利于小包装的集合,利用集装箱及托盘装箱、装盘。包装模数如能和仓库设施、运输设施尺寸模数统一化,也利于运输和保管,实现物流系统的合理化。

(2)包装的大型化和集装化。这有利于物流系统在装卸、搬迁、保管、运输等过程的机械化,加快这些环节的作业速度,减少单位包装,节约包装材料和包装费用,保护货体。如采用集装箱、集装袋、托盘等集装方式。

(3)包装多次、反复使用和废弃包装的处理。采用通用包装,不用专门安排回返使用;采用周转包装,可多次反复使用,如饮料、啤酒瓶等;梯级利用,一次使用后的包装物,用毕转化做他用或简单处理后转作他用;对废弃包装物经再生处理,转化为其他用途或制作新材料。

(4)开发新的包装材料和包装器具。发展趋势是,包装物的高功能化,用较少的材料实现多种包装功能。

6.绿色仓储系统

随着人们环保意识的加强,物流仓储系统的绿色化势在必行。我国必须走可持续发展的道路,尽量减少对人类生存环境的破坏。一方面利用物流仓储系统减少对工作及生活环境的污染和影响,如对有害物资的储存、恶劣条件下物资的存储,可利用自动化仓储系统解决管理和存取问题,降低工作的危险性;另一方面减少物流仓储系统本身对周围环境的不利影响,如设备噪声、移动设备的震动、烟尘污染、设备的油渍污染、视觉污染,集中库存可减少对周围环境的辐射面。另外,采用自动化系统,充分考虑人机工程学原则,使管理、操作和维护环境相协调。

7.绿色流通加工

流通加工具有较强的生产性,也是流通部门对环境保护可以大有作为的领域。绿色流通加工主要包括以下两个方面的措施。一是变消费加工为专业集中加工,以规模作业方式提高资源利用效率,减少环境污染。如饮食服务业对食品进行集中加工,以减少家庭分散烹调所带来的能源和空气污染。二是集中处理消费品加工中产生的边角废料。以减少消费者分散加工所造成的废弃物的污染。如流通部门对蔬菜集中加工,可减少居民分散加工垃圾丢放及相应的环境治理问题。

8.搜集和管理绿色信息

物流不仅是商品空间的转移,也包括相关信息的搜集、整理、储存和利用。绿色物流要求搜集、整理、储存的都是各种绿色信息,并及时运用于物流中,促进物流的进一步绿色化。

(二)绿色逆向物流体系的管理

逆向物流是指物料流从消费者向生产企业流动的物流,合理高效的逆向物流体系结构分为以下几个环节。

1.回收产品

回收产品是逆向物流系统的起点,它决定着整个逆向物流体系是否能够赢利。产品回收的数量、质量、回收的方式以及产品返回的时间选择都应该在控制之下，如果这些问题不能得到有效的控制，那很可能使得整个逆向物流体系无法正常运转，对这些产品再加工的效率也得不到保证。要解决这个问题，厂商必须和负责收集旧产品或退回产品的批发商及零售商保持良好的接触和沟通。

2. 产品运输

产品一旦通过批发商和零售商收集以后，下一步就是把它们运输到对其进行检查、分类和处理的车间。如何对其运输和分类没有固定的模式，这要根据不同产品的性质而定。比如，对易碎品像瓶子、显示器等的处理方式和轮胎、家具等完全不同。但是，需要注意的一点是不仅要考虑产品的运输和储藏成本，还要考虑产品随着回收时间延长的"沉没成本"，需对不同产品在时间上给予不同对待。

3. 检查与处置决策

对回收品的功能进行测试分析，并根据产品结构特点以及产品和各零部件的性能确定可行的处理方案，包括直接再销售、再加工后销售、分拆后零部件再利用和产品或零部件报废处理等。然后，对各方案进行成本效益分析，确定最优处理方案。

回收产品的测试、分类和分级是一项劳动和时间密集型的工作，但是如果企业设立质量标准，使用传感器、条形码以及其他技术使得测试自动化就可以改进这道工序。一般说来，在逆向物流体系中，企业应该在产品质量、形状或者变量的基础上尽早作出对产品的处置决策，这可以大大降低物流成本，并且缩短再加工产品的上市时间。

4. 回收产品的修理或复原

企业从回收产品中获取价值主要通过两种方式来实现：一是取出其中的元件，经过修理后重新应用；二是通过对该产品全部的重新加工，再重新销售。但是，相对于传统的生产而言，对回收产品的修理和再加工有很大的不确定性，因为回收的产品在质量以及时间上可能差异会很大，这就要求在对回收产品分类时，尽量把档次、质量及生产时间类似的产品分为一组，从而降低其可变性。

5. 再循环产品的销售回收产品经过修理或复原后就可以投入到市场进行销售

和普通产品的供求一样，企业如果计划销售再循环的产品，首先需要进行市场需求分析，决定是在原来市场销售，还是开辟新的市场。在此基础上企业就可以制定出再循环产品的销售决策，并且进行销售，这就完成了逆向物流的一个循环。

6. 报废处理

对那些没有经济价值或严重危害环境的回收品或零部件，通过机械处理、地下掩埋或焚烧等方式进行销毁。

三、精益物流管理

精益管理理论诞生后，物流管理学家则从物流管理的角度对此进行借鉴，并与供应链管理的思想密切闭合起来，提出了精益物流的新概念。

（一）精益物流的内涵

精益物流是运用精益思想对企业物流活动进行管理，其基本原则如下。

从顾客的角度而不是从企业或职能部门的角度来研究什么可以产生价值；按整个价值流确定供应、生产和配送产品所有必需的步骤和活动；创造无中断、无绕道、无等待、无回流的增值活动流；JIT创造仅由顾客拉动的价值；不断消除浪费，追求完善。

精益物流的目标可概括为：在提供满意服务的顾客服务水平的同时，企业应把浪费降低到最低程度。

企业物流活动中的浪费现象很多，常见的有不满意的顾客服务、无需求造成的积压和多余的库存、实际不需要的流通加工程序、不必要的物料移动、因供应链上游不能按时交货或提供服务而等候、提供顾客不需要的服务等，努力消除这些浪费现象是精益物流最重要的内容。

实现精益物流必须正确认识以下几个问题。

1. 精益物流的前提：正确认识价值流

价值流是企业产生价值的所有活动过程，这些活动主要体现在三项关键的流上：从概念设想、产品设计、工艺设计到投产的产品流；从顾客订单到制定详细进度到送货的全过程信息流；从原材料制成最终产品并送到用户手中的物流。因此，认识价值流必须超出单个企业的范畴，去查看创造和生产一个特定产品所必需的全部活动，搞清每一步骤和环节，并对它们进行描述和分析。

2. 精益物流的保证：价值流的顺畅流动

消除浪费的关键是让完成某一项工作所需步骤以最优的方式联结起来，形成无中断、无绕流和排除等待的连续流动。具体实施时，首先要明确流动过程的目标，使价值流动朝向明确。其次，把沿价值流的所有参与企业集成起来，摒弃传统的各自追求利润最大化而相互对立的观点，以最终顾客的需求为共同目标，共同探讨最优物流途径，消除一切不产生价值的行为。

3. 精益物流的关键：顾客需求作为价值流动力

这里的顾客既包括企业外部客户，也包括下一个工序、相关部门、相关人员等企业内部客户。在精益物流模式中，价值流的流动要靠下游顾客的拉动，而不是上游来推动。当顾客没有发出需求指令时，上游的任何部分都不要去生产产品、而当顾客的需求指令发出后，则快速生产产品、提供服务。当然，这不是绝对的，在实际操作中，要区分是哪一种类型的产品，如果是需求稳定、可预测性较强的功能型产品，可以根据准确预测进行生产。而需求波动较大、可预测性不强的创新型产品，则要采用精确反应、延迟技术、缩短反应时间，提高顾客服务水平。

4. 精益物流的宗旨：不断改进，追求完善

精益物流是动态管理，对物流活动的改进和完善是不断循环的，每一次改进，消除一批浪费，形成新的价值流的流动，同时又存在新的浪费而需要不断改进。这种改进使物流总成本不断降低、提前期不断缩短而使浪费不断减少,实现这种不断改进需要全体人员的参与,上下一心,各司其职,各尽所责,达到全面物流管理的境界。

(二)精益物流系统的特点

精益物流系统具备如下四方面的特点。

1. 拉动型的物流系统

在精益物流系统中,顾客需求是驱动生产的动力源,是价值流的出发点。价值流的流动要靠下游顾客来拉动,而不是依靠上游的推动。当顾客没有发出需求指令时,上游的任何部分不提供服务;而当顾客需求指令发出后,则快速提供服务。

2. 高质量的物流系统

在精益物流系统中,电子化的信息流保证了信息流动的迅速、准确无误,还可有效减少冗余信息传递,减少作业环节,消除操作延迟,这使得物流服务准时、准确、快速,具备高质量的特性。

3. 低成本的物流系统

精益物流系统通过合理配置资源,以需定产,充分合理地运用优势和实力;通过电子化的信息流,进行快速反应、准时化生产,从而消除诸如设施设备空耗、人员冗余、操作延迟和资源浪费等现象,保证其物流服务的低成本。

4. 不断完善的物流系统

在精益物流系统中,员工理解并接受精益思想的精髓,领导者制定能够使系统实现"精益"效益的决策,并在执行过程中不断改进,达到全面物流管理的境界。

(三)精益物流管理成功的条件

1. 严格拉动的概念

精益物流管理方法要求严格按照拉动的概念,以最终需求为起点,由后道作业向前道作业技看板所示信息提取材料(商品),前道作业技看板所示信息进行补充生产。在生产流程的安排上,要求生产制造过程(可推广到整个供应链)保持标准化,即生产制造过程安定化、标准化和同步化。这样,不仅可以满足顾客的需求,提高顾客服务水平,而且可以实现低水平的库存,降低成本。

2. 重视人力资源的开发的利用

精益物流管理方法要求重视对人力资源的开发和利用,这包括对员工的培训使其掌握多种技能成为多能工。同时要求给予作业现场员工处理问题的责任,做到不将不良品移送给下道作业,确保产品的质量做到零缺陷。精益物流管理要求从局部优化到系统优化,企业的所有员工要具有团队精神,共同协作解决问题,建设一个致力于不断改善和革新的团队。

3. 小批量生产

小批量生产的优势在于能减少在制品库存,易于现场管理。当质量问题发生时,容易查找和重新加工。在生产进度安排上允许有一定的弹性，可按需求进行调整，对市场需求的变化能作出迅速及时的反应。同时，小批量生产要求在变换产品组合时，生产线的切换程序简便化和标准化，使生产切换速度加快，为此要求供应商能小批量、频繁、及时供货。

4. 与供应商保持长期的合作伙伴关系

精益物流管理方法要求供应商在需要的时间提供需要的数量，且进一步要求供应商能对订货的变化作出及时、迅速的反应，具有弹性。因此，必须选择少数优秀的供应商，并与他们建立长期可靠的合作伙伴关系，分享信息情报，共同协作解决问题，实现合作伙伴间的双赢。

5. 高效率、低成本的物流运输方式

精益物流管理方法要求高效率、低成本的物流运输装卸方式，要求供应商小批量、频繁运送，但是这也将增加运输成本。为了降低运输成本，精益物流管理方法要求积极寻找集装机会。进货集装运送是指把来自多个供应商的小批量货物集中起来作为一个运输单位进行运送的方法，这样不仅可保证按时交货，还可节约运输成本。另外，需要采用使小批量物品的快速装卸变得容易的设备。

6. 决策层的支持

精益物流管理方法要求获得企业最高决策管理层的大力支持。与传统管理方法不同，精益物流管理办法将库存作为企业负债，认为库存是浪费。精益物流管理要求对企业整个体系进行改革甚至重建，这需要大量投资和花费很多时间，也存在着较大风险。如果没有最高决策管理层的支持，企业不可能采用精益方法，即使采用了，也可能会由于部门间不协调或投入资源不足，不能发挥精益方法的优势。

（四）精益物流管理的策略

精益物流管理理念是以顾客为中心通过顾客的实际需求和对顾客未来的需求预测来拉动产品和服务。基于这种思想，产生了许多基于供应链背景下的物流管理策略，如快速反应（QR）策略、有效客户响应（ECR）策略以及电子订货系统（EOS）等。

1. 快速反应（Quick Response，QR）策略

快速反应是美国零售商、服装制造商以及纺织品供应商开发的整体业务概念，目的是减少原材料到销售点的时间和整个供应链上的库存，最大限度地提高供应链的运作效率。

QR 的着重点是对消费者需求作出快速反应，要求零售商和生产厂家建立战略伙伴关系，利用 EDI 等技术，进行销售时点的信息交换以及订货补充等其他经营信息的交换，用多频数小数量配送方式连续补充商品，以实现缩短交纳周期、减少库存、提高顾客服务水平和企业竞争力目的的供应链管理。

2. 有效客户响应（Efficient Consumer Response，ECR）策略

有效客户响应是由生产厂家、批发商和零售商等供应链组成各方互相协调和合作，更好、更快并以更低的成本满足消费者需要为目的的供应链管理策略。

ECR 优势在于供应链各方为了提高顾客满意这个共同的目标进行合作,分享信息和经验。要实施"有效客户响应"这一战略思想,首先,应联合整个供应链所涉及的供应商、分销商及零售商,改善供应链中的业务流程,使其最合理有效;然后,再较低的成本,使这些业务流程自动化,以进一步降低供应链的成本和时间。

3.电子订货系统(Electronic Order System,EOS)

EOS 即电子订货系统,是指将批发、零售商场所发生的订货数据输入计算机,即通过计算机通信网络连接的方式将资料传送至总公司、批发商、商品供货商或制造商处。因此,EOS 能处理从新产品资料的说明直到会计结算等所有商品交易过程中的作业,可以说 EOS 涵盖了整个商流,压低库存量,减少交货失误,加快商品满足需求的周期,提高了服务质量。

项目小结

绿色物流以实现可持续发展为最终目标,实现绿色物流需要多方行为主体的共同努力和配合。物流系统的七大功能要素对绿色物流的影响各有不同,需要进行系统性的绿色物流管理,如精益物流管理思想等。

总之,构建绿色物流体系首先应加强绿色物流教育,树立现代绿色物流的全新观念。当代绿色物流不仅要树立服务观念,更应自始至终贯彻绿色理念。

同步练习

一、判断题

1.绿色物流是经济全球化和可持续发展的必然要求。（　　）

2.生态经济理论要求今天的商品生产、流通和消费不至于影响未来的商品生产、流通和消费的环境及资源条件。（　　）

3.精益物流的宗旨是不断改进,追求完善。（　　）

二、选择题

1.绿色物流管理的理论基础是(　　)。

A.可持续发展理论　　　　　　　B.生态经济学理论

C.生态伦理学理论　　　　　　　D.全是

2.下列哪项不属于运输污染源包含的内容(　　)。

A.运输工具在行驶中发出的噪声

B.运输工具排放的尾气

C.储存养护时的一些化学方法对周边生态环境造成污染

D.装载设备的清扫、清洗产生的废渣与废水

3.下列哪项不属于企业绿色运输的主要措施(　　)。

A.开展共同配送　　　　　　　　B.模数化

C.采取复合一贯制运输方式　　　D.大力发展第三方物流

项目十四　绿色物流

三、简答

1. 绿色物流的特征有哪些?
2. 装卸搬运过程对环境的影响主要表现在?
3. 仓储对环境的影响表现为?
4. 精益物流的管理策略有哪些?

四、案例分析

星级低碳绿色物流　助推长三角经济发展

2010年6月18日,杭州远成集团"以心传递,畅达天下"暨"杭州－上海"远成新干线开通仪式正式启动。这是继2009年10月20日"成都—郑州"第一条远成新干线成功运营以来,远成集团2010年重力打造的又一精品线路。远成新干线首开物流星级服务标准,倡导低碳绿色物流,对于长江三角洲物流行业乃至整体经济发展起到重要的推动作用。

据悉,另外两条远成新干线"上海－广州"和"武汉－成都"的开通仪式也分别在上海和武汉两地正式启动。迄今为止,远成集团在国内已有十条新干线相继投入使用。此外,记者还了解到,2010年6月18日是远成集团成立22周年纪念日。

1. 快速直达得益星级服务

2009年,远成集团在对原有公路运输网络、业务进行整合优化的基础上,针对城际快运特别推出"新干线"这一高端产品。与传统城际列车不同,"新干线"打破了国内物流行业传统公路零担运输方式,引入"五定"班列的概念:"定点、定线、定车次、定时、定价",实现站到站、门到门的公路快运,有效提升了运行效率,为客户带来极大的便利。作为全国百强物流企业,远成集团在全国物流行业中率先提供了此项服务。远成集团总裁黄远成介绍,到2010年底,远成集团将陆续开通50条新干线,实现覆盖全国大中城市公路物流直达。

"杭州－上海"远成新干线开通之后,将充分发挥汽运班列的优势,为客户提供差异化的汽运服务:采用"货运客运化"的输送形式;发站即日装车、到站当天中转……客户与资源还可享受"优先派送和优先分理"等特权。据悉,新干线开通后,"杭州－上海"两地间180公里的行程物流运输时间仅需3小时。

2. 低碳物流助力长三角经济

伴随全球气候变暖,"低碳环保"的理念和实践开始席卷全球。作为全国乃至全球经济的重要组成部分,物流行业不仅要发挥促进经济发展的作用,同时也需适应当前经济发展的低碳要求,承担起为消费者提供低碳生活服务的职责。目前,远成集团正在大力倡导低碳环保的绿色物流理念。"不仅要对物流系统污染进行控制,同时也要建立工业和生活废料处理的物流系统。"远成集团总裁黄远成如是说。据悉,远成已经在推动低碳运营方面做出了积极的探索,例如利用自身先进物流技术,整合集团资源,优化资源配置,通过高效规划和实施运输、仓储、装卸、配送和包装等物流活动,最大程度地节约资源、减少废物、避免污染。

相比传统物流,低碳物流理念下所产生的经济效益将更有利于区域经济一体化的可持续发展,也将更符合全球经济发展的大趋势和规律。"杭州－上海"远成新干线的开通,可以让杭州、上海沿线客户享受到"便利、及时、优先"的星级物流服务,进一步加快了货物运输流通的速度,从而有效提高企业运营效率,助力长三角经济发展。

思考题

1. 论述绿色低碳物流对区域发展的影响。
2. 论述绿色运输产生的经济和社会效益。

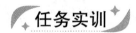

实训项目　为某物流企业提出绿色化建议

实训内容

1. 了解某物流企业绿色物流现状,形成调研报告。
2. 提出某企业绿色物流发展意见和建议。

实训组织

1. 对班级同学进行分组,确定组员角色。
2. 选择目标公司。

实训步骤

1. 进行实地调研。
2. 形成调研报告。
3. 提出绿色物流建议。

实训评价

	实训准备 (20%)	调研报告 (20%)	绿色物流建议 (40%)	团队合作 (20%)	总分
1					
2					
3					
4					
5					

项目十五
行业物流

学习目标

知识目标

1. 了解和掌握粮食物流的概念及其技术环境
2. 理解降低粮食物流成本与国家安全保障的关系
3. 了解和掌握冷链物流的概念及其相关技术
4. 掌握冷链物流企业的运营模式
5. 了解和掌握家电物流的概念及其建设需求
6. 掌握家电物流企业运营模式
7. 了解和掌握汽车物流的概念及其供应链
8. 理解汽车整车物流与汽车零部件物流的差别

技能目标

1. 能够分析降低粮食物流成本与国家安全保障关系；
2. 能够熟练说出冷链物流中相关技术及冷链物流企业运营模式；
3. 能够熟练说出家电物流企业运营模式；
4. 能够画出汽车物流供应链流程图。

任务一 粮食物流

导入案例

江苏宝应湖粮食物流中心是江苏省"十一五"粮食发展纲要规划的重点建设项目，由县内国有粮食企业资产重组置换新建而成。项目位于宝应安宜工业园区，规划用地720亩，建有20幢高大平房仓，总仓容10万吨，总投资约10.8亿元人民币，其中一期工程按照现代粮食物流"四散化"（散装、散运、散卸、散储）的要求，已建成粮食储备库10万吨和各类配套设施，并已投入使用，现已存储中央、省、地方储备粮。全部仓容配齐了计算机粮情检测系统，仓储基础设施功能完善，所有储粮仓均采用隔热保温毯压盖，夏季高温季节能够保持平均温

度在20℃以内,以保质保鲜。

近年来,公司更是加大投入,提高粮食储存质量水平。公司投入400多万元,利用热电厂蒸汽为热源,建设了江苏第一座大型低温烘干塔,日处理600吨原粮烘干塔一座,可为农民提供良好的烘干服务。年产12万吨专用面粉生产线土建工程已基本结束,正进行设备采购,明年夏收前全面投产。江苏省有机食品质量监督检验中心按照国家级有机食品质量监督检验中心规划建设,计划一年内全面运作,建成后将成为全国有机食品质量监督检验中心。二期工程拟建10万吨仓储区一个、千吨级专用码头一座、年产6万吨大米生产线一条、方便面生产线一条、米粉生产线一条、330个摊位的批发交易市场一个、粮油食品配送中心一个、粮食精深加工区一个。

公司建立以来,不断提高储粮技术水平,减少了储粮损失损耗,降低了保管费用,保持了粮食原有的品质,实现了节能减排、绿色环保储粮目标,提高了企业的社会效益、经济效益和生态效益,库区存粮科学保粮率达到100%。

任务目标

通过本项目的学习,项目团队能掌握粮食物流的基本概念及相关技术,能够深刻认识到降低粮食物流成本与粮食安全之间的关系,并能够制定出降低粮食物流成本的方案。

任务学习

一、粮食物流的概述

(一)粮食物流的定义

粮食物流是指粮食从生产到收购、储存、运输、加工到销售整个过程中的商品实体运动,以及在流通环节的一切增值活动。它包含粮食运输、仓储、装卸、包装、配送和信息应用的一条完整的环节链。一些国家已基本上实现了"四散化"粮食物流,即散装、散卸、散运、散存及基于信息化、自动化的粮食物流。

我国粮食物流主旨在解决北方有粮运不出、南方无粮进入的尴尬局面。目前,东北三省已经成为全国最大的粮食主产区和粮食输出基地,而东南沿海各省则是全国最大的粮食主销区和流入地。"北粮南运"是保障我国粮食安全的重要手段之一,也是目前粮食物流主要发展趋势,以"北粮南运"为代表的粮食跨省流量日趋庞大。

(二)粮食物流的特点

由于粮食物流与其他商品物流不同,具有数量大、点多、涵盖广等特征,决定了粮食商品物流具有其自身独特的特点。

1. 粮食对保管有特殊要求

不论是原粮,还是成品粮或者是粮食深加工产品,都具有一定的保质期和保管条件要求,这就要求粮食商品生产出来后,必须采取相应的保管措施,在保质期内实现消费,这样才能保证粮食商品不会被浪费,实现其社会价值和经济价值。

2. 粮食物流属于大宗商品物流,运距较长

大宗农产品是指生产量、消费量、贸易量、运输量等在商品农业经济结构中占有较大权重,但并无明显优势的农产品。如大豆、玉米、小麦、稻谷、油籽、花生等。粮食产品数量大,在整个商品物流中地位十分重要。

粮食物流平均运距比较长,铁路是粮食运输的优选运输方式,占社会粮食总运量的50%以上,具有明显的优势。

3. 粮食物流受季节性影响大

粮食生产具有季节性,不同类别的粮食作物,其生长周期不通过,收获季节也不同,因此,粮食物流也具备季节性。在粮食收获季节,粮食物流市场需求旺盛,反之,在粮食生产季节或其他非收获季节,粮食物流需求量则较小。

4. 粮食商品的使用价值逐步扩大

以前,粮食商品主要作为人类的食粮在消费市场上流通。现在,粮食商品的使用范围逐步扩大,延伸到了工业生产、农场饲料等领域。随着粮食商品使用范围的推广和粮食自身的生产特性,以及粮食市场需求的持续性等特点,粮食物流的难度逐步加大。需要解决有效协调产销平衡,处理好流通的各个环节,合理安排时间、空间等问题。针对粮食市场供求的特征,从整体角度配置物流资源。

5. 粮食物流管理的政策性强

粮食储备具有十分重要的战略意义,为维护社会的稳定,保证粮食的社会需求,政府在一定程度上会对粮食的市场供求进行相关合理配置。在某种程度上来说,我国粮食产业的市场化程度还比较低。所以,我国的粮食物流以及相应的加工产品的运作过程,不可能完全符合理论上的市场规律。

(三)粮食物流的模式

目前,我国粮食主要要包粮、散粮、集装箱三种流通方式。

1. 包粮模式

包粮运输模式以包装袋(麻袋)为载体,从农田里面收割的粮食晒干后装入麻袋中,通过公路运输运往产地粮食经销商,产地粮食经销商大量收购当地粮食,囤积到一定数量后形成规模,然后通过公路运输送往产地码头,接着通过海上运输送往销地码头,最后由公路分销到各买家仓库。在现实粮食流通模式中,由于我国粮食流通配套设施的落后,包粮运输模式仍占有很大的比例。

(1)包粮模式的主要优点有以下几点。

①包粮运输灵活性强,方便各种运输方式运输。

②包粮运输过程中,粮食装在麻袋中,除了装袋时产生少量灰尘外,其余物流过程基本

上不会产生灰尘,大大节省了除尘设施的投资。

③包粮运输有利于分等级储运粮食、方便粮食分类和多品种小批量运输。

④包粮运输以包装袋(麻袋)为载体进行全程物流,在流通过程中,粮食不用再装进装出,在某种程度上大大降低了粮食的破碎抛洒率。

(2)包粮模式的主要缺点有以下几点。

①包装成本高,包粮运输需要使用大量编织袋,以一个编织袋一元计算,一万吨粮食大约需要一万个麻袋,那么包装成本就是一万,这大大增加了粮食物流成本。

②包粮运输需要大量的人工劳动力进行装卸搬运,工人劳动强度大,人工成本高,且不易于实现粮食的机械化作业,大大降低了粮食物流效率。

③包粮运输需要仓库内留出主要通道,供粮食的搬运,导致仓库空间利用率低。

包粮运输模式主要适用于多品种、小批量运输及稀有品种粮食运输和名贵品种粮食的流通,但其包装方式需要进行必要的改进。

2. 散粮模式

散粮运输模式与包粮运输模式有很大的不同,在运输过程中,粮食不使用包装袋进行包装。在陆路运输中,粮食通过散粮专用车进行公路运输或通过散粮专用火车进行铁路运输;在水路运输中,粮食则通过散粮运输船进行运输。近年来,我国很多港口都大量投入使用散粮专用车,使得我国粮食散装化运输比例提高了很多。

(1)散粮运输模式主要优点有以下几点。

①散粮运输不需要使用包装袋,节约大量包装费用,规模经济效益较高。

②散粮运输机械化程度高,大大提高了我国粮食物流效率,进而节省了大量的人工费用。

③散粮运输有利于实现多式联运,提升物流效率。

④散粮运输过程中便于粮食的储存保管及其信息化管理。

(2)散粮运输模式的主要缺点有以下几点。

①散粮运输过程中,每一个环节粮食都需要装卸移动,这些工序都增加了粮食的抛洒、破损和粉尘的几率,不仅对环境有污染,还有粉尘爆炸危险。为此企业还需购买防尘防爆设施,大大增加了投资成本。

②我国很多地区现有的粮食仓库都不利于散粮的有效分等、分类以及贵重粮食种类的小批量储存。

③散粮的长距离运输主要依靠铁路网络,但是我国铁路网络运力相对我国物流市场需求来说显得比较紧张,同时,铁路粮食专用车辆的适用性不高,肯定会造成空返现象,因此,铁路网络的运力不足可以说是我国粮食物流甚至物流业的瓶颈。

散粮运输模式的主要适用范围:从我国主要粮食生产品种来说,稻谷、小麦、玉米总产量所占的比重合计超过,东北地区主产玉米、大豆、水稻等粮食品种,这些品种流通量大,且东北地区粮食运输基础好,适合散粮运输。

3. 集装箱模式

集装箱不仅可作为粮食的包装物,还可作为运输工具的组成部分之一,在粮食运输中有着无可比拟的优势。散粮集装箱运输模式的具体流程是将收割好的粮食囤积到一定数量后直接装入集装箱,然后进行烘烤、防霉、除虫等一系列措施后将集装箱进行密封,接着在全程物流中都以集装箱为载体进行粮食运输,直到配送到消费地后拆箱进库。

(1)散粮集装箱模式的主要优点有以下几点。

①散粮集装箱运输全程以集装箱为载体,易于实现铁海多式联运以及公铁多式联运,运输方式灵活,具有很强的适应性。

②散粮集装箱运输可以满足多品种、小批量的粮食运输要求,以及粮食的分等级运输。

③利用集装箱进行粮食运输可以充分利用现有的集装箱运输装卸搬运设备,在很大程度上减少了基本设施的投资预算。运输机械化程度高,工作效率高,有利于我国粮食物流作业整体水平的提高。

(2)粮食集装箱模式的主要缺点有以下几点。

①初始投资大,粮食集装箱运输需要大量的集装箱作为载体,国际上一个标准英尺的集装箱售价大约在万元左右,若粮食运输企业购买个标准英尺的集装箱进行粮食收购季节的粮食运输载体,那么集装箱投资就需要万元。

②粮食集装箱运输不能满足运输环节末端的配送,一个标准英尺的集装箱满载吨位是吨以上,在销售环节,只有工厂等大企业才需要这么多货物,普通居民购买粮食还是以散装为主。

我国粮食物流的三种模式各有利弊,要根据物流的实际情况进行合理选择,表 15-1 为三种粮食物流模式的比较。

表 15-1 三种粮食物流模式比较

物流业务	比较项	包粮运输	散粮运输	集装箱运输
运输配送	装卸作业强度	高	低	极低
	装卸作业时间	长	短	更短
	包装成本	5~10 元/吨	无	无
	粮食损耗	5%~7%	<1%	<1%
	运输时间(东北腹地到港口)	8 天	3~5 天	1~4 天
	自动化程度	低	高	高
	运输成本	高	较低	低
	服务质量	一般	一般	门到门服务
仓储	粮食质量	一般	较好	好
	粮食损耗	大	小	小
	仓储成本	高	低	低
信息化	数据采集	人工采集	自动采集	自动采集
	数据跟踪	无法实现	较复杂	容易实现
	标准化	无	需要转换	准单品管理
	实时性	差	及时	及时
	信息化程度	低	较高	高

(四)发展粮食物流的必要性

粮食物流是粮食商品流通中不可缺少的重要组成部分,构建现代粮食物流对传统的粮

食流通将是一场新的革命,发展粮食物流的必要性主要体现在三个方面。

第一,粮食物流将传统粮食流通状态下相互独立的环节有机地组合,改变低水平的粮食流通状况,使粮食流通更快、更高、更省钱。

第二,有利于人们用新的眼光去审视新的粮食"利润源",迫使粮食流通企业引进现代先进的管理理念和管理设备,淘汰落后的管理手段和弱势企业,以提高企业的整体素质,市场竞争力和国际竞争力。

第三,市场对粮食资源配置的基础性作用得到充分发挥,使市场对生产的引导更为快速直接,或者说对整个粮食的供求状况的反应更为灵敏,推进农业产业结构的调整;有利于整个物流业的均衡发展,使整个社会物流的总成本降低,总效率和总效益全面提高。

因此,在我国当前粮食物流成本较高、效率较低、竞争力较弱的环境下,如何优化粮食物流体系,对于降低粮食物流成本、推动粮食行业市场化进程、强化粮食物流体系应急能力、降低粮食安全成本等要素都十分必要。

二、物联网技术在粮食物流中的应用

随着智慧农业、智慧物流、物联网等信息技术的发展,粮食物流数据呈现指数级增长,带来全新的"粮食大物流"视角。利用"物联网"和"云计算""无线互联网"等先进技术,可以实现整个粮食物流行业信息资源共享,合理配置运输、仓储、配送、包装等物流资源,减少物流总支出、降低运营成本。

(一)物联网技术应用于粮食仓储领域

通过感应器对在储粮食进行感知,并实现各储粮仓库及储粮点的相连,就可以动态掌握在储粮食的基本性状状态,以做出相应的控制。物联网的应用将使整个仓库实现可视化,最大程度上提高保管质量、实现仓储安全,并能实现仓储条件的自动调节,提高仓储作业管理效率。

(二)物联网技术应用于粮食运输领域

物联网技术是实现粮食运输合理化的主要环节之一。首先,可以实现运输过程的可视化,做到粮食运输车辆的及时、准确调度,从而提高运输效率,尽量避免无效运输。其次,把粮食运输车辆纳入物联网,实现对车载粮食的动态感知,动态监控在途粮食的质量与安全,以降低粮食运输中的损失。再次,物联网可以实现对各供需粮点库存情况,在途运输量情况的动态掌握,可以科学做出运输决策,从而从根本上提高运输的合理性,实现粮食物流的有效流通。

(三)物联网技术应用于粮食装卸搬运领域

物联网技术可以实现粮食物流的无缝化连接装卸搬运。首先,可以实现粮食装卸搬运的连续性,通过对粮食质量、数量的感知,就可以减少装卸搬运过程中的检验环节,真正做到粮食物流中的不间断式作业。其次,可以降低粮食装卸搬运过程中的浪费,通过物联网的感知,对装卸搬运过程中粮食的损失过程可以进行动态的监控,进而进一步改进作业工艺。

(四)物联网技术应用于粮食配送领域

物联网技术可以实现配送的精确化现代粮食物流,主要包括大流通和小配送两个过程。通过在粮食配送车辆、包装之间实施物联网技术,可以实现对整个配送过程的动态掌握,配送车辆中小包装粮食的品种信息也可以一目了然,大大提高了粮食配送的效率与准确率。另外,通过物联网技术的应用,粮食配送中心还可以实现对零售商处粮食的货架、库存情况动态监控,对粮食存放条件、销售状况都可以远距离地感知,从而作出合理的配送决策。

三、降低粮食物流成本与国家粮食安全的关系

(一)如何降低粮食物流成本

我国主要粮食价格成本构成中生产成本占总成本的比重最大,流通成本所占总成本比重次之,但流通费用越来越成为影响农产品价格竞争力的较为重要的因素。要降低粮食运输成本就要努力做到同一品种粮食就近取粮、就近供应来满足不同消费者,使粮食从产地沿着最短路径运输,避免对流而且有了合理的流向,才能够有效地避免对流、倒流、迂回等不合理运输现象,从而减少不必要的运输费用。同时,要通过优化资源配置来降低粮食流通成本,认为粮食流通资源必须是市场导向下的优化配置。

大力建设现代化粮食物流体系,逐渐形成主要跨省散粮物流通道,建成一批适应散装散卸的全国主要粮食物流节点,完善我国的购粮运输网络。形成铁路、水路和公路、海运、空运的多式联运运输方式短距与长距运输方式的有效转换,从中提高粮食的中转率,缩短运量时间,降低粮食物流中的存货成本。

(二)保障国家粮食安全

粮食安全就是能确保所有人在任何时候既能买得到又能买得起他们所需要的产品。这不但要求我们要生产出足够数量的粮食,还要尽可能保持粮食供应的稳定,并且要确保所有需要粮食的人都能够获得需要的粮食。粮食安全对每个国家来讲,都是关乎国民经济、社会稳定的大问题。保障我国粮食安全,不仅对实现粮食物流的现代化建设起着推进性的作用,而且与降低粮食物流成本有着重要的联系。

(三)降低粮食物流成本与保障国家粮食安全的关系

粮食物流业是粮食行业发展的基础支撑性产业,发展粮食现代物流,建立高效、畅通、节约的粮食现代物流体系,对提高粮食流通效率,减少粮食损耗,降低流通成本,促进产销衔接,加快推进农业供给侧结构性改革,增强国家粮食宏观调控能力,保障国家粮食安全具有重要意义。

我国粮食生产重心北移,北方粮食比例逐渐增加,南方地区逐渐减少。粮食生产逐步向核心主产区集中,2017 年 13 个粮食主产区产量占全国总产量的 78%,粮食跨省流通量 3400 亿斤,预计 2020 年将达到 3600 亿斤。我国的粮食的主要销售地为北京、天津、上海、东南沿海地区,粮食产区的北移化就要求我国的粮食运输必须进行跨省跨市的长距离运输。因此,国家粮食安全在很大程度上依赖于粮食物流。表 15-2 为 2016 年我国 13 个粮食主产区的粮食产量。

表 15-2　2016 年我国 13 个粮食主产区粮食产量

地区	播种面积(千公顷)	单位面积产量(公斤/公顷)	总产量(万吨)
全国总计	113028.2	5452.1	61623.9
内蒙古	5784.8	4806.1	2780.2
黑龙江省	11804.7	5132.3	6058.6
河北省	6327.4	5468.7	3460.2
河南省	10286.2	5781.2	5946.6
辽宁省	3231.4	6500.7	2100.6
吉林省	5021.6	7402.4	3717.2
山东省	7511.5	6258.0	4700.7
安徽省	6644.6	5143.2	3417.5
江西省	3686.2	5800.3	2138.1
湖南省	4890.6	6038.3	2953.1
湖北省	4436.9	5756.6	2554.1
江苏省	5432.7	6379.9	3466.0
四川省	6453.9	5397.5	3483.5

1. 降低粮食物流成本是国家粮食安全的重要保障

要降低粮食物流成本,其主要的措施就是加快建设现代化的粮食物流体系。完善的现代物流体不仅能够让粮食物流成本从根本上得以降低,而且粮食现代物流是提高粮食流通效率的重要途径,发展粮食物流是国家粮食安全的重要保障。

2. 保障国家粮食安全能够促进粮食物流的发展,从而使粮食物流成本降低

我国的多次物价总水平上涨均与食品价格上涨有关,而导致食品价格的上涨主要是因为我国粮食产销不衔接、粮食调配不畅。原因在于仓储物流是连接生产与消费的中间环节,而我国仓储建设滞后。国家粮食安全的实现,就要不断完善仓储物流体系。

目前,我国拥有遍布城乡的各类粮食仓储企业 1.9 万个,仓容总量超过 3.9 亿吨,比新中国成立之初增长了 100 倍。"四无粮仓"创建 60 年以来,粮食仓储企业遍布全国,粮食仓储设施布局不断优化改善,基本形成了以大连北良港、广东新沙港、上海民生港、浙江舟山等粮食物流基地为枢纽,以各级粮食中心库为节点,以遍布全国的粮食收纳库为基础的现代粮食仓储物流体系。

项目十五　行业物流

降低粮食物流成本与国家粮食安全保障相辅相成,互相促进。只有在健全的粮食物流体系下,生产的粮食才能够真正的走进流通领域,才不会造成粮食的积压,才能够保证粮食的供给,实现国家粮食安全。在保障粮食安全的过程中,不断地推动物流基础设施建设,让现代化粮食物流体系不断完善,从而降低物流成本。

任务二　冷链物流

导入案例

"长安回望绣成堆,山顶千门次第开。一骑红尘妃子笑,无人知是荔枝来"。出自唐朝诗人杜牧的《过华清宫绝句》,这首诗描述的是唐玄宗李隆基下令修建栈道,以八百里加急的速度,将产自巴蜀的新鲜荔枝送给住在华清宫妃子杨玉环的故事。

千年之后,人们的生活水平日益提高,瓜果蔬菜及奶制品是人们餐桌上必不可少的食物。因而,保证每日瓜果蔬菜及奶制品的新鲜和安全、保证瓜果蔬菜及奶制品的供给需求和保持价格稳定等问题成为百姓关注的焦点。据悉,中国一年果蔬腐烂的直接损失高达1000亿元。

2016年3月,山东警方破获案值5.7亿元非法疫苗案,疫苗未经严格冷链存储运输销往24个省市。疫苗含25种儿童、成人用二类疫苗。

当代人们的生活水平质量的提高在很大程度上依赖冷链物流,冷链物流将发挥其越来越重要的作用。

任务目标

通过本项目的学习,项目团队应掌握冷链物流基本知识,会根据具体产品选择相关的冷却方法,掌握冷链物流的运营模式。

任务学习

一、冷链物流的概述

（一）冷链物流的定义

冷链物流虽然在我国整个物流体系中只占到7%的总量,但是如人们的日常生活却是息息相关的。比如说新鲜的时令水果蔬菜,内陆居民品尝的美味的海产品无不是通过冷链物流送到我们的餐桌和口中的。冷链物流泛指冷藏冷冻类食品在生产、贮藏运输、销售,到消费前的各个环节中始终处于规定的低温环境下,以保证食品质量,减少食品损耗的一项系统

· 329 ·

工程。它是随着科学技术的进步、制冷技术的发展而建立起来的,是以冷冻工艺学为基础、以制冷技术为手段的低温物流过程。

冷链物流最基本的四个构成要素包括冷链加工、冷冻储藏、冷藏运输及配送、冷冻销售。其中,食品冷链由冷冻加工、冷冻贮藏、冷藏运输及配送、冷冻销售四个方面构成,如图15-1所示。

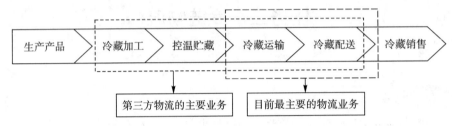

图 15-1　食品冷藏链的价值链构成

1. 冷冻加工

冷冻加工包括肉禽类、鱼类和蛋类的冷却和冻结以及在低温状态下的加工作业过程,还包括果蔬的预冷、各种冷冻食品和奶制品的低温加工等。在这个环节上主要涉及的冷链装备有冷却、冻结和速冻装置。

2. 冷冻贮藏

食品的冷却贮藏和冻结贮藏,以及水果蔬菜等食品的气调贮藏都属于冷冻贮藏,它是保证食品在储存和加工过程中的低温保鲜环境。在此环节主要涉及各类冷藏库加工间、冷藏柜、冻结柜和家用冰箱等。

3. 冷藏运输

冷藏运输包括食品的中、长途运输及短途配送等物流环节的低温状态。它主要涉及铁路冷藏车、冷藏汽车、冷藏船、冷藏集装箱等低温运输工具。在冷藏运输过程中,温度波动是引起食品品质下降的主要原因之一,所以运输工具要具有良好性能,在保持规定温度的同时,也要保持稳定的温度,尤其是长途运输。

4. 冷冻销售

冷冻销售是指各种冷链食品进入批发零售环节的冷冻储藏和销售,它由生产厂家、批发商和零售商共同完成。最近随着全国大中小城市各类连锁超市的快速发展,各类连锁超市正在成为冷链食品的主要销售渠道,在这些零售终端中,大量使用了冷藏陈列柜和储藏库,因为逐渐成为完整的食品冷链中不可或缺的重要环节。

(二)冷链物流的特点

冷链物流是一项复杂的系统工程,与高新技术、高额投资、先进管理紧密相连。常温物流相比,主要区别是需要保持低温、需要全程冷链、涉及学科更多、管理更为复杂、成本较高等。冷链物流对时间、品质、温度、湿度和卫生环境方面有特殊要求,作业较为复杂,主要特点有四个方面。

1. 高成本性

冷链物流的要求比较高,相应的管理和资金方面的投入也比普通的常温物流要大。首先是设备成本较高,冷链物流中心仓库和冷链车辆的成本一般是常温仓库和车辆的数倍,而且因涉及食品等需要特殊的设施设备,需要大量的资金投入;其次冷链物流运营成本较高,冷库需要不间断的打冷才能保证温度处于恒定状态,造成冷库的电力成本居高不下。同时,冷链物流中的很多设备都是专用的,容易产生沉淀成本。冷链物流资本回收期较长,不是一般的企业所能承担。

2. 对信息技术要求高

冷链物流具有精益性和敏捷性的双重特征,参与主体多,要求安全实时监控,因此需要高度信息技术支撑。

3. 需要高度组织协调性

由于冷链物流承载的产品一般为易腐或不易储藏,因此要求冷链物流必须迅速完成作业,保证时效性。因而,冷链物流系统在运营中对时间要求非常高。如果某环节脱节,将造成巨大损失。

4. 需要有效控制能耗

在保证产品品质的同时,需要降低能耗,控制冷链物流成本。例如,冷藏车需要不间断打冷才能保证产品的温度恒定,就需要更多的油费;尽量少的交易次数,对冷链物流运营有利。

冷链物流是一种特殊物流形式,主要对象是易腐易变质产品,包括低温加工、低温运输与配送、低温储存和低温销售四个方面。图15-2为冷链物流流程图。

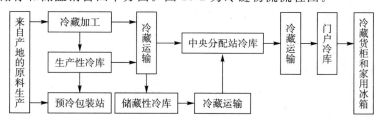

图 15-2 冷链物流流程

(三)冷链物流的适用范围

冷链物流的适用范围包括主要包括初级农产品(如蔬菜、水果、肉、禽、蛋、水产品、花卉产品)、加工食品(如速冻食品、禽、肉、水产等包装熟食、冰淇淋和奶制品、巧克力、快餐原料)以及特殊商品(如药品)。

随着人们的生活水平不断提高,生活节奏加快,对速冻食品、乳制品等消费不断提高,下面将从速冻食品和乳制品对冷链物流的要求进行简单说明。

1. 速冻食品

速冻食品是利用现代速冻技术,在-25℃迅速冻结,然后在-18℃或更低温条件下贮藏并远距离的运输、长期保存的一种新兴食品,常见的有速冻水饺、速冻汤圆、速冻馒头等。速冻食品品牌中,三全、思念占据重要位置,并均以超过10%的市场占有率雄居第一集团。速冻食品对贮藏运输要求十分严格,必须保证在-18℃以下。

2. 乳制品

自1990年以来,中国以牛奶为主的乳制品进入快速发展期。一般情况下鲜奶都需要运至乳品厂进行加工,属于鲜度要求严格的商品,天天都要配送。如果运输不当,会导致鲜奶变质,造成重大损失。为保证质量,鲜奶运输有特殊的要求:为防止鲜奶在运输中温度升高,尤其是夏季运输一般选择在早上或夜间进行;运输工具一般都是专用的奶罐车;为缩短运输时间,严禁中途停留;运输工具要严格消毒,避免在运输过程中受到污染,容器必须装满盖严,以防止在运输过程中因震荡或升温而溅出。

为了能保证质量,专业奶类企业大都是希望自己运输,外包物流的意愿不是很高。即使外包,大多也是部分区域短途配送和路线运输外包,而且对技术和质量的要求比较高。

二、前沿技术在冷链物流的应用

(一)GPS技术在冷链物流的应用

由于冷链产品必须低温储存和运输,如果在途运输中出现车辆抛锚、冷冻系统瘫痪等事故,都会大大影响冷链产品的质量。因此,GPS技术的应用使得冷链物流运输能够及时掌握运输链中产品数量、运输位置、运输途中物品存放的温度等,通过GPS技术监控运输的中需要提货或者补货的信息,实现动态监控,一旦发生突发事故,可迅速做出决策。

1. 车辆跟踪

运输车辆是冷链物流运输的主要载体,使用GPS技术可以对运输车辆进行时时跟踪,通过GPS定位显示车辆的位置、速度、车辆所处道路、最近冷库等信息,这使得车辆在运输时的运行信息更加直观,方便控制台实施监控。

2. 控制台运行监控

控制台在实施监控时可以多个窗口,多个屏幕同时进行监控,对车辆的运行情况实现多维度监控。当车辆到达一个地方后,控制台能够准确获得车辆位置以及运输货物的相关信息,为运输车辆提供运输里程信息,及时分析车辆时速是否符合标准等,保证运输车辆在指定时间到达运输地点。当运输车辆出现意外,监控台可以及时获取车辆的位置、状况,并为司机的行动做相关指导,及时做出判断与决策,降低事故损失。

3. 运输信息查询

应用GPS技术可以直接获取运输车辆所在地理位置以及运输路线、运行时间、运输里程等,运输车辆上的GPS装置可以将运输车辆的反馈信息自动传送至监控中心,并将运输车辆在运行时所产生的数据与预计数据信息进行比较分析,当数值超过一定范围时及时提醒司机,发出报警信号,为司机下一步要进行事项提供行动方案,减少人员、车辆、货物发生事故的几率。

4. 监控中心的指挥与调度

监控中心是冷链物流运输的总控制台,通过 GPS 技术提供的车辆运输情况信息对运输车辆实施动态指挥,通过多方面的调度提升运输车辆的实际运载率,在更大程度上减少车辆的空驾率,避免运输成本浪费,提高运输车辆的运输效率。

5. 监控中心的运输线路规划

监控中心根据运输车辆所载货物的类型、运输时间的要求等通过 GPS 技术规划最佳运输路线,例如,运输最快路线、运输最简路线、经过路桥次数等。监控中心将路线设计好之后通过 GPS 技术所拥有的三维导航功能将运输路线传送给司机,为司机提供运输参考。

(二)RFID 技术在冷链物流的应用

冷链物流中,需要恰当的温湿度来保证质量的生鲜食品和药品,通过先进的 RFID 技术,将温度变化记录在"带温度传感器的 RFID 标签"上,对产品的生鲜度、品质进行细致的、实时地管理,可以解决食品、药品流通过程中的变质问题。可以对环境温度进行严格的监控、记录、分析、决策,并可无线传输到计算机,通过专业软件对数据进行分析和输出。

1. RFID 技术在冷链物流运输环节上的应用

冷藏运输环境的好坏直接影响到整个冷链物流的成败,因此冷链物流的合理化发展,在很大程度上都是由运输环节所决定的。为了实现在运输过程中能够实时的掌握在途的冷藏车的温度变化并对温度进行控制,保证货物到达收货点的时候是新鲜和安全的,供应商企业运用 RFID 温度标签取代传统的条码。

相对于普通的冷藏车,运送带有 RFID 标签的冷藏车稍有不同。为了在运输过程中能够对温度做到实时的监测,需要为冷藏车安装 RFID 读写器和无线通信设备。读写器在运输过程中定时的读取 RFID 标签采集的温度信息,并通过无线通信技术将数据信息传送给后台,以便进行数据的处理。通过采集到的信息,系统可以及时将异常信息通知送货司机和管理人员,以进行及时的处理,降低损失。

2. RFID 技术在冷链物流储存环节上的应用

冷藏车到达供应商配送中心后,需要先验货,当验货合格后才能进行之后的加工生产。与传统的验货方法相比,使用 RFID 标签替代条形码,就省去了人工扫描的过程。

将从冷藏车中卸载下来的货物,放到托盘上,由叉车运送到指定的冷藏库房中。在冷藏库的门口,安装有 RFID 读写器天线,当叉车经过库房门口时,天线在无需人工干预的情况下会扫描到叉车上的 RFID 标签,并将扫描到的信息传递给后台,从而完成对货物的清点工作。管理人员只需要通过计算机就能够了解到货物详细信息,如数量、品种等。与此同时,通过车载读写器传回的温度信息,管理员可以详细了解到在货物的整个运输过程中,是不是有温度超标的情况,从而可以及时判断产品的品质,防止质量问题的发生。

在冷藏库内部,同样为其安装多个 RFID 读写器天线,使天线发射的信号能覆盖整个冷藏库对冷藏库中的温度情况进行实时的监测。叉车将货物运送到冷藏库中后,按照要求放到指定的位置。此时,读写器读取 RFID 标签,根据天线安装的位置,读取标签信号的强度等相关信息,计算出货物当前所在的位置,是否是其正确的存放地点。如果货物不在正确的位置,系统能够及时通知管理员,调整货物的位置,以免造成货物质量损失。

3. RFID 技术在冷链物流冷藏加工环节上的应用

按照生产加工的需求,将原材料从冷藏库中运送到加工车间过程中,原材料被以某制定的单元送到加工传送带,传送带最前端的读写器会读取该单元的 RFID 编码信息,主要是获取该单元在本次之前冷藏运送中所保存的唯一的代码编号,以方便与加工好的产品相关联。待读写器提示已经扫描完成后,将原材料放在传送带上进行加工生产。

加工之后的成品,同样以定制的单位存放,该制定的单元的 RFID 编号可以通过系统与运输原材料相关联,从而保证产品完整的可追溯性。将加工后的成品,运送到冷藏库进行储藏等待销售,当供应商接收到零售商发送的订货信息后,就要按照订货单上的信息(商品名称、数量)拣货出库。

4. RFID 技术在冷链物流出入库环节上的应用

供应商接收到零售商的订货信息,准备出货。与入库操作相似,应用 RFID 技术后,核对信息(看商品名称、数量等和零售商的订单信息是否一致)和出库也是一步完成的。总之,在整个入库到出库的过程中,采用了 RFID 技术后,从装货到上货架的操作、验货和出库的操作都可以一步完成,大大减少了工作量,节省了时间,提高了效率。而且减少了仓库管理的工作量,提高了储存安全性。

货物出库后,装上专业的冷藏车配送至零售商指定的交货点。这个过程与运输过程相似。配送是供应商的工作流程的末端,当供应商把货送到交货点,零售商验货合格后,供应商在整个冷链物流中的任务结束。

5. RFID 技术在冷链物流销售环节上的应用

在销售阶段,商家可利用 RFID 标签质量追溯系统了解购入商品的状况,帮助商家对产品实行准入管理。通过采用 RFID,因为不需要人工查看进货的条码而节省的劳动力成本。RFID 可以改进零售商的库存管理,实现适时补货,有效跟踪运输与库存,提高效率,减少差错。同时,智能标签能对某些时效性强的商品的有效期限进行监控;商店还能利用 RFID 系统在付款台实现自动扫描和计费,从而取代人工收款。

RFID 标签在供应链终端的销售环节,特别是在超市中免除了跟踪过程中的人工干预,并能够生成 100%准确的业务数据,因而具有巨大的吸引力。RFID 有助于解决零售业两个最大的难题:商品断货和损耗(因盗窃和供应链被搅乱而损失的产品)。

三、冷链物流企业运营模式

(一)"各自为政"自营模式

"各自为政"自营冷链物流模式是指冷链产品的生产企业、加工企业或零售企业,为了生产和经营活动的需要,独自兼营冷链物流某一环节的行为模式。"各自为政"自营冷链物流是我国目前最主要的冷链物流运营模式。"产供销一体化"模式是指某一市场主体,负责冷链产品从生产、加工、物流到销售全过程的经营模式,适用范围比较窄。表 15-3 为"各自为政"自营模式的特点和存在问题。

表 15-3 "各自为政"自营模式

	特点	存在的问题	代表企业
"各自为政"自营模式	1. 各自为政,条块分割 2. 物流不是主营业务 3. 供应链上下游之间竞争大于合作	1. 物流交易费用上升 2. 冷链容易脱节 3. 某一环节服务效果不明显	双汇、伊利、蒙牛、光明

(二)"物流地产"模式

"物流地产"又分为两种模式,一种为普洛斯模式。美国普洛斯集团是全球最大的物流配送设施和服务的投资开发商,其最早将"物流地产"的概念引入中国;普洛斯模式就是按照客户的需求,完成从市场调研、设计到施工的全部过程,将建成的仓储设施交付客户,同时提供后续的管理服务。

另一种为国内地产公司模式。国内地产公司参与物流设施建设,通常关注的并不是物流产业本身,而是附属的配建用地;以建设物流园区或仓储配送中心的名义,低价格获得土地。物流部分和专业公司合建,交由专业公司管理。

(三)"第三方经营"模式

1. "第三方经营"模式的概念

"第三方经营"模式是指独立于冷链产品生产商、加工商、批发商和零售商以外,提供专业化物流服务的业务模式;即由供应商将货物运送到主要城市冷链物流整合中心,整合后进行长途运输,由地区整合中心进行装箱提货和当地运送,再整合后发送到零售直销点。"第三方经营"模式是未来的发展方向。为冷链物流需求方提供高效率和完备的冷链物流解决方案实现冷链物流的全程监控,整合冷链产品供应链。目前,第三方物流企业的收入大部分仍来自于基本物流服务即仓储和运输,其毛利率普遍低于20%。

第三方冷链物流企业的出现,标志着冷链物流体系的进一步成熟,因为第三方冷链物流企业不仅担负食品的运输安全,供应商可以直接对一个新开发的市场,在物流企业的物流网络基础上,建立一个销售网络,节约了开发新市场的投入,降低了销售成本,从而达到市场的平衡发展。

2. 客户外包动因

控温物流过程中,按食品储存运输属性分:常温品、低温品和冷冻品;同时须将冷藏和常温食品分置在不同的待发区,冷链物流就属于控温性物流。恒温型食品配送的运作难度较小,而冷冻型、微冷型商品运作要求高,特别是超低温区,食品物流难度较大,很多企业自身可能不具备这样的能力,导致食品物流外包。大部分食品的生鲜或鲜活性使得它们在运输中需要防腐保质,需要采用特定的低温运输设备或者保鲜设备等组织冷链物流。但是食品运输中仍会有一定的损耗,并且损耗随时间和距离的增加而增加,特别是生鲜食品配送服务半径较小,吞吐量小。导致企业采用食品物流外包。

冷链物流注重流通加工能力。由于大部分食品属生鲜农副产品,同时大多是初级产品。在进入家庭消费之前,还需经过分类、加工、包装、整理等流通加工活动,保证食品作为商品在储运和流通过程中的卫生质量。食品物流的流通加工能力较一般物流强得多,导致企业采用食品物流外包。冷鲜食品物流实行少批量、多频次的配送方法,要求分拣快速、配货及时;由于食品的加工周期很短,食品保质期很短,稍有差错就会影响食品质量与安全,导致有关企业采用食品物流外包。

任务三 家电物流

导入案例

随着市场的竞争加剧,家电业日益紧缩的利润空间对家电业类企业产生越来越大的压力。为了保持在市场竞争中的优势,物流作为"第三利润源泉"受到家电巨头的重视,家电巨头争做第三方物流。

美的集团是较早进入物流产业的家电巨头之一,由美的控股的国内第一家以家电业为依托的第三方物流公司——安德物流在美的总部成立。而与美的同处一地的科龙电器也不甘示弱,也于下一年同小天鹅集团、中远集团和广州经济技术开发区建设创业投资公司在广州开发区共同投资组建广州安泰达物流有限公司,该公司成立的意义在于它不仅是家电业内第一家真正意义上美的是较早进入物流产业的家电巨头之一。

除科龙和美的之外,海尔早在 2000 年初成立了海尔物流公司,成为物流业的巨无霸。海尔物流根据海尔集团流程再造的经验可以提供整个供应链管理专家咨询及服务,包含诸如物流网络策略、运输设计、仓储设计和模拟,以及作业改进和库存分析等。海尔物流在一级配送网络、区域内分拨网络的基础上建立了区域间配送体系。

任务目标

通过本项目的学习,项目团队应掌握家电物流基本知识,能够判断出不同企业的家电物流运营模式,掌握现代家电物流的建设需求。

项目十五　行业物流

任务学习

一、家电物流的概述

（一）家电物流的定义

家电物流就是以家电产品为主要对象的物品及相关信息系统规划、运作和管理过程，重点是家电产成品的正向物流，也包括返修、回收等在内的反向物流。有时也将家电企业物流包括在内，即从原材料采购到产成品发运、售后服务等的一系列物流活动过程。将上述过程合在一起称为家电供应链物流。家电物流的运作主体是以家电制造商、销售商为主体的供应链各级成员或第三方物流服务提供商，有时也包括其他经营主体。

家电业是国内关注企业物流管理问题最早的行业之一。1999—2001年，很多家电企业向国际知名咨询公司进行物流或供应链方面的咨询，开始诊断企业自身的物流管理问题，也有很多家电企业建立、控股、参股物流企业，这些都说明家电业较早地意识到了现代物流的重要性，并着手解决物流方面存在的问题。近几年来，很多家电企业就自身及自身所处的供应链做了很多变革性的尝试，提高家电物流管理，取得很大成绩。

（二）家电物流的特点

从整体上看，我国当代的家电物流运作主要有以下四方面的特征。

1. 销售季节性明显

家电类产品如空调的销售旺季大概在每年的4月至7月，每天的出库量与淡季形成鲜明的对比。再如受假日经济，如劳动节、国庆节、春节等节假日的影响，节假日期间的销售量通常会猛增，物流需求比平日增加很多，因此需要更有效率的物流配送。

2. 产品库存周转率低

家电类产品的销售有很强的季节性，可家电类产品的生产却不能随季节的变化而转移。目前还没有哪个企业夏天只生产空调，电风扇，冬天只生产暖炉。销售的季节性和生产的连续性使绝大多数家电企业库存周转率偏低，进而影响企业现金流。若信息滞后，则会进一步增加库存。

3. 销售网络庞大，对网络布局要求高

家电类产品销售网络庞大，需要有健全的网络与之相适应。只要有产品的地方，就存在物流服务的需求。而物流体系的建设和维护，需要投入大量的人力、物力和财力。区域配送中心、中央配送中心、地方配送中心或地方接驳中心是家电物流网络常用的结点类型之一，其选址要对销售网络数据、交通运输条件、地理环境、客户分布等因素进行深入研究，通过定性与定量的分析后才能得出合理的物流网络布局。

4. 按订单生产

家电物流的运作与订单密切相关。家电生产计划的制定主要以订单需求为依据，但经销商为确保在旺季不缺货,往往向家电制造商加大订货量;而家电制造商为了满足订单需求,自然将加大对供应商的采购量。因此,家电制造商的库存压力不断加大,"零库存"也只是一种理想状态。

5. 产地集中

我国家电生产相对集中,主要在环渤海地区、长三角地区、珠三角地区、以及近年来兴起的安徽合肥等地。这些地区家电产品种类齐全,为综合性家电生产基地。因此,家电物流目前的流动趋势短期内不会改变。

(三)家电物流的重要意义

现代物流区别于传统物流的最大特点在于信息化和网络化,发展家电业物流是为应对激烈的竞争,寻找新的利润增长点。

随着国际国内家电市场竞争的日益加剧,制造环节本身所能提供的降低成本空间已经非常狭小,家电行业的利润空间正在逐渐缩小,而物流的规划设计及其实施恰恰是流通过程中最为现实的一个环节。物流被看作制造企业最后的也是最有希望降低成本、提高效益的环节。零库存、低损耗、及时准确送抵目的地,成了家电企业共同追求的目标。为了在竞争中保持优势,物流作为"第三利润源泉"已成为业界焦点。海尔、美的、科龙、小天鹅、美菱、TCL 都相继建立了自己的电子商务公司,物流正悄然兴起。

日益成熟的市场环境,迫切要求现代家电制造企业进军流通领域,通过整合流通渠道,加强流通渠道的管理和建设,以降低成本,树立品牌,增强服务和提高市场竞争力,最终赢得市场。

二、家电物流企业运营模式

(一)自营物流模式

自营物流是指企业通过对人员、设施、设备和其他技术资源的整合,完成其供应、生产、销售等环节的物流活动的一种物流模式。自营物流的优点是显而易见的,企业可以不通过各种中间环节,直接面向零售商,获取中间商的利润空间。自营物流可以降低商品价格,价格降低自然会带来销售量的增加,还可以提高顾客的满意度,压缩企业的人力资源成本。

海尔集团是自营物流企业的代表之一,家电企业的竞争更多是供应链与服务的竞争,而供应链的成本控制决定了企业是否能在家电行业立于不败之地。海尔集团于 1998 年进行物流改革。物流资源重组,供应链管理,物流产业化三个阶段,海尔集团提出"一流三网","一流"是指订单信息流;"三网"分别是指全球供应链资源网络、全球配送资源网络和计算机信息网络。"三网"同步流动,为订单信息流的增量提供支持。海尔集团在不断探索物流模式的同时,也在相应地控制成本、增加收益、提高效率,它为海尔集团奠定了战略基础。

(二)第三方物流模式

第三方物流即完全意义上的社会化物流,家电企业的物流业务大部分外包给社会上的第三方物流,主要原因有三点。

第一,把资源集中在核心竞争力上,以便获取最大的投资回报,那些不属于核心能力的功能应被弱化或者外包,而物流通畅不被大多数的制造企业视为他们的核心能力。

第二,企业单靠自己的力量降低物流费用存在很大困难。尽管近年来家电企业在提高物流销路方面已经取得了很大的进展,但要更进一步发展是许多企业所不能承受的。

第三,实现灵活开展物流业务,共担经营风险。由于自营物流需要大量的场地、仓库、设施设备,从而带来了巨大的资源配置风险和固定资产投资风险,通过把物流业务承包给第三方物流公司,可以降低企业的经营风险。

第三方物流企业通常拥有市场知识、网络和信息技术,拥有规模经济,拥有第三方的灵活性,能够适应家电企业的物流环节的需要。从长远看,这是一种发展趋势。

(三)独立运营的物流公司模式

美的集团在2000年成立了独立子公司安得物流。这种模式接近海尔集团的自营物流,同时也作为第二方物流企业向外发展业务。安得全面推行信息管理,实行"一票到底"管理模式,管理遍布全国的100多个仓库,建立了顺德、南京、西安、北京、上海等十个物流中心。安得物流非常了解美的的仓库资源、运输资源、配送资源,从而使利润提高。美的集团借助安得物流,其利润逐年攀升。

三、家电物流的建设需求

随着家电行业规模日益扩大,竞争日趋激烈,以及互联网技术、电子商务的快速发展,近年来家电物流建设主要呈现出四方面的需求。

(一)对信息化建设的需求

家电企业为提高市场反应速度、准确预测客户需求以及加快存货周转,要求企业信息系统具有更高的开放性和反应能力,对信息化建设的需求也越来越高。

(二)对专业第三方物流的需求

我国作为全球家电制造中心,家电行业在制造成本上有一定优势,但较高的流通成本严重影响了行业整体盈利水平。目前,我国家电物流的运营模式除了以海尔、美的为代表的自营模式外,绝大部分为外包给第三方物流的形式进行。因此,家电行业日益激烈的竞争,使家电第三方物流将向更高层次发展,并向整个供应链物流转变。

(三)满足农村家电市场增长的需求

随着我国大力推动"家电下乡"政策,农村家电市场实现了快速、稳定的增长,家电销售由区域性中心城市市场逐渐向三四级城市市场扩张。因此,家电产品特别是大家电如何快速、安全地向农村市场进行配送,也是家电物流需要重点考虑的问题。

(四)电商对家电物流的需求

近几年,家电网络销售火爆,家电销售渠道因此发生相应的变化。2016年预计将上升至27.5%。这使家电物流形式多样化、服务复杂化。比如,电商需要家电产品能直接发运,从而对家电产品的物流包装提出了更高的要求。

目前,很多家电企业在生产环节纷纷引入精益管理的思想,包括对生产线进行布局、优化。此外,还引入 ERP 系统,加强企业各部门的信息共享。在数据收集方面,通过 RFID、条码扫描、GPS 等方式进行数据收集,并进行可视化操作,从而完成物流等环节的高效管理。

任务四 汽车物流

导入案例

安徽江淮汽车物流有限公司前身是合肥江淮汽车制造厂运输车队,由安徽江淮汽车集团股份有限公司控股,是隶属于江淮汽车集团的独立法人。

公司现拥有零部件、整车仓储和配送中心5座,自有仓储面积3.2万平方米,租赁仓储面积3.2万平方米,整车库面积24.7万平方米。公司业务几乎涵盖了汽车物流的全部过程,包括整车物流、零部件物流、仓储配送、生产物流、产成品物流。此外,公司还承担车辆管理和维修、通勤客运与汽车租赁服务等一系列业务。经过多年发展公司现已形成乘用车储运公司、商用车储运公司、零部件储运公司、客运服务公司、运输公司等五大事业部和十大管理平台,并下辖一个全资子公司——合肥和瑞出租车有限公司。

作为江淮汽车实现"十三五"战略目标的重要战略支撑,公司在"十三五"期间,以"服务好主业,发展为主业"为使命,坚持"汽车物流解决方案服务商"的战略定位,协同构筑整车市场竞争优势。以"整车物流"为核心业务,以"零部件物流"为战略业务,发展出租、团体租赁、公车服务业务,形成多个利润支柱。公司力争在"十三五"期间实现营业收入20亿元,建成5A级物流企业,创建成为国家级物流技术中心,发展成为4PL物流企业,实现公司跨越式发展。

任务目标

通过本项目的学习,项目团队应掌握汽车物流基本知识,能够区分整车物流及零部件物流的差别,能够制作出汽车物流供应链流程图。

一、汽车物流的概述

（一）汽车物流的定义

进入 21 世纪以来，我国汽车行业一直是我国社会经济发展支持的重点行业，发展势头强劲。汽车物流作为汽车产业链的重要环节，与汽车企业的经济效益密切相关。国家标准《汽车物流术语》(GB/T 31152—2014)给出了汽车物流的定义："为满足汽车的生产、销售，汽车整车、汽车零部件、原材料、汽车备件，以及生产废弃物，从供应地向接收地的实体流动过程。根据实际需要，将运输、储存、装卸、搬运、包装、流通加工、配送、信息处理等基本功能实施有机结合。"

汽车物流是实现汽车产业链顺畅的根本保障，更是实现汽车从生产到消费各个流通环节的有机结。科学合理的汽车物流运营可以有效地降低汽车企业的运输与仓储成本，汽车物流对汽车企业在发展中的作用更加凸显。

整车的销售、零部件的采购进厂和售后服务中配件的发送，都需要专业的物流规划，通过良好的零配件供应系统，保证及时供应，有利于核心企业柔性化生产系统的形成，优化整个业务流程，提高对市场的灵敏度，将整个供应链打造成一条极速的供应链。汽车物流面向原材料供应商、汽车生产制造企业、汽车销售服务企业、物流企业以及终端用户等多个市场主体，涉及汽车的运输、存放、流通、信息等多个环节，以成本最低为原则，按照客户的实际需求，实现汽车产品（如整车、备件、零部件等）从供给地到需求地的转移。汽车物流主要由供应、生产、销售以及回收四大部分构成，其构成情况如图 15-3 所示。

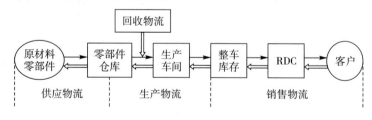

图 15-3　汽车物流构成

（二）汽车物流运营模式

汽车物流产业运营模式主要有两种，一是供产销一体化的自营物流模式，这种模式从原材料购进物流到制造物流、分销物流等全部由汽车制造商自己完成。二是汽车厂商外包给专业的物流公司的外包模式，这种模式物流公司是汽车物料、生产和销售的物流、信息流的整合者。在日益激烈的市场竞争条件下，国际上各个大型汽车集团纷纷改变经营策略，把主要精力放到核心业务上，在物流方面采取业务外包，与专业物流公司合作构造新型供应链体

系。丰田公司就是代表之一,通过分段投标的方式,承包给专业的物流公司负责相应的物流环节。

从物流模式上看,我国的整车物流以企业自营为主,以汽车制造商为龙头、供产销一体化的自营物流所占比例较大。厂商采取这一模式主要能够保证汽车制造商对汽车物流全过程供应、制造及分销物流的完全控制,从而掌握第一手客户信息,有利于提高客户服务水平和对整个物流进行协调与控制。但随着汽车的需求个性化、供应全球化、贸易电子化和交货迅捷化,汽车物流面临着规模化、专业化、便捷化、高效化的挑战。汽车制造商自营物流必然加重其资金负担,不能发挥分工优势,规模而不经济,从而制约汽车物流总体效率的提升。因此,从发展趋势上看,第三方物流模式将成为未来的主导型物流形式,即汽车制造企业把物流配送功能将从制造企业中剥离出来,将一部分或主要物流业务委托给外部的专业物流公司来完成,以降低作业成本、减少投资,将资源集中配置在核心业务上,促进汽车新产品的开发与产品质量的提高。

随着"丝绸之路经济带"和"21世纪海上丝绸之路"的"一带一路"战略的提出,我国过政策沟通、设施联通、贸易畅通、资金融通、民心相通五个方面深化沿线国家及地区的经合作关系,进而带动我国西向物流规模,促进互联互通、大通道和国际物流大通道建设,形成一批商贸物流枢纽中心,加强内陆口岸与沿海、沿边口岸通关合作,推动电子商务和物流跨区域、跨经济体延伸,这些将为汽车零部件、装备和整车运输物流带来新的发展空间和机遇。

(三)汽车物流的运输方式

1. 公路运输方式

我国绝大多数的汽车制造和经销商选择公路运输,虽然公路运输占据了汽车物流的绝大部分市场,但由于其进入门槛不高,造成了我国公路运输行业群体数量多,单个企业控制车辆规模少的局面。目前,整个汽车公路运输行业,大多未形成规模,无法整合资源,造成了运力资源浪费,竞争力薄弱,很多企业主要依托当地的汽车厂商生存,不能构成规模和回流网络,造成很多时候空载返程,部分企业为寻求回流效益,破坏了行业价格体系,以致效益水平较差,而持续增长的油价成本和不规范的途中收费更加重了企业负担。

2. 水路运输方式

由于水海路运输的成本比公路运输成本低,从长远来看,水海路运输终将成为大势所趋。但是由于水陆运力紧张,要求汽车厂商的生产计划性强,因此目前国内的水路运输还不成熟。而且由于水路运输无法做到门到门的服务,导致两端都需要用轿运车短驳,这在一定程度上影响了水运的成本优势。

3. 铁路运输

铁路运输存在一定的弊端,如多年的垄断经济造成运输部门意识落后、管理粗放、运输时间比公路运输要长且区域分拨的能力不足,使得我国铁路运输还没有全面实现主干线的货运专用通道,因此铁路运输在国内的商品车运输市场中所占的份额还比较小。

二、汽车整车物流与汽车零部件物流的比较

汽车物流可以细化成两个相关的领域,即整车物流和零部件物流。由于我国零部件工业发展相对落后,因此,整车物流在中国的发展情况较好,而汽车零部件物流相对落后。

(一)功能特性的区别

零部件物流比整车物流复杂,这是由零部件的功能特性所决定的。整车产品的供应链相对简单。整车从生产厂家出来后,一般经过一级经销商、二级经销商直接到达客户手中,这是我国常用的一种销售方式。另外,与零部件相比,整车品种相对较少,外形差异较小,但个体价值高。

零部件产品的供应链相对复杂得多,在汽车行业零部件全球采购的背景下,从生产厂家出厂的零部件,从功用上分析,要满足多种用途,有一部分提供给整车制造商,作为生产资料;有一部分提供给汽车维修部门或零售商,以满足汽车销售以后的维修功用。提供给整车制造商的部分批量往往很大,而提供给零售商和维修部门的批量相对要小得多。针对同一个运送目的地,要同时满足两方面的需要,这就决定了物流配送的复杂性。

(二)物流服务模式的区别

我国现行的主体汽车物流模式是供产销一体化自营物流,即汽车产品原材料、零部件和辅材等的购进物流、汽车产品的制造物流与分销商的分销物流等物流活动全部由汽车制造企业负责完成。整车物流与零部件物流的服务模式没有区别。在现阶段第三方物流服务还不完善的情况下,这种模式对整车物流业有好处。

自营物流往往居于整车生产企业自身,往往从整车生产企业的利益出发,过多强调保障整个生产企业的连续性,会要求零部件生产企业提供远远大于实际需要的库存,从而损坏了零部件企业的利益。

比较可行的方式是将供产销一体化模式与第三方物流模式有机结合起来,综合二者的优点。汽车企业内部的汽车物流由制造商负责,汽车的原材料、零部件、供应物流主要由第三方物流公司负责,汽车产品的分销物流一部分由第三方专业物流公司负责,另一部分由制造商自己负责,最后完全过渡到由第三方物流公司负责。

(三)物流管理过程的区别

1. 订货环节的物流管理

我国汽车企业的大部分产品,尤其是整车产品,通常是按合同销售给中间商,即在每一年的年末或下一年的年初,举行订货会,双方签订购销合同。在履约的过程中,企业按经销商的临时订单(通常按月发出)要求的车型、品种、数量、交车地点和交车时间等发车。

零部件物流的销售业务也是从顾客订货开始的,企业的销售部门在接到订单后,对需要发送的零部件首先要进行分析。零部件供应企业联系的客户地理位置的分布可能是全国、

全球,对产品需求的数量、品种的差异很大,因此不可能像整车处理一样大批量、单一品种地发货。发货环节是物流的起点,发货量的多少直接影响后续库存管理、运输过程的效率,所以对发货数量和时机的把握在零部件物流中显得格外重要。

2. 库存环节的物流管理

对整车库存而言,库存管理最大的问题是决策存货水平和订货时间问题。由于汽车属于大件消费品,不合理的库存会占用企业大量的流动资金。而存货过少,又可能导致脱销,而且会增加订货次数,从而增加订货费用。以上两种情况都可能会造成仓储工作综合费用上升,增加企业的营销成本。仓库存货水平大小决定了每次订货的订货量,因而存货水平决策实质上就是订货量的决策。订货量的确定应综合考虑库存成本(包括占用流动资金的利息支出,物品功能维护费用等)和进货成本(包括进货人员差旅费、手续费、运输计划费、运费等),选择综合成本最小时相应的订货量。以上费用同订货量的关系以及订货量的确定可用图 15-4 表示。仓库管理应根据仓储管理模型,科学地确定订货量。

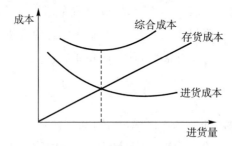

图 15-4 最佳库存决策模型

基于零部件品种繁多、形状各异、价格差别大的特点,在仓库布局时,应多使用立体仓库,这样可充分利用仓库的空间。另外,由于企业的资源有限,为了使有限的时间、资金和物力等企业资源能得到更有效的利用,常对库存物资进行分类,将管理的重点放在重要的库存物资上,运用 ABC 分类方法进行分类管理和控制。

3. 运输环节的物流管理

一般来说,整车及其零部件产品的发运可以选择的运输方式主要有铁路运输、水路运输和公路运输。

整车制造企业自身或总经销商负责整车物流一块,整车制造企业在核定汽车零部件价格时已经将运费、包装费和工位器具等费用包含在内,故国内汽车零部件基本上是由零部件供应商自行负责零部件的运输、仓储和包装等工作,整车制造企业或总经销商一般提供一个较大规模的零部件总库作为供应商入厂或售后物流集散地。

零部件物流比较适合采用第三方物流的形式进行管理,在汽车零部件物流运输中,选择运输工具应优先考虑适合集装箱运输的车辆、船舶、机车。因为长途运输过程中,集装箱运输的质损率最低,并且经过运输工具规格标准化工作后,在调运过程中,无须再考虑运输工具的适载性,便于进行路径优化。

4. 包装环节的物流管理

零部件包装技术讲究实用、环保。为保证物品在运输、装卸的过程中不受损害,提高装卸速度,包装就显得十分重要。对于细小的零部件,应用木材特别制作箱子或木架固定件,使之固定;对于SKD供货模式的汽车,则可用特殊铁制框架完全固定下来。无论大物件、小物件,规则物件或不规则物件都要与之配套、加固,以免在长途运输过程中受损害。同时,为了环保和降低成本,容器和包装物都要循环使用。为了合理避税,降低汽车进口成本,对发往不同国家的汽车组装件要实行不同的零部件包装和供货模式。与零部件相比,整车物流对包装没有特殊要求。

三、汽车物流供应链

汽车工业是一个典型的大量协作生产和具有广泛服务网络的行业,需要采用上下游间信息共享与协同运作的供应链管理增值模式、优化的计划系统与功能,将不同层次企业的业务连接起来,才能真正实现汽车工业供应链的整体增值经营。

(一)汽车物流供应链的上游

汽车物流供应链的上游是汽车原材料生产、零部件配套行业。汽车产业附加值的都是通过零部件创造的,零部件业对一汽车工业起到了举足轻重的作用,其质量高低直接影响着汽车产业的效益水平。所以,汽车产业的发展一定要与汽车零部件产业的发展同步。同时,随着汽车工业中整车制造与零部件加工的相互独立和剥离,整车生产企业将对其所需的零部件实行全球采购。而零部件生产企业也可以将自己的产品自由地向全球的整车厂销售,越来越多的汽车零配件生产厂已加入到全球化汽车供应链中。

全球采购一直是提高供应链效率的重要经营策略,它以较少的资金采购质量最好、技术最先进、交货期最短零部件作为"最佳采购原则"。

(二)汽车物流供应链的中游

汽车物流供应链的中游是整车生产企业。随着时代发展,汽车的生产方式经历了从大规模生产、精益生产到现在的"模块化生产"的演变。

1. 大规模生产

福特公司在制造型车时创造出影响整个世界工业的生产工艺—机械传输的生产流水线,极大地提高了工作效率、大幅度降低了生产周期和成本、降低了售价,从而造就了世界汽车生产巨头福特汽车公司。采用流水线这种大规模生产方式已经成为当时现代汽车生产方式的主流,汽车生产都是以"大而全"的汽车生产厂商为中心,围绕少数几种车型来进行的,零部件生产依附或从属于汽车厂商,这种方式一直延续到20世纪80年代。

2. 精益生产

精益生产起源于日本丰田汽车公司的一种生产管理方法,其核心是追求消灭包括库存在内的一切"浪费",并围绕此目标发展了一系列具体方法,逐渐形成了一套独具特色的生产经营管理体系。精益生产通过准时化生产、少人化、全面质量管理、并行工程等一系列方法来消除一切浪费,实现企业利润的最大化。精益生产中最具特色的方法是它在组织生产中对消灭物流浪费的无限追求,即对物流环境的需求和内部的分权决策。进一步分析精益生产可以发现,拉动式准时化生产及少人化之所以能够实现,全面质量管理与并行工程之所以能够发挥比大批量生产更大的作用,核心在于充分协作的团队式工作方式。此外,企业外部的密切合作环境也是精益生产实现的必要且独特的条件。

3. 模块化生产

模块化生产方式"集成与共享"的特点改变了传统的采购体系和整车生产方式,基本省去了冗余的中间环节,在降低运营成本的同时,整车质量更有保证。同时,模块化充分调动了零部件商的主观能动性,使他们拥有了更广阔的发展空间。整车企业可以集中精力做品牌和市场发,以"强而精"的内部资源配置替换"大而全"的生产布局零部件企业则在技术创新上下功夫,具备更强的独立开发能力,与整车厂的关系由"受制"转为互动。

随着消费品的设计、制造和销售要求进一步满足高质量、短时间、个性化、智能化等需求的增加,甚至按照用户的具体要求进行生产。在这样的形式下,汽车的"模块化"生产将大行其道。采用"模块化"生产方式有利于提高汽车零部件的品种、质量和自动化水平,提高汽车的装配质量,缩短汽车的生产周期。

(三)汽车物流供应链的下游

汽车物流供应链的下游是汽车销售服务行业,其实质就是围绕着汽车产品的售后服务而形成的综合服务业,它直接面对广大的最终用户和消费者。汽车服务业的发展趋势是建立以汽车生产企业为主导的、全球化的、五位一体新车销售、零部件供应、旧车回收、售后服务和信息反馈的汽车营销体系。

汽车供应链是一个市场需求"拉动"链,客户需求直接并强烈影响着产品的开发、生产、销售与服务的全过程整车生产企业根据销售订单组织生产与原材料、零配件的采购零配件配套供应企业根据整车生产厂的采购订单提供配套件。由客户、分销商网络、维修网络以及整车生产厂构成了市场需求信息反馈通路,这条通路引导着汽车制造企业的新产品开发及生产的总方向。整车生产厂、分销商网络、维修网络以及客户共同构成了汽车分销与售后服务体系。一个完善、强大的分销与售后服务体系很大程度上决定着汽车企业市场份额的大小,分销物流是决定产品投放市场速度的另一个重要因素。

汽车供应链是最为复杂的供应链系统,在制造——销售——服务组成的汽车供应链系统中,供应链的核心企业是整车生产厂为。虽然整车生产厂供应部门的工作内容单一,但供应商的仓库繁多且管理水平参差不齐、配送质量不高、工作效率低下,从而形成高额的运行成本,这部分成本终将划转到整车的价格上。而在采购供应中,整车生产厂可根据企业的产品生产计划进行,较易控制。采购供应体系组织得好,可以大幅度缩短产品生产周期、降低物流成本、提高供应链的敏捷度和柔韧度,因此是我国汽车工业增强核心竞争力的重要环节。

项目小结

在国家政策的鼓励和引导下,推进物流业与制造业及其他产业联动发展,增强物流业对国民经济的支撑、服务作用,加快完善现代产业体系。粮食物流、冷链物流、家电物流及汽车物流等重点行业的物流布局都是根据行业特点、产业基础、集聚功能和合理辐射半径等因素,遵循布局集中、服务联动、集聚发展的原则,规划布局物流分拨配送区域、节点城市和配送网络,推动重点行业物流发展,为相关产业发展提供强力支撑。

现代物流业属于生产性服务业,是国家重点鼓励发展行业。网络信息技术升级带动行业新技术、新业态不断涌现。各行各业的物流日益规范,各行业物流逐步拓展到全面介入企业的生产、销售阶段,并通过整合供应链上下游信息,优化各阶段的产销决策。

同步练习

一、单项选择题

1. 第三方物流的作用主要体现在(　　　　)等方面。
   A. 提高服务水平　　　　　　　　B. 集中主业
   C. 资源利用效率高　　　　　　　D. 以上都是
2. 以下不属于水产品预冷的方法是(　　　　)。
   A. 撒冰法　　　B. 水冰法　　　C. 空气冷却法　　　D. 气调法
3. 以下不属于冷链物流的经济社会意义的选项是(　　　　)。
   A. 解决产供销不一的矛盾　　　　B. 减少食物腐烂损失造成的浪费
   C. 解决城市交通拥堵问题　　　　D. 保障易腐食品安全,减少营养流失
4. 以下不属于我国家电物流模式的是(　　　　)。
   A. 独立运营的物流公司模式　　　B. 自营模式
   C. 第三方物流模式　　　　　　　D. 共赢模式
5. 汽车零部件物流包装材料的变化,主要是(　　　　)。
   A. 纸质包装材料　　B. 木屑包装材料　　C. 金属包装材料　　D. 轻质材料

二、填空题

1. 物联网技术在粮食物流中有_____、_____、_____、_____四类应用。
2. 冷链物流四个基本构成要素包括_____、_____、_____、_____。
3. 汽车物流主要由_____、_____、_____、_____四部分构成。

三、简答题

1. 降低粮食物流成本与国家安全保障之间的关系是什么?
2. 冷链物流中运用了哪些前沿技术?
3. 家电物流企业运营的基本模式有哪些?
4. 汽车物流中整车物流和零部件物流的区别?

四、案例分析

东风汽车的仓储系统设计的业务包括分公司生产部的总装作业部、销售公司的检查储运部和营销部。从总装作业部整车下线开始直至商品车发车为止是一条业务完整的仓库管理业务线。主要业务流程为：总装作业部整车下线；打VIN码、装配随车卡、填写入库三联单、计入装配台账；车辆调整；产品车、直接二类底盘车(若否，则外协、装大箱)；交检；合格(若不合格，则运往销售公司即储运部检查、生产期总装作业部，重回车辆调整)；入库（A库)；倒车；入车(发车库)；新车准备(若出现重大质量问题则返修)；出车(出车班)；承运单位借车；有无问题(若有问题，则返修)；办运单；办运输手续；领工具；离场。在整个整车仓储系统复杂，存在以下问题：

1.东风汽车物流仓储管理存在的细节性薄弱环节

原有的整车仓储业务流程存在着一些明显的管理问题。如库存信息不准；库存的盈亏不平衡；库存品种无法有效保管；损坏丢失严重；成品、零件的状态不能有效跟踪监控；数据不能高效共享而带来市场响应速度慢。这些问题可以归结为整车数据管理和整车仓储管理两个主要的问题。

2.整车数据管理问题

信息滞后。生产部总装作业部的装配下线信息不能及时传递到检查储运部和营销部，使得营销部总是不能及时获取检查储运部的可销售商品车信息。这种层层滞后给营销部的工作带来了极大困难，影响了销售额和客户满意度。

单据多，效率低。由于整个仓储系统中没有计算机网络传递信息。部门之间不得不依靠繁杂的单据控制业务过程。整车由下线到销售出库的过程中环节较多，这种靠手工手工单据交接的方式造成作业效率低。

数据易错。由于数据还不能共享，需要在多处进行手工记录，使得出错率大大提高。

3.整车仓储管理问题

仓库面积利用问题。新的发车库集中了过去分散在若干小库的车辆，面积较大。可停放三个品牌、百种车型的上千台车辆。如何根据不同车辆的外形尺寸和在库数量合理划分停车区域和区域内的停车车位。会在很大程度上影响到仓库面积的利用率。

入库车辆排放。由于车型比较多，入库又是连续进行的并且具有一定的随机性。为每一个入库车辆指定适合的车位至关重要。车位的指定既要考虑到车库面积的充分利用。还要坚固同类车型的相对集中以便于管理。

出库遵从先进先出原则。营销部对任何一种车型的商品车开出提车单时，需要在发车库中迅速地找出符合条件的车辆所在车位。

整车报表。下线数量、出库数量、发车库出入数量以及车位状态应当随时可以查询。

思考题

1.根据以上问题，对东风汽车物流仓储进行管理优化，提出相关的解决方案。

2.通过此解决方案能够带来的改变有哪些？

项目十五　行业物流

实训项目　水果预冷方法实训

学习资料

小明在暑假去三亚旅行,想亲自给远在千里之外的父母带一些当地的水果如芒果、山竹等,为了保证水果的新鲜度,需要进行预冷处理。

实训组织

1.以小组为单位进行实训活动,每小组选择一种预冷方法。其中,预冷方法有真空预冷、冷水预冷、空气预冷及冰预冷。

2.每小组需要根据自己选择的预冷方法准备相关的材料。

实训步骤

1.小组成员收集相关预冷方法注意事项,并进行整理。

2.小组成员根据相应的预冷方法进行相关的实训材料选择,准备进行实训演练,并将实训过程进行视频拍摄,作为课堂分享资料。

3.小组成员经过演练,总结在实训过程中遇到的问题,并提出针对性的优化策略。

4.训练结束后,每小组以PPT形式在课堂进行分享。

实训考核

教师对各组训练完成情况进行点评。

物流服务优化评分表

考评人		被考评人		
考评地点		考评时间		
考评内容	水果主要预冷方法			
考评标准	具体内容	分值	实际得分	
	收集的资料充实、选择的材料正确	20		
	操作步骤正确	15		
	总结实训过程中遇到的问题到位	15		
	提出的优化措施切实可行	30		
	在训练过程中体现了团队合作和职业素养	20		
	合　计	100		

后　记

本教材是2017年安徽省高等学校省级质量工程项目"安徽职教物流类系列教材（项目编号：2017ghjc400）"的实践成果之一，是安徽省长期从事一线物流专业教学和研究的老师们的集体成果。

本教材由安徽省物流与采购联合会副会长蒋宗明、徽商职业学院物流系主任王兴伟教授担任主编，安徽财贸职业学院曹宝亚担任副主编并编写项目一和项目五，安徽商贸职业技术学院刘存编写项目二和项目三，安徽工商职业学院张思涵编写项目四和项目八，安徽财贸职业学院孙莹莹编写项目六、安徽工业经济职业技术学院申家星编写项目七和项目十一、徽商职业学院刘明杰编写项目九、淮南职业技术学院张玲编写项目十和项目十五、安徽城市管理职业学院杨娟美编写项目十二和项目十三、安徽和合冷链食品股份有限公司苏卫东编写项目十四。

本教材在编写过程中，编写小组成员查阅了国内外大量相关文献资料，也从物流类相关杂志、专业网站等借鉴了大量素材，以保障本教材的质量。对于被参考的学者，我们无法逐个感谢，但我们编写小组全体成员将永远铭记在心，并将在这些学者严谨治学的态度和深入钻研的精神指导下，不断进步！

由于编写小组成员自身能力水平有限，本教材中肯定存在着一些漏洞和不足，不妥之处恳请专家、学者、物流工作者和广大读者批评指正，并为本教材的进一步修订完善，提供宝贵建议。

在本教材编写完成之际，我们还要特别感谢安徽大学出版社对本教材编写和出版过程中提供的支持和帮助。

编者

2019年7月

新时代公园城市建设探索与实践系列丛书编委会

顾 问 专 家： 仇保兴　国际欧亚科学院院士、
　　　　　　　　　　　住房和城乡建设部原副部长
　　　　　　　李如生　住房和城乡建设部总工程师、
　　　　　　　　　　　中国风景园林学会理事长
　　　　　　　吴志强　中国工程院院士、同济大学原副校长
　　　　　　　潘家华　中国社会科学院学部委员
　　　　　　　周宏春　国务院发展研究中心研究员
　　　　　　　李　雄　北京林业大学副校长、教授

主　　　　任： 王香春　贾建中　刘佳福　赵文斌

副　主　任： 李炜民　胡慧建　韩丽莉　谢晓英　王忠杰
　　　　　　　张亚红　贾　虎　陈明坤　秦　飞　成玉宁
　　　　　　　田永英　蔡文婷　张宝鑫　戚智勇　方小山
　　　　　　　孙　莉　王　斌　刘　颂　毕庆泗　王磐岩
　　　　　　　付彦荣　张　埮　李　光　杨　龙　孙艳芝

编　　　　委（按照姓氏笔画排序）：
　　　　　　　丁　鸽　王　钰　王月宾　王文奎　王伟军
　　　　　　　王向荣　王志强　王秋娟　王瑞琦　王嗣禹
　　　　　　　方　岩　石春力　石继渝　冯永军　刘艳梅
　　　　　　　刘晓明　祁有祥　许自力　阮　琳　李方正
　　　　　　　李延明　李旭冉　李俊霞　杨念东　杨振华

　　　　　吴　杰　吴　剑　吴克军　吴锦华　言　华
　　　　　张清彦　陈　艳　林志斌　欧阳底梅　周建华
　　　　　赵御龙　饶　毅　袁　琳　袁旸洋　徐　剑
　　　　　郭建梅　梁健超　董　彬　蒋凌燕　韩　笑
　　　　　傅　晗　强　健　瞿　志
组织编写单位：中国城市建设研究院有限公司
　　　　　中国风景园林学会
　　　　　中国公园协会